Courrier des tranchées

DU MÊME AUTEUR

AUX ÉDITIONS HÉLOÏSE D'ORMESSON

Le Faiseur d'anges, 2010.

Stefan Brijs

Courrier des tranchées

Roman *traduit du néerlandais (Belgique) par Daniel Cunin*

Éditions Héloïse d'Ormesson

Cet ouvrage est publié
avec le concours du Fonds flamand des Lettres
(Vlaams Fonds voor de Letteren – www.flemishliterature.be)

Fonds
flamand
des
Lettres

Titre original :
Post voor mevrouw Bromley

Éditeur original :
Atlas

www.editions-heloisedormesson.com

ISBN 978-2-35087-326-8

« Où la feuille morte tombait, là elle demeurait. »

John Keats, *Hypérion*

Le front domestique

MARTIN AVAIT CHANGÉ. Cela me frappa dès qu'il apparut, tout excité, dans l'encadrement de la porte et m'annonça que c'était la guerre. En ce matin du mercredi 5 août 1914, j'étais en train de lire un passage du *Paradis perdu*. Son arrivée me surprit plus que ses paroles. Je ne savais pas quoi lui répondre.

« C'est une putain de bonne nouvelle, non ? » lança-t-il, étonné que je ne partage pas son enthousiasme, avant d'ajouter, comme pour me convaincre : « On va te leur donner une de ces leçons aux Allemands ! »

Il avait une voix moins frêle que par le passé, un accent populaire plus marqué. Sa figure, d'une carnation plus foncée qu'avant, était surmontée d'une casquette différente de celle dont je me souvenais. En revanche, il portait toujours le même gilet gris souris sans manches. C'était moi qui le lui avais offert. Comme il s'était étoffé en travaillant dans les docks, le vêtement lui bridait à présent un peu le torse. Pour le reste, il était toujours aussi petit que lors de notre dernière rencontre, environ un an plus tôt. Je m'étais certes rendu à quelques reprises chez ses parents, mais sans jamais le croiser.

« Je parie qu'y traîne avec ce bon à rien de Cunningham, l'excusait sa mère. Y va encore rentrer avec des égratignures et des bleus partout. Y vaut pas mieux que Shakespeare. »

Shakespeare, c'était le chien que Martin avait repêché dans le Wenlock Basin par un jour glacial. L'unique survivant d'une portée jetée dans le canal. Après que le chiot s'était extrait *in extremis* du sac de jute où quelqu'un l'avait enfermé avec ses frères et sœurs, Martin avait, au risque de sa vie, plongé dans l'eau sombre et sauvé l'animal de la noyade. Grâce au lait de la mère de Martin, qui venait de donner naissance à Molly et Poppy, le rescapé avait, contre toute attente, survécu. Après chaque tétée de l'une des jumelles, Mme Bromley laissait tomber quelques gouttes de lait dans une cuiller à café qu'elle tenait sous son mamelon ; Martin et moi allions alors la porter à la boule de poils pas plus grosse qu'un poing. Shakespeare grandit et devint un bâtard indocile qui nous arrivait à mi-jambe ; une ou deux fois par an, il disparaissait pendant quelques jours, voire quelques semaines, avant de revenir couvert de plaies et de lésions.

C'est à moi qu'il devait son nom, ni Mme Bromley ni ses enfants n'ayant jamais entendu parler de Shakespeare. Ils le trouvèrent drôle, et bientôt, Nelly, alors âgée de 4 ans, ne cessa de s'adresser au chiot en criant : « Shaky ! Shaky ! »

« Shakespeare est rentré ? » demandai-je à Martin qui, selon toute apparence, ne savait s'il devait rester sous le linteau ou entrer.

La dernière fois que j'avais rendu visite à la famille Bromley, l'animal venait de reprendre ses vagabondages.

« Pourquoi tu me les casses avec Shakespeare ? s'écria Martin, outré. On est en guerre, mon gars ! Qu'est-ce que j'en ai à branler de ce foutu chien !

– Je me posais juste la question », expliquai-je, surpris du calme dont je faisais preuve tandis que Martin, toujours aussi agité, reprenait :

« Hier soir, j'étais au Buckingham Palace. Un truc à pas rater, John ! On était des milliers ! Et à 11 heures, quand le… le… comment ça s'appelle déjà ?

– L'ultimatum ?

– C'est ça, l'ultimatum. Après l'heure de l'ultimatum, tout le monde a poussé des cris de joie. On va en faire du hachis ! On va te leur mettre une de ces raclées ! Et au milieu de la nuit, quand le roi et la reine sont apparus au balcon, une grande fête a commencé. C'était génial ! » s'exclama-t-il avant de reprendre son souffle pour ajouter d'un ton décidé : « Je vais m'engager comme volontaire, John. Les gens, y disent que le ministre va bientôt lancer un ordre de mobilisation. Mais moi, je vais pas attendre ! Y en a déjà qui font la queue chez les Fusiliers.

– Martin, t'as… t'as 17 ans, répliquai-je après avoir marqué une pause pour réfléchir, le temps de me souvenir qu'il avait deux ans de moins que moi. Tu vas devoir attendre d'en avoir au moins 18.

– M'en contrefiche. Je veux pas rater ça ! Tu crois quand même pas que je vais continuer à trimer aux docks pour une misère pendant que tous les autres seront en train de se battre ? »

Tu t'emballes, voilà ce que je m'apprêtais à lui répondre, mais il ne m'en laissa pas le temps.

« Et pis, toutes les filles, l'uniforme, ça les fait craquer », déclara-t-il, rayonnant.

Un sourire se dessina sur mes lèvres, moment que Martin attendait manifestement pour me poser la question qui l'avait amené :

« Tu t'engages avec moi, John ? »

Il releva un peu sa casquette, libérant des cheveux filasse, puis posa sur moi des yeux un rien suppliants. Je connaissais ce regard. Il l'adoptait déjà sans manquer, quelques années plus tôt, quand il escomptait mon soutien lorsque des garçons de sa classe, bien plus grands que lui, le menaçaient. Autrement dit, il avait de nouveau besoin de moi. Sans aucun doute pensait-il avoir plus de chances d'être incorporé si je me présentais à ses côtés. Or cette idée ne m'effleurait même pas. L'été fini, j'entamerais des études de littérature anglaise. Rien ni personne ne pourrait m'en dissuader. Pas même la guerre et pas davantage Martin.

Je secouai la tête. Martin parut marquer le coup, mais il ne désarma pas tout de suite.

« Allez, John, tous les deux ensemble dans l'armée, ça serait-y pas fantastique ?

– Je n'y songe pas une minute, répondis-je d'un ton résolu.

– Mais on a toujours tout fait ensemble.

– Cette époque-là est révolue, Martin, fis-je sans parvenir à dissimuler une certaine irritation. Je veux dire, ça fait une éternité qu'on ne s'est pas vus… et tu te pointes sans crier gare en me demandant de m'engager avec toi dans l'armée. C'est de la folie. »

Sans le faire exprès, j'avais trop appuyé sur ces derniers mots ; le visage de Martin se figea en une grimace.

« De la folie ! De la folie ! s'écria-t-il. Tu veux que je te dise ce que c'est, la folie ? Toi qui passes ta vie dans tes bouquins ! Voilà ce que c'est, la folie ! Regarde-moi tous ces bouquins… (D'un vaste geste du bras, il montra les murs qui, du sol au plafond, disparaissaient sous les livres.) Ça, c'est de la folie, John ! De la folie pure ! »

Ses braillements me rappelèrent la dernière fois où nous avions pris congé l'un de l'autre.

« Martin, écoute..., essayai-je de l'apaiser. Laisse-moi réfléchir à tout ça. Tu me prends au dépourvu, t'es capable de comprendre ça, quand même ?

– Réfléchir, les Allemands nous en laissent pas le temps. Si on attend, y seront bientôt à not' porte.

– Je doute que ça se passe aussi vite. Accorde-moi quelques jours de réflexion, Martin.

– Demain, John, je veux une réponse demain.

– Bien, demain dans ce cas.

– Demain », répéta-t-il et, après avoir hoché la tête, il tourna les talons et sortit.

À ce moment-là, je reconnus pour la première fois dans la forme de ses épaules et de son dos la stature puissante de son père. Physiquement aussi, Martin commençait à lui ressembler.

Par la porte restée entrouverte, la rumeur de la rue me parvenait : brouhahas joyeux, tintement des sabots de chevaux et, en provenance de Bishopsgate Goods Station, voix d'un crieur de journaux : « La guerre ! On a déclaré la guerre à l'Allemagne ! Lisez le *Daily Mail* ! »

Avec un soupir, je refermai le volume de Milton. Je laissai mes doigts en parcourir la couverture, mais au lieu de penser à la guerre, je me remémorai des propos que m'avait tenus un jour la mère de Martin : « Le lait est plus épais que le sang, John. »

Martin était mon frère de lait. Sa mère m'avait donné le sein pendant un an et demi. La veille de ma naissance – je suis né le 5 octobre 1895 –, elle avait perdu son premier enfant, un garçon d'à peine quatre semaines ; tel un parasite, j'ai bu avec avidité à sa poitrine le lait destiné à ce bébé, Matthew ; bien souvent au cours des mois en question, Mme Bromley m'a appelé, incidemment ou non, par ce prénom.

« Matthew a été vaillant aujourd'hui », disait-elle par exemple quand mon père venait me chercher.

Martin a vu le jour le 15 juillet 1897. Il s'en est fallu de peu que lui aussi ne succombe en bas âge. À sa naissance, il était petit comme un porcelet ; selon la sage-femme, il n'avait aucune chance de survivre. Pourtant, il s'en est tiré. À l'époque déjà, c'était un battant.

Après lui, sa mère a mis au monde cinq filles en l'espace de sept ans : Mary, Nelly, Trudy et les jumelles Molly et Poppy. Et pour finir un dernier garçon, mais celui-ci ne vécut que quelques minutes. Mme Bromley décida alors de vendre de nouveau son précieux lait. L'heureux élu s'appelait Jürgen Kohlmann, il était le fils d'un horloger allemand émigré à Londres dix ans plus tôt. Contrairement à ce qui s'était passé avec moi, le bébé ne séjournait chez Mme Bromley que durant les heures où elle lui donnait le sein – sa mère n'avait pas de lait –, et quand il fut sevré, la famille ne le revit plus. Après cette période, il m'est arrivé d'aller garder ce garçonnet pour gagner un penny, mais jamais il ne fut question entre lui et moi, ou lui et Martin, d'un lien aussi étroit que celui qui existait entre ce dernier et moi. Une trop grande différence d'âge nous séparait de Jürgen ; qui plus est, la maladie le confinait souvent dans sa chambre.

« À tous les coups, c'est à cause du lait tourné, soutenait Martin. Ma mère avait presque 30 ans quand elle l'a allaité. »

Pour ma part, même une fois sevré, je passais plus de temps chez les Bromley qu'à la maison. La mère de Martin s'occupait de moi chaque fois que mon père allait travailler ; étant donné qu'il partait en général dès 4 heures du matin, je dormais souvent à Hoxton, dans un lit qui se faisait toujours plus étroit à mesure que la famille s'agrandissait.

Une fois en âge de rester seul à la maison, je ne me rendais pas moins presque quotidiennement chez Mme Bromley, au grand dam de son mari : mon père, en effet, ne les payait plus pour ma garde.

« L'est encore là, ce gosse ?

– Pas si fort, Richard.

– Y traîne tout le temps ici, putain ! Un pique-assiette, voilà ce qu'il est ! »

Ce n'est que plus tard que je compris ce que M. Bromley voulait dire par là.

Heureusement, comme il s'absentait souvent du domicile familial durant de longues périodes, je pus continuer à me rendre à Allerton Street. Là, dans leur galetas, régnait une atmosphère que je ne connaissais pas chez moi. Ça bouillonnait de vie. Tous les jours, les filles faisaient du raffut pour dix ; souvent, Mme Bromley dominait la pagaille de son rire acéré de mouette. Bien qu'enfant unique, je n'étais donc pas abandonné à moi-même ; cependant, j'aimais me retrouver seul, plus encore quand la lecture commença à prendre une place prépondérante dans ma vie. Il m'arrivait malgré tout d'avoir envie d'un nid chaud et de me frotter comme un jeune chien contre Martin ou ses petites sœurs. J'ai toujours aimé que Mme Bromley me dorlote, presse ses lèvres sur ma joue ou mon front, autant de preuves d'affection qui me manquaient à la maison. En la matière, mon père n'a en effet jamais été très démonstratif ; quand, enfant, je cherchais ses bras, il parvenait en général à se dérober au moyen d'un geste ou d'un prétexte quelconque avant de quitter la chaise qu'il occupait.

Le père de Martin se montrait encore plus distant que lui ; qui plus est, il s'exprimait avec une rudesse correspondant tout à fait à son physique. « Martin, va t'en voir dans les jupes de ta mère si j'y suis », grognait-il par exemple. Ou encore : « Poppy, fous-moi la paix ! T'as des sœurs pour te donner la main ! » S'il lui arrivait de s'approcher de ses enfants, c'était pour les brutaliser ; il utilisait de préférence un ceinturon en cuir ou une poignée de verges, des branches de dattier sèches rapportées de l'un de ses voyages.

M. Bromley travaillait comme chauffeur-mécanicien sur un cargo. De ses longues semaines en mer, il ne rentrait jamais les mains vides. Il s'agissait le plus souvent d'objets à la seule portée des riches, qu'il se vantait d'avoir barbotés ou acquis dans des conditions bien peu catholiques. À la vue de ces curiosités, la mère de Martin ne manquait jamais de secouer la tête et de dire avec franchise : « Que veux-tu que je fasse de thé de Ceylan ou de papier de Chine ? C'est pas avec ça que je vais nourrir les gosses. » Sur quoi son mari, contrarié par tant d'ingratitude, jetait le cadeau à travers la pièce et le piétinait sous ses yeux avant d'aller chercher un peu plus de compréhension au pub.

Plus d'une fois, j'ai entendu Mme Bromley soupirer : « Je préfère voir revenir Shakespeare plutôt que Richard. »

Longtemps, j'ai cru que Martin se distinguait de son père, mais à l'époque où, vers l'âge de 12 ans, il a quitté l'école primaire de

Hoxton pour fréquenter un établissement professionnel d'East End, j'ai commencé à réviser mon point de vue. En côtoyant des voyous de ce quartier, il a peu à peu révélé des traits qui ne s'étaient manifestés jusque-là que de façon sporadique. Il regimbait toujours plus quand sa mère lui demandait de l'aider ou quand elle exigeait qu'il rentre avant une heure donnée. De même, avec ses sœurs, il se faisait plus rude et plus brutal, adoptant le parler grossier de son père, lequel, quand il l'entendait s'exprimer de la sorte, lui infligeait en guise de punition un lavement de la bouche à l'eau savonneuse. Pour ma part, je surprenais Martin à mentir à propos de lieux où il prétendait être allé, de personnes qu'il affirmait avoir vues ; en outre, les doigts d'une main ne suffirent bientôt plus pour compter les disputes futiles qui nous opposaient. Un jour, alors que sa mère m'avait demandé si je souhaitais rester dîner avec eux, il fit une remarque à voix suffisamment haute pour que je l'entende, remarque dans laquelle je perçus l'écho de la voix de son père : « Il a bien assez à grailler chez lui ! L'a qu'à mendier sa pitance là-bas ! »

Malgré les réflexions peu avenantes de son mari, Mme Bromley tenait toujours à ce que je reste. Dans ce climat, j'éprouvais parfois bien de la peine à avaler la moindre bouchée, même si Martin, avant sa transformation, s'efforçait de me réconforter en me glissant un morceau de viande ou une pomme de terre supplémentaire pour me montrer qu'il y avait bien assez à manger pour tous. Le soir où il reprit à son compte les critiques de son père, je me suis attablé avec eux, mais j'ai évité, par la suite, de me présenter à leur domicile à l'heure du repas.

Dès lors qu'il abandonna ses études à l'âge de 14 ans pour travailler aux docks, Martin changea encore plus. Du jour au lendemain, l'argent représenta tout pour lui. Lorsqu'il toucha sa première paie, il passa me voir, rayonnant.

« Vise un peu, John, mes premiers pence ! »

Dans ses mains réunies en coupelle brillaient quelques pièces. Mes yeux ne virent cependant que les grosses ampoules pleines de pus.

Un jour, je découvris que, en dépit du *desideratum* parental, son salaire ne servait pas intégralement à faire bouillir la marmite familiale.

« Cet argent, c'est ma sueur, se défendit-il. Si quelqu'un y a droit, c'est moi et personne d'autre.

– Ta mère se donne tant de mal, répliquai-je.

– Elle m'a choisi, John. Moi, j'ai pas choisi ma mère. Et encore moins mes sœurs. »

Quand bien même je me mordais la langue lorsque je voyais Mme Bromley glisser en cachette un penny à Martin – « Tu l'mérites, tu travailles dur » –, je ne lui ai jamais confié que son fils gardait de l'argent par devers lui. Il n'empêche que, assistant pour la première fois à cette scène, j'étais furieux de voir Martin accepter la pièce sans sourciller.

« Honte à toi, lui lançai-je d'une voix sifflante.

– Te mêle pas de ça, sinon… », me mit-il en garde, l'index dressé.

Au début, j'ai cru qu'il était jaloux parce que j'étais mieux loti que lui, mais peu à peu, il m'est apparu que son attitude cachait autre chose. Il m'a de plus en plus reproché d'être chiant à mourir, fait sentir qu'il s'ennuyait en ma compagnie. Lui avait un emploi, pour ma part, je tenais coûte que coûte à poursuivre mes études, aussi avions-nous bien moins de sujets de conversation qu'avant. Ce qu'il aimait – jouer au rugby, assister à des matchs de foot, écumer rues et parcs – ne me disait rien ; quand il m'arrivait de lui proposer de m'accompagner à la bibliothèque ou dans un musée, il ne cachait pas son dégoût.

« T'as rien de plus chiant comme idée, John ? C'est pas comme ça que tu vas te trouver une pépée. »

Bien que mon cadet de deux ans, il développa avant moi un grand intérêt pour les filles. Dès que nous en croisions une sur laquelle il avait des vues, je n'existais plus à ses yeux ou, pire, il entreprenait de me ridiculiser.

C'est ainsi que, résigné, j'ai vu petit à petit grandir la distance entre nous, une image me venant alors immanquablement à l'esprit : il quitte le port à bord d'un bateau tandis que je reste planté sur le quai.

Je n'en ai pas moins continué à me sentir responsable de lui, tel un grand frère, ayant une peur bleue qu'il ne lui arrive malheur. Voilà sans doute pourquoi j'ai continué à me rendre chez sa mère alors que j'étais certain de ne pas l'y croiser.

Le jour où j'ai appris qu'il souhaitait s'engager, je me suis à plusieurs reprises demandé s'il fallait informer Mme Bromley de sa décision. Jamais elle ne l'aurait laissé partir. Mais ç'eût été trahir Martin, ce que je n'avais encore jamais fait, quoique son comportement ne manquât pas de me rebuter. Aussi ai-je décidé d'attendre. Peut-être allait-il se raviser. Ce n'était pas la première fois qu'il s'engouait de la sorte. Faut-il le prendre au sérieux ? me raisonnai-je. Qui sait d'ailleurs si la guerre ne sera pas terminée avant même d'avoir commencé ?

QUELQUES HEURES après la visite inopinée de Martin, mon père rentra de son travail, des journaux à la main ; sans ôter son manteau, il s'assit, puis étala les quotidiens en éventail sur la table. Les lettres grasses des titres hurlaient les dernières nouvelles relatives à la guerre. Mon père choisit *The Daily Telegraph* et, affalé sur sa chaise, se mit à lire. Ses yeux dépassaient à peine au-dessus du journal.

« Je peux en feuilleter un ? » lui demandai-je.

Il leva la tête, me fixa durant deux secondes comme s'il n'avait pas pris jusque-là conscience de ma présence dans la pièce. Baissant son journal, il jeta un œil sur les autres. Il poussa *The Times* dans ma direction, quotidien qu'il achetait rarement parce qu'il le jugeait illisible. Je le pris sur la table. Et j'entendis alors mon père me dire sur un ton neutre :

« C'est la guerre. »

J'eus l'impression qu'il me communiquait cette information afin que je ne puisse pas lui reprocher par la suite de s'être tu sur le sujet.

« Je sais », fis-je, incapable d'ajouter quoi que ce soit.

Je me demandai si je devais lui parler de Martin, mais comme il voyait Mme Bromley pour ainsi dire tous les jours, je crus bon de garder cela pour moi.

Promenant mon regard sur la première page du *Times*, je me surpris à vérifier d'emblée s'il était question d'un appel à des volontaires. Je tournai les pages et, n'ayant rien trouvé, m'adressai de nouveau à mon père :

« Tu sais s'ils ont besoin de nouvelles recrues ?

– Tu songes quand même pas à…, s'enquit-il en me regardant dans le blanc des yeux.

– Non, je me posais juste la question, répondis-je en secouant la tête. J'ai entendu parler d'hommes qui se présentaient d'eux-mêmes pour s'engager.

– Y en a plein qui font la queue devant chaque bureau de recrutement, confirma-t-il. La guerre ne fait que commencer et tout le monde semble déjà pris de folie. Pour nous, ça signifie un surcroît de travail. On va instaurer des tournées supplémentaires. Comme si ça suffisait pas, six par jour. »

Il déploya le journal d'un coup sec et disparut totalement derrière, signe que notre conversation était terminée. À la multitude de mots qu'abritait notre maison répondaient les rares qu'on y échangeait.

Depuis des lustres, mon père était facteur dans le quartier de Hoxton. Certains habitants le considéraient comme un membre de leur famille et, s'il ne mettait que rarement les pieds chez les autres, chacun le connaissait et appréciait son travail. En particulier sa discrétion. Il était fréquent que des gens illettrés lui demandent de leur lire les lettres et faire-part qu'il leur apportait.

« S'il voulait, y pourrait étendre le linge sale de tout le monde dans les rues de Hoxton », soutenait Mme Bromley, laquelle le sollicitait à l'occasion pour qu'il lui fasse la lecture d'une carte ou d'une lettre que son mari lui envoyait d'une lointaine contrée.

De même, la ponctualité de mon père recueillait les suffrages ; à la différence de ses confrères, il cédait rarement à la tentation d'un verre et refusait quoi qu'il en soit d'en boire un deuxième.

« On peut régler sa montre sur lui », déclarait M. Kohlmann, l'horloger, dont la boutique était sur le trajet que mon père effectuait quotidiennement.

Pour le remercier, on lui glissait de temps en temps un petit quelque chose. Parfois un pourboire, le plus souvent des fruits ou des légumes ou encore un hareng saur – le colporteur de poisson – ou un pied de porc – le boucher de Shepherdess Walk – que mon père incorporait au ragoût qu'il préparait à la maison.

Nous vivions juste à côté de Hoxton, dans le quartier de Shoreditch où nous louions, à Hearn Street, un petit deux-pièces entre le sous-sol et le rez-de-chaussée qu'un escalier en pierre reliait directement à la rue. À l'arrière, ma chambre donnait sur une cour intérieure où se trouvaient les deux cabinets d'aisances à l'usage de tous les occupants de l'immeuble de trois étages. L'autre pièce, celle de devant, comprenait la table où nous mangions, le poêle qui faisait également office de cuisinière et l'évier, ainsi que le lit de mon père, dans une étroite alcôve d'où il pouvait contempler sa bibliothèque.

Hearn Street était coincée entre Liverpool Street Station et Bishopsgate Goods Station, de sorte que les trains passaient à la fois devant et derrière chez nous, mais aussi en diagonale au-dessus de nos têtes, sur un viaduc dont l'acier usé et les boulons à moitié desserrés par les vibrations faisaient plus de bruit que les trains eux-mêmes. Sous l'action permanente des trépidations et des ébranlements, notre bâtiment avait fini par s'affaisser, avec les conséquences que l'on peut deviner. Dans notre logement, portes et fenêtres étaient gauchies dans leur chambranle ; une lézarde parcourait le plafond de la pièce de devant – tel un arbre, elle étendait ses ramifications année après année.

En vérité, aucun de nos voisins ne tenait bien longtemps dans ces lieux, certains s'en allant à peine arrivés, le plus souvent de nuit, à la cloche de bois ; les autres étaient expulsés au plus vite par le propriétaire pour défaut de paiement. Seul mon père y vécut jusqu'à la fin de ses jours, près de deux décennies, les premiers mois avec ma mère.

Ils s'étaient rencontrés grâce à son travail de facteur à Kensington, quartier de l'ouest londonien où, avant de déménager à Shoreditch, il effectuait toujours la même tournée. De la sorte, il était amené à passer plusieurs fois par jour devant l'élégant manoir du père de ma mère, sis Sloane Street. Elle était l'unique fille d'un veuf, sir Charles Milton, éditeur de journaux régionaux et de magazines de petites annonces. Il investissait une partie de la fortune que lui rapportaient ces activités dans des livres anciens, les achetant aux quatre coins du monde lors de ventes aux enchères et se les faisant envoyer chez lui.

Un jour que mon père apportait un énième livre à Sloane Street, ma mère – elle venait de fêter son vingtième anniversaire – l'invita, à sa grande surprise, à entrer pour lui montrer l'endroit où le propriétaire des lieux conservait les volumes.

« Une pièce tapissée de livres, se remémorait-il parfois. Du plancher au plafond. Des murs de cuir. Des lettres d'or. Et alors que mes yeux ne parvenaient pas à s'en détacher, j'ai soudain senti les bras de ta mère autour de ma taille. C'est comme ça que tout a commencé. »

La première fois qu'il m'a rapporté cette histoire, j'avais 6 ans. À bien des occasions, j'ai éprouvé une réelle admiration en l'écoutant évoquer ce souvenir. Mais à force de l'entendre, cette admiration a surtout fait place à de la compassion.

« John, je t'ai déjà raconté que ta mère n'avait pas le droit d'adresser la parole à son père ? Qu'elle devait attendre qu'il l'y autorise ? Et sais-tu qu'à l'âge de 6 ans, elle a été placée dans un pensionnat qui coûtait la peau des fesses ? Qu'elle ne rentrait chez elle qu'une fois tous les trois mois ? »

En février 1895, quand Charles Milton voulut fiancer sa fille à un jeune aristocrate, elle se réfugia avec mon père à l'autre bout de la ville, dans l'anonymat de Shoreditch ; mon père assura dès lors une tournée que ses collègues abhorraient, dans le quartier miséreux de Hoxton. Ma mère, ai-je calculé un jour, était alors déjà enceinte de moi.

En quittant le domicile de ses parents, mon père ne possédait pour ainsi dire rien – jusque-là, il leur avait toujours remis la totalité de son salaire. Quant à ma mère, elle était partie avec ses bijoux ainsi que quelques livres de la bibliothèque paternelle glissés à la hâte dans sa valise : une édition originale de *David Copperfield* de Dickens, une de *La Foire aux vanités* de Thackeray, ainsi qu'un tirage limité des lettres de Keats à Fanny Brawne.

« Et, cerise sur le gâteau, John, une réédition de 1678 du *Paradis perdu* de Milton ! Que nous avons vendue tout de suite. Mais on s'est fait rouler comme des bleus. Je me rends compte aujourd'hui qu'on en a tiré bien trop peu. Enfin, ça nous a permis de payer plusieurs mois de loyer et de meubler sommairement ces deux pièces. Ne perds pas de vue, John, que ces bijoux, ces livres, c'était toute sa dot. Une avance sur l'héritage dont elle ne devait jamais voir la couleur. »

Ma mère était-elle tombée amoureuse de mon père ou de la liberté qui l'attirait à travers sa personne ? Je n'ai jamais osé lui poser la question. Il croyait sans réserve en cet amour.

« Ta mère et moi, tu sais, nous étions fous l'un de l'autre. »

Malgré cela, ils ne se sont jamais mariés. La maladie n'a pas tardé à miner ma mère. Sa fragile constitution ne supporta pas la moite humidité du sous-sol. La grossesse finit de l'épuiser et ma naissance lui porta le coup de grâce. Elle perdit beaucoup de sang, ne s'en remit pas ; elle est morte deux jours plus tard sans avoir repris conscience. Mon père m'avait déjà confié à Mme Bromley et il ne revint me chercher à Hoxton qu'après l'enterrement.

« T'as tué ta mère », me dit un jour Martin, une formule qui m'a longtemps hanté, d'autant plus que j'expliquais la distance que mon père cultivait à mon égard par l'origine de cette mort.

Plus tard, Mme Bromley devait contester avec énergie cette façon de voir : « Comment peux-tu penser ça, John ? Ton papa est un homme réservé, c'est tout, jamais de gestes démonstratifs, jamais plus de trois ou quatre mots. C'est vrai, son cœur est vidé, mais il te le reproche pas à toi, crois-moi. »

Il n'y a jamais eu, dans la vie de mon père, d'autres femmes. À ses yeux, aucune n'aurait pu rivaliser avec ma mère. Elle représentait ce qu'il pouvait atteindre de plus haut. Un gars ordinaire qui avait gagné le cœur d'une riche princesse. Ainsi voyait-il certainement les choses.

Enfant, j'imaginais ma mère sous les traits d'une véritable princesse en me fondant sur des illustrations de contes de fées. Nous n'avions en effet pas le moindre portrait d'elle, ni photo ni peinture. Sans doute son père en possédait-il, mais après que sa fille eut pris la fuite avec un misérable facteur, il détruisit tout ce qui pouvait la lui rappeler et la raya de son testament.

« Pour moi, elle n'existe plus ! » se serait-il écrié. Il est mort quelques années plus tard, écrasé par un tramway à chevaux dans Fleet Street.

Les rares fois où il évoquait l'apparence de ma mère, mon père restait dans le vague, sa description changeant en fonction de l'éclairage qu'il projetait sur les recoins de sa mémoire. Selon les jours, elle avait les yeux gris ou bleus, les cheveux châtain ou blond foncé, sans compter toutes les nuances intermédiaires. Quant à son visage, ses bras, ses mains, ils étaient beaux, ni plus ni moins.

« Oui, elle avait vraiment de belles mains. De beaux doigts aussi. »

On aurait dit qu'il redoutait que son image ne s'estompe à mesure qu'il parlait d'elle.

Il m'arrivait de lui demander si je lui ressemblais, mais il me répondait systématiquement par la négative ; un regret se lisait alors dans ses yeux.

« Tu ressembles comme deux grains d'orge à ton père », affirmait Mme Bromley, ce que d'autres confirmaient plus ou moins dans les mêmes termes quand ils nous voyaient tous les deux ensemble.

Pour ma part, devant une glace, je retrouvais surtout son nez prononcé et ses épais sourcils broussailleux qui se rejoignaient.

N'ayant jamais rencontré le moindre proche ou ami de ma mère, j'ai longtemps pensé qu'elle était un fruit de son imagination. Cependant, le jour où je fis part de mes doutes à Mme Bromley, celle-ci rétorqua sur un ton catégorique : « La douleur de ton papa juste après la mort de ta maman, je l'ai vue, et une douleur comme ça, mon garçon, ça s'invente pas, je te l'assure aussi vrai que deux et deux font quatre. »

Ma mère fut enterrée au Bow Cemetery dans East End. Tous les dimanches, mon père se rendait sur sa tombe. Il m'y emmenait, mais dès que je fus en âge de rester seul, il me laissa le plus souvent à Allerton Street. De toute façon, je trouvais le cimetière lugubre et me sentais oppressé dès que mes yeux se posaient sur le nom et la date de naissance de mon père, déjà gravés dans la pierre.

Rien de ce qui a appartenu à ma mère n'a été conservé. Mon père a vendu ses bijoux pour payer la facture du médecin, brûlé ses vêtements et tout ce qu'elle avait touché dans ses derniers jours car on craignait qu'elle ne fût morte de phtisie. Seuls les trois livres provenant de la bibliothèque de Charles Milton échappèrent à la destruction.

Ces livres formaient le cœur de celle que mon père entreprit de constituer peu de temps après le décès de ma mère. Lors de ventes aux enchères, il acquit des étagères en bois qu'il fut contraint de raccourcir pour les transporter dans notre sous-sol ; aux puces, il acheta des caisses pleines de livres, le prix étant fonction de leur poids et non de leur contenu. Peu à peu, il tapissa de la sorte tous les murs de la pièce d'une ripopée de volumes aux formats et reliures les plus variés, dont beaucoup étaient abîmés ou privés de couverture, les pages attaquées par le moisi ou s'émiettant au moindre contact.

Lorsque je l'interrogeais sur ce subit engouement, il me servait systématiquement une réponse évasive, le plus souvent : « Tout le monde collectionne bien quelque chose. » En grandissant, je me suis rendu compte qu'il cherchait à entretenir vivant le souvenir de ma mère. Il lui édifiait une sorte de monument censé se rapprocher toujours plus de la bibliothèque de Charles Milton : une fois entouré, du sol au plafond, de livres – ce qui lui a sans aucun doute procuré un sentiment de bien-être –, il commença à remplacer chaque volume sans valeur par un ouvrage relié cuir, de préférence à fers dorés, écumant chaque semaine marchés et bouquinistes. Ce faisant, il montrait une préférence pour les écrivains que ma mère avait ramenés à la maison – Milton, Dickens, Thackeray et Keats –, en particulier pour les premières éditions de leurs œuvres dont il ne pouvait certes s'offrir que des exemplaires en mauvais état. Quant aux autres auteurs, il en acquérait surtout des volumes dont la reliure en cuir, à commencer par le dos, ne présentait pour ainsi dire pas la moindre fissure ni la moindre marque de décoloration, et dont les fers dorés ne s'effeuillaient pas encore.

Pour un facteur, de tels achats n'allaient pas de soi, mais mon père, afin de réaliser son rêve, rognait sur chaque penny. Malgré la constance de ses efforts, cette occupation devait lui prendre presque toute sa vie : autour de moi, les murs de papier se transformèrent en parois de cuir et d'or tout aussi lentement que je grandissais sous ses yeux. Il lui fallut environ sept ans pour terminer un premier mur – soit à peu près six cents livres – et sept de plus pour un deuxième. Lorsque la guerre éclata, il en était à la moitié du troisième, lequel revêtait l'apparence d'une peinture inachevée : dans la partie supérieure, les rangs serrés de dos en cuir noir et brun, et, dans la partie inférieure, les bouquins défraîchis qu'il avait achetés peu après la mort de ma mère.

Sa frénésie de collectionneur ne manquait pas de m'irriter, principalement à cause des sommes qui passaient là-dedans, mais au bout du compte, j'y trouvais mon intérêt. Y avait-il quelqu'un aux origines semblables aux miennes qui avait à tout instant des livres à portée de la main ? Bien entendu, au cours de mes jeunes années, je n'ai pas connu beaucoup d'enfants qui aspiraient à cela, certains comme Martin éprouvant même une aversion pour les bouquins, mais quant à moi, il m'arrivait de me sentir au milieu d'un magasin de bonbons où je pouvais à cœur joie plonger la main dans tous les pots.

« Ta maman lisait elle aussi beaucoup », me disait parfois mon père, ce qui m'encourageait à dévorer encore plus d'ouvrages.

Ma frénésie de lecture incitait mon père à rapporter à l'occasion un livre pour moi. Heureusement, il suivait les conseils de libraires qui savaient ce qui pouvait captiver un garçon de mon âge. Ainsi, je me suis familiarisé très tôt avec des romans d'aventure, par exemple *Robinson Crusoe*, *Les Voyages de Gulliver* ou *Alice au pays des merveilles*, et ensuite avec les romans policiers d'Arthur Conan Doyle et les romans de science-fiction de H. G. Wells. Je crois que mon père, au plus profond de son cœur, espérait que je partagerais un jour sa passion, un souhait resté vain. Il était un collectionneur qui ne lisait pas, je suis devenu un lecteur qui ne collectionne rien.

C'est surtout à l'école que j'ai récolté les fruits de toutes ces lectures. J'écrivais les meilleures rédactions de ma classe et brillais aussi par ma maîtrise de l'orthographe et ma connaissance du vocabulaire. Finalement, on m'a attribué une bourse pour suivre des études secondaires au lycée classique de Cowper Street, une accession exceptionnelle pour le fils d'un facteur.

Au lycée, je me distinguai en langues, mais de moins en moins dans les matières scientifiques, au point que mon rêve de fréquenter l'université parut compromis. Beaucoup convoitaient les rares bourses pour le King's College ou l'University College. À la moitié de ma dernière année, prenant conscience que je n'appartiendrais pas au groupe des élus, je tentai de persuader mon père de faire des économies au lieu d'acheter un énième volume, mais il demeura inflexible.

« Les voilà, mes économies, me serinait-il en faisant un grand geste des bras comme pour soulever d'un seul mouvement la pièce regorgeant de livres.

– Du vieux papier, protestais-je.

– Tu verras ce que je te dis, John », rétorquait-il à la façon d'un écolier auquel l'instituteur aurait assuré qu'il ne ferait rien de bon.

D'une certaine façon, le proche avenir nous donna raison à tous les deux. Quand j'appris officiellement en juin qu'aucune bourse ne m'avait été octroyée, mon père m'étonna en allant sur-le-champ vendre quelques livres de sa bibliothèque afin de glaner l'argent nécessaire pour couvrir mes frais de scolarité. Mais il revint désabusé.

« Il n'y a plus un seul marchand pour rattraper l'autre. Ils n'offrent même pas la moitié de ce que j'ai payé. »

Il me regarda dans les yeux, y lut probablement ma profonde déception, porta la main sur son cœur et, après un dernier flottement, s'approcha du rayonnage où il conservait les livres de ma mère. Il hésita entre Thackeray et Dickens, choisit finalement le premier et rentra une heure plus tard, cette fois avec de l'argent qu'il me fourra dans les mains.

« Allez, va t'inscrire, John. »

POUR MOI, c'était une affaire entendue : je ne m'enrôlerais pas dans l'armée. Le lendemain, impatient et tendu à la fois, j'attendis le retour de Martin. J'avais poursuivi la lecture du *Paradis perdu* – œuvre qui figurait sur la liste qu'on m'avait remise lors de mon inscription à l'University College –, mais sans en retenir grand-chose. Mes pensées dérivaient trop de cette source, les bruits provenant de dehors perturbaient ma concentration. À un moment, une détonation me fit sursauter ; le cœur battant, je sortis dans la rue, mais tout paraissait si calme que je me demandai si j'avais rêvé.

Quand mon père rentra du travail, Martin n'avait toujours pas fait son apparition.

« Comment c'est en ville ? demandai-je.

– Les gens sont nerveux, répondit mon père. Les magasins sont assaillis par les clients. Tout le monde essaie de faire autant de provisions que possible. Ceux qui arrivent trop tard arrachent ce qu'ils peuvent des mains des autres. (Les yeux écarquillés, je le regardai.) On a déjà arrêté des Allemands, poursuivit-il, des espions. Y en a partout, on dirait. Les autres se dépêchent de quitter le pays.

– Quand même pas les Kohlmann ? » m'enquis-je en me redressant sur ma chaise.

Mon père secoua la tête de droite et gauche et marqua une pause. Dehors, un train passa dans un bruit de ferraille sur le viaduc.

Le vacarme décrût. Il reprit la parole :

« M. Kohlmann refuse de partir. Il dit qu'il a toujours été bon pour les gens d'ici et que nous avons été bons pour lui. Il voit pas pourquoi ça devrait changer du jour au lendemain.

– Il a raison. Tu crois que ça va durer longtemps ?

– La guerre ? Oh ! non ! À Noël, ça sera fini, répondit-il avec assurance. Nos soldats sont bien entraînés et ils manquent pas d'expérience, bien au contraire. »

Il faisait allusion à la guerre des Boers. Mais ça remontait à plus de dix ans. Depuis, bien des choses avaient changé. J'avais lu quelque part que la guerre se gagnerait ou se perdrait sur les mers. Les paroles de mon père n'en étaient pas moins porteuses d'espoir. S'il avait raison, l'armée n'aurait pas besoin de volontaires. Elle comptait des milliers de professionnels et on venait de rappeler tous les réservistes.

« Martin veut s'engager. »

Lui faire cette confidence ne portait pas à conséquence, me dis-je, puisque mon camarade ne pourrait pas mener à bien son projet.

« Martin ?

– Oui, Martin Bromley. Il est passé hier. Pour m'annoncer qu'il voulait s'engager. »

Je m'abstins de révéler à mon père qu'il avait insisté pour que je suive son exemple.

« J'espère pour lui que, d'ici là, il aura grandi d'au moins deux têtes, sinon on va le réformer.

– De toute façon, il est trop jeune, ajoutai-je. Il n'a que 17 ans.

– Dans ce cas, il n'a aucune chance d'être pris. Seuls ceux qui ont au moins 19 ans peuvent combattre à l'étranger. »

C'était l'argument que je désirais entendre.

« T'as vu Mme Bromley ?

– Y avait un message de son mari, acquiesça-t-il. Son bateau a fait demi-tour.

– Martin était chez eux ?

– Aucune idée. Et toi, t'es sorti aujourd'hui ? Il a fait un temps magnifique. »

Je fis non de la tête.

« Tu n'as qu'à aller la voir, me suggéra-t-il. Ça te fera du bien. Elle a demandé de tes nouvelles.

– Après le dîner », répondis-je pour gagner du temps.

Une heure plus tard, je me dirigeais vers Allerton Street, une ruelle sombre de Hoxton, quartier particulièrement maussade. On colportait depuis un certain temps déjà que des ensembles de locations modernes et confortables allaient se substituer aux maisons délabrées, à l'instar de ce qui était en cours dans East End. Mais tout le monde savait que l'objectif essentiel consistait à chasser les pauvres qui habitaient les lieux pour repousser ainsi la criminalité à la périphérie de la ville.

« S'ils veulent m'expulser d'ici, faudra qu'ils me portent », affirmait Mme Bromley, et je ne doutais pas de sa détermination. À une saine dose d'entêtement, elle mariait un refus de se laisser marcher sur les pieds. Quand, encore gamin, je l'accompagnais au marché, j'étais estomaqué par sa capacité à marchander sans chercher à susciter la pitié, à l'inverse de bien des femmes. De cette façon, elle parvenait, malgré le peu d'argent dont elle disposait, à faire en sorte qu'aucun des enfants qui prenaient chaque jour place à sa table ne se plaigne de la faim. Plus tard, je me suis rendu compte qu'elle se contentait souvent des restes et qu'elle sautait même à l'occasion un repas, soi-disant parce qu'elle s'était gavée devant les fourneaux.

Elle n'en a pas moins été pendant longtemps plutôt dodue, ayant pris de l'embonpoint surtout à la suite de son avant-dernière grossesse – les jumelles –, en particulier au niveau des seins et du ventre.

« C'est tout ce j'ai encore de bon », disait-elle en posant la main dessus, manière de rappeler la douleur qui harcelait ses os, ceux de ses doigts plus encore que les autres, et qui la rendait impropre à un emploi de couturière ou d'ouvrière.

Deux ans après la naissance de Molly et Poppy, elle perdit un deuxième bébé ; c'est alors qu'elle commença à fondre. En moins de rien, elle se retrouva maigre comme un clou et ressembla à une vieille femme qui, l'avenir le confirma, ne fut plus à même de tomber enceinte.

« Jürgen, ce gros glouton, l'a complètement asséchée », commenta un jour Martin.

Sur le chemin, je fis un détour par Shaftesbury Street où était établi un bureau de recrutement des Royal Fusiliers. Au moins une centaine d'hommes faisaient la queue devant. Je relevai la présence de volontaires de tous les âges. Des gars comme Martin, mais aussi des étudiants et même plusieurs hommes qui avaient sans aucun doute une épouse et des enfants. Je remontai la rangée en laissant mon regard traîner sur les visages.

« Hé, toi ! derrière, comme tout le monde ! » cria tout à coup un homme au nez épaté de boxeur.

D'autres, grommelant, se rallièrent à son avis. Je secouai la tête :

« Je cherche un ami. Rien de plus.

– Comment ça, rien de plus ? lança un homme portant un canotier et un costume bistre. Tu t'crois trop intelligent pour défendre ton pays ? »

Un rire monta de la rangée. Je rougis. Sans rien ajouter, je tournai les talons et m'empressai de disparaître.

Peu après, j'entrai dans Allerton Street. Cette fois encore, les excréments qui s'accumulaient dans l'étroit caniveau courant au milieu de la venelle répandaient une odeur pestilentielle. En de nombreux endroits, les pavés affaissés accueillaient jour après jour de grosses flaques d'eau de pluie et d'eau de vaisselle dans lesquelles j'avais autrefois joué des heures avec Martin.

Ce soir-là aussi, il y avait à mi-rue des enfants qui sautaient et s'éclaboussaient dans une petite nappe de liquide stagnant et grisâtre. En m'approchant, je reconnus Trudy et les jumelles. Molly et Poppy avaient toutes deux un gros nœud rouge dans leurs cheveux jaune paille.

« Bonjour, les filles.

– John ! John ! s'écrièrent-elles à l'unisson, une fois remises de leur surprise, et elles se précipitèrent toutes les trois vers moi, bras ouverts.

– Non, attention ! Vous êtes couvertes de boue !

– Et alors ? répliqua Trudy en essayant de forcer le passage entre mes bras.

– Arrête ! » fis-je en haussant la voix.

Choquée, elle s'arrêta. Suivant son exemple, ses sœurs n'insistèrent pas.

« T'es pas marrant, dit Poppy, à moins que ce ne fût Molly.

– J'ai un rendez-vous ailleurs, mentis-je.

– Où ça ? demanda l'autre jumelle.

– Je ne risque pas de te le dire, Molly.

– Poppy, moi c'est Poppy !

– Je ne risque pas de te le dire, Poppy. Martin est à la maison ?

– Peut-être, répondit Poppy.

– Peut-être pas, renchérit Molly.

– Je ne peux vraiment pas compter sur vous, plaisantai-je. Votre maman, elle est là ? Ça au moins, vous le savez, non ?

– Peut-être, reprit Molly.

– Peut-être pas, gloussa Poppy.

– Elle dort, m'indiqua Trudy.

– Ah… dis-je. Elle n'a pas dormi la nuit dernière ? (Trudy haussa les épaules.) Tu crois que je peux la réveiller ?

– À toi de voir.

– Dans ce cas, je crois – je dressai un doigt en l'air que trois paires d'yeux suivirent – que je vais aller m'en rendre compte par moi-même. »

Et je me faufilai habilement entre les filles qui tendirent en vain les bras vers moi.

« Shakespeare est revenu, fit une voix dans mon dos au moment où je m'apprêtais à frapper.

– Ah ! tant mieux, soufflai-je en me retournant à moitié. Il était parti combien de temps cette fois ?

– Je sais pas trop, expliqua Trudy. Très longtemps. On a cru qu'y reviendrait jamais. Il est vieux, tu sais. »

Shakespeare avait à peu près le même âge que les jumelles.

« Vous, vous avez quel âge ? leur demandai-je.

– Bientôt 9 ans, répondit Poppy.

– C'est pas vrai, elles auront 9 ans en décembre, précisa Trudy qui avait deux ans de plus qu'elles.

– Ça fait presque 9 ans, rétorqua Poppy en donnant une bourrade à sa grande sœur.

– Hé… ! cria cette dernière, indignée.

– Je vous laisse en découdre. Moi, je vais dire bonjour à votre maman. »

Je frappai et j'ouvris la porte.

Une quasi-pénombre régnait dans la pièce. Les fenêtres donnant sur la ruelle étaient, comme souvent, maculées de boue à la suite du passage des chevaux et des charrettes. Même si je ne distinguais pas le chien, il me sembla percevoir sa respiration bruyante. D'une voix douce, je l'appelai :

« Shakespeare ?

– John, c'est toi ? fit celle de Mme Bromley. Avance-toi. Tu veux bien allumer une bougie ? »

Je lui obéis. À la lumière vacillante de la flamme, je découvris Mme Bromley dans le fauteuil délabré que son mari avait transbahuté du bateau lorsqu'on en avait remplacé le mobilier.

« On n'a déjà pas de place, Richard, avait-elle râlé ce jour-là.

– Tous les bourgeois en ont un comme ça.

– Je veux bien, Richard, mais nous, on est pauv' comme Job.

– Plus maintenant. »

Mme Bromley paraissait en effet très fatiguée. Elle avait des valises sous les yeux et son regard brouillé laissait penser qu'elle souffrait de nouveau de maux de tête.

« Comment ça va, John ? me demanda-t-elle d'une voix lasse. Tout roule ?

– Ça va bien, Mme Bromley. Et vous ?

– Oh… », soupira-t-elle, incapable d'ajouter quoi que ce soit.

Je l'avais toujours appelée « madame ». Mon père y tenait. Tout comme il avait veillé à ce que je parle correctement.

« Ta mère s'exprimait elle aussi très bien, me confiait-il alors. Enfant, elle avait pris des cours de déclamation. »

Mme Bromley restait le regard dans le vide.

« Les filles m'ont dit que Shakespeare est revenu », repris-je sur un ton enjoué dans l'espoir de lui remonter le moral.

Jetant un regard circulaire dans la pièce, je vis Shakespeare couché près de la porte, sur un vieux paillasson. Ses poils mi-longs couleur terre semblaient mouillés et poisseux. Une traînée rouge, probablement du sang séché, barrait la tache blanche qui se détachait sur sa tête. Il leva ses yeux noirs sur moi, remua la queue à quelques reprises puis referma les paupières.

« Lui oui, dit Mme Bromley.

– Que voulez-vous dire ? fis-je, envahi par un pressentiment.

– Martin est parti. (Je ne pus réprimer un bruit de déglutition.) Y a deux nuits qu'il est pas rentré, John. Il a jamais fait ça avant. »

Dans sa voix, la lassitude venait de laisser place à une légère panique. Elle posa sur moi un regard insistant. Je détournai la tête.

« Qu'est-ce qu'y a, John ? Tu sais quelque chose ?

– Non, mentis-je. Moi aussi, ça me retourne.

– Tu l'aurais pas vu par hasard ? Hier ou avant-hier ? (Je secouai la tête.) C'est la guerre, dit-elle soudain, et je vis la peur dans ses yeux.

– Il ne faut pas trop s'en faire à cause de ça, Mme Bromley, essayai-je de la rassurer. Une guerre de rien du tout. À Noël, ce sera fini. Tout le monde le dit. Nous, on n'en remarquera rien. Ça va se passer de l'autre côté de la Manche. Pas ici.

– Tu crois ? »

Elle porta une main sur son front et, de ses doigts crochus, massa doucement la peau au-dessus de ses fins sourcils.

« Mon père est aussi de cet avis, insistai-je. Tout le monde le dit. Il n'y a aucune raison de paniquer. »

J'aurais dû lui apporter un peu de nourriture, songeai-je, du pain ou quelques œufs.

« Ton père est passé ce matin. Avec une carte de Richard. Son bateau rentre plus tôt que prévu.

– Alors, il sera bientôt à la maison. Une pensée rassurante, n'est-ce pas ?

– Un souci de plus, tu veux dire, sourit-elle avant que son visage ne se rassombrisse.

– Vous voulez que je parte à la recherche de Martin ? suggérai-je.

– Je voudrais pas te…

– Mais non, ça me fera prendre un peu l'air. Je passe mes journées enfermé. Je vais aller voir sur les quais. Peut-être que quelqu'un pourra me renseigner.

– Ce serait gentil de ta part », acquiesça-t-elle.

Une mèche tomba sur sa figure. De la main, elle la remit en place. Elle avait les cheveux bien plus clairsemés qu'avant.

« Je vous donne bientôt des nouvelles.

– Merci, John. »

Je pivotai et gratifiai Shakespeare d'une caresse. Dehors, les trois sœurs s'approchèrent de nouveau de moi.

« John, John, c'est la guerre, hein ! cria une des jumelles.

– Ah ! j'en sais rien, moi, rétorquai-je.

– Si, c'est pour ça que papa rentre bientôt, expliqua Trudy.

– Eh bien, vous devez être contentes.

– Nooon ! » beuglèrent-elles en chœur.

Elles me faisaient rire. J'échappai de justesse aux bras de la plus grande.

« Il faut que j'y aille ! m'écriai-je en détalant. Je reviens demain.

– Eh ! John, regarde ! » hurla Trudy.

Je tournai la tête. Elle pointait sur moi un fusil imaginaire.

« Pan ! s'écria-t-elle.

– Arghhhh ! » m'exclamai-je en chancelant et je poursuivis mon chemin.

Leurs joyeux roucoulements m'accompagnèrent encore quelques secondes.

Ce soir-là, je cherchai en vain Martin du côté des quais, où je retournai dès le lendemain matin. Parmi les journaliers attendant en une longue queue qui un marchand, qui un capitaine à la recherche de main-d'œuvre pour charger ou décharger une cargaison, je trouvai deux ou trois gars qui m'apprirent que Martin ne s'était pas montré depuis plusieurs jours. Aucun n'avait la moindre idée de l'endroit où il se trouvait.

Porteur de ces nouvelles peu réjouissantes, je gagnai Allerton Street où Mme Bromley me raconta que son fils avait enfin réapparu, passé la nuit chez eux avant de se volatiliser de nouveau, à la première heure. Pour se rendre sur les quais, supposait-elle. Afin de ne pas la priver de son soulagement, je m'abstins de lui rapporter ce que je savais.

Les jours suivants, je passai le plus clair de mon temps à la maison dans l'espoir de voir surgir Martin. Son hypothèse selon laquelle l'armée allait recruter des volontaires se révélait fondée. Nommé ministre de la Guerre, lord Kitchener cherchait cent mille hommes prêts à combattre. J'avais décortiqué les conditions requises : Martin n'avait pas l'ombre d'une chance d'être retenu. Pour commencer, il était trop jeune et, à première vue, trop petit de dix centimètres, la taille minimale étant un mètre soixante-dix. Certes, son tour de poitrine – il avait me semblait-il un thorax plus puissant que le mien qui répondait à la norme exigée – aurait probablement fait l'affaire.

Grâce à mon père, je tentais de rester informé de l'évolution de la situation en ville. Véritable plaque tournante, le bureau de poste accueillait toutes les nouvelles, petites et grandes. Chaque matin, facteurs et porteurs de télégrammes s'essaimaient dans Londres ; à la fin de la journée, ils regagnaient telles des abeilles leur ruche en rapportant anecdotes et histoires diverses qu'ils diffusaient à leur tour le lendemain matin.

Toutefois, ils ne recueillaient plus grand-chose de vraiment nouveau, et la flambée d'émotions suscitée par l'annonce de la guerre n'avait pas tardé à retomber. On aurait dit qu'un cirque ambulant s'était arrêté quelque temps dans la capitale et que seuls quelques affiches lacérées par la pluie et des détritus rappelaient ce passage. Tout ce que mon père pouvait m'apprendre portait pour l'essentiel sur les volontaires – l'appel de Kitchener poussait des milliers d'hommes vers les bureaux de recrutement. Parmi eux se trouvaient une bonne poignée de garçons qui avaient été mes camarades à l'école primaire, au collège ou au lycée. Certains noms ne manquèrent pas de susciter mon étonnement, par exemple celui de Peter Barnett, qui était censé rejoindre comme moi l'University College ; d'autres, j'aurais pu les deviner, tels ceux des jumeaux Francis et Frederick Taylor, connus depuis leur plus tendre enfance pour leurs qualités de bagarreurs. Dès leur affectation dans une unité, les volontaires commençaient une instruction prévue pour durer au minimum six mois. Cela me rassurait. D'ici là, les Allemands seraient vaincus et tous ces jeunes hommes rentreraient « bredouilles » chez eux. Pour moi, une raison supplémentaire de me consacrer entièrement à mes études.

Une semaine s'écoula avant que Martin ne réapparaisse chez nous. En le voyant, je me réjouis d'avoir écouté mon intuition et non mon père, lequel m'avait seriné de bon matin déjà avec son refrain : « Sors donc un peu. » L'idée de prendre un livre et de gagner Victoria Park m'avait traversé, mais je redoutais la présence d'une foule trop importante et le bruit des enfants qui m'aurait agacé. J'aspirais à finir *La Guerre des mondes* de H. G. Wells sans être dérangé. Quelques jours plus tôt, cet écrivain avait publié un article dans le *Daily Chronicle* : il y défendait la guerre car elle assurerait une paix durable. Son pamphlet n'avait guère su me captiver ; néanmoins, j'étais curieux de redécouvrir ses romans après les avoir dévorés au début de mon adolescence.

J'entamais l'avant-dernier chapitre de *La Guerre des mondes* quand Martin fit son apparition. Depuis l'encadrement de la porte, il promena son regard de moi à mon père qui était en train d'éplucher des pommes de terre.

« Bonjour, m'sieur Patterson, le salua-t-il.

– Tiens donc, Martin. Entre. Ça fait un bail dis-moi.

– Un sacré bout de temps, ouais », fit Martin en avançant à contrecœur d'un petit mètre.

Sa silhouette se découpait dans la lumière du jour qui entrait par la porte ouverte.

« Tu as changé, releva mon père. Tu as pris des épaules, on dirait. Le travail aux docks, hein ?

– J'vous l'fais pas dire, m'sieur Patterson », confirma Martin en gonflant la poitrine de façon théâtrale.

Un silence tomba. Comme j'osais à peine regarder mon camarade, je fis semblant de poursuivre ma lecture.

« Que lis-tu ? me demanda-t-il, lui qui d'habitude ne me posait jamais ce genre de question.

– Un bouquin de Wells.

– Hum ! Ça raconte quoi ? »

Voilà qu'il montrait un intérêt pour le moins surprenant.

« *La Guerre des mondes*. Ça parle d'extraterrestres qui attaquent la Terre.

– Passionnant, on dirait, fit Martin. C'est qui qui gagne à la fin ? »

À son tour, mon père se tourna vers moi dans l'attente de ma réponse.

« Nous », répondis-je.

Martin hocha la tête, convaincu qu'il ne pouvait en être autrement :

« Bien sûr. On a l'armée la plus forte, hein !

– Ce n'est pas l'armée…, commençai-je, mais mon père m'interrompit.

– Il paraît que tu veux t'engager », lança-t-il à Martin.

Ce dernier sursauta et m'adressa un regard lourd de reproche. Je baissai les yeux.

« Y veulent pas d'moi, reconnut-il sur un ton qui laissait entendre que les militaires avait commis une grave erreur.

– Oh ! s'exclama mon père en feignant la surprise. Pourquoi donc ? Que t'ont-ils dit ?

– Que j'pouvais r'tourner téter ma mère. »

Je m'esclaffai, à cause de sa réponse bien sûr, mais aussi parce que je me sentais soulagé d'apprendre qu'il avait effectivement été réformé. Mon père eut bien du mal à ne pas éclater de rire.

« Y m'ont même pas mesuré, ajouta Martin, outré.

– Bah, tu tenteras ta chance une autre fois », l'apaisa mon père.

Je lui décochai un regard furieux qu'il ne remarqua pas.

« Peut-être, dit Martin en haussant les épaules. Je verrai bien. Là, faut que j'y aille. »

Il me sembla qu'il me faisait un signe de la tête.

« Comment, déjà ? rétorqua mon père. T'es à peine arrivé. Tu peux dîner avec nous si tu veux.

– Non, j'suis à la bourre, s'excusa Martin et, cette fois, je compris qu'il m'invitait à le suivre.

– Je fais un bout de chemin avec toi, m'empressai-je de dire.

– Tant que tu es rentré dans une demi-heure », fit mon père.

Je hochai la tête et passai dans ma chambre prendre ma casquette. La voix de Martin me parvint :

« Au revoir, m'sieur Patterson.

– Au revoir. Passe le bonjour à ta mère. Ton père est revenu ?

– Ouais, hier. »

Mon père ne chercha pas à en savoir plus. Il ne s'était de toute façon jamais senti très proche de M. Bromley.

Quand je sortis, Martin s'était déjà engagé dans la rue. Je me dépêchai de le rattraper tout en me demandant si je devais lui présenter mes excuses. Peut-être m'imputait-il sa déception.

« Martin, lançai-je dès que je fus à sa hauteur, je t'ai cherché partout, tu étais…

– John, écoute-moi, m'interrompit-il, c'est demain que ça va se passer. »

Il s'arrêta et me regarda droit dans les yeux.

« Qu'est-ce qui va se passer ? demandai-je, curieux et tout heureux de n'avoir pas pris un savon.

– J'peux rien t'dire, rétorqua-t-il sur le ton de la conspiration. Débrouille-toi juste pour être là.

– Où ça ? repris-je d'une voix étouffée. Je ne peux pas dire oui si je ne sais pas de quoi il retourne.

– Demain, John, demain à 16 heures au Wenlock Basin ; 16 heures ; pas 16 h 01.

– Tu pourrais quand même me fournir un minimum de précisions, insistai-je.

– Non, non, ça doit rester secret. Débrouille-toi pour être là. Faut pas qu'tu rates ça. 16 heures. Wenlock Basin. »

Portant spontanément les yeux sur ma montre comme si je ne disposais plus que de quelques minutes, je constatai que ceux de Martin suivaient le même mouvement. Il ne l'avait encore jamais vue. Mon père me l'avait offerte pour mon dix-huitième anniversaire, une idée de M. Kohlmann qui lui avait d'ailleurs fait un prix.

« Votre fils rêve depuis si longtemps d'en avoir une. En fait, depuis la première fois qu'il est venu garder Jürgen. »

Au début, j'étais déçu car il ne s'agissait pas d'une montre à gousset. Mais mon père avait justifié son choix: « Selon M. Kohlmann, il y a de plus en plus d'hommes qui portent une montre-bracelet. Ce sera bientôt la nouvelle mode. Il m'a assuré qu'avec ça, tu épateras les filles. Et il paraît qu'une montre pareille, on la garde toute sa vie. Qualité suisse. »

« Où t'as eu ça ? me demanda Martin, le regard empreint de jalousie.

– Un cadeau de mon père. Pour mes 18 ans.

– C'est une montre de femme.

– Pas du tout. Les hommes en portent de nos jours.

– Pff! C'est tout petit, on peut à peine lire l'heure ! Moi, j'jure que par les montres à gousset avec une chaîne en or.

– Nous verrons bien lequel de nous deux sera le plus ponctuel demain, fis-je d'un ton sec, vexé. Je serai là à 4 heures sonnantes.

– Pétantes, ouais », répliqua Martin avant de me tourner le dos et de s'éloigner au plus vite.

Je lui emboîtai le pas et le hélai, mais il cria en agitant la main comme pour chasser une mouche importune :

« À d'main, John, à d'main. »

Abasourdi, je le suivis du regard. Il n'avait plus la même démarche qu'avant. Il ne traînait plus les pieds. Il progressait le dos bien droit, ses épaules montaient et descendaient de façon bien rythmée, dégageant de la sorte la même assurance qu'un boxeur qui se dirige vers le ring. Ce qui n'avait pas changé, c'était le gilet gris souris qu'il portait.

Ce gilet, je le lui avais donné une bonne année plus tôt. Le 15 juillet. Date de son anniversaire. Ce jour-là aussi, Martin avait resurgi après une assez longue absence. Il me proposait de prendre le frais. Il faisait très chaud. Il y avait dans les docks un petit bassin où presque personne ne se rendait. Bien que je n'eusse guère envie de sortir, je décidai de l'accompagner. Je ne voulais pas le décevoir, d'autant que je n'avais pas songé à lui acheter de cadeau. Quand je lui souhaitai un bon anniversaire, il haussa les épaules.

« Oh ! un jour comme les autres », fit-il, accommodant.

Selon toute apparence, il s'était malgré tout attendu à recevoir un petit quelque chose de ma part.

Sur le chemin, il se montra moins bavard que d'habitude. En général, il rapportait certaines blagues des dockers, parlait des bateaux amarrés depuis peu ou des caisses regorgeant de marchandises exotiques qu'il avait déchargées. Mais rien de cela cette fois, et pour ma part, je ne savais quel sujet aborder pour l'égayer.

Martin avançait d'un pas soutenu. Il faisait plus chaud que je ne le croyais ; je regrettais de ne pas avoir laissé mon gilet à la maison. Je l'ôtai et m'en servis pour m'essuyer le front. À mesure que les minutes s'écoulaient, la perspective de bientôt plonger dans l'eau fraîche me paraissait toujours plus agréable.

Après une demi-heure de marche, il s'engagea à ma grande surprise dans Whitechapel Road.

« C'est pas la bonne direction !

– Contente-toi de m'suivre, me dit-il. On est bientôt arrivés. »

Comme il connaissait mieux le chemin que moi, je m'abstins de lui poser d'autres questions, même quand il m'emmena dans un quartier aux venelles sombres et aux pubs crasseux, où je n'avais jamais mis les pieds. Ici et là, sous les porches, il y avait des grappes d'hommes, casquette enfoncée sur le front, tête noyée dans la fumée épaisse des cigarettes. Je me sentais mal à l'aise et redoutais de perdre de vue Martin qui se faufilait dans ces ruelles comme une anguille dans l'eau. Il finit par ralentir ; essoufflé, je regardai autour de moi. J'aurais été incapable de dire où nous nous trouvions.

« On est arrivés ? lui demandai-je, plus inquiet que surpris.

– Presque. On prend à gauche puis à droite. »

Il adopta un pas mesuré, je pus rester à sa hauteur. Alors que la sueur dégoulinait sur mon visage, je ne relevai pas le moindre signe de fatigue chez lui. Au moment où nous nous engageâmes dans la ruelle suivante, il m'adressa soudain la parole tout en gardant les yeux rivés droits devant lui.

« John, t'es déjà allé aux putes ?

– Quoi ? fis-je en m'arrêtant brusquement.

– T'es déjà allé aux putes, oui ou non ? » répéta-t-il avec insistance.

Bien entendu, je n'y étais jamais allé, l'idée ne m'avait pas même effleuré l'esprit. Pourtant, j'hésitai à le lui avouer.

« Alors, t'accouches ? m'exhorta Martin.

– Pas vraiment, répondis-je sur un ton neutre.

– Comment ça, pas vraiment ? T'y es allé ou t'y es pas allé ? C'est pas compliqué.

– Et toi, t'y es déjà allé ? ripostai-je, l'attaque me semblant être la meilleure défense.

– Non, rétorqua-t-il en écarquillant les yeux et en secouant la tête, mais y veulent que j'y aille.

– Qui ça ? lui demandai-je, un peu rassuré par sa réponse.

– Les gars des docks. Quand on a 16 ans, on doit aller aux putes, qu'y disent.

– C'est juste pour te provoquer.

– Si je l'fais pas, ils vont s'payer ma tête.

– Dis-leur que t'es encore trop jeune.

– Pour apprendre à monter, pas de meilleur cheval qu'une pute.

– Hein ? fis-je, la chique coupée.

– Pour apprendre à monter…, reprit-il un peu plus fort, mais je l'interrompis.

– Ça va, j'ai entendu. »

Il se gratta l'oreille et resta muet. Ce qui au fond m'avait le plus étonné, c'était le ton grave qu'il avait adopté. Ça le travaillait vraiment, à croire qu'il ne savait plus à quel saint se vouer devant un problème mathématique qu'on lui commandait de résoudre. Aussi, je choisis la franchise :

« À mon avis, il ne faut pas que tu y ailles.

– J'ai pas le choix. Y s'sont cotisés. »

Il farfouilla dans sa poche et me montra une poignée de pièces de monnaie. Quelques pence et un shilling. Pas grand-chose. Il remit l'argent dans sa poche.

« Rien ne t'empêche de le leur rendre, suggérai-je.

– J'en ai déjà dépensé une partie. »

Je secouai la tête en signe d'incrédulité tout en préférant me taire.

Nous tournâmes au coin d'une ruelle. Devant nous s'étiraient deux rangées de maisons tellement rapprochées que le ciel se réduisait à une mince bande bleue. Une forte odeur d'urine nous assaillit, il y avait des mouches partout.

« Ça doit être ici, dit Martin.
– Quoi ? Tu vois un bassin ici ?
– T'es fondu ou quoi ? T'as pas encore compris ? »

Il glissa de nouveau la main dans la poche de son pantalon, fit tinter les pièces et m'adressa un clin d'œil.

Je secouai la tête :

« Ah non, tu me prends pour qui ?
– T'attends juste devant la porte. Rien de plus.
– Compte là-dessus ! Ça ne te suffit pas de m'avoir attiré ici ?
– Tu s'rais jamais venu autrement.
– Je ne te le pardonnerai jamais !
– Oh, m'sieur monte sur ses grands chevaux ! T'as deux ans de plus que moi si j'abuse ?
– Si je ne m'abuse, le corrigeai-je.
– Quoi ?
– Laisse tomber. Fais ce que bon te semble. Moi, je rentre. »

Je pivotai sur moi-même et m'éloignai.

« Merci encore ! me lança-t-il. Pour un cadeau d'anniversaire, c'est un beau cadeau d'anniversaire ! »

Je m'arrêtai sur-le-champ, me retournait lentement. Martin se tenait mains dans les poches, tête légèrement penchée ; la visière de sa casquette jetait une ombre sur ses yeux. Il semblait attendre ce que j'allais lui dire, mais je ne trouvai pas tout de suite les mots appropriés. Sa remarque me troublait plus encore que le mensonge par lequel il m'avait attiré dans ce quartier. Les yeux toujours rivés sur le sol, il porta les mains derrière sa tête pour vérifier la position de sa casquette. En voyant les trous sous les bras de son sarrau, une idée me vint. Je rebroussai chemin et lui tendis mon gilet.

« Tiens, pour ton anniversaire. »

Le vêtement était légèrement passé de ton, mais je n'ignorais pas que Martin avait toujours désiré avoir le même. Il le trouvait chic. Avec ça sur le dos, on ressemble à un prince, avait-il dit, même si le gilet n'avait rien de particulier. Un gilet sans manche qui se porte au-dessus d'une chemise. Gris souris. Petite ceinture en cuir dans le dos. Petits boutons ronds, brillants comme des yeux de chien.

« T'es pas sérieux, dit Martin qui ne tendit pas moins la main.

– Mais si.

– Eh ben ! c'est sacrément chouette ! Merci ! »

Il le considéra pendant quelques secondes avec admiration et le passa. Puis il tourna sur lui-même, bras écartés.

« Un vrai prince », lançai-je en riant bien que le gilet fût trop grand.

Il avança les lèvres en guise d'assentiment.

« Si on rentrait ? » suggérai-je.

L'expression de son visage changea subitement. Il me considéra comme si je l'accusais d'un méfait.

« Non, non, faut que j'le fasse, dit-il en secouant la tête. Y vont m'poser des questions. J'veux pas qu'y se paient ma tête.

– Quoi que tu fasses, ils se moqueront de toi.

– Non, y sont pas comme ça. Y s'sont cotisés. Y font pas ça pour tout le monde.

– Ils t'ont donné une misère, répliquai-je. Tu ne crois quand même pas que ça va suffire pour… »

Je fus incapable de prononcer la suite.

« Quoi, John ? me défia-t-il soudain. Pour écarter les cuisses d'une pute. C'est ça que tu veux dire ? Pourquoi t'hésites ? »

Les yeux écarquillés, je l'observai. Sa voix avait le même timbre que celle de son père. Et à l'instar de celui-ci, il était incapable de s'arrêter une fois en colère.

« Comment sais-tu d'ailleurs combien ça coûte ? s'écria-t-il. T'y es jamais allé, aux putes !

– Martin, arrête avec ça, arrête, fis-je d'une voix sifflante.

– T'as les chocottes, John, c'est tout. T'as toujours eu les chocottes.

– Martin…

– *Martin*, dit-il d'une petite voix aiguë, *Martin, j'ai les chocottes !*

– Ça suffit ! » criai-je en plaquant les mains sur mes oreilles.

Mais sa voix stridente se glissait partout. Une piqûre empoisonnée.

« *Martin, j'ose pas ! J'ai les chocottes !* »

D'un mouvement brusque, je tournai les talons et détalai.

« C'est ça, barre-toi ! Poltron ! Chiffe molle ! »

Je courus aussi vite que mes jambes pouvaient me porter, tournai au premier croisement, puis au deuxième. Une dernière fois, je perçus la voix de Martin :

« Poltron ! T'es qu'un poltron ! »

Martin avait raison. J'avais été lâche. J'aurais tout bonnement pu attendre devant la porte. Il n'avait rien exigé de plus. Même si on l'avait chassé sur-le-champ du bordel, il aurait au moins pu faire étalage de son culot, personne n'aurait pu se moquer de lui. Pourtant, j'avais refusé sans avancer la moindre raison valable.

Plus tard, je compris que pour Martin, accomplir cet acte, c'était entrer dans l'âge adulte. Or, je m'y étais opposé. J'aspirais à ce que rien ne change entre nous. À ce que nous restions à jamais de jeunes garçons. Comme par le passé, quand nous nous allongions dans le parc, par les nuits d'été, à regarder les étoiles.

« Regarde John, une étoile filante !

– Où ça ?

– Trop tard. L'est déjà partie. »

Après quoi nous faisions semblant de nous battre en roulant dans l'herbe tandis que Shakespeare, jeune chiot fougueux, nous poursuivait non sans se casser la figure. Et toute la nuit, nous riions de toutes les étoiles dans le ciel, puis, juste avant le lever du soleil, nous rentrions chez lui, nous glissant en catimini et en retenant notre souffle, dans le lit entre les corps entrelacés de ses sœurs.

« Psst, John ?

– Oui ?

– Tu dors ?

– Non.

– Moi non plus.

– …

– Hé, John ?

– Oui.

– Quelle rigolade, hein ? »

Ou comme le jour où nous avions arpenté le viaduc au-dessus de ma maison, sur les rails, main dans la main, et qu'un train s'était approché, rugissant dans un bruit de ferraille, tel un taureau qui aurait arraché son piquet, avec ses chaînes et le reste. Martin et moi étions restés là à compter. Plus que dix mètres. Le sifflement toujours plus strident de la locomotive. Plus que cinq. Le conducteur, penché par la fenêtre, d'agiter comme un fou les bras. Trois. *On bouge pas, John*. Deux. *Une seconde, John*. Un. *ON SAUTE, JOHN!*

Ou comme toutes ces fois où nous essayions de rester le plus longtemps possible sous l'eau lorsque nous nagions. Martin gagnait presque toujours.

« À toi, John. (Lui, haletant, les lèvres violacées comme s'il venait de manger des myrtilles.) Pourquoi tu chiales ?

– Je croyais que tu ne remonterais jamais à la surface.

– Et que je te laisserais tout seul ? T'es fou ou quoi ? Viens ici. »

Il passait ses bras sur mes épaules et nous restions des minutes à frissonner l'un contre l'autre, lui de froid, moi à cause de la tension qui s'estompait peu à peu de mon corps.

PEU AVANT 16 HEURES, j'attendais Martin près de Wenlock Basin. Durant toute la journée, je m'étais demandé si je donnerais suite à son rendez-vous ; le souvenir douloureux laissé par ses reproches, plus de un an auparavant, m'avait finalement persuadé de m'y rendre.

À l'exception de deux gamins de 6 ou 7 ans qui faisaient des ricochets avec des cailloux sur l'eau, il n'y avait pas âme qui vive sur le quai. J'allai m'asseoir sur une bitte d'amarrage. Les yeux rivés sur la surface ridée et opaque, je resongeai sans le vouloir à la façon dont Martin avait sauvé Shakespeare de la noyade.

À l'époque, il n'était guère plus vieux que ces deux garçons et savait tout juste nager. Accompagnés de sa mère, nous nous étions souvent rendus, le chaud été en question, au grand étang de Victoria Park, où, en plus du récurage hebdomadaire auquel elle nous soumettait, elle nous avait donné nos premières leçons de natation. Je me montrai un élève peu doué alors que Martin, se sentant tout de suite comme un poisson dans l'eau, ne tarda pas à gagner à la nage l'un des îlots de l'étang et à en revenir.

À la fin du même été, par un froid rude, nous traînions notre ennui du côté du Wenlock Basin ; Martin fut le premier à voir le chiot qui était parvenu à s'extraire du sac de jute. Nous avons entrepris de l'attirer vers nous en l'appelant, mais il ne cessait de disparaître sous les remous avant de réapparaître, jusqu'au moment où il ne remonta plus. Martin n'hésita pas une seconde : en un clin d'œil, il ôta chaussures et chemise ; avant que je n'eusse pu le retenir, il sautait dans cette eau vaseuse qui semblait aspirer et engloutir tout ce qui venait l'effleurer. Barbotant bien plus qu'il ne nageait, il atteignit l'endroit où le chiot venait de couler et plongea. Il resta un long moment sans resurgir, si bien que, pris de panique, je m'époumonai, appelant à l'aide sans voir personne arriver. Martin finit par émerger à la surface, brandissant d'une main le chiot. Comme il ne parvenait pas à progresser, il planta ses dents dans la peau du cou de l'animal comme l'aurait fait une chatte avec son petit. Non sans mal, il regagna le quai où je l'aidai à se hisser hors de l'eau.

Fiers comme Artaban, nous rentrâmes avec notre trophée sur pattes, Martin tout trempé ; sa mère lui flanqua une gifle et j'eus droit pour ma part à un savon comme jamais encore on ne m'en avait passé un. Cependant, elle nous autorisa à garder le chiot. En moins de rien, Shakespeare conquit tous les cœurs, y compris celui de Mme Bromley qui prit sa défense lorsque, de retour après des semaines de navigation, son mari voulut le flanquer à la porte.

« Cette bête donne plus d'amour aux enfants que toi ! lui envoya-t-elle à la figure. Et si tu veux en recevoir encore un peu de moi, mieux vaudrait te montrer gentil avec lui ! »

Shakespeare resta.

À 16 h 15, Martin ne s'était toujours pas montré. J'avais arpenté le quai à trois reprises quand je me décidai à adresser la parole aux deux gamins qui s'amusaient à présent à jeter des pavés pour faire gicler l'eau aussi haut que possible. Je leur demandai s'ils avaient vu un garçon de 17 ans, une tête de moins que moi, aux cheveux filasse et au gilet gris souris sans manches. Ils n'eurent guère besoin de réfléchir longtemps. En effet, ils avaient vu un garçon correspondant à cette description. Et un deuxième, grand et costaud, qui tenait deux gros bâtons à la main. Ensemble, ils avaient pris Sturt Street.

Je jurai à part moi et me précipitai dans cette direction, remontant Sturt Street jusqu'à Shepherdess Walk. Là, je m'arrêtai, regardant nerveusement alentour. On relevait l'animation habituelle : charrettes et camions que l'on chargeait et déchargeait, véhicules qui roulaient au pas sur les pavés. Aucune trace de Martin. Je descendis la rue, tous mes sens en éveil ; soudain j'entendis un bruit prolongé de verre cassé, suivi de cris et d'acclamations. Ça provenait d'une rue latérale, un peu plus haut. Reprenant ma course, je tournai à l'angle, évitant de peu une voiture à cheval. Perchés sur le siège, le cocher et son passager scrutaient le lointain.

« Que se passe-t-il ? »

Le cocher jeta un regard en contrebas :

« Ils malmènent les Allemands. »

Le charivari qui ne cessait d'enfler corroborait ses paroles. Sans réfléchir, je me précipitai en avant, me faufilant entre d'autres véhicules à l'arrêt. Des voyageurs se tenaient sur le marchepied des voitures pour mieux voir ce qui se passait. Dans une calèche, un homme avait placé son fils sur ses épaules. Manifestement, le gosse appréciait le spectacle qui se déroulait à quelques dizaines de mètres de là.

Arrivé au niveau de la voiture la plus avancée, je restai planté sur place. Devant moi, la chaussée était jonchée de morceaux de briques, d'éclats de verre, de débris de tables et de chaises. Sur le trottoir, quelque chose de lourd et d'imposant barrait le passage ; je compris ce que c'était en levant les yeux sur la bâtisse d'où l'objet provenait : le fauteuil du salon de coiffure de Fritz Ludenbach, renversé sur le côté, marqué d'une grande déchirure dans le cuir du dossier et du siège. Par la vitre brisée de la devanture, je découvris la boutique dévastée, y compris le miroir de plusieurs mètres de haut qui couvrait jusque-là le mur du fond et dans lequel tous les passants avaient pu voir, jour après jour, la bobine enjouée du coiffeur.

« Reculez ! Tout le monde recule ! » cria quelqu'un.

Je levai les yeux et vis, quelques maisons plus loin, penché à une fenêtre du deuxième étage, un homme coiffé d'une casquette, manches de chemise retroussées. Devant le bâtiment, une foule s'était amassée.

« Reculez ! » mit de nouveau en garde le type qui, faisant de grands moulinets des bras, joignait le geste à la parole.

La seconde d'après, quelqu'un poussa une grande caisse sur le rebord d'une fenêtre adjacente. Je crus tout d'abord qu'il s'agissait d'un cercueil. Avant de me rendre compte que c'était une horloge. Une horloge allemande.

En chêne. Et au cadran à garnitures de cuivre et à motifs de roses.

Dans ma tête retentit la voix de Heinrich Kohlmann à l'accent singulier et aux nombreuses consonnes sifflantes qui trahissaient ses origines teutonnes. S'il y avait déjà un certain temps que je ne m'étais rendu chez eux, l'image de leur habitation me revint cependant tout de suite à l'esprit. Au rez-de-chaussée et au premier étage, la boutique avec, dans les vitrines reluisantes, des centaines de montres, de réveils, de pendules, et aux murs lambrissés des dizaines de coucous ; en été, quand les fenêtres étaient ouvertes, on les entendait sonner chaque heure jusqu'au bout de Murray Grove. Au deuxième se trouvait le logement. Le salon lui aussi regorgeait de pendules et d'horloges dont la plus belle et la plus remarquable – un héritage qui remontait à l'arrière-grand-père de M. Kohlmann – était placée entre les deux fenêtres de la façade. Elle mesurait plus de deux mètres, son cadran brillant jaune doré était orné d'un motif d'une grande finesse figurant une guirlande de roses. Derrière le verre du meuble, deux cylindres en cuivre massifs actionnaient par leur poids le délicat mécanisme. Quand le père de Jürgen avait deux minutes – « Du temps, j'en ai à revendre », disait-il en guise de plaisanterie – et qu'il montait au deuxième, son premier geste consistait à jeter un coup d'œil à l'horloge rustique et, au besoin, à remonter les deux poids. Si jamais elle s'arrêtait, quelle catastrophe !

« D'une robustesse à toute épreuve, mais ô combien sensible. Comme une femme allemande », commentait-il avec un clin d'œil.

Toutes ces images défilèrent en un éclair dans ma tête alors que des mains poussaient plus avant l'imposante caisse. Dehors, la foule retenait son souffle, les yeux rivés sur la fenêtre. Certains gardaient les mains plaquées sur le bas de leur visage, d'autres restaient bouche bée. Tout le monde était figé sur place, moi y compris, alors que chaque fibre de mon corps tressautait d'impatience.

Peu à peu, le haut de l'horloge s'inclina, jusqu'au moment où, de l'intérieur, une voix cria : « Attention… Top ! » À cet instant, l'horloge bascula ; emportés par la vitesse du mouvement, les balanciers brisèrent d'un coup le battant vitré. Dans un craquement sec, la caisse heurta la façade puis plongea tout droit, s'écrasant sur le sol ; on aurait cru qu'un arbre colossal venait de tomber sur l'orchestre d'un kiosque à musique. Dans un réflexe, je portai les mains à mes oreilles et fermai les yeux en attendant que cet effroyable bruit se fût dissipé.

Relevant les paupières, je constatai que la foule demeurait elle aussi pantoise. Personne ne semblait oser exulter ni applaudir. Les seuls qui rayonnaient de fierté, c'étaient les deux jeunes qui apparurent à la fenêtre en considérant les gens d'un air triomphal. Un de ces gars croisa mon regard, il me reconnut et je le reconnus dans la même seconde : j'eus l'impression de prendre une beigne en pleine figure, un choc plus violent encore que celui avec lequel l'horloge avait percuté le sol.

« Hé, John ! cria Martin. T'arrives trop tard ! Bien trop tard ! »

Sur ces mots, il tendit le bras gauche par l'encadrement de la fenêtre et tapa du doigt sur la montre qu'il portait au poignet, une montre que je ne lui avais jamais vue.

Quand la famille Kohlmann rentra, Martin venait d'être arrêté et emmené par les *bobbies*. À peine l'avais-je reconnu que ceux-ci étaient apparus aux quatre coins de la rue pour prendre d'assaut l'horlogerie. Mais comme ils avaient annoncé leur arrivée à coups de sifflets stridents, tous les vandales, une dizaine au moins, s'étaient carapatés. Seuls Martin et l'autre garçon, que j'avais également reconnu – Jack Cunningham, l'un de ses anciens camarades de classe –, ne parvinrent pas à s'échapper. Ils étaient restés trop longtemps à la fenêtre, appréciant visiblement qu'autant d'yeux fussent rivés sur eux. Alors même que les badauds se rendaient compte que la police entrait en scène et reculaient pour dégager le passage, Martin et Jack ne songeaient toujours pas à déguerpir. Martin, découvrant que le verre de sa montre renvoyait le soleil, tentait d'éblouir des gens en en dirigeant la réverbération vers leurs yeux. À ses côtés, Jack rigolait comme un idiot.

Un bref instant, j'eus envie de crier à Martin de décamper. Finalement, je gardai le silence. Quand lui et Jack apparurent dehors, encadrés l'un et l'autre par deux *bobbies*, mains menottées dans le dos, je me sentis soudain coupable, non de leur arrestation, mais de ne pas avoir su empêcher leur forfait. Un sentiment de culpabilité qui ne cessa de croître à mesure que je découvrais, à travers la vitrine brisée de la boutique, les ravages commis par Martin et ses comparses.

Je m'apprêtais à m'éclipser, penaud, quand Heinrich Kohlmann fit son apparition au bout de la rue, suivi de près par sa femme qui tirait Jürgen par la main. De loin, ils comprirent de quoi il retournait. Ils pressèrent le pas alors que, pour ma part, je restai pétrifié.

M. Kohlmann s'immobilisa devant les débris de l'horloge. Il n'aurait pas eu l'air plus affligé si son fils avait été allongé là, écrasé par une voiture. Avec lenteur, il s'accroupit. Me trouvant à quelques mètres de lui, je pus voir les larmes monter à ses yeux. Il passa une main sur la caisse fendue et, de l'autre, entreprit de rassembler les parties éparses du mécanisme de l'horloge : leviers, rouages, ressorts, vis et écrous. Glissa le tout dans la poche de son manteau, puis ouvrit le battant au verre brisé : le cadran était gauchi. Il consulta sa montre et avança la grande aiguille de dix minutes. Referma la petite porte.

« Mais je leur ai rien fait, l'entendis-je maugréer alors qu'il se redressait. (Il regarda sa femme qui s'était approchée et secoua doucement la tête :) Qu'est-ce que j'ai fait de mal, Gretl ? »

Elle posa une main sur son dos. À côté d'elle, Jürgen se mit à pleurer. C'est alors qu'elle remarqua ma présence. Je ne sais si elle était surprise de me voir là. Avant qu'elle n'ait ouvert la bouche, je lui avouai ce que je ne pouvais plus garder pour moi :

« Martin… eus-je bien du mal à articuler, me dominant pour ne pas éclater en sanglots,… Martin faisait partie du groupe… Martin Bromley… j'aurais… j'aurais dû l'en empêcher, mais je n'ai pas pu… je ne savais pas que… »

Les mots refusèrent dès lors de franchir mes lèvres. Ma gorge se noua. J'avais l'impression de suffoquer. Un voile devant les yeux, je vis la mère de Jürgen s'avancer vers moi. Elle me prit la main et la pressa dans les siennes.

« T'en fais pas, dit-elle. Vraiment pas. »

Trois jours plus tard, mon père m'apprit que la famille Kohlmann était retournée en Allemagne. Quand je repassai peu après devant l'horlogerie, je constatai que vitrine et porte avaient été condamnées. Sur les planches, quelqu'un avait écrit en lettres majuscules à la peinture blanche : PAS DE COMMERCE AVEC LES ALLEMANDS !

MARTIN FUT LIBÉRÉ au bout de deux semaines. Le tribunal de police le déclara coupable, le condamna à une amende, mais ne jugea pas opportun de le maintenir en détention. Pour commencer, personne n'avait porté plainte ; ensuite, le juge estima qu'il s'était laissé entraîné par l'enthousiasme exceptionnel et l'ardent patriotisme de garçons plus âgés que lui.

« Putain ! je m'suis laissé entraîné par personne ! » s'était exclamé Martin devant la juridiction, sur quoi son père lui avait imposé le silence en lui administrant une bonne claque.

De retour chez eux, il lui avait flanqué une raclée. Contrairement à son habitude, Mme Bromley n'avait pas esquissé un geste pour tempérer son mari.

Quand je suis allé leur rendre visite ce soir-là, M. Bromley était au pub. Je trouvai Martin affalé sur un matelas dans l'alcôve de la pièce de devant. Il avait un œil au beurre noir, le nez bleu et enflé, la lèvre inférieure marbrée de croûtes de sang. Son état me choqua, mais, pour la première fois, je n'éprouvais aucune pitié et n'étais pas en colère contre son père. Pour sa part, Martin était furieux.

« J'le hais ! J'le hais ! » hurlait-il, le visage déformé par la douleur.

Si je cherchais à m'entretenir avec lui, c'était à la demande de sa mère. Elle espérait qu'il prêterait l'oreille à mes recommandations. Même si j'estimais vaine ce genre de tentative, je ne voulais pas décevoir Mme Bromley. Cela me permit d'ailleurs de faire part à Martin, sans ambages, de mon point de vue :

« Et moi, je te hais, Martin. »

Ma voix recélait, au bas mot, moitié moins de rage que la sienne.

Pas de réponse de sa part.

« Je suis sérieux, insistai-je. Je te hais.

– T'as aut'chose à m'dire ? » fit Martin en haussant les épaules.

Il me fallait faire un effort pour l'entendre car il remuait à peine les lèvres.

« Autre chose ? répliquai-je, l'air indigné. Que oui ! Tu n'as qu'à te débrouiller tout seul à partir d'aujourd'hui. Ne compte plus sur moi.

– J'ai pas besoin d'ton aide ! Qu'est-ce que tu crois ? » rétorqua-t-il, grimaçant de nouveau, avant d'ajouter, mi-impérieux, mi-suppliant : « Laisse-moi, John. Va-t'en. »

Il posa la tête sur sa couche et ferma les yeux. Mais il n'allait pas se débarrasser aussi facilement de moi. Avec ostentation, je m'assis sur une chaise près de son lit.

« Jürgen et ses parents sont rentrés en Allemagne, commençai-je. Ils étaient effondrés. Eux n'ont jamais fait de mal à personne. Jamais. Dire qu'il a fallu que ce soit à eux que tu…

– Y n'avaient qu'à porter plainte ! aboya Martin en se redressant d'un coup.

– Hein ?

– T'es taré ou quoi ? Tu crois que j'me suis fait cueillir comme un bleu ? Plutôt crever.

– Qu'est-ce que tu veux dire ?

– T'es vraiment une andouille, John. Les jeunes brigands, on les envoie à l'armée. Tout le monde sait ça. »

Sa réponse me scandalisa :

« Et tu crois que ça t'autorisait à... C'est ignoble ! T'es ignoble !

– Et toi ? s'exclama-t-il. Toi qui m'as laissé tomber une fois de plus. Et ça prétend être un copain. Un poltron, voilà ce que t'es ! Une chiffe molle ! T'as toujours été qu'une chiffe molle ! »

Telle une lame, ses paroles me transperçaient le cœur.

« Tais-toi ! fis-je d'une voix sifflante. Tais-toi !

– C'est quoi le problème ? On fait sa mijaurée ? Espèce de poltron ! Espèce de chiffe ! Tu m'entends ? Chiffe molle...

– Ferme-la ! » criai-je en bondissant de la chaise, poings serrés. Les jambes flageolantes, je restai planté devant lui, menaçant.

« Oh ! monsieur veut me tabasser ? Comme mon vieux ? Te gêne pas ! Vas-y ! »

Il laissa ses bras pendouiller de chaque côté du matelas et, avec un air de défi, avança le menton. Sur ces entrefaites, sa mère surgit et le gifla.

« Sale garnement ! Des emmerdes, voilà tout ce que t'es capable de nous procurer ! »

Elle se préparait à lui donner une deuxième claque, mais avec la vitesse de l'éclair, Martin se glissa sous le bras de sa mère, se précipita dehors, manquant tomber.

« J'vous hais ! hurla-t-il. J'vous hais tous ! »

La porte d'entrée claqua tellement fort qu'un cadre tomba.

Avec lenteur, Mme Bromley se laissa choir sur le matelas. Elle se cacha le visage dans les mains et se mit à sangloter. Décontenancé, je restai cloué sur place, honteux de mon impuissance. Elle avait pris ma défense. Contre son propre fils.

« Je suis désolé », bredouillai-je.

Mme Bromley secoua la tête. Elle posa les mains sur ses cuisses et me dévisagea. Ses yeux mouillés, exorbités, surplombaient ses pommettes anguleuses.

« C'est pas ta faute, John. C'est lui, il a le diable au corps. »

Je ne sus quoi répondre. Je me sentais fatigué et vide. Plus que tout, je désirais rentrer à la maison.

Du coin de l'œil, je vis Shakespeare s'approcher :

« Eh ! Shaky, viens-là. »

Frétillant de la queue, le chien s'approcha de moi puis se dirigea vers Mme Bromley. En guise de réconfort, il plaça son museau sur ses genoux. Du dos de la main, elle lui caressa la tête.

« Toi aussi, tu vas t'en aller ? lui demanda-t-elle. Comme ton maître ? »

Elle fouilla dans la poche de son tablier, mais n'en retira que des miettes que Shakespeare licha d'un coup de sa longue langue.

Sans décoller les pieds, je m'éloignai du lit. J'étouffais. Mme Bromley remarqua que je voulais partir.

« Pas la peine de te lancer à sa recherche. Laisse tomber.

– Je n'en avais pas l'intention, Mme Bromley. Je rentre. Mon père aura sans doute préparé à manger. »

Elle posa sur moi un regard compréhensif :

« Il est bien occupé, hein ?

– Ça va.

– T'as un bon père, John. »

Je hochai la tête. Ce n'était pas la première fois qu'elle me le disait.

« Bon, à bientôt, Mme Bromley, dis-je même si je ne me sentais pas, à ce moment précis, de revenir sous peu.

– On te reverra, hein ? me demanda-t-elle comme si elle lisait dans mes pensées, ses yeux noirs et pénétrants levés sur moi.

– Bien sûr. »

Une réponse que je réitérai dans l'espoir de paraître suffisamment convaincant.

« John, attends ! John ! »

Je me trouvais déjà dans Old Street quand j'entendis quelqu'un me héler. De l'autre côté de la rue, une silhouette agitait les bras. C'était Mary, la sœur de Martin. À ses côtés, Shakespeare, museau en l'air. Je lui fis signe que j'allais la rejoindre quand le chien, me remarquant à son tour, s'élança dans ma direction.

« Shaky ! Ici ! » cria Mary, mais c'était trop tard.

Sans se soucier de la circulation, il s'engagea sur la chaussée comme s'il avait pourchassé un lapin. Or, une voiture arrivait à grande vitesse.

« Shaaaaky ! » hurla Mary.

Effrayé par ce cri, le conducteur se dressa d'un coup dans sa décapotable et tira de toutes ses forces sur le levier de frein. Pareil à un traîneau sur la neige, l'automobile dérapa sur quelques mètres, évitant d'un cheveu Shakespeare qui, inconscient du danger auquel il venait d'échapper, poursuivait sa course. Arrivé près de moi, il se mit à tourner autour de mes jambes, frétillant gaiement dans l'attente d'une caresse.

« Vous pourriez pas tenir votre clébard en laisse ! » me cria le conducteur.

Je m'efforçai d'ignorer son regard furieux. Mary, qui s'empressait de traverser à son tour, gratifia en passant le capot rutilant d'une tape et aboya :

« Et vous, vous pourriez pas rouler moins vite avec votre monstre ! La rue appartient à tout le monde, bon Dieu ! »

Le ton qu'elle osait employer ne manqua pas de me surprendre.

« Ferme-la, morveuse ! lui rétorqua l'homme. Ou j'appelle les *bobbies* ! »

Mais Mary ne lui accordait déjà plus la moindre attention. Tête haute, elle s'approcha de moi et fléchit les genoux pour calmer Shakespeare. Derrière la voiture, d'autres conducteurs commençaient à s'impatienter. Soulagé, je vis que l'homme reprenait le volant et redémarrait.

« À coup sûr, il a un bon ange gardien, dis-je en portant les yeux sur la tête baissée de Mary. Un autre que lui se serait fait écraser.

– Shakespeare ne mourra jamais. Il a sept vies. »

Elle entoura le chien de ses bras et le pressa contre elle.

À ce moment-là, je constatai qu'elle tenait le livre que je lui avais prêté quelques mois plus tôt. À ma surprise, elle m'avait demandé si je pouvais lui conseiller un bon roman. Elle aussi entendait faire des études. J'avais, à l'insu de mon père, pris dans sa bibliothèque *Le Livre de la jungle* qui me paraissait approprié.

« Tu l'as fini ?

– Quoi ? »

Je pointai du doigt le livre de Kipling. Nullement une édition recherchée, même si la reliure en cuir était en excellent état. Y compris les fers dorés du dos.

« Ah ! Oui, bien sûr, fit Mary en se redressant. Je l'ai trouvé très drôle. Surtout le passage avec Mowgli, Baloo et… et… l'tigre… comment y s'appelle déjà ?

– La panthère noire ?

– Oui.

– Bagheera.

– Oui, c'est ça, Bagheera. Très drôle. Mais les serpents, brrr ! »

Elle l'avait réellement lu. Jusque-là, elle n'avait pas montré plus d'intérêt pour la lecture que Martin.

« Il y a une suite, m'empressai-je de préciser. *Le Second Livre de la jungle*. Je crois que mon père en a également un exemplaire. Tu veux le lire ?

– Oui, j'aimerais bien. »

Elle me dévisagea et me sourit. Je détournai les yeux.

« Je te l'apporterai la prochaine fois.

– C'est gentil. Ça t'dérange si je fais un bout de chemin avec toi ? Comme ça, Shakespeare aura fait sa balade.

– Bien sûr que non, ça ne me dérange pas. »

Nous nous mîmes en route et après que Mary se fut assurée que Shakespeare nous suivait, elle passa soudain son bras dans le mien. Naguère, cela ne m'aurait rien fait, mais là, un frisson me parcourut le corps.

Nous remontions en silence Old Street quand Mary reprit la parole : « Martin raconte que chez toi, c'est plein de livres partout.

– Juste dans la pièce de devant. Mon père a englouti une fortune là-dedans.

– D'après Martin, vous avez plus de livres qu'y a d'étoiles dans le ciel.

– Ça me paraît un peu exagéré, fis-je en riant. Martin exagère toujours.

– Je hais Martin », dit-elle soudain avec véhémence.

Frappé par cet aveu, je la considérai avec stupéfaction. Dans ses yeux, je perçus de la gravité.

« Eh bien, tu n'es pas la seule, approuvai-je.

– Je le hais parce qu'y dit que t'es une chiffe molle, ajouta-t-elle tout en me pinçotant le bras.

– Oh ! je m'en fiche, rétorquai-je, même si j'avais honte qu'elle semblât au courant de tout.

– T'as bien raison, John. Ça vaut pas la peine de se triturer la cervelle pour lui. Lui, il en a pas, de cervelle. »

Je lui souris et elle me sourit de toutes ses dents en retour. Mais dès qu'elle vit mon regard s'arrêter sur sa bouche, elle resserra bien vite les lèvres. Je savais qu'elle éprouvait de la gêne à cause de sa mauvaise dentition. Martin s'était assez souvent moqué d'elle à ce sujet – « On dirait une scie rouillée » – au point de la faire pleurer. Moi aussi, je l'avais parfois taquinée, mais ça remontait à longtemps. J'espérais qu'elle avait tout oublié depuis.

Je lançai un regard en coin pour apercevoir ses yeux. De très beaux yeux. Elle était la seule de la famille Bromley à avoir des iris clairs, gris bleu, une couleur qui offrait une belle harmonie avec ses cheveux, jaune filasse comme ceux de Martin et de ses sœurs. Mary n'avait plus grand-chose à voir avec la fillette que j'avais vue grandir. À présent, elle m'arrivait presque aux épaules ;

sous sa blouse bien ajustée se dessinaient ses seins. D'après ce que Martin avait pu me confier, elle avait déjà des poils « en bas », noirs comme du charbon.

« Martin veut s'engager, lui confiai-je, histoire d'atténuer la sensation de picotement qui me parcourait.

– Martin est fou. Y ferait mieux de travailler.

– Je suis d'accord. Il est bien trop jeune pour être soldat. Si on lui met un fusil dans les mains, je parie qu'il va tomber à la renverse.

– Hi, hi ! Elle est bien bonne, celle-là, John. »

Elle parlait avec un accent proche de celui de Martin, mais dans sa bouche à lui, les mots paraissaient plus grossiers. Chez elle, ils revêtaient quelque chose de polisson.

« Et toi, John ? me demanda-t-elle en redevenant sérieuse. Tu vas pas t'engager, hein ?

– Oh ! non, je n'y pense pas une seconde, avançai-je avec conviction. Il faut bien que quelqu'un reste ici pour te protéger. »

J'avais sorti ça sans réfléchir, mais comme elle serra un peu plus son bras contre le mien, j'en déduisis que l'idée lui plaisait.

« Je vais faire des études, ajoutai-je, histoire de l'impressionner un peu plus.

– Ah ! c'est vrai que tu vas à l'université.

– Ça commence dans un mois, acquiesçai-je.

– Maman dit que t'es très intelligent.

– Peut-être qu'elle exagère elle aussi, parfois, dis-je en riant.

– Peut-être », fit-elle en riant à son tour.

Toujours collée contre moi, elle se demanda à voix haute quelle heure il était. D'un geste voyant, je tendis mon poignet en avant :

« Presque 6 heures. »

Le regard de Mary se posa sur ma montre. Elle écarquilla les yeux :

« Regarde-moi ça, une vraie montre-bracelet ! Elle est chouette, dis ! » ajouta-t-elle après m'avoir saisi l'avant-bras pour l'approcher de son visage.

Sa voix qui trahissait une certaine excitation sonnait comme de la musique à mes oreilles.

« Merci. Il paraît que ça fait toute une vie. »

Elle passa l'index sur le verre du cadran.

« Ça doit coûter la peau des fesses. Tu l'as depuis quand ?

– Un an, presque. Mon père me l'a offerte pour mes 18 ans.

– Elle est vraiment très chouette », répéta-t-elle.

Elle y jeta un dernier coup d'œil puis lâcha mon poignet. Ses doigts remontèrent le long de mon avant-bras en une caresse ; mes poils se dressèrent. Je me dépêchai de le cacher dans mon dos.

« Presque 6 heures ? Faut que je rentre, dit-elle. Faut que j'aide maman à faire la cuisine. Tiens, avant que j'oublie. »

Elle me donna le livre qu'elle tenait depuis un moment contre sa poitrine. Le cuir était chaud. Mais l'instant suivant, je constatai que le dos avait entièrement disparu, mettant à nu la reliure.

Déconcerté, je levai les yeux sur Mary.

« Que s'est-il passé ? »

Honteuse, elle détourna le regard.

« Molly… fit-elle d'une voix hésitante. C'est Molly et Poppy…

– Mon Dieu ! Mon père va être furieux.

– Je suis désolée. Vraiment désolée.

– Désolée, désolée, c'est pas avec ça que je vais m'en tirer. Vraiment, ça me fait une belle jambe!

– C'est juste un livre, tenta de se dédouaner Mary, penaude.

– Juste un livre! m'écriai-je plus fort que je ne l'aurais souhaité. Il était comme neuf. Mon père, ça lui a… Mon Dieu! Comment vais-je lui expliquer ça? Comment t'as pu… »

J'interrompis ma diatribe. Mary me regardait avec l'air de quelqu'un susceptible d'éclater en sanglots à tout moment. Je me rendis compte que j'avais fulminé de manière excessive.

« Je suis désolé, Mary. Tu as raison. Ce n'est rien qu'un livre. Rien de plus. Je… je trouverai bien une astuce pour m'en tirer.

– Vraiment?

– Vraiment, insistai-je pour la rassurer. Je vais régler ça. Tu n'as pas à t'en faire. Et je t'apporterai bientôt la suite. Tu peux me croire.

– C'est trop gentil. J'te promets que je le montrerai pas à Molly et Poppy.

– À ta place, j'éviterais, oui », dis-je avec un sourire forcé.

Shakespeare s'était approché de moi, museau en l'air. Je lui caressai la tête.

« Et j'apporterai des gâteries pour toi, hein, Shaky?

– Ce s'rait bien, commenta Mary. Il a presque rien mangé quand Martin était en prison.

– Il devait lui en vouloir lui aussi, ajoutai-je en regardant Shakespeare qui frétillait de la queue.

– Faut vraiment que j'y aille, fit Mary en saisissant le chien par son collier et en tirant dessus.

– Eh bien, au revoir, lançai-je. Je passerai bientôt. Promis.

– J'm'en réjouis à l'avance, John. »

Elle leva les yeux sur moi et me fixa durant quelques secondes. Le bleu de ses iris brillait comme du métal. Sentant que je commençais à rougir, je détournai la tête.

Elle s'éloigna, Shakespeare sautillant derrière elle, la queue à moitié dressée. Je la suivis du regard dans l'espoir qu'elle se retournerait avant de disparaître au coin de la rue. Ce qu'elle fit. D'un geste frénétique, j'agitai la main.

EN CETTE FIN D'APRÈS-MIDI, je trouvai mon père assis derrière une pile de livres, un exemplaire ouvert devant lui sur la table. Il en recopiait certains mots avec une telle application que je pus gagner ma chambre pour cacher sous mon matelas l'exemplaire endommagé du *Livre de la jungle*. Il n'avait rien remarqué. Quand je lui adressai la parole peu après, il sursauta.

« John, je t'ai pas entendu rentrer. Y a longtemps que t'es là ? »

Je secouai la tête.

« Qu'est-ce que tu fais ? lui demandai-je en voyant qu'il avait tracé des colonnes sur la feuille de papier placée sous sa main.

– Un catalogue.

– Un catalogue de quoi ?

– De ma bibliothèque. »

Il tendit le doigt vers le mur côté rue où, sur l'un des rayonnages, on remarquait un espace vide dans la rangée des dos en cuir.

« De toute ta bibliothèque ?

– Ces trois murs. »

Il faisait allusion aux étagères des ouvrages reliés cuir. En tout, ça représentait tout de même plus de mille volumes.

« Pourquoi ? »

Mon père me considéra en battant des cils.

« T'es pas au courant ? Les Allemands ont mis le feu à une vieille bibliothèque universitaire. Des milliers de livres et de manuscrits ont été dévorés par les flammes. »

Sur le chemin du retour, j'avais bien entendu des crieurs de journaux, mais sans y prêter attention. Toutes mes pensées ou presque étaient tournées vers Mary.

« Où ça ?

– En Belgique. À Louvain. La ville entière noircie par du papier brûlé. Des écrits séculaires. Tous partis en fumée. La presse y consacre plusieurs pages. »

Il fit un geste de la main en direction d'un tas de journaux posés sur la table et, la mine rembrunie, secoua la tête. J'en pris un et m'assis pour le feuilleter.

Mon père ne m'avait en réalité rapporté qu'une maigre partie de l'histoire. Lors de la nuit de l'incendie, des centaines de civils innocents de Louvain – jeunes et vieux, hommes, femmes, enfants – avaient été traînés hors de leur maison et abattus comme des bêtes, qui d'une balle dans la tête, qui d'un coup de baïonnette dans la poitrine ou le ventre. D'autres avaient été maltraités, torturés, des soldats avaient tranché les seins et les mains de plusieurs jeunes femmes. La presse comparait ces crimes à ceux commis par les Huns. Barbares ! commentait-on d'une seule et même voix.

Lisant tout cela, je sentais mon cœur me battre dans la gorge. J'avais bien du mal à y croire. Ça ne correspondait pas à l'image que je m'étais faite des Allemands. Il m'était impossible de me représenter Heinrich Kohlmann, dont l'unique préoccupation résidait dans le bon fonctionnement de ses montres et pendules, faisant du mal à qui que ce soit, ou encore Fritz Ludenbach utilisant son rasoir pour autre chose que des barbes.

« Tu as lu ces comptes rendus sur les exécutions et les actes de torture ? demandai-je à mon père qui avait repris ses travaux d'écriture.

– Abominable », soupira-t-il.

Je l'observai un bref instant. Ses yeux allaient et venaient du livre qu'il maintenait ouvert d'une main à la feuille de papier sur laquelle il tenait posée l'autre main.

« Tu ne crois quand même pas que les Allemands ont ta bibliothèque dans le collimateur ? demandai-je avec un mélange de moquerie et d'incrédulité dans la voix.

– On n'est jamais assez prudent, répondit-il, sincère. Tous ces dégâts, les Allemands devront les payer dès qu'ils seront vaincus. »

Je trouvais qu'il allait un peu vite en besogne. Croyait-il que les troupes allemandes défileraient d'ici quelques jours dans les rues de Londres ?

« Tu ne crois pas que tu exagères ? Jamais notre marine ne les laissera passer.

– Ils ne viendront pas par la mer, répliqua mon père. Ils ont des zeppelins. De la taille de la cathédrale de Westminster.

– On tirera dessus.

– Les balles et les grenades ne peuvent pas les atteindre, John. Leurs dirigeables volent au-dessus des nuages. Et de là-haut, ils peuvent larguer des centaines de bombes.

– Je le croirai quand je le verrai.

– Espérons qu'on n'en arrivera pas là. Quoi qu'il en soit, moi je continue. J'en ai parlé à Harry, il trouve que c'est une bonne idée. »

Harry Whitfield était un collègue de mon père. Il venait une fois par an nous montrer ses nouvelles acquisitions. Un collectionneur lui aussi, pas de livres, mais de gravures en couleur représentant des oiseaux. D'après ce que je savais, ils ne se considéraient pas vraiment comme des amis. Ils échangeaient avant tout leurs connaissances et chacun tenait l'autre au courant d'une trouvaille qui pouvait l'intéresser.

« Et lui va dresser un catalogue de ses gravures ? cherchai-je à savoir.

– Il aimerait bien, mais il a été rappelé.

– Rappelé ?

– Il est réserviste. Depuis une bonne dizaine d'années. Peu de temps après la fin de la guerre des Boers. »

Réserviste. Ça voulait dire qu'il jouait à la guéguerre une ou deux fois par an quelque part dans les plaines. J'avais lu que tous les réservistes venaient en effet d'être rappelés, mais sans penser que Harry Whitfield faisait partie du nombre.

« Il est déjà parti ?

– La semaine dernière, confirma mon père. Ça le démangeait. Il espère avoir l'occasion d'aller à Paris pour chiner. Il m'a promis de jeter aussi un œil sur les livres.

– Ça me semble plus passionnant que de passer des mois dans notre cave à faire un catalogue.

– Moque-toi de moi, John, répondit mon père, un peu froissé. Il n'empêche qu'on a là une belle collection. Rien que de penser à ce qui pourrait arriver, ça me rend malade.

– Eh bien, je te souhaite beaucoup de courage », dis-je. Et, regardant autour de moi, j'ajoutai : « Et surtout de disposer de beaucoup de temps.

– Ça pourrait en effet être le plus gros problème. Mais peut-être que tu pourras…, commença-t-il en me lançant un regard quelque peu suppliant.

– Ah ! non, ôte-toi ça de la tête, m'empressai-je de répondre. Dans un mois, les cours commencent. Et il me reste toute une liste de livres à lire. »

Je ne mentais pas. Outre *Le Paradis perdu*, il me fallait, pour préparer mon année, étudier *Beowulf, Sire Gauvain et le chevalier vert*, *L'Errant* et *La Semonce de Tout-Homme*.

« Dommage », commenta mon père qui prit un autre volume sur la pile.

Quelques jours plus tard, je terminai *Le Paradis perdu*. Retenant mon souffle, je m'imprégnai des derniers vers :

Ils regardèrent derrière eux, et virent toute la partie orientale du paradis, naguère leur heureux séjour, ondulée par le brandon flambant : la porte était obstruée de figures redoutables et d'armes ardentes.

Adam et Ève laissèrent tomber quelques naturelles larmes qu'ils essuyèrent vite. Le monde entier était devant eux, pour y choisir le lieu de leur repos, et la Providence était leur guide. Main en main, à pas incertains et lents, ils prirent à travers Éden leur chemin solitaire[1].

Je restai quelques instants le regard dans le vide tandis que, dehors, le viaduc trépidait sous le poids d'un long train de marchandises.

J'avais fini par tomber sous le charme de cette œuvre. Au début, je me proposais de lire ce poème épique de la même façon

1. Traduction de François-René de Chateaubriand.

qu'un roman, autrement dit bien trop vite. Mais à un moment donné, je m'étais souvenu des paroles de mon professeur d'anglais, M. Barnwell ; il m'avait expliqué que l'essentiel ne résidait pas dans ce qu'on lit ni dans le nombre de livres qu'on lit, mais dans la façon de procéder.

« Un mauvais lecteur, c'est quelqu'un qui se promène en forêt sans voir les arbres. »

Aucun de mes professeurs ne m'avait jamais tenu ce discours. La plupart, surpris par ma faim de lecture, m'avaient encouragé à continuer. Leur étonnement grandissait encore quand je leur racontais que je vivais dans une maison aux murs tapissés de volumes.

« Mais ton père est facteur ? » me demandaient-ils alors.

Dans une classe où, boursier, j'avais dû me mesurer à des fils de gens aisés, cette question qui revenait tous les ans suscitait toujours plus de commentaires moqueurs. C'est d'ailleurs pourquoi je n'avais eu de cesse que de me retirer dans le monde des livres, rêvant d'îles comme Lilliput ou de navires comme l'*Hispaniola*.

« Il faut lire entre les lignes. C'est là que ça se passe. De la sorte, on se simplifie la vie. On disparaît dans l'histoire. » Conseils du même M. Barnwell.

En lisant *Le Paradis perdu*, j'y avais repensé à plusieurs reprises ; à présent que je refermais l'œuvre, j'éprouvais une certaine satisfaction à avoir écouté mon professeur. Bien que le poème remontât à plus de deux siècles et qu'il décrivît les débuts de l'humanité jusqu'à l'expulsion d'Adam et Ève du paradis, j'y avais vu en permanence le monde d'aujourd'hui, comme si Milton avait cherché l'inspiration dans les nouvelles de ces derniers jours.

Par moments, éprouvant à la lecture une grande fébrilité, j'osais à peine la poursuivre.

Je consultai ma montre. Il était déjà 8 heures passées. J'en avais perdu jusqu'à toute notion du temps. Au point de ne pas m'apercevoir que la faim me tenaillait.

« On mange ? » criai-je en direction de la pièce où mon père travaillait depuis un moment à son catalogue.

Aucune réponse. Il montrait la concentration et la minutie d'un copiste du Moyen Âge, consignant tout ce qui permettait de définir la valeur des volumes dans son catalogue, un tas de feuilles volantes qu'il conservait dans une chemise fermée avec des rubans. Outre le titre et le nom de l'auteur, il notait pour chacun l'année de publication, l'éditeur, le nom de l'illustrateur quand il y en avait un, le type de cuir de la reliure et enfin l'état de l'ouvrage, ce qui donnait des formules comme « montre des traces d'usage », « page de garde découpée de son livre avec soin », « petits trous de vers ».

« On mange ? » répétai-je.

Dans la pièce de devant, toujours le même silence. Je me levai et sortis de ma chambre. Assis à la table, mon père lisait un livre.

Bizarre. Il ne lisait jamais.

Intrigué, je m'avançai. Il ne remarqua pas ma présence.

« Papa ? »

Lentement, il leva la tête. On aurait dit qu'il pouvait éclater à tout instant en sanglots.

« John, souffla-t-il d'une voix qui venait de loin.

– Qu'est-ce qu'y a ? lui demandai-je, préoccupé.

– Rien, dit-il en refermant le livre, un volume peu épais relié en cuir brun et lisse, apparemment en excellent état.

– Quel livre tu as là ? »

Après un silence de quelques secondes, il répondit :

« Keats. »

Un mot en forme de soupir.

« Keats ?

– Ses lettres à Fanny Brawne », fit-il avec un léger hochement de tête.

Il tenait donc dans les mains l'un des livres que ma mère avait soustrait à son propre père. Jamais je ne l'avais vu le feuilleter, encore moins le lire.

« Ce sont des lettres d'amour, non ? » dis-je sur un ton un peu amusé.

Il leva les yeux sur moi. La gravité de son regard m'obligea à ravaler mon sourire.

« Je les ai lues à ta mère. Dans les jours qui ont précédé sa… qui ont précédé ta naissance. À sa demande. »

Je me raidis. J'avais l'impression que quelqu'un venait d'ouvrir une porte par laquelle entrait un courant d'air.

« Je suis désolé, balbutiai-je tout en fixant le livre comme s'il s'agissait d'une amulette.

– Elle m'a…, marmonna-t-il sans finir sa phrase.

– Elle t'a… ?

– Ah ! laisse, ça n'a pas d'importance. Je vais le remettre à sa place. »

Sans plus m'accorder un regard, il quitta sa chaise et passa devant moi. Abasourdi, je le suivis des yeux. En moi, quelque chose commença à mijoter ; je savais que si je ne réagissais pas, il n'en reparlerait plus jamais.

« Si, ça a de l'importance ! » m'écriai-je, plus fort que je ne le voulais. Et, le voyant se retourner tout doucement, je continuai : « Tu ne me racontes jamais rien. Si ce n'est l'histoire bêbête de votre rencontre. Pour le reste, je ne sais rien. Tu gardes tout pour toi. J'en ai marre ! Je ne suis plus un gosse, quand même ! »

Je le regardais dans le blanc des yeux. Il cherchait à se donner une contenance. Sa main passa de sa joue à son menton puis à son front.

« John… je… je suis désolé…, bredouilla-t-il. Tu le sais, je ne suis pas quelqu'un de très bavard…

– Si tu crois que je vais me contenter d'une telle explication ! » lançai-je.

Mes jambes flageolaient. Mon père me regarda pensivement pendant un certain temps. Puis il hocha la tête et, d'une voix pondérée, me dit :

« Je vais essayer de t'expliquer. »

Il regagna sa chaise et m'invita à m'asseoir à mon tour. Je pris place en face de lui et regardai le livre qu'il venait de reposer sur la table. La lumière de la lampe au-dessus de nos têtes jouait sur les fers dorés.

Mon père inspira et expira à quelques reprises, dirigea ses yeux vers moi et se lança :

« Peu avant ta naissance – ta mère était déjà très affaiblie –, elle m'a demandé de lui en lire des passages. (Il posa la main sur le volume.) Ces lettres, tu le sais peut-être, parlent de… comment dire ? Keats était lui aussi malade, il écrit à l'élue de son cœur combien il l'aime alors qu'il se sait condamné… qu'il n'ont pas d'avenir ensemble… il a peur… il trouve ça horrible. (Le regard de mon père se déroba.) Ta mère, chaque jour, je lui lisais une lettre, elle disait alors… alors elle disait qu'elle ressentait exactement la même chose que Keats… et aussi qu'elle était désolée de m'avoir rendu la vie difficile. (Sa voix s'était mise à trembler. Il me regardait de nouveau droit dans les yeux.) Qu'elle était désolée, John. Voilà ce qu'elle disait. Alors qu'elle n'avait aucune raison de l'être. J'étais là pour elle… J'aurais tout… (Il secoua la tête et sa pomme d'Adam monta et descendit deux ou trois fois.) Elle savait sans aucun doute qu'elle allait mourir, poursuivit-il, recouvrant une certaine pondération. Mais moi, je ne voulais pas m'y résoudre. Je ne me rendais même pas compte qu'elle essayait de me l'expliquer. Là, tu vois, elle a souligné des choses. (Il prit le livre. Se mit à le feuilleter.) Des passages. Des phrases. Pour me montrer qu'elle ne s'en sortirait pas. Pour me dire et redire combien elle m'aimait. Elle a dû faire cela en mon absence. Peu avant de mourir. Je n'en savais rien. C'est la première fois que je rouvre ce livre… jusqu'à présent j'en étais incapable… je… »

À cet instant, il détourna le visage. J'entendis qu'il se mettait à sangloter. Je m'efforçai de ravaler mes propres larmes, sans toutefois y parvenir.

Le reste de la soirée, mon père se retrancha de nouveau dans le silence. Il travailla à son catalogue jusqu'à minuit environ puis alla se coucher. Il avait replacé le livre à sa place sur le rayonnage sans plus lui accorder un regard, comme si tout cela le laissait indifférent. De ce point de vue, il rappelait une huître qui, au fond de la mer, ne s'ouvre que quelques secondes, juste assez pour qu'on aperçoive sa facette sensible et vulnérable.

Dès son départ le lendemain matin, je me levai et pris le livre dans la bibliothèque. Son récit de la veille m'avait rendu terriblement curieux. Ces lettres, je les avais déjà parcourues, mais à une époque où j'étais trop jeune pour en saisir la teneur. Quant aux phrases soulignées, je ne m'en souvenais pas du tout.

Le livre à la main, je me recouchai et me mis à le feuilleter. Je n'eus pas à chercher longtemps les passages évoqués par mon père. Mon œil se posait pour ainsi dire tout seul dessus. Une ligne tracée par une main hésitante, au crayon à papier, dérapant sur les lignes.

Si seulement vous saviez avec quelle tendresse je ressasse continuellement vos diverses facettes, vos expressions, vos actes et votre tenue[1]...

Sur la page suivante :

J'ai hâte de croire en l'immortalité. Je ne serai jamais capable de vous adresser un adieu définitif. Si je devais être heureux avec vous ici-bas – l'existence la plus longue serait ô combien brève –, je voudrais croire en l'immortalité ; je voudrais vivre éternellement avec vous[2].

Et ailleurs :

Par ma foi, l'amour que je vous porte est immense[3].

Je poussai un soupir. Ma mère avait donc réellement existé ! Et elle avait aimé mon père, de tout son cœur, ce n'est qu'à présent que je le comprenais. Après toutes ces années.

1. John Keats, *Lettres à Fanny*, traduit de l'anglais par Élise Argaud, préface de Laurent Folliot, Paris, Payot & Rivages, p. 119 [Rivages poche/Petite Bibliothèque].
2. *Ibid.*, p. 122.
3. *Ibid.*, p. 119.

Retenant mon souffle, je revins en arrière et tombai sur un autre fragment souligné :

La puissance de ta bénédiction est telle qu'elle ne s'évapore pas en vingt-quatre heures ; elle est comme un calice sacré, qui une fois consacré le reste à jamais. Je poserai mes lèvres sur ton nom et le mien là où tes lèvres ont été – lèvres[1] *!*

Je m'allongeai sur le dos. Je tremblais de tout mon corps. Comme si je venais d'entendre la voix de ma mère. Comme si elle prononçait les mots à mesure que je les lisais.

Je poserai mes lèvres sur ton nom et le mien là où tes lèvres ont été…

Je m'efforçai de me représenter ma mère, mais cette fois encore, alors qu'elle semblait pourtant tout près de moi, je n'obtins qu'une image floue, comme si elle était cernée par le brouillard ou comme si un voile dissimulait son visage.

Je poserai mes lèvres sur ton nom et le mien…

Tout à coup, Mary s'imposa à ma pensée, et je la vis devant moi comme si elle était là. Je cherchai à refouler cette image. Ce que j'éprouvais depuis quelques jours quand je songeais à elle me semblait presque frappé d'un interdit. Je n'avais pas le droit de tomber amoureux d'elle. J'avais grandi auprès d'elle. Elle était comme une sœur pour moi.

1. *Ibid.*, p. 98-99.

Si j'étais parvenu jusqu'à présent à contenir le feu qui brûlait en moi, la langue sensuelle de Keats l'avivait tellement que je ne pouvais que capituler.

là où tes lèvres ont été…

Je m'imaginais en train de lire ces mots à Mary. De les lui chuchoter à l'oreille. Puis en train de la caresser tout doucement. Ses bras. Son cou. Ses oreilles. Ses lèvres.

Lèvres!

Je glissai la main sous ma chemise: mon torse était trempé. Comme incandescent. Peu à peu, je laissai ma main descendre. Sur mon ventre, plus bas, plus bas encore, tout en pensant à Mary et à la sensation que le contact de sa peau devait procurer. De ses seins. De son ventre. De… plus bas encore.

SEPTEMBRE ARRIVA. Le beau temps du dernier mois perdura, tandis que notre sous-sol sentait plus que jamais le renfermé. Parfois, j'étais tellement oppressé que je m'échappais dehors, le plus souvent du côté de Victoria Park où, chaque été, des gens se rassemblaient pour écouter une joute oratoire entre différents militants politiques ou d'innombrables prédicateurs qui, plus fanatiques encore que par le passé, annonçaient la fin du monde. Depuis la déclaration de guerre, tous ces tribuns attiraient toutefois moins de monde. La plupart des badauds s'agglutinaient autour de recruteurs en uniforme kaki, qui tentaient de convaincre hommes jeunes et moins jeunes de se porter volontaires. Chaque après-midi, vers 2 heures, quelques sergents pénétraient dans le parc à la tête d'une escouade. Un des soldats jouait de la flûte, un autre du bugle, un troisième du tambour. Ils interprétaient *Goodbye, Dolly Gray* ou chantaient « *Come on and join lord Kitchener's Army. Ten bob a week, plenty grub to eat, bloody great boots make blisters on yer feet* », tout en distribuant en chemin des sucreries aux enfants qui leur emboîtaient gaiement le pas comme les rats derrière le joueur de flûte de Hamelin.

Un jour, je m'étais moi aussi laissé aller à écouter un sergent à la moustache ténue, perché sur le gros tronc d'un arbre abattu, et qui brandissait une affiche représentant lord Kitchener. À travers cette effigie collée partout dans la ville, le ministre de la Guerre regardait tous les passants dans le blanc des yeux, bras et doigt tendus devant lui comme s'il dirigeait le canon d'un fusil sur eux. Sous ce portrait, on pouvait lire en lettres capitales : *YOUR KING AND COUNTRY NEED YOU!*

Par milliers, des hommes répondaient à cet appel. Pour ma part, l'affiche m'effrayait, de même que le ton échauffé du sergent à la fine moustache. Après s'être présenté et avoir présenté avec placidité ses soldats, il ne tarda pas à nous mettre en garde contre le danger imminent que représentaient les Huns. Je vis beaucoup d'hommes acquiescer. Haussant toujours plus la voix, le sergent évoqua l'honneur et la patrie, la sensation que procure le privilège de porter l'uniforme et de manier une arme, les généreuses compensations qu'on allouait au soldat et à la famille qu'il laissait au pays. À ses côtés, le tambour ponctuait chacune de ses phrases d'un coup de baguette, puis amplifiait peu à peu le roulement ; pour finir, il battait la caisse après chaque mot du sous-officier, échauffant toujours plus l'assistance. Autour de moi, des hommes se mirent à lancer des ovations et à jeter leur casquette en l'air, enthousiasme dont le soldat à la flûte tira profit pour distribuer des papiers précisant les modalités de l'engagement. Entre-temps, le sergent et le tambour poursuivaient leur tâche, l'un criant, l'autre tambourinant : « SOYEZ DES HOMMES ET ALLEZ VOUS BATTRE ! LE PAYS A BESOIN DE VOUS ! »

Accompagné d'un long roulement, le sergent, à la fin de son apologie, tint l'affiche bien tendue devant son visage, comme si le ministre en personne venait de s'adresser à la foule. Une sorte de tourbillon invisible traversa celle-ci, attisant les émotions de chacun. Hommes et adolescents assaillirent le soldat à la flûte, se précipitant sur les papiers comme des affamés sur de la nourriture. Non sans mal, je m'extirpai de la masse ; alarmées, plusieurs mères faisaient elles aussi des efforts effrénés pour s'éloigner, pressant contre elle leur garçon.

Les jours suivants, je me réfugiai dans les coins tranquilles du parc pour me nourrir des autres œuvres de Keats présentes sur les rayonnages de mon père. Un des volumes contenait sa poésie complète, un autre toutes ses lettres dont celles qu'il avait adressées à sa famille et à ses amis. Avec une admiration grandissante, je lus toutes ces pages, prenant bientôt conscience que je m'étais laissé induire en erreur par certains de mes professeurs qui n'avaient sans doute jamais écouté leur cœur battre. M. Barnwell lui aussi avait qualifié les poèmes de Keats de sucreries romantiques et dénigré ses lettres en lesquelles il voyait grossièreté et verbiage. Or, ce que je découvrais me touchait au plus profond de moi : cela me ramenait à ma mère qui avait reconnu ses propres sentiments dans les mots de l'écrivain ; qui plus est, cela ne faisait qu'accroître le désir qu'éveillait en moi Mary.

Plus d'une fois au cours de ces journées, j'entrepris d'écrire à mon tour une lettre d'amour à Mary, mais à peine les premiers mots apparaissaient-ils sur le papier que ma plume se grippait. À chaque phrase, je comparais mon style à celui de Keats, mes lacunes n'en ressortant que plus vivement. Je ne parvenais guère à coucher que des futilités et des platitudes à faire rougir. Au point d'être au bout du compte incapable de rédiger une simple lettre pour l'informer que mon père ne possédait pas *Le Second Livre de la jungle* et que je lui choisirais un autre livre.

À la fin, il me fut impossible d'attendre plus longtemps. Il me fallait voir Mary. Le désir que j'éprouvais commençait à me faire souffrir. Après avoir pesé le pour et le contre, je pris dans la bibliothèque de mon père un exemplaire d'*Oliver Twist* dont le cuir était fendillé et dont les fers dorés étaient ternis. Si jamais quelqu'un l'abîmait, ce ne serait pas vraiment grave.

Ce roman, je l'avais lu au cours de mon enfance, j'en avais interprété certaines scènes avec Martin, jouant dans la plupart des cas le rôle d'Oliver tandis que mon camarade tenait à être Jack Dawkins, *alias* le Renard, chef d'une bande de jeunes pickpockets. En de rares occasions, nous acceptions que Mary se joigne à nous ; je lui confiais alors le rôle de Nancy, la petite amie du brigand Bill Sykes. Ayant un faible pour Oliver, elle le protège, ce qui lui coûte finalement la vie. Se sentant trahi, Sykes la tue, une scène que Martin assumait plus que volontiers ; après ce dénouement, Mary laissée pour morte par terre, je déclamais avec un grand sens dramatique les mots de Charles Dickens : « De toutes les actions coupables qui, à la faveur des ténèbres, avaient été commises dans la vaste enceinte de Londres, depuis que la nuit l'avait jamais enveloppée, celle-ci était la plus criminelle. De toutes les horreurs qui allaient empester de leur odeur infecte l'air pur du matin, celle-ci était la plus lâche et la plus odieuse[1]. »

Une atmosphère bien éloignée de celle qui régnait dans la ville quand, le roman dans mon sac, je pris la direction d'Allerton Street. Les carillons tintaient gaiement, annonçant les coups

1. Traduction d'Alfred Girardin, sous la direction de P. Lorain.

de 2 heures; le soleil était haut dans le ciel azuré que fendaient des hirondelles gazouillantes. Malgré tout, au bout de quelques minutes de marche, je perçus une légère menace. Quel que fût l'endroit où mes yeux se posaient – panneaux, arrêts de bus et de tramway, murs, grilles de bâtiments publics… –, il y avait une affiche où se détachait le regard pénétrant de Kitchener et son index pointé comme une baïonnette. Çà et là, des hommes en déchiffraient les inscriptions, le nez presque collé dessus. Quelqu'un me demanda l'heure avant de se précipiter à un meeting de recrutement qui débutait dix minutes plus tard.

En m'engageant dans Allerton Street, j'éprouvai une forme de soulagement comparable pour ainsi dire à celle que ressent le voyou qui parvient à semer un filateur. Dans cette rue, ni affiches ni passants, rien qu'un caniche pelé; il allait de porte en porte, levant la patte à tout va, et pour finir il aboya en pourchassant un chat qui, sur le rebord d'une fenêtre, avait émis des miaulements plaintifs.

Devant la maison de la famille Bromley, à l'idée que j'allais revoir Mary, mon cœur se mit à battre la chamade. Je vérifiai que ma casquette était bien mise, passai la main sur mon sac et consultai ma montre avant de toquer.

Personne ne répondit. Je poussai la porte et franchis le seuil. Il faisait assez sombre dans la pièce, si bien qu'il me fallut un moment pour reconnaître M. Bromley dans la forme au torse nu, callée dans le fauteuil le plus éloigné. Son menton reposait sur sa poitrine, de sa bouche entrouverte s'élevait un doux ronflement. Ça me rappela le jour où, accompagné de Martin, j'avais vu dans une cage du May Fair un gorille endormi, assis sur son derrière, ses grosses mains poilues croisées sur le ventre. Je me préparais à m'esquiver pour revenir une autre fois, mais Mme Bromley se glissait déjà dans le séjour et, l'index sur les lèvres, me faisait signe de garder le silence. Sur la pointe des pieds, elle s'approcha de moi et porta sa bouche près de mon oreille. Son haleine sentait l'oignon.

« T'as vu Martin ? »

Malgré le chuchotement, je perçus de l'inquiétude dans sa voix, inquiétude qui me gagna.

« Il n'est pas revenu ?

– Une seule fois. J'étais pas là, il a tout mis sens dessus dessous. Les tiroirs, les placards, les matelas, tout, fit-elle en manquant s'étrangler avant de poursuivre sur un ton plein de compassion : Je crois bien, John, qu'y cherchait des sous et à manger. Il crevait sûrement de faim. »

Nom d'un chien ! Martin vole sa mère, m'apprêtai-je à crier, mais je me retins.

« Il a disparu depuis combien de temps ?

– Neuf jours déjà, répondit-elle sans réfléchir. Pourvu qu'y lui soit rien arrivé.

– Probablement pas. »

Mme Bromley saisit ma main et la pinça.

« Tu voudrais pas essayer de le retrouver, John ? me supplia-t-elle. T'as sans doute une idée de là où y peut être. »

Imperceptiblement, elle s'était mise à parler plus fort. Je tournai les yeux dans l'angle le plus reculé où se trouvait son mari. Sur son visage, une paupière se souleva, comme celle du gorille en cage lorsque Martin lui avait jeté un caillou avant que nous ne décampions. Cette fois, je ne pouvais faire autrement que rester sur place. M. Bromley souleva la deuxième paupière. Pourvu qu'il n'ait pas bu, songeai-je en un éclair.

Mme Bromley lâcha ma main.

« Regarde qui est là, dit-elle en feignant l'enjouement.

– Hein ? proféra son mari.

– John… John Patterson.

– Et qu'est-ce qu'y veut ? grogna M. Bromley, un mégot de cigarette collé à sa lèvre inférieure.

– Il… », commença Mme Bromley, mais aucun mot ne suivit.

Du coude, elle me donna une bourrade dans les côtes.

« Je… je passais par hasard dans le quartier, dis-je, soulagé d'avoir formulé aussi vite une réponse. Je me suis dit, tu n'as qu'à passer leur dire bonjour. »

M. Bromley se gratta les poils de la poitrine. Je reculais et tenais déjà le bouton de la porte quand il cria mon nom.

« Patterson ! »

J'eus un hoquet d'émotion :

« Oui, M. Bromley.

– T'as vu le gamin ?

– Richard, s'il te plaît, intervint Mme Bromley.

– T'occupes pas de ça, Daisy ! »

Il dirigea de nouveau son regard vers moi. Je voyais surtout le blanc de ses yeux.

« Martin ? articulai-je d'une voix rauque. Non, M. Bromley, je ne l'ai pas vu.

– T'es bien sûr, Patterson ?

– Tout à fait, M. Bromley.

– Si jamais tu l'croises, Patterson, dis-lui que j'lui casserai les pattes à la première occasion.

– Je n'y manquerai pas, M. Bromley, m'empressai-je de répondre avant de tourner, dans mon dos, le bouton de la porte.

– Au fait, Patterson, qu'est-ce que tu fabriques encore ici ? Tu devrais pas déjà être en train de t'battre les armes à la main ? »

Je jurai à part moi. Et n'avais aucune idée de ce que je pouvais rétorquer. Heureusement, Mme Bromley vint à la rescousse.

« Il est encore trop jeune, Richard.

– Trop jeune ? Mon cul ! On n'est jamais trop jeune pour s'engager. Seulement trop vieux. Moi, y zauraient pas besoin de m'le demander deux fois.

– John n'a pas encore 19 ans, rétorqua Mme Bromley. Tu sais bien, il fêtera son anniversaire quatre semaines après Matthew.

– Matthew ne fête rien du tout, Daisy ! Matthew est mort ! Depuis dix-neuf ans ! T'arrêteras donc jamais avec tes conneries ? ! »

Durant quelques secondes, un silence glacial régna dans la pièce. M. Bromley se racla la gorge et cracha un glaviot qui atterrit par terre avec le mégot de cigarette. Du dos de la main, il s'essuya la bouche puis se mit à tâter sous ses fesses à la recherche de sa tabatière. Je détournai les yeux. Mme Bromley se tenait pétrifiée à côté de moi. Elle était blanche comme un linge. Quelque part dans ma tête retentissait la voix de Martin : *J'le hais ! J'le hais !*

À n'en pas douter, Mme Bromley pensait la même chose à ce moment-là, sans toutefois le laisser paraître. Elle se pencha avec précaution vers moi et chuchota :

« Vaudrait mieux que tu t'en ailles. »

Je hochai la tête. J'aurais aimé passer la main sur son bras ou son dos en guise de réconfort, mais je sentais le regard de son mari me fusiller.

Sans rien ajouter, je m'éclipsai.

Les jours suivants, j'errai dans Londres à la recherche de Martin. Je ne parvenais pas à faire abstraction de la supplication de Mme Bromley. Cependant, je ne faisais guère autre chose que regarder autour de moi ; j'évitais de m'approcher du quartier miteux, au-delà des docks, même si j'avais une réelle chance de l'y croiser. Par moments, je croyais l'apercevoir de l'autre côté de la rue ou à quelques centaines de mètres devant moi, mais il s'agissait à chaque fois de quelqu'un d'autre ayant un port ou un gilet plus ou moins similaire au sien.

Au cours de mes pérégrinations dans la capitale, j'étais frappé de voir autant de jeunes recrues s'entraîner, la plupart encore en civil. Ces garçons défilaient en rangs serrés sur une place ou dans un parc, rampaient les uns derrière les autres sur une pelouse. Sur un terrain vague près de Finsbury Circus, des hommes lançaient, depuis des fosses qu'ils avaient creusées, des balles de tennis censées sans doute faire office de grenades ; dans la cour de mon ancienne école secondaire, je vis des recrues armées d'un fusil se jeter sur un mannequin de paille, lui enfonçant leur baïonnette dans le ventre ou le thorax, spectacle qui me remplit d'horreur.

Outre Martin, je cherchais Mary. Elle, j'espérais la croiser rapidement. Je trimballais toujours sur moi *Oliver Twist* et me sentais de jour en jour plus coupable de ne pas le lui avoir encore remis. Bien que je me fusse posté à l'occasion sur le chemin qu'elle empruntait en rentrant de l'école, je ne l'avais toujours pas aperçue.

En revanche, un matin de la deuxième semaine de septembre, alors que j'avais abandonné tout espoir de tomber sur elle, c'est Jack Cunningham que je vis, le garçon qui s'était laissé arrêter avec Martin dans l'horlogerie de Heinrich Kohlmann. Je sortais de la faculté, où j'étais allé m'assurer que les cours commençaient bien début octobre : mon père avait entendu dire que, dans les écoles et les universités, on risquait de manquer de personnel, beaucoup de jeunes enseignants s'étant portés volontaires. Mais l'un des professeurs, auquel je m'étais adressé dans le hall, homme aimable à la barbiche en forme de pinceau, m'avait assuré qu'il n'y avait pas de raison de s'inquiéter. D'après ses informations, aucun professeur, aucun assistant n'avait annoncé son départ, aucun étudiant non plus, avait-il ajouté avec un clin d'œil. À moins que je ne tinsse moi-même à m'engager ? Avec assurance, j'avais secoué la tête de gauche à droite et répondu que j'aspirais à « désaltérer ma soif de savoir », citant une lettre de Keats que je venais de lire. L'homme avait applaudi à ma réplique ; pour la première fois depuis des mois, je m'étais senti quelque peu compris.

En quittant le bâtiment, je faillis heurter Jack Cunningham sur le trottoir. Il était accompagné de son frère Woody. Heureusement, ils étaient tellement pressés qu'ils ne me remarquèrent pas. Sur un coup de tête, je décidai de les suivre. Peut-être avaient-ils rendez-vous avec Martin.

J'eus bien du mal à ne pas les perdre de vue. Il était presque 10 heures, les rues grouillaient de monde. Ils zigzaguaient entre les gens ; au dernier moment, je les vis prendre à droite au niveau de Store Street, en direction de Tottenham Court Road où je les repérai dans la foule. Toutes les cinq minutes, Woody changeait d'épaule le sac de marin qu'il trimballait.

Je connaissais Woody depuis l'école primaire. Il avait un an de plus que moi – autrement dit, il devait déjà avoir fêté son vingtième anniversaire –, mais on avait toujours été dans la même classe. Un garçon dégingandé avec une mèche courte. Il croyait faire l'objet de ragots incessants, plus encore quand sa mère l'affublait d'un chandail tricoté avec des restes de laine qu'elle accumulait à la manière d'un hamster. La moindre remarque, le moindre regard de travers d'un autre élève pouvait l'inciter à en venir aux mains. Après avoir eu plusieurs gagne-pain, il travaillait depuis un certain temps chez un boucher de Pitfield Street. La dernière fois que je l'avais vu, c'était lors des troubles à East Road. Il faisait partie des premiers à avoir fui l'horlogerie dès l'arrivée des gendarmes.

Progressant d'un pas soutenu, les deux frères traversèrent New Oxford Street, remontèrent Charing Cross Road en direction de Trafalgar Square. Je remarquai qu'ils étaient loin d'être les seuls à faire de même ; subitement, je conjecturai que tous ces jeunes gars se rendaient à un meeting. Malgré tout, et même si je laissai les deux frères prendre beaucoup d'avance, je renonçai à rebrousser chemin. Plus que jamais, je m'attendais à voir surgir Martin. Depuis quelques années, lui et Jack traînaient souvent ensemble ; ils avaient abandonné l'école en même temps pour aller travailler dans les docks. Jack devait avoir désormais 17 ans, mais en raison de sa taille et de sa corpulence, il paraissait plus âgé que Martin.

Apercevant au loin St. Martin in the Fields, je ralentis brusquement le pas. Sur la place de l'église, des centaines de jeunes hommes en civil – la plupart un sac de marin sur l'épaule – formaient de longues rangées parallèles. Il était impossible de se faufiler entre elles ; quiconque souhaitait se faire une place dans l'une des queues devait jouer des coudes. Sur le porche de l'édifice, entre les colonnes, je distinguai des dizaines de militaires qui, l'air approbateur, contemplaient en contrebas cette masse de nouvelles recrues. J'avançai et me mêlai aux nombreux badauds qui, à distance, observaient la scène. À moitié caché par un homme coiffé d'un haut-de-forme et une femme qui, malgré l'heure matinale, avait déjà ouvert son ombrelle pour se protéger du soleil, je laissai mon regard aller et venir sur les recrues.

Il me fallut un certain temps pour repérer Woody et Jack. Woody faisait la queue dans l'une des rangées ; Jack se tenait près de lui. Il donna une chiquenaude à la casquette de son aîné, puis une bourrade cordiale sur son avant-bras, tendit son poing en l'air en signe d'encouragement et s'éloigna de quelques pas. Il resta planté sur place sans quitter son frère des yeux. À n'en pas douter, ne pas pouvoir le suivre le peinait bien plus que le voir partir.

Sur les coups de 10 heures, l'un des soldats perchés en haut des marches souffla dans un clairon ; un autre porta alors un porte-voix à sa bouche et entreprit de donner des instructions. Quand il eut terminé, il commença à appeler les recrues par ordre alphabétique. Dans les rangs, les mains se levaient et s'abaissaient les unes après les autres tandis que retentissait un « Présent ! » repris comme en écho.

Lassé, je m'apprêtais à partir quand je vis la main de Jack se dresser en l'air. Il faisait signe à quelqu'un qui se trouvait de mon côté : Martin ! En tendant le bras, j'aurais presque pu le toucher ! D'un œil attentif et défiant, je le regardai se frayer un passage pour rejoindre Jack. Focalisé sur lui, je mis du temps à remarquer, juste derrière lui, la présence de Mary. Elle lui tenait le bras pour ne pas le perdre dans la foule. De tous les sentiments qui m'envahissaient, c'était la stupéfaction qui dominait. Mais je perçus aussi de la déception. Et de l'excitation. Comme si l'on m'avait fait boire à mon insu un breuvage qui enflammait ma poitrine tout en laissant dans ma bouche un arrière-goût désagréable. Sans les perdre de vue, je profitai de l'ombrelle pour mieux me dissimuler. Machinalement, je serrai contre mon ventre le sac qui contenait le livre.

Avec cordialité, Martin et Jack se saluèrent ; ce dernier, le visage débordant de fierté, tendit le doigt en direction de son frère.

« Il est là », lis-je sur ses lèvres.

Martin tendit un poing en l'air pour insuffler de la force à Woody, mais celui-ci regardait droit devant lui.

Derrière Martin et Jack, Mary faisait tourner nerveusement un petit paquet dans ses mains. Il était enveloppé dans du papier brun. De ses gestes, j'inférai qu'elle demandait à Jack si elle avait le temps d'aller le remettre à Woody. Jack lui fit signe de le suivre. De ses larges épaules, il s'ouvrit un chemin dans la foule jusqu'à son frère.

Je retenais mon souffle. Mary donna une petite tape dans le dos à Woody. Il se retourna et la considéra, agréablement surpris. Elle lui tendit alors le paquet ; il s'empressa d'en déchirer l'emballage. Le cadeau contenait une casquette, à moins que ce ne fût une cravate. Qu'elle avait sans aucun doute tricotée elle-même. Ravi, Woody se pencha un peu vers Mary pour la remercier tandis qu'elle se dressait sur la pointe des pieds. Ils s'embrassèrent alors, sur la bouche, durant au moins trois secondes. La sensation de chaleur qui me remplissait la poitrine s'évanouit en moins de rien ; j'eus tout de suite l'impression que mon sac pesait comme un bloc de glace qui me tétanisait le ventre. Abattu, je détournai les yeux.

« Cunningham ! Woody Cunningham ! cria alors le soldat depuis le porche de l'église.

– Présent ! » répondit haut et fort la voix de Woody.

DANS SA DERNIÈRE LETTRE À FANNY BRAWNE, Keats écrit : « Je suis écœuré du monde brutal auquel vous souriez. Je déteste de plus en plus les hommes et les femmes. Je n'entrevois que des tourments pour l'avenir…[1] »

Tels étaient les sentiments qui m'habitèrent au cours des jours qui suivirent la scène à laquelle j'avais assisté devant St. Martin in the Fields. Un seul rayon d'espoir subsistait à mes yeux: le début des cours. Mais pour parvenir au jour J, il me faudrait franchir en rampant une haie de tourments, dense et épineuse. Ainsi ressentais-je les choses. Venir à bout de près de trois semaines, marquées de surcroît par mon dix-neuvième anniversaire. Cela me paraissait une éternité. Tel un ermite, je m'isolai, quittant à peine la maison, traînant au lit, me couchant tôt. Je lus énormément, sans toutefois retenir grand-chose. Souvent, au bout de quelques phrases, mon attention se relâchait et mes pensées revenaient à Mme Bromley, à Martin et plus encore à Mary. Comment avais-je pu me tromper à ce point sur son compte? Je croyais avoir trouvé en elle une alliée, quelqu'un qui me comprenait, mais

1. *Op. cit.*, p. 133.

rien n'était plus faux. Elle se laissait mener par le bout du nez par Martin ; or, quelques jours plus tôt, elle soutenait encore qu'elle le haïssait, qu'elle était heureuse de savoir que je ne voulais pas m'engager. En réalité, elle arpentait les rues. Embrassait Woody Cunningham. Furieux, j'espérais ne plus jamais la croiser.

Tout ça, c'était à cause de cette maudite guerre, et rien ne laissait présager une amélioration rapide. Dans les journaux, les titres vociféraient les nouvelles sans guère de périphrases et à grands renforts de points d'exclamation : « Horrible boucherie ! » « De nombreux morts et blessés ! » « Combats sanglants ! »

Mon père se plaignait chaque jour davantage du prix de la farine, des œufs, des pommes de terre, du charbon. Tout augmentait de vingt pour cent, de trente pour cent, voire plus, affirmait-il. Un soir qu'il rentra tard, il éteignit sans tarder toutes les lumières, y compris celles de ma chambre, une attitude qui me remplit d'effroi. Ils ont envahi Londres – cette pensée me traversa. Mon père m'expliqua qu'il s'agissait en réalité d'un exercice visant à rendre la ville invisible aux avions et zeppelins ennemis. Londres devait être une étendue noire dans un paysage noir. Il m'entraîna dehors. En effet, jamais encore pareille obscurité n'avait régné. On aurait dit qu'un brouillard épais engloutissait tout au-delà de deux mètres. Mon père me raconta qu'il avait trouvé le chemin de la maison à l'aveuglette. Un piéton était d'ailleurs tombé dans l'eau du Wenlock Basin.

C'est oppressé que je me glissai peu après dans mon lit. Cette nuit-là, je rêvai que j'étais devenu aveugle. À la place de mes yeux, il n'y avait plus que des cavités vides pareilles à celles du crâne d'un squelette. Trempé de sueur, je me réveillai. Malgré la mise en garde de mon père, j'allumai la lampe posée sur ma table de chevet et laissai une faible flamme brûler jusqu'au petit matin.

Deux ou trois jours avant mon anniversaire, une autre nouvelle me choqua plus encore.

« Harry est mort.

– Harry Whitfield ? »

Mon père hocha la tête :

« Tombé au combat. Là-bas. »

Il fit un geste du menton comme si « là-bas » se trouvait à seulement quelques mètres de nous.

Je frémis. M. Whitfield, je l'avais toujours apprécié. À chaque fois, il s'était montré d'une extrême gentillesse à mon égard. En plus d'être un collectionneur de gravures, il cultivait un certain talent de dessinateur ; quand j'étais gosse, il lui arrivait de crayonner un oiseau pour que je le colorie à ma guise. Quand, tout fier, je lui présentais le résultat, il sifflait entre ses dents et disait que toutes ces couleurs vives lui rappelaient un guêpier ou un colibri, des noms que je n'avais jamais entendus et qui semblaient aussi exotiques à mes oreilles que ceux des épices odoriférantes que rapportait parfois de ses lointains voyages le père de Martin.

M. Whitfield aimait par ailleurs imiter le chant des oiseaux.

« Écoute, John, le cri de l'alouette », disait-il par exemple avant d'émettre, tête renversée en arrière, un vibrato de flûte toujours plus aigu qui finissait par faiblir et mourir.

Quand mon père et moi le raccompagnions devant la maison après sa visite, il ne manquait jamais de relever la présence d'un oiseau.

« Regarde, John, la première hirondelle ! Là ! », « Tu l'as vu passer comme l'éclair, John ? Un épervier ! »

Moi, je ne voyais jamais rien. Si je passais tout mon temps le nez dans les livres, lui avait tout le temps le nez en l'air.

Or, voilà qu'il était mort.

« Quand il est parti, lui et moi, on a rigolé à cause de son uniforme, ajouta mon père avec de la mélancolie dans les yeux. Ça l'engonçait tellement. Les boutons étaient prêts à lâcher. »

J'avais souvent entendu M. Whitfield rire. Des éclats de rire aigus de pie, commentait-il lui-même. Un homme gai, très différent de mon père. La gravité caractéristique du collectionneur qu'il affichait parallèlement restait une énigme pour moi.

« On l'enterre quand ?

– C'est déjà fait. Là où il est tombé », répondit mon père dans un soupir.

Cela me remplit d'indignation :

« Ils ne prennent même pas la peine de le ramener ?

– Peut-être après la guerre », dit mon père sans conviction. Puis il ajouta : « Sa femme est enceinte.

– Enceinte ? Elle a déjà quatre enfants, non ?

– Cinq.

– Elle ne va jamais s'en sortir, fis-je en secouant la tête.

– Elle va recevoir une pension de veuve. Et avec les collègues, on a commencé à se cotiser.

– Et sa collection ?

– Sa femme tient à tout prix à la vendre, même si le moment n'est guère propice. J'ai essayé de la persuader d'y renoncer, mais elle veut se débarrasser de toute cette camelote le plus tôt possible.

– Cette camelote ?

– Oui, cette camelote », répéta mon père qui, la bouche déformée par le dépit, resta les yeux perdus dans le vide.

Quelques jours plus tard, je fêtai mes 19 ans. À minuit, je comptai les coups de l'horloge qui provenaient de la pièce de devant ; au douzième, j'eus l'impression que, dans mon dos, un pont enjambant un ravin s'effondrait alors que, devant moi, s'étendait un paysage pareil à l'un de ceux décrits par Milton : « Adam regarda, et il vit un vaste territoire déployé devant lui, entrecoupé de villages et d'ouvrages champêtres : cités pleines d'hommes avec des portes et des tours élevées, concours de peuple en armes, visages hardis menaçant la guerre, géants aux grands os et d'une entreprenante audace ! Ceux-ci manient leurs armes, ceux-là domptent le coursier écumant : isolés ou rangés en ordre de bataille, cavaliers et fantassins ne sont pas là pour une montre oisive. »

Bien après minuit, je trouvai enfin le sommeil. Mais vers 3 heures, un mauvais rêve me réveilla en sursaut : un officier, sa large poitrine truffée de médailles, pénétrait dans ma chambre et, sous la menace d'un revolver, m'emmenait à la caserne. Dès lors, je ne pus refermer l'œil, de peur que ce cauchemar ne devienne réalité.

À 8 heures – mon père était parti depuis longtemps à son travail –, quand je me levai pour faire du thé, j'avais toujours l'impression d'être une souris dans les griffes d'un chat. Prendre conscience que mon âge ne constituait plus une excuse pour échapper à l'armée m'en coûtait. Désormais, je n'avais plus d'arguments pour parer les accusations de lâcheté, de poltronnerie. Seules ma maigreur ou une inaptitude physique pouvaient encore me constituer un alibi.

Cette dernière idée jouait dans ma tête alors que l'eau commençait à frémir. Durant un bref instant, je ressentis l'envie de verser de l'eau bouillante sur mes mains ; ainsi, je me rendrais inapte à tenir un fusil. Mais la seconde suivante, je me dis que c'était complètement idiot et je me sermonnai : arrête un peu de charrier !

Après m'être rafraîchi et habillé, je passai le reste de la matinée à lire des poèmes de Wordsworth. En fait, j'avais entamé la lecture de *Beowulf*, titre qui était au programme, avant de bien vite me rabattre sur le romantique anglais. Dans ses vers, en particulier ceux traitant de l'amour perdu, filtrait un ton mélancolique qui m'offrait un certain réconfort. Il me semblait qu'une âme sœur m'insufflait des encouragements. Je n'étais plus seul dans ma souffrance. Par moments, je fermais les yeux et récitais les vers à voix haute, à plusieurs reprises afin de les graver dans mon esprit.

Elle habitait sur les vierges chemins
Auprès des sources de la Colombe.
Une pucelle avec personne pour la louer
Et bien peu pour l'aimer.

Vers midi, la faim se manifesta. Je tisonnai le poêle pour faire cuire une omelette. Mais après que j'eus cassé un premier œuf, les récriminations de mon père sur la hausse des prix retentirent dans ma tête. Je me demandai si je pouvais, comme à mon habitude, en ajouter un second. Et m'autorisai à le faire. Cela me procura une sensation de victoire, minime certes, mais tout de même, celle d'avoir résisté à l'idée que la guerre durerait longtemps.

J'avais presque fini de manger quand on frappa. Retenant mon souffle, je regardai la porte. On toqua de nouveau, trois petits coups, ni forts ni impérieux.

« John ?

– Mary ? » fis-je à demi-voix.

L'instant d'après, un chien se mit à aboyer.

Bien que le souvenir du baiser qu'elle avait échangé avec Woody me laissât toujours comme un goût de chaume dans la bouche, j'étais heureux d'entendre la voix de la jeune fille.

Je me levai, m'essuyai commissures et menton, passai la main sur mes cheveux tout en me précipitant vers la porte.

Shakespeare se faufila tout de suite par l'entrebâillement. Je m'apprêtais à me pencher pour l'attraper qu'il avait déjà sauté sur moi, pattes en appui sur ma poitrine et langue prête à me balayer le menton. Je le repoussai en lui laissant croire qu'il s'agissait d'un jeu. Du coin de l'œil, j'aperçus Mary sur la dernière marche qui menait à notre sous-sol.

« Joyeux anniversaire, John ! » s'exclama-t-elle avant même d'avoir franchi le seuil.

Son gazouillis et la gaieté perçant de ses yeux clairs dissipèrent sur-le-champ ma morosité. Le rouge me monta aux joues.

« Merci beaucoup. Tu t'en es souvenue ? C'est ta mère ?

– Oui. Elle m'a chargée de te féliciter. Et de te faire trois bisous. »

Sans attendre, elle joignit le geste à la parole. Emprunté, je reçus ses baisers sur les joues. Son odeur sucrée et enivrante me remplit les narines ; on aurait dit qu'elle sortait d'un bain de violettes ou de miel.

« Tu sens bon », lui dis-je.

Ma tête était en feu. Je me penchai pour caresser Shakespeare qui se frottait contre ma jambe.

« La vanille, répondit-elle, enjouée. Papa en a rapporté un jour. D'Amérique, je crois.

– Pour une fois, il a bien choisi. C'est plutôt rare, non ? »

Mary sourit de nouveau :

« Maman a tout de suite jeté le flacon dans la poubelle. C'est pour les femmes chic, qu'elle a dit. Moi, je l'ai récupéré. Oh, attends, j'ai quelque chose pour toi ! ajouta-t-elle en sortant de la poche de sa robe une boîte d'un format oblong. Tiens. Maman l'a acheté pour toi.

– Ce n'était pas nécessaire ! m'exclamai-je, conscient des difficultés de Mme Bromley à joindre les deux bouts, plus encore à présent que son mari n'avait plus de revenus.

– T'as pas le droit de refuser, a dit maman. Elle se sentirait offensée.

– Eh bien, je n'ai pas le choix. »

Impatiente, Mary fixait de ses yeux limpides mes mains qui ouvraient la boîte.

Elle contenait un stylographe. Pas un porte-plume Sergent-Major, non, un vrai stylographe avec une petite bouteille d'encre et un compte-gouttes pour le remplir. Désarçonné, je restai un moment sans pouvoir prononcer le moindre mot.

« Tu l'trouves pas beau ? m'interrogea Mary, surprise.

– Il… il me plaît beaucoup, mais… je veux dire, c'est bien trop cher…

– Oh ! pas tant que ça, tu sais. C'était le moins cher. Et il a déjà servi.

– Oui, mais quand même… un stylographe ! Je n'en ai encore jamais eu.

– Mais tu dois promettre à maman que tu vas continuer à avoir de bonnes notes. Et que tu lui écriras une lettre de temps en temps.

– Promis! répondis-je, avec enjouement. Mais toi, tu dois me promettre de les lui lire.

– Promis!» reprit Mary en riant sans craindre de montrer ses dents.

Shakespeare voulut partager notre joie. Une fois de plus, il se jeta sur moi.

«Toi aussi, t'es gentil, Shakespeare, dis-je.

– Shaky veut faire une promenade, expliqua Mary. Tu viens avec nous au parc?»

S'il y avait un endroit que je voulais éviter, c'était bien le parc où les officiers de recrutement baratinaient toujours les jeunes hommes. Et qui nous disait que nous n'allions pas y croiser Martin ou Jack?

«Non, je ne peux pas. Je dois…

– Oh! allez, viens», m'interrompit Mary sur le ton de la supplication.

Tenant la tête légèrement inclinée, elle me regardait avec de grands yeux. Durant deux secondes, je soutins son regard pénétrant, puis je détournai la tête.

«Je ne sais pas si…

– Allez, John, allez viens», insista-t-elle.

Elle posa la main sur mon bras. Un frémissement parcourut mon corps. Une sensation inédite. Ça me rappela toutefois le jour où, lors de la kermesse, j'avais passé la main sur un globe de verre, geste qui avait provoqué, d'une façon ou d'une autre, une décharge électrique.

« Bon, d'accord, cédai-je. Mais attends, moi aussi, j'ai quelque chose pour toi. »

J'allai récupérer *Oliver Twist* dans la bibliothèque où je l'avais replacé deux semaines plus tôt avec un sentiment cuisant de déception. Au passage, je pris un reste d'omelette pour Shakespeare, qui, truffe en l'air, patientait dans l'entrebâillement de la porte. Il l'engloutit sans même mâcher.

Mary m'attendait en haut de l'escalier.

« Tiens, pour toi. Ce n'est pas *Le Second Livre de la jungle*, mais ça devrait te plaire.

– Oh ! j'le connais, lança-t-elle, à la fois surprise et contente. Ça parle d'orphelins !

– On en a interprété des passages quand on était gosses, acquiesçai-je avec enthousiasme. Martin jouait toujours le rôle du Renard, moi j'étais Oliver et toi Nancy, l'amoureuse de Bill Sykes. À la fin, il te…

– J'me rappelle pas », m'interrompit Mary.

Je fis de mon mieux pour ne pas montrer ma déception :

« Il faut dire que ça ne date pas d'hier. Peut-être que ça te reviendra quand tu le liras. Tu peux le garder si tu veux. »

Cette dernière phrase m'avait échappé. Jamais mon père n'aurait accepté que le livre disparaisse.

« T'es sérieux ? demanda Marie. (L'air convaincu, je hochai la tête.) Oh ! c'est vraiment gentil, ajouta Mary, reconnaissante. Viens ici. »

Elle se dressa sur la pointe des pieds pour m'embrasser. Je me penchai vers elle. Ses lèvres effleurèrent ma joue droite. Une deuxième fois, je respirai son odeur sucrée.

Dès que nous nous mîmes en marche, Mary passa son bras dans le mien. Shakespeare nous suivait, s'arrêtant çà et là pour flairer un lampadaire ou un muret.

« On est bien, hein ? dit Mary au bout d'un moment.

– Oui, on est bien, répétai-je à la manière d'un perroquet.

– T'as quel âge maintenant ?

– 19 ans, fis-je après m'être raclé la gorge.

– 19 ans ! Mais alors, tu peux t'engager ! »

Je me ratatinai, mais ne tardai pas à me reprendre :

« Je me suis inscrit à l'université.

– Woody est déjà parti. Woody Cunningham. Tu l'connais ? »

Son nom me fit l'effet d'un juron. Hésitant, je remuai la tête de gauche à droite.

« Le frère de Jack, tu sais, le copain de Martin, continua Mary.

– Je crois savoir de qui tu parles, dis-je avec le plus de nonchalance possible.

– J'suis allée lui dire au revoir ! » précisa-t-elle non sans fierté.

Elle venait de me tendre la perche :

« C'est ton amoureux ? la questionnai-je sans la regarder.

– Woody ? T'y penses pas ! »

Son exclamation me surprit. Je me demandais si elle mentait quand elle reprit avec une indignation qui ne pouvait être feinte :

« Pas Woody Cunningham. Y pue la vache crevée. Comment peux-tu penser ça ?

– Oh… je sais pas… comme ça… »

Nos regards se croisèrent brièvement ; sans s'arrêter, Mary me tira contre elle. Mon coude toucha son sein droit. Pour la deuxième fois, une décharge d'électricité me traversa, se répandant jusqu'à l'extrémité de mes doigts et de mes orteils. Un vers de Wordsworth me revint alors en mémoire :

Un feu lui embrasait la poitrine.

Sans rien ajouter, nous continuâmes notre promenade. Tous les deux pas, mon coude effleurait son sein aussi doux qu'un coussinet. Au même rythme, son coude me frôlait le flanc. Par bouffées, son parfum venait de mon côté. À chaque fois, dans mon désir de m'enivrer, j'inspirais profondément.

Et le baume qui respire sera sien
Et sien le silence…

En se jetant dans mes jambes, Shakespeare mit fin à ce moment d'enchantement. Dans un réflexe, je lâchai Mary pour ne pas me casser la figure.

« Shakespeare, fais attention ! » criai-je, en colère.

Avec incompréhension, le chien posa sur moi ses yeux noirs pleins de bonne foi. Imperturbable, il frétillait de la queue. Mary se pencha et l'attrapa par la peau du cou.

« Marche derrière nous, d'accord ? » le réprimanda-t-elle.

En réalité, Shakespeare fit dès lors office de tampon entre Mary et moi. Par instants, le polisson pressait sa truffe humide et froide contre ma main.

Arrivant au Victoria Park, je ralentis le pas. Sur la large allée de gravier qui le sillonnait flânaient quelques dames, bras dessus bras dessous. À ma droite, sous un grand tilleul, une institutrice montrait des feuilles d'arbre à un groupe d'écoliers. Je demandai à Mary si elle n'avait pas encore repris les cours.

« J'ai arrêté l'école. Je tricote des chaussettes pour les soldats.

– Hein ?

– Un penny la paire.

– Mais je croyais que tu voulais continuer. Tu aimais l'école, non ?

– Martin dit que j'pourrai y retourner plus tard. Aujourd'hui, faut aider l'pays comme on peut.

– Martin ? haussai-je la voix malgré moi. Depuis quand t'écoutes Martin ? »

La virulence de ma réplique me choqua autant qu'elle choqua Mary. Étonnée, elle me fixa et me dit soudain, acerbe :

« J'écoute Martin quand bon me semble. »

Sa riposte me rendit fébrile :

« Tu ne veux quand même pas lui ressembler ? Ce n'est pas un hasard si la police l'a arrêté. C'est un bandit, Mary, un bandit !

– C'est pas un bandit ! aboya Mary à ma grande surprise. Y voulait s'engager, mais l'armée voulait pas de lui. »

Elle criait tellement fort que les gens commencèrent à nous regarder. Nous nous étions écartés de l'allée et marchions dans l'herbe, abordant une butte.

« Ça ne l'empêche pas d'être un bandit ! rabrouai-je Mary d'une voix étouffée. Il faut que tu l'évites ! C'est un branquignol !

– C'est mon frère ! s'exclama-t-elle. Et j'en ai pas d'autre ! De toute façon, c'est pas tes oignons ! »

D'un coup sec, elle détourna la tête. Je la considérai, déconcerté. Elle m'aurait dit qu'elle me haïssait que ça ne m'aurait pas fait plus mal. En quelques mots, elle m'avait remis à ma place. À croire que nous n'avions jamais rien partagé. Un pensionnaire qui apparaissait et disparaissait, voilà ce que j'avais toujours été aux yeux de son père, un point de vue auquel elle semblait adhérer.

Ne sachant quelle contenance adopter, je tendis la main pour caresser Shakespeare. Oreilles dressées, il regardait en direction de l'entrée principale. Je compris bientôt pourquoi : un doux et régulier roulement provenait d'une colonne. Quelques instants plus tard, des soldats pénétraient au pas dans le parc. En tête, quelques uniformes kakis, derrière eux, par rangs de quatre, des hommes en civil, vêtus de nippes, coiffés d'une casquette ou d'un chapeau de paille, le nez en avant. Le défilé semblait ne devoir jamais s'arrêter. Une chenille qui grandissait toujours plus. Cent, deux cents, trois cents, peut-être quatre cents types, tous marchant à la même cadence, dictée par les militaires.

« Une deux ! Une deux ! Une deux ! »

Leurs pas faisaient trembler le sol, propageant des tressauts jusque dans ma poitrine.

Immobile, je suivis des yeux la colonne impressionnante. Mary vint se placer à ma gauche tandis qu'à ma droite Shakespeare dressait sa truffe en l'air.

« Une deux ! Une deux ! »

Tout à coup, Shakespeare poussa un aboiement et détala.

« Shaky ! Ici ! hurla Mary dans mes oreilles. Shaaaaaky ! »

Mais Shakespeare n'obéit pas, ne prenant même pas la peine de se retourner. Il poursuivit sa course, fondant sur la cohorte dans laquelle naquit une certaine confusion. À mes côtés, Mary se remit à crier, cette fois à mon attention :

« John, fais quelque chose ! Avant qu'ils le réduisent en bouillie ! »

Elle me poussa dans le dos. Sans m'en rendre compte, je courais déjà derrière Shakespeare. Il venait de rejoindre la colonne et sautait autour de l'un des hommes en civil.

« Dépêche-toi, John, dépêche-toi ! » commandait la voix de Mary derrière moi tandis que la recrue harcelée repoussait sans ménagement le chien.

Mais Shakespeare ne battait pas en retraite. Il insistait et le jeune homme, désespéré de ne pouvoir le chasser, finit par lui donner des coups de pied.

« Il ne vous a rien fait rien ! m'écriai-je. Laissez-le tranquille ! »

Tous les yeux de la colonne étaient à n'en pas douter rivés sur moi, mais peu m'importait. Sans réfléchir, je me jetai sur la recrue et la repoussai. Dans le même temps, j'attrapai le collier de Shakespeare. J'éprouvai toutes les peines du monde à le contenir ; il ne capitula que lorsque je l'eus plaqué au sol.

Mon cœur battait dans ma gorge. Il me fallut un certain temps pour reprendre mon souffle. Le chien suivait chaque mouvement de la recrue qui venait pourtant de le frapper et qui, à présent, ramassait sa casquette. Je remarquai alors son dos large et ses épaules guindées dans un gilet gris. Je restai bouche bée.

« Martin ? »

Il se redressa et ses yeux se posèrent moins d'une seconde sur moi, assez toutefois pour que je reconnaisse le regard qu'il adoptait quand il s'entêtait à nier ce dont on l'accusait à juste titre.

« Martin ? Moi ? Non, je m'appelle pas Martin », dit-il en feignant l'étonnement et en prenant les autres à témoin : « Il se trompe. J'm'appelle Matthew. Matthew Bromley. »

Je pensais trouver à l'université une atmosphère sereine, des étudiants s'encourageant mutuellement à acquérir des connaissances et à en échanger, autrement dit de quoi me changer les idées, mais je déchantai. Le patriotisme attisé étouffait dans l'œuf toute réflexion sensée. Il ne se passait pas de jours sans que j'eusse à avaler d'amers reproches et accusations que l'on m'adressait sur un ton toujours plus agressif.

Les premières attaques m'accueillaient souvent dès le porche du bâtiment. Sergents de recrutement, troufions, simples citoyens, tous se sentaient investis de la mission de convaincre bon gré mal gré les étudiants de s'engager. Ils opéraient seuls ou en groupes, postés à couvert ou à découvert pour fondre comme des faucons sur leurs proies peu méfiantes.

Même à l'intérieur de l'édifice, il était impossible d'y échapper. Dans les couloirs et les espaces ouverts à tous déambulaient des étudiants et des diplômés membres de The University and Public Schools Brigade. Ils agrafaient leurs congénères afin qu'ils rallient leur groupe de jeunes triés sur le volet et prêts à aller sous les drapeaux.

« Les cerveaux ne seront pas de trop dans l'armée, argumentaient-ils. Vos études, vous pourrez toujours les reprendre après. »

Leurs interventions étaient quoi qu'il en soit plus modérées que celles des cadets de l'Officer's Training Corps. Ces officiers en herbe, qui étudiaient à l'École militaire de l'université, descendaient de Kensington jusqu'à Gower Street à la recherche de nouvelles recrues. Ils tenaient régulièrement des meetings ou se pointaient entre deux cours, entrant dans les salles, revêtus de leurs uniformes kakis ajustés aux boutons rutilants ; là, ils se lançaient dans des discours virulents en vue de convaincre les sceptiques et de monter les étudiantes contre les réfractaires.

Compter sur la solidarité de mes condisciples masculins relevait plutôt de l'illusion. La plupart d'entre eux louaient une chambre à Primrose Hill, formant ainsi un cercle fermé. Ils sortaient d'établissements secondaires renommés quand ils n'avaient pas bénéficié de l'enseignement d'un précepteur. Tous ou presque portaient des costumes chic et des chemises blanches immaculées au col empesé ; adoptant en permanence un ton affecté, ils se plaisaient à faire étalage de leur savoir, truffant de préférence leur propos de citations d'Oscar Wilde.

Qui plus est, ils se comportaient à mon égard comme les gosses de riches au lycée, jaloux de voir le fils d'un facteur obtenir, dans certaines matières, des résultats un peu meilleurs qu'eux. Au fond, si le groupe de Primrose Hill me tournait en ridicule, c'était d'abord pour détourner l'attention : eux aussi refusaient de porter les armes, au motif qu'ils étaient pacifiques et que la meilleure solution résidait dans des négociations. En réalité, ainsi que l'avait reconnu l'un d'eux, ils s'estimaient supérieurs au point de ne pas vouloir combattre au côté de la plèbe.

Malgré cette atmosphère putride, j'aimais assister aux cours, en particulier à ceux du professeur Ker, un homme austère au regard d'acier. Aussi impénétrable que la nuit la plus sombre, il n'en détenait pas moins un savoir phénoménal sur la littérature anglaise ancienne et médiévale, qu'il enseignait avec beaucoup d'autorité. À partir de quelques vers du *Beowulf*, il creusait toujours plus avant certains textes à la manière d'un mineur pour en extraire de précieux matériaux et finissait par exhumer des sagas et des mythes norvégiens ou des ballades islandaises, dont il citait de mémoire des pans entiers. Tout le monde, y compris les étudiants les plus assommants, sortaient ébahis d'une telle démonstration, au point de ne pouvoir prononcer deux mots à la suite. Malheureusement, leur stupéfaction ne durait jamais bien longtemps.

Dès les premiers cours, je pris conscience qu'il me faudrait travailler à un rythme plus élevé que ce à quoi j'étais accoutumé. Littérature, linguistique, essayistique, à la vitesse d'un train les professeurs et leurs assistants enseignaient leur matière. Commentant des textes, ils mettaient l'accent sur la forme et le style, si bien qu'à chaque instant, pour ainsi dire, je saisissais ce que M. Barnwell avait cherché à me faire comprendre en soutenant que je m'étais, jusqu'à présent, facilité la tâche. Avide de savoir, je prenais des notes avec le stylographe offert par Mme Bromley ; une fois à la maison, je les mettais au propre avant de les mémoriser ; mon père, qui rentrait tard, ne perturbait que rarement ma concentration.

En raison de l'afflux de volontaires, il avait plus de travail que jamais. Des divers camps d'instruction répartis dans tout le pays, ces recrues envoyaient une telle quantité de lettres et de cartes qu'on aurait pu croire qu'elles passaient leur temps à écrire. Chargé comme une bête de somme, mon père parcourait les rues de Hoxton ; il toquait régulièrement chez des familles qui, par le passé, ne recevaient guère de courrier.

À l'image de beaucoup d'autres, Mme Bromley attendait chaque jour le passage de mon père dans l'espoir qu'il lui apporterait des nouvelles de Martin. Mais ce dernier ne lui écrivit pas une seule fois. Pas une lettre. Pas une carte. Rien.

« Pas de nouvelles, bonnes nouvelles », commentait mon père de façon quasi machinale.

Mary avait avoué à sa mère que Martin s'était engagé. Elle s'y était décidée après le traitement qu'il avait réservé à Shakespeare au Victoria Park. Avant le jour en question, il lui avait appris qu'il avait fini par être incorporé ; elle savait qu'il défilerait, chose qu'elle m'avoua alors que nous rebroussions chemin. Elle me savait gré d'avoir récupéré Shakespeare.

« C'était très courageux de ta part, John. »

Mais ses compliments ne s'insinuèrent pas dans mon cerveau. Le baiser qu'elle posa sur ma joue me laissa froid lui aussi – ma joue était de pierre. Toutes mes pensées me ramenaient à ce qui s'était passé et à la rudesse avec laquelle Martin s'était détourné de moi avant de se remettre à défiler au pas.

Quand j'eus rassemblé après coup mes idées, il m'apparut que Martin avait selon toute probabilité usurpé l'acte de naissance de Matthew, son frère mort en bas âge. Il l'avait sans doute volé le jour où sa mère avait trouvé la maison sens dessus dessous. Dans un premier temps, estimant qu'il s'agissait d'une action blâmable, je pensais tout raconter à Mme Bromley au cas où Mary ne le ferait pas, mais les jours passant, je finis par admettre que c'était un coup de maître de sa part. En un clin d'œil, il s'était vieilli de deux ans. Cependant, c'eût été trop me demander que de l'admirer pour son culot et sa détermination. Le fait qu'il m'ait renié me faisait encore souffrir, d'autant plus que même sans une telle dénégation, il aurait pu atteindre son but. Désormais, dans les bureaux de recrutement, on fermait les yeux sur pas mal de choses. On m'avait rapporté des histoires de gars qui, devant l'officier recruteur, affirmaient avoir tout juste 18 ans ; ce dernier leur conseillait alors d'aller fumer une cigarette dehors avant de revenir : « Nul doute que dans l'intervalle, vous aurez un an de plus. »

Les médecins procédaient dans le même esprit : quand ils mesuraient de jeunes candidats, ils faisaient parfois semblant de ne pas voir que certains se dressaient sur la pointe des pieds pour dépasser la taille minimale exigée. Martin aurait très bien pu bénéficier de la même complaisance.

Quoi qu'il en soit, M. Bromley débordait de fierté depuis qu'il avait appris que son fils s'était porté volontaire. Ce dont il avait fait part à mon père, non sans lui demander ce que j'attendais pour suivre son exemple. Mon père lui avait répondu que je commençais des études, ce à quoi M. Bromley avait répliqué que le putain de devoir d'un père, c'était d'envoyer son fils à l'armée.

« J'ai besoin de personne pour savoir quel est mon devoir », avait rétorqué mon père avec énergie.

Quand il rentra ce jour-là, il était toujours remonté contre M. Bromley :

« Ce salaud m'a couvert d'injures ! Il m'a accusé de cacher les lettres de son fils. Y manque pas de toupet ! »

À l'époque où Martin Bromley sortait de ma vie au pas cadencé, William Dunn y entra. Je le vis pour la première fois fin octobre lors d'un cours du professeur Ker. Je le remarquai tout de suite, assis dans les premiers rangs, épaules larges et épaisse chevelure aux boucles d'un blond de copeaux. Sans doute suivait-il un autre cursus que moi, à moins qu'il ne fût en deuxième ou troisième année. Plusieurs étudiants assistaient en effet aux leçons de Ker alors que rien ne les y obligeait.

L'exposé terminé, le jeune homme bouclé, à la fois corpulent et particulièrement grand – un géant un peu balourd –, s'attarda dans la salle pour poser une question sur un poème de la mythologie germanique. Je tendis l'oreille non tant pour entendre la réponse du professeur que pour traîner tandis que les autres sortaient. Les lieux se vidèrent bientôt; au moment où le géant quittait à son tour la salle, je lui emboîtai le pas.

Quatre filles de mon année, qui m'avaient à quelques reprises accosté, lambinaient dans le couloir; sans tarder, je partis dans la direction opposée alors que le garçon aux boucles, qui ne se doutait de rien, tomba dans leur piège. Je ralentis le pas pour écouter ce qui allait suivre. Comme je m'y attendais, les filles s'empressèrent de lui adresser la parole sur un ton méprisant.

« Qu'est-ce que tu fabriques au cours de Ker ? » lança l'une d'entre elles coiffée à la garçonne.

« On t'avait jamais vu avant, fit une autre. Tu t'es perdu ? »

« T'as peut-être perdu ta maman ? » gloussa la troisième.

Le géant resta bouche bée. Bien souvent, la meilleure réponse réside dans le silence. Mais les étudiantes n'étaient pas décidées à lâcher leur proie.

« Tu veux qu'on t'aide à trouver ton chemin ? suggéra la fille à la physionomie garçonnière. Il y a un bureau de recrutement à deux pas d'ici. C'est là qu'est ta place. À moins que tu ne sois trop poltron pour te battre ? »

Le ton devenait plus agressif. Je tournai la tête et vis le géant faire de même : nos regards se croisèrent. À ma surprise, il m'adressa un clin d'œil comme pour me dire de me tenir sur mes gardes.

« Et vous, qu'est-ce que vous fabriquez ici ? répliqua-t-il sur un ton autoritaire. Vous êtes venues lire *Les Hauts de Hurlevent* ? Vous croyez que c'est comme ça que vous allez sauver des vies ? La patrie a besoin d'infirmières. Et de femmes qui travaillent avec leurs mains. Pas de péronnelles qui rêvent d'un prince charmant chevauchant un cheval blanc. Allez, rendez-vous utiles au lieu de m'importuner ! »

Je n'en revenais pas et restai encore plus interdit quand il écarta ses bras gigantesques : les filles reculèrent sur-le-champ pour le laisser passer.

Sa prouesse venait de m'ouvrir les yeux. Il était donc possible de se défendre. À condition d'avoir des tripes et, atout non négligeable, une stature laissant croire qu'on pouvait fendre du bois à mains nues. D'une certaine manière, par son léger accent cockney et la pugnacité lui ayant permis de se tirer d'une situation délicate, il m'avait rappelé Martin.

Tout cela avait attisé ma curiosité. Les jours suivants, je n'en aspirais que plus à le voir réapparaître. À ma grande déception, je ne le croisai nulle part dans le bâtiment et il ne se montra à aucun des cours de Ker. Mais près de deux semaines plus tard, alors que je me disais qu'il avait peut-être, sous diverses pressions, fini par s'engager, je le heurtai de plein fouet. J'entrais dans la bibliothèque au moment où lui en sortait, tenant en étau une pile de livres entre son menton et ses mains. Il était trop tard pour l'éviter. La seconde d'après, la pyramide s'écroulait. S'ensuivit un échange d'excuses tandis que nous nous accroupissions pour ramasser les volumes. Un Goethe, un Schiller et d'autres auteurs au patronyme à consonance allemande, qui m'étaient inconnus.

Je n'attendis pas de savoir s'il m'avait remis. Dès que nous nous fûmes redressés, je lançai :

« Chapeau d'avoir dit leurs quatre vérités à ces filles, l'autre jour. »

Il leva les sourcils d'un air interrogateur. Il me dépassait d'au moins vingt centimètres. Son casque de boucles rendait sa tête plus imposante encore.

« Les étudiantes de première année d'anglais, expliquai-je. À la sortie du cours de Ker. Elles t'ont harponné dans le couloir.

– Ah ! celles-là, fit-il avec une certaine satisfaction dans la voix. Oh ! vois-tu, chez les femmes, on ne sait jamais au juste où cesse l'ange et où commence le diable. »

Je ris et le félicitai pour cette comparaison parlante.

« Heine. Heinrich Heine. »

Je lui adressai un hochement de tête courtois.

« John Patterson. Enchanté. »

Il fronça les sourcils.

« Heine, c'est un poète, mon gars. L'ange et le diable, c'est une citation ! (Je me maudis. D'un rire, le géant chassa ma gaffe :) Pas grave. En Angleterre, presque personne ne le connaît », dit-il. Et, tenant la pile bancale d'une main, il me tendit son autre main : « William Dunn. Prénommé d'après un autre poète.

– Shakespeare ? risquai-je alors que ses doigts serraient les miens avec une pression de casse-noisette.

– Le barde en personne.

– Moi, c'est donc John Patterson. D'après un poète aussi.

– Keats ?

– Non, Milton, rectifiai-je en souriant, ce qui finit de rompre la glace entre nous. Tu fais des études d'allemand ? lui demandai-je en désignant ses livres.

– En effet, en dernière année, m'expliqua-t-il comme s'il avouait une faute, non sans un sourire aux lèvres. *Die Irrtümer des Menschen machen ihn eigentlich liebenswürdig* », ajouta-t-il énigmatiquement. (Je lui adressai un regard interrogateur.) Ce sont les erreurs de l'homme qui le rendent particulièrement digne d'intérêt, expliqua-t-il avec un clin d'œil. C'est de Goethe. Et toi ? En première année d'anglais ?

– Comme tes assaillantes.

– Eh bien, je ne sais ce que tu en penses, commenta-t-il en adoptant soudain un air grave, mais à mon avis, ça va aller en empirant. »

Du menton, il m'incita à regarder deux filles qui sortaient de la bibliothèque. Je posai machinalement les yeux ailleurs pour ne pas attirer leur attention. William, en revanche, tel un lièvre au milieu d'un champ, étira sa carcasse et les fixa jusqu'à ce qu'elles disparaissent à l'angle sans avoir fait le moindre commentaire.

« Faut jamais détourner la tête, John, reprit-il. Autrement elles devinent que tu as peur.

– Je vais faire en sorte de m'en souvenir », dis-je, impressionné.

Ainsi que son accent le laissait supposer, William Dunn venait d'East End où ses parents avaient, des années durant, tenu un pub très fréquenté. Selon lui, c'est dans ce bar que son caractère bien trempé s'était affirmé et épanoui.

« Pas de meilleurs maîtres que les poivrots, les bagarreurs et les coureurs de putains », affirmait-il, et j'étais enclin à le croire.

Alors qu'il avait 12 ans, la famille s'établit de l'autre côté de Londres, à Westminster, pour y ouvrir un nouvel établissement où la clientèle venait boire un café, acheter un journal ou se fournir en tabac. De fait, William était devenu un fumeur invétéré. Il allumait cigarette sur cigarette. Pour ma part, le tabac me rebutait. Un jour, avec Martin qui avait volé à son père un paquet de gris, j'avais essayé de fumer ; malade à crever, j'y avais renoncé pour toujours.

Enfant unique comme moi, William avait fait ses études secondaires dans un austère pensionnat protestant de Greenwich.

« Mes parents ont toujours rêvé de s'élever sur l'échelle sociale, et ils ne se sont d'ailleurs pas contentés de rêver, me raconta-t-il. Leur projet passe par moi et l'obtention d'un diplôme universitaire. Seule la meilleure formation trouve grâce à leurs yeux.

Depuis longtemps, il était écrit que je me dédierais aux langues. Dans notre café, ça grouille d'Italiens, de Hongrois, de Polonais, de Français et, jusqu'à une date encore récente, d'Allemands. »

La langue de ces derniers l'attirait plus encore que les autres.

« Quand, pendant l'enfance, t'as rien entendu d'autre que le cockney, la langue de Goethe, c'est comme de la musique qui vient du ciel, se justifia-t-il, étayant son propos d'une citation. *Ach, an deinem Busen / Lieg' ich, schmachte, / Und deine Blumen, dein Gras / Drängen sich an mein Herz*[1]. »

Comparés à de tels vers, ceux de Keats et de Wordsworth paraissaient bien chétifs et froids à mes oreilles, même si cette impression tenait pour une bonne part à la voix de basse de Williams qui déclamait à la manière d'un chanteur d'opéra.

Après notre rencontre, nous nous vîmes régulièrement. Quand il assistait à un cours du professeur Ker, nous prenions le temps de parler à la sortie. Peu à peu, nous fîmes l'un et l'autre en sorte de nous retrouver. Soit William m'attendait au début ou à la fin de la journée, soit j'allais voir s'il était à la bibliothèque où, tout comme moi, il mettait à profit chaque heure de liberté pour lire et étudier.

Hormis notre passion pour la littérature, nous partagions la même persévérance dans le refus de participer à une guerre que nous n'avions pas souhaitée.

« Je suis incapable de combattre les Allemands, me confia-t-il un jour. J'ai trop d'estime pour eux. Pour leur langue, leurs artistes, leur histoire, et j'en passe. »

1. Johann Wolfgang von Goethe, *Le Ganymède* : « Ah ! sur ton sein je suis / Étendu, je languis / Et tes fleurs et ton herbe / Se pressent sur mon cœur » (trad. Roger Ayrault).

Genoux ramenés contre le ventre, nous étions assis l'un en face de l'autre sur le rebord d'une immense fenêtre, seuls dans une salle de classe du premier étage. Nous avions fermé la porte. William venait d'allumer une Pall Mall, une marque que ses parents ne parvenaient guère plus à vendre en raison de la cherté du paquet.

« Mais eux n'ont aucune estime pour nous, le provoquai-je. Ils réduisent tout en cendres. Ils tuent au hasard. Ce n'est pas pour rien si on les compare aux Huns.

– Je refuse de le croire, me contredit William. C'est de la pure propagande. La presse, le gouvernement, ils sont tous de mèche.

– J'avoue que ça me laisse moi aussi plutôt sceptique. Les Allemands que j'ai connus n'ont jamais fait de mal à une mouche. Même si on s'en prenait à eux, ils ne songeraient pas à se défendre, encore moins à tuer quelqu'un de façon délibérée.

– Je n'en suis pas si sûr. Tout homme en situation de détresse voit sa conscience s'éliminer toute seule.

– Goethe ?

– Dunn », dit William en se désignant du doigt.

Cela me fit sourire. Ma propre conscience et mon refus de m'engager n'avaient pas encore vraiment suscité ma réflexion : je tenais tout simplement à faire des études. Pour moi, mais aussi pour mon père.

« C'est maintenant ou jamais. L'occasion ne se représentera pas. Si j'y renonçais, ce serait une cruelle déception pour mon père. Il a vendu un de ses livres pour payer mon année.

– Ton père possède des livres de grande valeur ?

– C'est une histoire plutôt bizarre. Je te raconterai ça une autre fois.

– Allez, vas-y ! J'adore les histoires bizarres !

– Bon, d'accord », dis-je, éprouvant une sorte de soulagement d'avoir enfin trouvé une personne disposée à me prêter l'oreille.

Sans détour, je narrai la façon dont mes parents s'étaient connus, parlai des livres que ma mère avait emportés en fuyant à Shoreditch, de sa mort juste après ma naissance, puis de la frénésie bibliophilique de mon père. Ensuite, j'évoquai le catalogue auquel il s'était attelé, les lettres de Keats dont ma mère avait souligné certains passages, dévidant tout cela comme une bobine de fil. Bouche bée, William m'écoutait tandis que la cigarette qu'il tenait se consumait lentement.

Quand je me tus, il me considéra sans bouger. Enfin, il s'écria :

« On dirait une histoire de Dickens !

– Possible, William. Mais c'est bien la mienne : celle de John Patterson.

– Crois-moi, je pige tout à fait, John Patterson. À ta place, je ferais comme toi, je m'investirais dans mes études. Mais va-t'en expliquer ça à une de ces hystériques ou à un de ces nabots de sergents qui veut te passer l'uniforme. »

J'étais heureux de constater que William faisait preuve de compréhension à l'égard de ma situation.

« Moi qui pensais que j'étais tout bonnement un lâche.

– Un lâche ? Mais non, voyons, moi j'appelle ça avoir du courage et un esprit de suite !

– Merci, c'est gentil. Autrement dit, je ne dois pas lâcher prise ?

– Non, d'autant qu'à mon avis, la pression ne va cesser de redoubler. Londres pourrait même devenir notre pire ennemi. »

Les événements lui donnèrent raison. En novembre, quand les journaux commencèrent à publier de longues listes de soldats tombés au front en France et en Belgique, la pression s'accrut à vue d'œil. William et moi avions voulu croire que l'opposition à la guerre s'amplifierait à proportion du nombre de morts ; en réalité, le patriotisme gagnait du terrain. Aux façades et aux fenêtres, toujours plus de drapeaux du Royaume-Uni apparurent ; quand le vent se levait, ils claquaient comme le fouet. Dans les rues, on vit des gosses affublés par leurs parents de faux uniformes ou d'une casquette kaki. Les affiches de recrutement se multiplièrent à toute vitesse, déployant une agressivité sans cesse décuplée ; aux carrefours les plus fréquentés, les crieurs de journaux se démenaient pour vendre, avec un succès croissant, la guerre au commun des mortels.

Dans ce climat de concorde et de chauvinisme, de plus en plus de gens se sentaient appelés à fustiger ceux qui ne portaient pas encore l'uniforme. Qu'on me fusillât du regard, passe encore. Encouragés par leurs parents, des gamins me gratifiaient de grimaces de dégoût comme s'ils mâchouillaient un bonbon dégueulasse. À mon passage, des filles faisaient un brusque écart. Mais le pire, c'étaient les adultes. Des vieux et surtout des femmes, que je ne connaissais ni d'Ève ni d'Adam, m'envoyaient à la figure des « Honte à vous ! » ou des chapelets d'insultes.

Malheureusement, pour leur répliquer, je manquais de l'esprit d'à-propos de William. Chaque riposte provenant de ma bouche revêtait une tonalité ridicule, sans compter que mon physique n'impressionnait personne. Voilà pourquoi je me réfugiais de plus en plus dans le mensonge. Avançant tantôt que je n'avais que 17 ans – pour paraître plus jeune, je me rasais avec plus d'application que jamais –, tantôt que j'avais été déclaré impropre au service, cela sur le ton employé par Martin le jour où il avait révélé à mon père qu'on ne voulait pas de lui à l'armée.

Pour éviter tout affrontement, je mettais autant que possible à profit le raccourcissement des jours. Souvent, je quittais la maison au demi-jour et ne rentrais qu'à la fin de l'après-midi, une fois le soleil disparu à l'horizon. J'évitais de prendre le tramway ou le métro, même si gagner l'université nécessitait près de trois quarts d'heure de marche. Mieux valait ça plutôt qu'être enfermé dans une cage sur roues bondée de gens m'ayant dans le collimateur.

« J'ai de plus en plus l'impression d'être un rat. Les rats ne sortent de leur trou que lorsqu'il fait nuit. »

C'est ce que je confiai à William un jour qu'il était venu s'asseoir à mes côtés dans la bibliothèque. En cette mi-novembre, un froid aigre régnait. Autour de nous, ça toussait, ça reniflait.

« Mieux vaut être un rat qu'un lemming, mon cher ami, répondit William dans la seconde. Les rats sont intelligents. Eux au moins ne sont pas veules.

– Merci, c'est me faire trop d'honneur, dis-je en étouffant un rire.

– Je suis sérieux. Tu sais ce que c'est, un lemming ? »

Je secouai la tête. William me fit signe d'attendre et disparut entre des étagères. Peu après, il revint avec un volume de l'*Encyclopædia Britannica*. Il le feuilleta jusqu'à trouver l'entrée « lemming ».

« *Lemmus norvegicus*, lus-je à voix basse, petit mammifère rongeur de Scandinavie qui appartient à la famille de la souris.

– Il se situe entre la souris et le rat, précisa William avant de se pencher sur les minuscules caractères et d'entamer la lecture d'un passage : "Certaines régions de la Norvège et de la Suède se trouvent, à intervalles irréguliers variant de cinq à vingt ans, voire plus, subitement submergées par une armée monstre de ces petites créatures qui ne cessent d'avancer dans la même direction, faisant fi dans leur lente progression de tous les obstacles, rivières en crue ou immenses lacs. Entre-temps, des hordes de bêtes et de rapaces les pourchassent et les attaquent. (William leva les yeux pour voir si je suivais puis se repencha sur le texte.) Beaucoup de lemmings meurent au cours de cette pérégrination, mais aucun ne songe à fuir la nombreuse cohorte ; les survivants ne s'arrêtent pas avant d'avoir atteint les falaises d'où ils se précipitent, les uns après les autres, dans la mer ; ils nagent alors toujours dans la même direction jusqu'à ce que les vagues les engloutissent."(Poussant un profond soupir, William se renversa sur sa chaise. Il dirigea ses yeux vers moi et resta un long moment à me regarder en hochant la tête.) Les gens sont des lemmings, reprit-il. Ils s'acharnent à marcher avec la multitude. Au sein de laquelle ils se croient en sécurité. Qui les dissuade de réfléchir. De choisir. Suivant aveuglément le courant quel que soit l'endroit où il les mène. Animés, échauffés par l'haleine de la masse. Toujours plus loin. Entraînant tout et tout le monde. Jusqu'au jour où… (Il ne termina pas sa phrase, mais son regard en disait long. Puis, sa bouche près de mon oreille, il conclut :) Voilà pourquoi, John, voilà pourquoi mieux vaut être un rat. »

Ses paroles résonnaient dans ma tête. Il me fallut plusieurs secondes pour m'en imprégner. Il a raison, me dis-je. Marcher à la queue leu leu et remettre son sort entre les mains d'autrui, rien de plus facile. Je le considérai d'un air approbateur. Il posa sa main de géant sur mon épaule, la serra comme pour sceller notre entente. Puis, tendant le doigt vers les notes que je prenais à son arrivée, il me demanda :

« Ça porte sur quoi ?

« Thomas More. Je dois écrire un essai sur la teneur que revêtirait aujourd'hui son *Utopie*.

– Simple comme bonjour, décréta William sans réfléchir. Écris que Marx a déjà répondu à la question. Il part du principe qu'une société dans laquelle chaque individu fournit des biens selon ses capacités et en prend selon ses besoins – une aspiration noble en soi, n'est-ce pas – est de prime abord impossible : cela suppose un homme bon, alors que la colère et la cupidité dominent la plupart d'entre nous.

– En somme, il faudrait commencer par abêtir plus encore les acrimonieux et veiller à ce que les envieux cultivent leur bêtise. Une théorie fascinante, mon cher William. Tu en as d'autres comme ça ?

– Ne te moque pas, John. Je crois dur comme fer que le marxisme représente le seul espoir d'une société pacifique. Mais il convient d'y préparer peu à peu les gens. De les pétrir, de les modeler comme de l'argile. Et pour ce faire, on peut se passer d'une guerre.

– Je ne connais pas grand-chose au marxisme, mais si tu le dis…

– Sauf bien entendu si les Allemands venaient à gagner une telle guerre, se contredit-il avec un sourire de satisfaction. Tout appartiendrait alors à l'empereur et tous les gens seraient automatiquement égaux. Note cela en guise de conclusion.

– Le boulot est fait, je n'ai plus qu'à remballer mes affaires, lançai-je en riant.

– Eh bien, si on en arrive là, John, je prendrai les armes pour te défendre ! commenta William en haussant la voix, ce qui eut le don d'agacer les étudiants assis aux tables voisines, tirés de leur lecture.

– Je m'en souviendrai, murmurai-je.

– J'ai cours », chuchota-t-il en repoussant sa chaise.

À grandes enjambées, il me contourna et se dirigea vers la sortie. Je le suivis des yeux jusqu'à ce qu'il disparût par la porte ; je me félicitais d'avoir un ami tel que lui.

Je pris exemple sur l'optimisme de William, sur son talent à relativiser les choses ou à les considérer sous un angle inédit. Toutefois, au fil du temps, les premières fissures apparurent dans sa cuirasse d'insensibilité. Dans le café de ses parents, il sentait la pression monter, du fait des clients qui lui demandaient à tout bout de champ s'il allait encore attendre longtemps avant de s'engager, mais aussi en raison de ses parents.

« Eux aussi ont retourné leur veste », me confia-t-il un jour.

Pour la première fois, une certaine inquiétude perçait dans sa voix. Je lui adressai un regard interrogateur. Nous étions assis sur un banc à l'angle de la place de l'Université. Il faisait un temps à la fois frais et ensoleillé.

« Mon père me voit déjà à l'œuvre dans les services de renseignements, expliqua-t-il. Bien entendu avec des galons d'officier, qu'est-ce que tu crois. Il s'est rangé du côté de ses clients. Son commerce passe avant le reste.

– Moi aussi, j'en ai un comme ça à la maison. Il serait enclin à sauver ses livres plutôt que son fils.

– Mais ton père ne fait pas pression sur toi, quand même ?

– C'est vrai, admis-je. Le tien, si ?

– Oui, d'ailleurs je n'ai jamais rien connu d'autre, répondit William, l'air sombre et le regard dans le vide. J'ai toujours dû me montrer le meilleur en tout. Mon père ne saurait se contenter de moins.

– Et tu ne t'es jamais rebellé ? »

William me considéra comme si je débarquais d'une autre planète.

« L'idée ne m'a même pas effleuré. Ce que père veut, Dieu le veut !

– Quelle horreur ! Enfin, je dis ça, mais l'inverse ne vaut peut-être pas mieux. Mon père ne m'a jamais forcé à faire quoi que ce soit. En même temps, il n'a jamais montré beaucoup d'intérêt pour ce que je faisais ou ce que je voulais faire. Il vit pour l'essentiel dans le passé. Je t'en ai déjà parlé, tu te rappelles ?

– Oui. Malgré tout, je serais prêt à échanger tout de suite ma place avec la tienne. Un père qui impose sans cesse sa volonté, voilà ce qu'il y a de pire pour un enfant.

– Il y a pire encore, repris-je en songeant à M. Bromley. Ton père t'a-t-il déjà battu à mort ?

– Les blessures les plus profondes, ce ne sont pas celles qu'on cause avec les mains, je te l'assure. »

Sa réponse me déstabilisa. Jamais encore je ne l'avais entendu tenir de tels propos. De ce garçon d'habitude si optimiste et plein de courage, de ce costaud exsudait la mélancolie.

« Mais il a bien assez de raisons d'être fier de toi, lançai-je pour le requinquer.

– La fierté, John, c'est un animal affamé, affamé en permanence. »

Comme cela ressemblait à une citation, j'attendis qu'il en mentionne l'origine. Mais il se contenta de rester les yeux dans le vague, à moitié avachi ; sa stature d'habitude si imposante rappelait un peu un sac de farine auquel se seraient attaquées des souris.

« Et ta mère ? lui demandai-je histoire de donner un autre tour à la conversation.

– Oh ! ma mère… soupira-t-il.

– William, c'est quoi cette morosité ?! m'exclamai-je tout en lui donnant, par jeu, un coup de coude. Je ne te reconnais pas. Toi, débordant de courage et d'optimisme…

– J'excelle peut-être à sauver les apparences, fit-il en écartant mes éloges d'un geste las.

– C'est ça, et la reine Victoria était un roi, hein ? »

Enfin ! je le vis sourire jusqu'aux oreilles. J'en fus soulagé, heureux d'être, pour une fois, celui qui remontait un peu le moral à l'autre. Je posai une main sur son épaule :

« En s'entraidant, William, on va s'en sortir. Et tu verras, un jour, on pourra de nouveau respirer à pleins poumons.

– Un jour », dit-il, mais avec plus de perplexité que de conviction dans la voix.

Il fallut attendre décembre pour que mon père se vît enfin accorder un jour de congé.

« De plus en plus de facteurs partent sous les drapeaux, expliqua-t-il. Et bien sûr, eux aussi écrivent des cartes et des lettres à leurs proches. On envisage même de créer un nouveau centre de tri près de Regent's Park pour acheminer le courrier plus rapidement. Un bâtiment de la taille d'un palais. »

Ce matin-là, il portait son plus beau costume, un trois pièces gris foncé dont il s'endimanchait au besoin depuis une dizaine d'années, et le melon mi-haut assorti. Avant la guerre, il ne s'habillait ainsi que pour faire bonne impression auprès des libraires d'ancien. Comme je ne l'avais plus vu dans cet habit depuis longtemps, je fus frappé de voir combien il avait maigri. Il nageait dans sa veste et le pantalon flottait autour de ses hanches. Toutefois, je ne m'en préoccupai pas plus que cela.

« Tu ne vas pas acheter des livres, quand même ? »

Il me rassura. Mme Whitfield l'avait prié de vendre la collection de son mari :

« Elle a vraiment besoin de cet argent. D'ailleurs, précisa-t-il, sans doute pour apaiser sa conscience, Harry y aurait sûrement consenti. De quoi ai-je l'air ? » me demanda-t-il juste avant de partir.

Retenant son souffle, il me regardait droit dans les yeux. Il avait tiré sur son costume ; sous l'effet de l'amidon, les pointes de son col de chemise rebiquaient.

« De quelqu'un de fin prêt pour aller affronter les requins », répondis-je en le gratifiant d'un clin d'œil.

Un sourire se dessina sur son visage. Il comprenait exactement ce que je voulais dire.

« *The Chimes*, édition originale, 1845, Chapman & Hall. Je l'ai ajoutée pas plus tard qu'hier à mon catalogue, précisa-t-il en montrant la chemise posée sur la table. Même si je l'ai payée trop cher. Elle ne valait pas plus que deux livres. »

Dès qu'il fut parti, je feuilletai son catalogue à la recherche de l'ouvrage en question. Au cours des trois derniers mois, il avait, constatai-je non sans surprise, malgré ses nombreuses absences, abattu pas mal de travail. Une bonne vingtaine de feuillets en tout, soit environ quatre cents titres.

Sur l'un d'eux, je repérai *The Chimes* de Charles Dickens. Outre les éléments dont venait de me faire part mon père, je pus lire : « Page de titre manquante. Quelques mouillures. »

Des défauts qui avaient mis cette édition à la portée de sa bourse. L'excellent état de la reliure en cuir l'avait incité à l'acquérir. Malgré tout, la note avait été salée.

« Quatre livres ! Et ce requin n'a rien voulu lâcher ! » Ses récriminations résonnaient encore à mes oreilles, bien qu'elles remontassent à dix ans, à ce jour où il était rentré de très mauvaise humeur d'un marché bibliophilique. « Quatre livres ! Pour un volume abîmé. Un scandale ! »

Le marchand était apparemment resté sur ses positions, ce qui n'avait pas plu à mon père. Une heure plus tard, il boudait encore. C'est alors qu'il m'avait demandé :

« T'as envie d'aller à un marché du livre ancien ? »

Il ne m'avait jamais fait une telle proposition. Ma surprise augmenta encore quand je compris qu'il tramait une mystification dans laquelle je devais jouer un rôle de premier plan. À mesure qu'il m'en exposait le scénario, l'excitation s'emparait de moi.

« Mais tu me demandes de mentir, l'interrompis-je.

– Non, non, c'est simplement tourner la vérité à notre avantage, m'expliqua-t-il tandis que je fronçais les sourcils. Tu comprendras un jour. Alors, tu coopères ou pas ? »

Bien entendu, je coopérai. Un quart d'heure plus tard, nous nous mettions en route. Mon père m'avait fait passer mes plus beaux habits.

« Devant un gentleman, ils acceptent de faire plus de concessions. »

Je l'avais rarement vu afficher un tel état d'esprit combatif.

Le marché se tenait dans une petite halle de Wellington Street. Suivant ses consignes, j'entrai seul. Mon père devait me suivre à distance.

« Harper's Antiquarian Books, à l'entrée tu prends à droite, dernier stand de la rangée. Le type ressemble à Scrooge. Et n'oublie pas, quoi qu'il arrive, tu ne m'as jamais vu. »

Dans la halle régnait la même atmosphère glaciale que dans une église. Partout, des hauts-de-forme qui chuchotaient à tout va. Palpant, examinant des volumes, glosant dessus. À un moment donné, j'entendis un homme mentionner un montant qui manqua me faire défaillir.

Je traînai le long des éventaires, la main dans la poche de mon pantalon, posée sur la bourse que m'avait remise mon père.

De loin, j'aperçus le patron de Harper's Antiquarian Books. Il ressemblait en effet à Ebenezer Scrooge tel que le représentaient les illustrations de *Un chant de Noël*: un vieil homme maigre coiffé d'un haut-de-forme, le visage figé dans une expression qui laissait croire qu'il souffrait d'un mal de dents persistant.

Je m'arrêtai devant son stand. Mon œil fut immédiatement attiré par le livre que mon père tenait à acquérir. Posé au milieu de la table et accompagné d'une carte portant la mention manuscrite : « ÉDITION ORIGINALE ! » Dessous, en minuscules : « Légers défauts. » Scrooge me dévisageait avec méfiance, à croire qu'il s'attendait à me voir détaler à tout moment après avoir chapardé un de ses volumes. Mon cœur battait la chamade. Je repassai dans ma tête le scénario mis au point par mon père. Il était hors de question que je le déçoive.

« Combien coûte-t-il, monsieur ? » demandai-je.

Scrooge fronça les sourcils :

« Celui-là ? *The Chimes* ? dit-il d'une voix rauque tout en tenant des deux mains le col de son pardessus, ses pouces noueux en frottant les pointes. C'est au-dessus de vos moyens, jeune homme.

– J'ai de l'argent sur moi, vous savez, répondis-je, sûr de moi, en sortant ma bourse d'un geste souple du poignet, qui fit tinter les pièces de monnaie. Mon père m'a chargé d'acheter un cadeau pour mon parrain. C'est bientôt son anniversaire. Il adore Dickens !

– Qui ne l'adore pas, mon garçon ? reprit le marchand, soudain beaucoup plus accommodant. Combien avez-vous ? »

L'homme se comportait comme mon père l'avait prédit. Je vidai la bouse dans la paume de ma main. Scrooge écarquilla les yeux.

« Deux secondes, dis-je en me détournant et en faisant semblant de compter les pièces.

– C'est un exemplaire rare, déclara l'homme. Très précieux. Votre parrain sera ravi.

– J'ai deux livres et quatorze shillings, monsieur.

– Désolé, jeune homme, s'empressa de répondre Scrooge en secouant la tête. C'est trop peu. Bien trop peu. »

Je lui adressai un regard lourd de déception. Il me montra d'autres livres de Dickens.

« Mais avec ce que vous avez, vous pouvez acquérir l'un de ceux-là.

– C'est qu'il doit déjà les avoir, avançai-je, l'air déconfit. Vous ne pouvez vraiment pas… »

Il secoua de nouveau la tête et fit comme s'il se désintéressait de moi.

« Oh ! attendez, repris-je sans tarder. J'ai peut-être un peu plus. »

Je venais de regagner sur-le-champ son attention. Je fouillai le fond de ma poche.

« Tenez, une couronne et une pièce de six pence. Presque trois livres en tout, monsieur. »

Il hésitait. J'arborai un large sourire. D'un ton résolu, il dit alors :

« Non, désolé, ce n'est pas assez. Allez trouver votre père. Il pourra vous donner quelques pièces de plus. »

Embarrassé, je restai planté sur place. Selon notre scénario, le libraire d'ancien aurait dû accepter mon offre.

« Allez », me chassa-t-il d'un geste de la main.

Abattu, je m'apprêtais à m'éloigner quand je sentis une légère bourrade dans mon dos. Tout de suite après retentit une voix qui m'était familière.

« Combien vous propose ce garçon ? Trois livres ? »

Après avoir sursauté, je me retournai. Mon père se tenait juste derrière moi. Son intervention n'entrait pas dans le plan qu'il avait concocté.

« Je vous en donne trois livres et deux shillings, poursuivit-il sur un ton tranchant.

– M. Patterson…

– Trois livres et deux shillings, c'est une offre tout à fait honnête, insista mon père avec, dans le regard et sur le reste du visage, une pointe de ruse digne d'un renard, que je ne lui connaissais pas. Allons, M. Harper, n'ayez pas les dents trop longues, pour une fois. »

Cette dernière remarque eut l'effet d'un coup de fouet sur le marchand. Les yeux mi-clos sous le bord de son chapeau, il considéra mon père d'un air de défi. Un silence menaçant s'établit entre eux. J'avais l'impression que tous les gens présents dans la halle nous fixaient. J'aurais aimé quitter les lieux sur-le-champ. Je tendis la main pour attraper la manche de mon père.

« Si on part… », commençai-je d'une voix fluette.

Mais avec vivacité, mon père se pencha vers moi, posa une main sur ma nuque et appuya l'autre sur ma bouche.

« Trois livres et trois shillings ! s'écria-t-il en même temps. C'est mon dernier prix. »

Me débattant, je tentais d'échapper à sa prise. En vain.

« Trois livres et…, répéta mon père, mais le marchand ne le laissa finir sa phrase.

– M. Patterson, lâchez tout de suite ce garçon. Vous devriez avoir honte. Ce livre est à lui. Je viens de le lui vendre. »

Je sentis les mains de mon père se ramollir. J'en profitai pour me dégager.

« Oh… mais je n'en savais rien. Je suis désolé, balbutia mon père avant de s'écarter d'un pas.

– Donnez-moi votre argent, jeune homme », me dit le vendeur en tendant sa main sèche.

J'avais bien du mal à saisir ce qui venait de se passer. Je lançai un regard en coin à mon père. Il détourna les yeux comme s'il ne voulait plus entendre parler de moi. Mais le mouvement de ses mains derrière son dos attira mon attention. Il me faisait signe de me dépêcher. Je saisis alors de quoi il retournait. Je m'adressai à Scrooge en m'empressant de lui remettre les pièces :

« S'il vous plaît, monsieur. »

Il les compta, voilant de nouveau sa figure de rides et de méfiance, hésita avant de poser les mains sur le précieux exemplaire et de me le tendre. Du coin de l'œil, je vis mon père s'esquiver.

« Merci, dis-je avec une réelle sincérité. Mon parrain sera content. Pouvez-vous me remettre un reçu ? »

Mon père m'avait vivement recommandé d'en demander un. S'en passer, c'était risquer d'être accusé quelques minutes plus tard de vol.

« On ne peut faire confiance à aucun libraire d'ancien. Des requins, tous autant qu'ils sont ! »

Non sans rouspéter, Scrooge prit une feuille de papier. Je jetai un regard circulaire : mon père avait déjà disparu.

« Tenez, reprit l'homme. Et disparaissez avant que je ne me ravise. »

Il n'eut pas à le dire deux fois.

Dehors, j'aperçus mon père. De loin, je brandis le livre comme un trophée. Mon père poussa un long soupir quand je le lui remis solennellement.

« T'as été formidable, finit-il par dire. Ta mère aurait été fière de toi. »

C'était la première et unique fois qu'il devait m'impliquer dans une intrigue, la première et unique fois aussi qu'il m'emmena à un marché bibliophile. Peut-être a-t-il eu honte de m'avoir ainsi utilisé, même si je n'avais pour ma part rien éprouvé de dégradant à vivre cette expérience. J'avais simplement été intrigué de le voir sous un jour si différent. Bien plus impétueux que d'habitude, un peu comme lorsque M. Whitfield passait à la maison et qu'ils se montraient leurs dernières acquisitions. En pareille occasion, un changement se produisait en effet chez mon père : des escarbilles semblaient soudain s'enflammer en lui.

Quand je rentrai des cours le soir, mon père, parti vendre la collection de M. Whitfield, n'était toujours pas revenu. Une heure plus tard, j'entendis la porte s'ouvrir. J'étais en train d'étudier dans ma chambre.

« Comment ça s'est passé ? »

N'ayant obtenu aucune réponse, je le rejoignis dans le séjour. Il était assis près du poêle dont la petite porte était ouverte. Un rougeoiement en provenait qui soulignait la crispation du visage de mon père. Dans ses mains, il tenait des feuilles de papier qu'il jetait une à une dans le feu. À ses pieds béait la chemise dans laquelle il conservait son catalogue.

« Mais qu'est-ce que tu fabriques ? » m'écriai-je en me précipitant vers lui.

Il tendit le bras pour me maintenir à distance :

« Te mêle pas de ça, John ! »

Choqué par son ton et son attitude, je me figeai sur place tandis qu'il poursuivait, imperturbable, la tâche qu'il s'était fixée. Moins d'une minute plus tard, il refermait la porte du poêle. Son travail de trois mois parti par la cheminée.

Quand il vit la stupeur dans mes yeux, il se justifia :

« Ça n'a aucune valeur, John. Du vieux papier, ajouta-t-il après s'être levé pour montrer les volumes qui remplissaient la pièce. Rien que du vieux papier. »

Tout à coup, je compris ce qui était arrivé.

« Les estampes de Harry ont rapporté si peu que ça ?

– Quinze livres. Les autres m'en proposaient encore moins, fit-il en secouant la tête, accablé. Quinze livres. Pour une collection qu'il a mis vingt ans à constituer !

– Et tu les as vendues ?

– Sa femme a estimé l'offre avantageuse. Elle n'aurait jamais imaginé que cette camelote pût rapporter autant.

– Bah, elle n'a pas la moindre idée de…

– Tous les acheteurs que j'ai vus m'ont dit la même chose, m'interrompit mon père. Pas grand-chose de valable, monsieur, dans cette camelote.

– Tu es le premier à dire que ce sont des requins, répliquai-je en vue de l'adoucir. Une fois la guerre finie, les prix ne manqueront pas d'augmenter.

– Pour Harry, la guerre est finie, John, nota-t-il avec amertume. Pour lui, pas pour eux. »

Le silence se fit. On n'entendait plus que le crépitement du poêle. Qui ne diffusait toutefois guère de chaleur.

UN JOUR DE LA MI-DÉCEMBRE, peu après le lever du soleil, des cuirassés allemands canonnèrent Scarborough, Hartlepool et Whitby. La dramatique nouvelle se répandit à l'université dans le courant de la matinée. Certains parlaient de dizaines de victimes, d'autres de centaines. Lui aussi ému, le professeur Ker, d'habitude si flegmatique, arrêta son cours sur *The Wanderer* une demi-heure plus tôt que prévu.

Je partis à la recherche de William. Je le trouvai à la bibliothèque au milieu des étagères de littérature allemande en train de feuilleter un livre peu épais.

Je lui tapai sur l'épaule.

« Hé, John, t'as entendu ? me demanda-t-il sans préliminaires.

– Oui, pendant le cours de Ker. Même lui en est malade.

– Mon père nous a annoncé la nouvelle tôt ce matin, dit William, l'air affligé. Je m'apprêtais à partir quand il m'a apostrophé. Le café était bondé. Il m'a demandé d'une voix forte pour que tout le monde entende si je savais ce que mes adorables Allemands avaient fait.

– C'est vrai ?

– Sur un ton qui laissait supposer que j'y étais pour quelque chose.

– Mon Dieu, quel…, commençai-je avant de m'arrêter à temps.

– Beau salaud? fit William en appuyant sur les mots. N'hésite pas à le dire haut et fort, c'est aussi ce que je pense.»

Ses yeux errèrent entre les deux parois de livres.

«Et comment ont réagi les clients?

– Ils ont crié, fulminé, bien sûr. Et m'ont demandé ce que j'attendais pour aller flanquer une raclée aux Allemands. Ce genre de remarques. Et mon père de ricaner. Si ça continue comme ça, je finirai par en venir aux mains avec lui!

– T'as raison, le salaud!» m'écriai-je à mi-voix, avant d'ajouter sur un ton plus modéré: «Pour tout te dire, William, ça m'a secoué moi aussi.»

En réalité, cela m'avait mis en rage.

«Quand l'empereur ressent des démangeaisons, le peuple se gratte, commenta William en agitant le petit livre. Heine. Les coupables, ce ne sont pas les bourreaux, mais ceux qui donnent les ordres. Eux veulent cette guerre. En attendant, on met tous les Allemands dans le même sac. Même Priebsch n'ose plus l'ouvrir. Dès que les passants entendent son accent, ils le regardent comme s'il portait le bacille de la peste.»

Priebsch, son professeur d'allemand, était d'origine autrichienne.

«Horrible, avançai-je. Qu'est-ce qu'on peut faire?»

William, qui avait toujours réponse à tout, «séchait» cette fois-ci:

« Aucune idée. Garder son calme, je pense. Ne pas céder à la folie générale. (La folie. Dans un coin de ma tête, j'entendais Martin hurler ce mot le jour de la déclaration de guerre.) Tu veux que je te lise quelque chose ? reprit William en dirigeant son regard sur le recueil qu'il tenait toujours à la main. *Die Heimkehr. Le Retour*.

– Avec plaisir. Mais je ne vais sans doute rien comprendre.

– Je vais le traduire pour toi. »

Il feuilleta le petit volume jusqu'à trouver un passage de circonstance.

« Voilà. On dirait que ç'a été écrit aujourd'hui. »

Il entreprit de le traduire mentalement ; ses lèvres remuaient sans que le moindre son sortît de sa bouche. Puis, d'une voix chuchotante, il se lança : « Mon cœur est oppressé ; je songe avec regret aux jours qui ne sont plus ; le monde était jadis si habitable encore et les gens vivaient si paisibles. Aujourd'hui, tout est à l'envers. C'est une cohue, une misère ! Là-haut le bon Dieu est mort ; en bas le diable est mort aussi. Et tout a un air morose, tout est embrouillé, mou et froid. Sans le peu d'amour qui subsiste, il n'y aurait rien à faire ici. »

William leva les yeux du livre et me dit, un peu contrit :

« La rime et le mètre ont disparu, mais au moins, ça te donne une idée de la teneur.

– Ça suffit à m'impressionner, crois-moi. Et c'est vrai qu'on dirait que ça vient tout juste d'être écrit.

– Or son poème remonte à près de un siècle. Pas mal, hein ? Comme tu le sais, les écrivains sont des visionnaires.

– J'émettrais quand même quelques réserves sur la fin. À propos de l'amour censé offrir un point de repère.

– Oh ! parlerais-tu par expérience ? » me demanda William tandis que ses sourcils pâles se haussaient.

Le rouge me monta au visage. Si je n'avais pas revu Mary depuis mon anniversaire, il ne se passait pas un jour sans que je pense à elle. Dès que je me représentais sa personne, ça se mettait à bouillonner en moi. En même temps, une profonde tristesse me submergeait : j'étais persuadé que jamais rien ne serait possible entre nous. Dans ces moments, il me semblait que des sangles retenaient mon cœur attaché à mes côtes. Aussi m'efforçai-je de chasser d'un geste de la main la remarque de William, mais il insista, un sourire subtil aux lèvres :

« Allez raconte, mon gars, t'as une dulcinée ?

– Euh, pas vraiment, murmurai-je.

– Mais t'as le béguin pour une fille ? (Je fis un mouvement hésitant de la tête.) Tu sais, moi, il faut pas m'en conter, Patterson. Comment elle s'appelle ?

– Bon, d'accord. Elle s'appelle Mary.

– Mary, prononça-t-il à son tour avec lenteur, levant les yeux au ciel. (Je lui filai une petite bourrade.) Elle est jolie ?

– Je trouve, oui. Mais il n'y a rien entre nous.

– Elle a un autre gars ?

– Je l'ai vue embrasser une recrue. Mais elle m'a assuré qu'il ne lui plaisait pas.

– Pff, il ne faut jamais se fier aux femmes, assura William. Et cette recrue ? Il effectue ses classes ?

– Depuis plusieurs mois.

– Voilà une bonne nouvelle, John. On va bientôt l'envoyer au front. Encore un peu de patience : quand tous les hommes seront tombés les armes à la main, les femmes feront la queue pour nous.

– T'es un vrai rat, une crevure », lançai-je en ricanant.

William grimaça et jeta un œil sur ma montre.

« C'est l'heure du cours sur *Faust*. À propos de l'amour tragique, t'as déjà lu *Les Souffrances du jeune Werther* ?

– J'en ai entendu parler.

– Eh bien, ça me paraît tout à fait de circonstance pour toi, me dit-il en m'adressant un clin d'œil. Un drame d'amour sans pareil. Tu te rappelles *Frankenstein* ? (Cette œuvre-là, je l'avais lue.) Les livres que le monstre trouve dans les bois, exposa William, et dans lesquels il se reconnaît. L'un d'eux, c'est *Werther*.

– Ah ! oui, ça me revient, et l'autre c'est *Le Paradis perdu*, n'est-ce pas ?

– Vingt sur vingt pour toi, l'ami ! Et il y a aussi un volume des *Vies de Plutarque*. Attends, je vais te chercher une traduction du *Werther*. »

Il se tourna vers les rayonnages placés derrière lui. Son index courut sur le dos des livres comme sur un xylophone.

« Tiens, voilà. *Les Souffrances du jeune Werther*, dit-il en saisissant un volume à la reliure en lin. Traduit de l'allemand par William Render, et non du français, à la différence des versions antérieures.

– Eh bien, je te remercie, tu éveilles ma curiosité.

– L'amour ne te semblera plus jamais pareil, conclut William en riant.

– Je te tiendrai au courant. »

En rentrant ce soir-là, je ne réussissais pas à détacher mes pensées des nombreuses victimes du bombardement. La guerre avait pris pied sur notre territoire. Comme si un animal sauvage venait de s'échapper de sa cage et pouvait nous sauter dessus à tout instant.

Les crieurs de journaux n'avaient pas même besoin de s'époumoner pour se débarrasser de leur marchandise. Le même sujet courait sur toutes les langues ; la colère envahissait les rues.

La nouvelle ne laissait pas non plus mon père indifférent. Il m'apprit que, parmi les morts, on comptait un facteur. Tué au cours de sa tournée. Toute la soirée, il s'agita en maugréant contre la Marine qui s'était montrée incapable de repousser l'attaque.

« Toute une flotte de navires de guerre qui peuvent approcher nos côtes sans être inquiétés. C'est quand même inouï, John. On va bientôt les voir arriver sur la Tamise. »

Il n'était pas en mesure d'écarter cette image cauchemardesque. Au cours du repas, son regard ne cessa de passer en revue ses livres.

« Pourquoi te fais-tu du mauvais sang ?

– Je cherche une façon de mettre ma bibliothèque à l'abri.

– À l'abri de quoi ?

– Des bombes. Des flammes.

– Tu m'as assuré qu'elle n'avait plus aucune valeur, lui rappelai-je.

– Ce n'est pas une raison pour la laisser partir en fumée, rétorqua-t-il, contrarié.

– Moi, je ne me ferais pas de souci à cause des flammes, mais bien plutôt au sujet de l'état de l'immeuble. Une bombe et il n'en reste plus rien. Il s'effondre comme un château de cartes. Et on se prend tout sur la tête. »

Mon père ne pensait pas qu'on en arriverait là :

« Notre immeuble en a vu d'autres. Il a survécu à la construction du métro. »

À la suite du creusement des galeries, bien des habitations s'étaient affaissées. Il avait même fallu en raser certaines. Mais l'argument de mon père ne me convainquait pas, et ce qu'il avança ensuite non plus :

« D'ailleurs, les journaux écrivent que les sous-sols et les caves sont les endroits les plus sûrs.

– Avant d'imprimer pareilles inepties, je leur suggère de venir jeter un coup d'œil ici », commentai-je.

La tête renversée en arrière, je suivis des yeux les fissures au plafond. Mon père les observa à son tour. Plus il scrutait les lézardes, plus son regard s'assombrissait.

Quelques jours plus tard, il rentra les bras chargés de vieux sacs postaux. De grands sacs de jute dans lesquels on avait, année après année, transporté à travers tout le pays lettres et colis. Sur chacun figurait la mention Royal Mail.

« Tu vas mettre tes livres dans un lieu plus sûr ? lui demandai-je, curieux.

– Pas du tout.

– À quoi vont alors te servir ces sacs ?

– Ils sont ignifugés. À l'épreuve de la suie et de la fumée. Ils ont été spécialement conçus pour ça. Regarde, ajouta-t-il, en en étirant un sous mon nez. Des fibres plus résistantes que les sacs de jute ordinaires. Le tissage est beaucoup plus serré.

– Autrement dit, tu vas empiler des sacs pleins de livres dans toute la pièce. On n'a déjà pas de place pour bouger.

– On dirait que tu fais exprès de ne pas comprendre, John ! s'exclama mon père, hargneux. Ils vont servir à protéger les livres. Je vais en tendre devant les rayonnages, vois-tu. Comme ça, rien ne pourra les endommager de ce côté-là. Ni le feu. Ni la fumée. Ni la suie.

– Un panorama imprenable ! ricanai-je. Toute la journée une réclame pour la Poste sous les yeux.

– Épargne-moi tes commentaires, veux-tu ? » riposta-t-il avant de détourner le regard, agacé.

Quoi qu'il en soit, et bien que je lui eusse fait remarquer que son projet témoignait d'une grande naïveté, il le mit à exécution.

« Tu verras si j'ai pas raison », insista-t-il.

Trois soirs de suite, il s'y employa jusqu'à une heure très avancée. Avec de petits clous, il fixa les sacs les uns après les autres aux étagères, tendant la toile de jute comme une peau de tambour. Les coups de marteau remplissaient le sous-sol, m'empêchant d'étudier et irritant le voisin du dessus qui frappa à quelques reprises sur le plancher. Mais rien ne dissuada mon père de persévérer. Un à un, les nombreux livres disparurent derrière une paroi de fibres brunâtres, s'étirant toujours plus de haut en bas, de gauche à droite, mur après mur, comme si une chenille s'était introduite chez nous afin de transformer la pièce en un cocon géant.

« Qu'est-ce que t'en dis ? » me demanda-t-il une fois que tout fut recouvert.

Ses yeux trahissaient une certaine insatisfaction. Le cuir d'apparence onéreuse avait partout laissé place à de la jute bon marché. Qui plus est, le séjour semblait plus petit qu'avant ; les murs se resserraient sur nous.

« On dirait que quelqu'un nous a affublés d'une camisole de force », commentai-je.

Le 25 décembre, mon père passa l'essentiel de la journée à la maison. Il ne s'absenta qu'une heure pour se rendre sur la tombe de ma mère. De retour, il entreprit de préparer le repas de Noël composé, comme chaque année, de toutes les bonnes choses que les habitants de Hoxton lui avaient offertes au cours des jours précédents.

« Cette année encore, ils ont été généreux », annonça mon père sur un ton qui sous-entendait « malgré la guerre ».

Ce même jour, j'attaquai, du cœur à l'ouvrage, la liste de lectures du deuxième trimestre. À la bibliothèque universitaire, j'avais emprunté *La Boucle de cheveux enlevée* ainsi que quelques mystères médiévaux ; dans celle de mon père, j'avais pris *Les Voyages de Gulliver* juste avant qu'il n'entreprenne de tendre les sacs de jute. Je comptais également mettre les vacances à profit pour lire *Les Souffrances du jeune Werther*.

À 18 heures, mon père et moi passâmes à table. Le repas commença par une soupe de pigeon, suivie d'un délicieux ragoût ; je reconnus entre diverses saveurs celles du poulet, de rognons et de pruneaux secs, ainsi que celle d'une épice dont le nom m'échappait.

« Du cumin, me dit mon père. Un cadeau de Mme Bromley. Son mari lui en a rapporté. »

Et pour le dessert, un petit plum-pudding chacun, présent d'une veuve de Penn Street, Mme Collingwood. La veille, il lui avait fait goûter le bonheur en lui remettant une longue lettre de son fils unique, un soldat professionnel envoyé en France dès septembre.

Malgré ces mets, une atmosphère oppressante plana sur la soirée. Mon père mangea avec peu d'entrain ; par moments, ses yeux erraient sur les parois de jute qui nous entouraient ; il paraissait toujours plus désespéré, comme quelqu'un qui, prisonnier d'un labyrinthe, ne cesse de se cogner contre le même mur. Au dessert, il resta un bon moment à tripoter le bord de son pudding avec sa petite cuiller sans en prendre une seule bouchée. À la lumière de la bougie posée sur la table, les traits de son visage me frappèrent, lignes aussi capricieuses que les fissures d'une tasse de porcelaine recollée à plusieurs endroits.

Il ne faisait guère de doute que ma mère occupait de nouveau ses pensées. Un jour, j'avais alors 8 ans, Mme Bromley m'avait raconté que l'absence, le vide laissé par un être cher, homme, femme ou enfant, peut perdurer en nous toute une vie.

« John, imagine, demain, avait-elle commencé – je ne sais plus à quel propos –, on doit t'amputer d'un bras, le bras droit, celui qui te sert le plus. Tu viens d'avoir, Dieu nous en garde, un accident et on doit te couper le bras jusqu'à l'épaule. Comment te sentirais-tu ?

– Ça me ferait mal, Mme Bromley, très mal.

– Eh bien, cette douleur, comme si on te tailladait la chair avec un couteau et les os avec une scie…

– Oh ! s'il vous plaît, arrêtez…

– Non, attends, John, j'ai pas fini. Ce que je veux dire, cette douleur, c'est rien en fait, comparé à ce qui se passe après. Il existe une douleur bien pire encore.

– Que voulez-vous dire ?

– L'absence, John, le manque, le vide, ajouta-t-elle, ses mots me pénétrant jusqu'à la moelle.

– Le manque, répétai-je, d'une voix frêle.

– Sais-tu à quel point ton bras te manquerait si tu ne l'avais plus, mon garçon ? Sais-tu combien de fois tu te dirais : ah ! si j'avais encore mon bras droit ! (Je réfléchis, mais n'eus pas le temps de répondre. Mme Bromley s'en chargea elle-même :) Presque tout le temps, assura-t-elle. Quand tu veux serrer la main à quelqu'un, quand tu veux lacer tes chaussures, quand tu veux te gratter la tête, quand tu veux beurrer une tartine, à chaque fois tu te diras que tu n'as plus de bras.

– Ah ! je commence…

– Et, au milieu de la nuit, reprit-elle imperturbable, alors que t'es enfin plongé dans un profond sommeil, tu rêves que t'as récupéré ton bras. Hé ! mon bras est de retour, par bonheur, que tu te dis. Mais dès que t'ouvres les yeux, qu'est-ce que tu vois ? Qu'il n'est pas là, ton bras ! Et ça, mon garçon, ça fait mal, très mal. Tu sais où ? (Je secouai la tête.) Là, poursuivit-elle en posant le gras de la main sur mon sternum, main à travers laquelle je perçus le battement de mon cœur. Et ça, jour après jour, John, jusqu'à la fin de ta vie. »

Cette histoire en tête, je considérai mon père qui était toujours en train de tripoter son pudding avec sa cuiller.

Je levai mon verre qui contenait encore un fond de cidre, et le fis aller et venir devant son visage. Quelques secondes s'écoulèrent avant que son regard ne se porte sur moi.

« Merci, dis-je avec sincérité.

– Merci de quoi ? demanda-t-il en clignant les paupières.

– Eh bien… pour ce repas… pour tout. »

Un mince sourire apparut sur son visage. À son tour, il leva son verre :

« Joyeux Noël, mon garçon. Espérons que la guerre se termine vite ! »

LE LENDEMAIN, j'entamai la lecture des *Souffrances du jeune Werther*. Dès les premières lignes, j'eus l'impression que cette histoire aurait tout aussi bien pu nous concerner, Mary et moi. Le personnage principal, un jeune homme romantique, parle à son ami Wilhelm, par le moyen de lettres tantôt courtes tantôt longues, les sentiments qu'il éprouve pour une jeune fille prénommée Lotte. Malheureusement, elle est fiancée à un autre. Werther croit malgré tout dur comme fer qu'il finira par gagner son cœur.

Je lus cette œuvre à un rythme lent, le plus souvent le soir, au lit, absorbant les phrases le cœur battant : « Oh ! quel feu court dans toutes mes veines lorsque par hasard mon doigt touche le sien, lorsque nos pieds se rencontrent sous la table ! Je me retire comme du feu ; mais une force secrète m'attire de nouveau ; il me prend un vertige, le trouble est dans tous mes sens. »[1]

Et ailleurs : « Non, je ne me trompe pas ! Je lis dans ses yeux noirs le sincère intérêt qu'elle prend à moi et à mon sort. Oui, je sens, et là-dessus je puis m'en rapporter à mon cœur, je sens

1. Traduction de Xavier Marmier.

qu'elle… Oh ! l'oserai-je ? Oserai-je prononcer ce mot qui vaut le ciel ?… Elle m'aime ! »

Je recopiais scrupuleusement ce genre de paragraphes, y compris tous les points de suspension et d'exclamation dont Goethe fait un usage abondant, à croire que les vingt-six lettres de l'alphabet ne pouvaient suffire, à son sens, à rendre au plus près les sentiments de Werther. Quand mon père était absent, j'en lisais des passages à haute voix, sur le ton solennel qu'aurait employé William, tout en imaginant Mary en train de m'écouter, admirative.

Plus j'avançais dans l'histoire, plus la tournure horrible qui se dessinait lentement mais sûrement m'imprégnait. Le mal de vivre de Werther grandit à mesure qu'il prend conscience que Lotte ne le choisira sans doute pas. Sa tristesse et sa souffrance ne font elles aussi qu'augmenter, si bien qu'à l'optimisme de la première moitié du livre se substitue un pessimisme sans fond. Les lettres se font suppliques, cris de désespoir.

« Quelquefois je me dis : "Ta destinée n'est qu'à toi : tu peux estimer tous les autres heureux ; jamais mortel ne fut tourmenté comme toi." Et puis je lis quelque ancien poète ; et c'est comme si je lisais dans mon propre cœur. J'ai tant à souffrir ! Quoi ! Il y a donc eu déjà avant moi des hommes aussi malheureux ! »

Quand bien même cette évolution me répugnait, je restais incapable de me défaire du volume. Je dévorai les quarante dernières pages ; dans ma naïveté, j'espérais encore que les choses finiraient bien – ne s'agissait-il pas après tout d'un roman ? –, mais il n'en était rien. Choqué, je lus les ultimes mots de Werther : « Ils sont chargés… Minuit sonne, ainsi soit-il donc – Lotte ! Lotte, adieu ! adieu ! » Après quoi il met fin à sa vie en se tirant une balle dans la tête.

Le sommeil se refusa à moi pendant des heures. L'acte désespéré de Werther me hantait. Je me demandais si je laisserais moi-même un jour les choses aller aussi loin. Serais-je capable d'appuyer sur la gâchette ? J'en doutais. Probablement parce que je n'étais pas dans sa peau. Après tout, Mary ne m'avait jamais rejeté. Certes, elle n'avait pas non plus dit qu'elle m'aimait, mais peut-être, ignorant ce que j'éprouvais à son égard, ne l'osait-elle pas.

Au cours des journées suivantes, Mary ne quitta plus mes pensées ; tout en moi me hurlait d'aller à Allerton Street. Mais chaque fois que je m'apprêtais à m'y rendre, je reportais ma visite car la peur de croiser son père fondait sur moi.

Finalement, c'est mon propre père qui, sans rien savoir de mon combat intérieur, me fit franchir le pas.

« Mme Bromley t'a offert un stylographe ? » s'enquit-il à l'improviste, alors qu'en ce dernier jour de l'année, il venait de rentrer à la maison plus tôt que d'habitude.

Je répondis par la positive. Au même moment, je me rendis compte que, depuis belle lurette, je n'avais pas remis les pieds chez elle. Et que je ne lui avais pas envoyé le moindre mot de remerciement.

« Elle m'a demandé s'il écrit bien, poursuivit mon père. J'ai dit oui, même si je ne suis au courant de rien. Quand t'en a-t-elle fait cadeau ?

– Le jour de mon anniversaire.

– Et tu l'as remerciée ?

– J'ai été trop occupé, avouai-je en secouant la tête.

– Trop occupé ? Pour ce genre de choses, John, il faut faire en sorte de trouver du temps ! Cette femme, sacrebleu, rogne sur chaque penny !

– J'irai bientôt la…
– … Dès aujourd'hui !
– Mais on est le 31.
– Tout de suite, John. Et n'y va pas les mains vides. »

La détermination qui l'animait le poussa à sortir son porte-monnaie. Avec un soupçon de désespoir dans les yeux, je le considérai :

« Mais si jamais M. Bromley est là ?

– Le bonhomme passe ses soirées au pub. Y rentrera pas chez lui avant l'année prochaine.

– T'es sûr ?

– John, il a élu domicile au pub ! »

La conviction qu'il mettait dans ses paroles finit par vaincre mes dernières réticences.

« Je me change », lançai-je en me précipitant dans ma chambre.

Le soir tombait quand je me mis en route. Personne ne semblait disposé à respecter la prescription relative à l'occultation des fenêtres. Partout, des lumières étaient allumées ; en ville régnait une atmosphère enjouée que pas même le vent glacial du nord ne pouvait entamer. La perspective d'une nouvelle année semblait adoucir momentanément la population, y compris les nombreux soldats bénéficiant d'une permission. Pas le moindre passant ne se retourna sur moi ; pour la première fois depuis des semaines, j'éprouvai une sensation de soulagement.

Chez l'épicier qui s'apprêtait à fermer, j'achetai un morceau de pain d'épice dont Mme Bromley pourrait tirer cinq ou six tranches de l'épaisseur d'un doigt. C'était bien moins en réalité que ce que j'escomptais avec l'argent que m'avait remis mon père.

Les fêtes de fin d'année paraissaient avoir fait monter les prix. Malgré la situation, les gens se préparaient à s'en donner à cœur joie. Dans les boucheries et les boulangeries, il y avait encore des files d'attente ; des restaurants s'échappaient déjà des odeurs de mets frits ou de gourmandises tandis que le personnel s'activait à dresser le couvert, frotter les verres et accrocher les dernières décorations. Je fus frappé de voir que le bleu-blanc-rouge prédominait bien plus que les années précédentes.

Dans Allerton Street, rien ne signalait l'imminence des réjouissances. Comme d'habitude, une nuit noire y régnait. De chaque côté de la ruelle, les façades qui se faisaient face se rapprochaient toujours plus à mesure qu'elles s'élevaient ; elles contrariaient le passage de la lumière lunaire tout autant que les vitres sales celui de la lueur des bougies et des lampes à pétrole. En tâtonnant à moitié, je progressai sur les pavés glissants jusqu'à la maison des Bromley. Mon cœur me battait dans la gorge sans que je sache si cette fébrilité découlait de ma peur de M. Bromley ou de l'excitation que je ressentais à l'idée de revoir Mary.

Je m'immobilisai devant leur porte. J'entendis des voix de filles, gaies comme le gazouillis de jeunes moineaux. J'enduisis le bout de mes doigts de salive et nettoyai le coin d'un carreau pour épier ce qui se passait à l'intérieur. Au même moment, deux silhouettes passèrent de l'autre côté de la fenêtre. Je reculai, attendis quelques secondes et jetai de nouveau un œil.

Molly et Poppy se poursuivaient autour de la table en hurlant de rire. Les voir ainsi me rassura. S'il avait été là, leur père leur aurait interdit de faire un tel raffut. Soulagé, je promenai mon regard dans le reste de la pièce. Près du poêle, Nelly et Trudy tricotaient. Nulle trace de Mary ou de Mme Bromley. Je décidai de tenter ma chance.

À peine eus-je glissé la tête par la porte que Molly et Poppy se précipitèrent sur moi.

« John ! John ! » crièrent-elles à deux voix.

Elles me sautèrent au cou. Encore un peu et elles écrasaient le pain d'épice.

« Tout doux ! tout doux ! » fis-je en brandissant le sachet au-dessus de leurs têtes.

Leurs pupilles avides escaladèrent mon bras.

« Pour moi ? demanda une moitié des jumelles.

– Non, Poppy, pour moi, intervint la deuxième.

– Non, c'est pour votre maman, dis-je en insistant sur chaque mot. Elle est ici ?

– Elle est derrière, expliqua Nelly en levant les yeux de ses aiguilles sans cesser de tricoter.

– J'peux regarder ce qu'y a dans le sachet ? supplia Molly.

– Tu as le droit de humer. »

Je baissai le sachet au niveau de son petit nez retroussé. Elle se dressa sur la pointe des pieds et inspira profondément. Shakespeare apparut de sous la table, truffe en l'air. Un sourire se dessina sur mes lèvres :

« Shakespeare a deviné ce que c'est !

– Des friandises ! crièrent les jumelles à l'unisson en se mettant à tirer sur mon bras.

– Les filles, voyons ! » retentit la voix aiguë de Mme Bromley qui s'était glissée dans la pièce avec la discrétion d'un chat.

Molly et Poppy me lâchèrent tout de suite et s'élancèrent vers leur mère.

« Maman, John a des friandises !

– C'est très gentil de sa part. »

Elle me sourit et réajusta le châle en tricot qui lui couvrait les épaules. Dessous, elle portait une blouse flottante et sous celle-ci un tablier en coton. De la voir emmitouflée de la sorte, je me rendis compte combien il faisait froid chez eux. Sans doute n'avaient-ils pas, cette fois non plus, de quoi se payer du charbon.

J'ôtai ma casquette et lui tendis le sachet de pain d'épice.

« En vous souhaitant une bonne année 1915, dis-je sur un ton enjoué.

– Merci, mon garçon. À toi aussi. Elle ne pourra guère être pire que celle qui se termine.

– Vous m'enlevez les mots de la bouche, Mme Bromley.

– Mais c'était pas la peine d'apporter quoi que ce soit. Ta venue est une surprise à elle seule.

– Maman, regarde ce qu'il y a dedans ! » cria Molly.

Mme Bromley m'adressa un clin d'œil et entrouvrit le sachet. Apparemment, ça lui coûtait un effort. Le froid ankylosait ses doigts aux articulations déjà percluses de rhumatismes. Dès que Molly et Poppy entrevirent ce que j'avais apporté, elles se répandirent en cris de joie.

« Hourra ! Du pain d'épice ! Hourra ! Tu nous en donnes un morceau, maman ? Tout de suite ?

– Allez d'abord vous asseoir », commanda Mme Bromley.

Elle porta le pain d'épice à son nez, en inhala l'odeur comme pour s'en remplir non seulement les poumons, mais aussi l'estomac. Je lus sur sa bouche qu'elle souhaitait me remercier ; ses paroles, toutefois, s'évanouirent sous le vacarme de Molly et Poppy qui se battaient pour un tabouret. Nelly et Trudy posèrent leur tricot et se précipitèrent à leur tour vers la table.

Mme Bromley prit un couteau à pain du tiroir.

« Tiens, Nelly, coupe donc le pain d'épice… lui demanda-t-elle tout en comptant combien on était.

– Pas pour moi, m'empressai-je de dire. J'ai déjà dîné. Prenez-en un joli morceau, Mme Bromley.

– Moi non plus, j'ai pas vraiment faim. »

Je savais qu'elle mentait. Les couches d'habits qu'elle portait m'empêchaient de me faire une idée exacte de sa maigreur, mais pas de voir ses joues plus creuses que jamais et la peau qui, sous son menton, pendouillait comme la caroncule d'un coq.

« Cinq parts alors, Nelly, de la même épaisseur, conclut-elle avant de se tourner vers la pièce de derrière : Mary, tu viens ? John est là ! Il a apporté du pain d'épice. (Mon cœur cessa de battre.) John, reste pas planté là, reprit Mme Bromley. Assieds-toi.

– …

– John ?

– Oui ?

– Assieds-toi donc. »

Je hochai la tête. Au même moment, Mary nous rejoignit. Elle portait un pull marin effiloché qui avait appartenu à Martin. Un ruban de couleur maintenait ses cheveux, découvrant sa nuque gracile et pâle. À la lueur de la lampe suspendue au-dessus de la table, ses yeux nacrés passèrent de moi au pain d'épice.

« Hum, j'adore », dit-elle.

Le bout de sa langue parcourut ses lèvres. Elle remarqua que ce léger mouvement ne m'avait pas échappé : je baissai les paupières, comme pris en faute. J'avais eu le temps de voir qu'elle tenait un livre à la main, un doigt glissé entre deux pages, à l'endroit où elle venait d'interrompre sa lecture. C'était *Oliver Twist*.

« Hum, John, j'adore ! »

Molly, qui avait avalé une première bouchée de pain d'épice, roulait les yeux de plaisir. Poppy fit chorus :

« Oui, John, c'est dé-li-ci-eux ! »

Mary prit place presque en face de moi. Elle posa le livre ouvert à plat sur la table. La couverture craqua. Je grimaçai, mais arborai bientôt un sourire : Mary levait les yeux sur moi. Tout autour, les langues claquaient d'aise.

L'air satisfait, Mme Bromley considéra la scène puis se tourna vers moi :

« Merci beaucoup, John.

– C'est moi qui dois vous remercier, Mme Bromley. Pour le stylographe. J'en suis très content. Je l'utilise tous les jours.

– J'suis heureuse de l'entendre. Ça va à l'école ?

– À l'université, corrigeai-je. Je crois que oui. On nous demande de beaucoup lire. Mais comme vous le savez, c'est ce que je préfère faire, ajoutai-je en lorgnant Mary qui prenait une grosse bouchée de pain d'épice.

– Je doute pas de ta réussite. T'as toujours été un élève modèle. J'aurais aimé que Martin… Tu sais John, j'ai aucune nouvelle de lui, me confia-t-elle à mi-voix après s'être rapprochée.

– Oh ! vous savez comme il est. Ça ne le turlupine pas plus que ça. Il a toujours un nouveau truc en tête.

– Mais je ne sais même pas où il est. Qui sait si… »

Elle ravala une nouvelle fois ses mots. Mary suivait notre conversation.

« N'ayez aucune crainte, ce n'est pas demain qu'il sera envoyé au combat, dis-je d'un ton décidé. Il doit d'abord passer par une période d'instruction. Ça peut prendre des mois. Et quand il sera prêt, il ne sera plus question de guerre.

– Je l'espère, John. »

Elle posa une main sur mon bras. Une main glacée dont la peau paraissait plus friable que le papier des livres les plus anciens de mon père.

« Mmouaman, y enma encore ? demanda Poppy.

– Oui, maman, y en a encore ? » demanda à son tour Trudy.

Du bout de l'index, elle recueillait les miettes tombées sur la table. Mme Bromley secoua la tête :

« Vous avez tout mangé. Mais papa devrait bientôt rentrer avec d'autres friandises. Et du charbon. Il l'a promis. »

Le scepticisme perçait dans sa voix. Le visage de Mary révélait qu'elle non plus n'y croyait guère.

« En attendant, faites donc une partie de cartes, suggéra Mme Bromley. John va jouer avec vous. Il a toujours aimé ça. »

J'aurais bien aimé, en effet, mais l'idée que son mari puisse apparaître sous peu me dissuadait de m'éterniser.

« Ce n'est pas possible. Mon père est tout seul. Pour lui aussi, c'est le Nouvel An.

– Juste une partie, John », supplia Poppy qui se levait pour aller chercher les cartes.

Mary se pencha vers moi et me dit d'une petite voix mélodieuse :

« Allez, John, juste une partie.

– Bon d'accord, juste une. »

Des cris de joie s'élevèrent dans la pièce exiguë. Poppy réapparaissait déjà avec les cartes ; Mary alla occuper la chaise de sa mère qui rapportait le couteau à la cuisine. De manière ostensible, elle se rapprocha de moi jusqu'à ce que nos épaules se touchent. Un frisson me parcourut.

« Fait froid, hein, dit Mary.

– Fait froid, acquiesçai-je avant de me tourner vers Poppy qui mélangeait les cartes. On joue à quoi ?

– À la bataille.

– Parfait. Je crois bien que c'est mon jour de chance aujourd'hui », plaisantai-je.

Nelly ne jouait pas. Elle reprit son tricot.

« Toi aussi, tu tricotes ? » demandai-je à Mary.

Elle secoua la tête. Cela me surprit.

« T'as repris l'école ? »

Elle secoua de nouveau la tête de gauche à droite.

« Elle aura bientôt un travail, expliqua Mme Bromley, de retour dans le séjour.

– Un travail ? » répétai-je, stupéfait.

Mme Bromley acquiesça, mais je lus sur sa figure qu'elle ne souscrivait pas vraiment à cette idée. Ce que confirma le ton qu'elle adopta :

« Richard en cherche un pour elle. »

Mes yeux se posèrent sur Mary. Elle grimaça comme pour dire qu'elle n'avait pas le choix.

« Je commence, hurla Poppy en jetant une carte sur la table. À toi, John. »

Les paroles de Mme Bromley occupaient mes pensées. Je soulevai machinalement une carte, le 2 de trèfle, qui provoqua l'hilarité des quatre joueuses.

Mme Bromley se réfugia dans le fauteuil pour faire un somme. Elle posa une couverture sur ses jambes et fourra ses bras sous son châle.

J'avais une flopée de mauvaises cartes. À chaque fois que je perdais un coup, Mary portait sa bouche près de mon oreille pour me réconforter ou me chuchoter que la chance allait tourner. En outre, elle collait sous la table sa jambe contre la mienne. Une phrase de Goethe me revint en mémoire :

« Oh ! quel feu court dans toutes mes veines lorsque par hasard mon doigt touche le sien, lorsque nos pieds se rencontrent sous la table ! »

Finalement, la chance tourna et je fis trois plis de suite. J'exprimai mon enthousiasme, comme par le passé lorsque je jouais aux cartes avec Martin. Il était mauvais perdant ; aussi, j'aimais le provoquer quand je le battais.

« Allez, les filles, par ici vos cartes ! » lançai-je en retournant un as.

Je donnai un petit coup de coude à Mary. Elle poussa sa carte vers moi, effleurant volontairement ma main. Trudy me donna elle aussi sa carte alors qu'elle me regardait en faisant la moue. Pour leur part, Molly et Poppy restaient figées sur leur chaise ; elles détournaient la tête comme si elles avaient été fâchées.

« Eh bien, on dirait Martin, les taquinai-je. Lui non plus n'aime pas perdre.

– Qwa Martin ? Qu'ech qu'il a Martin ? » grogna une voix d'ours tiré de son hibernation.

Effrayé, je regardai par-dessus mon épaule. Dans l'encadrement de la porte se tenait M. Bromley. Massif, bras écartés, il se cramponnait aux chambranles. Sous sa casquette, ses yeux luisants de cochon inspectaient les lieux et finirent par se poser sur moi.

« Qwa Martin, Pwatterson ? »

D'un pas lent, il entra dans la pièce, chancelant comme un monstre marin qui pose pour la première fois le pied sur la terre ferme.

« Reculez, les filles », ordonna Mme Bromley tout en quittant avec prudence son fauteuil.

Molly et Poppy s'éclipsèrent aussitôt, suivies de Trudy et Nelly. Seule Mary resta assise, se serrant encore plus contre moi.

« Pwatterson, j't'ai posé une qwestion ! » tonna M. Bromley.

Je me recroquevillai sur moi-même.

« Richard, t'as apporté de quoi manger ? » s'enquit alors Mme Bromley d'une voix impérieuse.

Elle s'était rapprochée imperceptiblement, se postant entre son mari et moi, mains sur les hanches. M. Bromley la dominait d'une tête. Il la regardait comme s'il avait été myope. Il vacillait sur ses jambes. Alors que je croyais qu'il allait tomber, il fit un pas de côté et retrouva son équilibre. Il m'eut de nouveau dans son champ de vision.

« Pwatterson, t'es qu'une chiffe… une chiffe mwolle… ! J'm'en vas t'appwendre ! »

Il leva le bras et brandit son poing de la taille d'un ballon de foot. Je m'avançai, fesses au bord de la chaise, tandis que Mary augmentait la pression de son bras autour de ma taille. À ce moment, Mme Bromley se replaça devant moi. Elle tendit un doigt menaçant en direction de son mari :

« J'te préviens, Richard Bromley, si jamais t'oses toucher un seul cheveu de John… »

Le bras de M. Bromley partit alors. Frappa Mme Bromley en pleine figure. Je perçus un craquement et l'instant d'après, elle s'écroula. Son mari perdit lui aussi l'équilibre. Tel un bloc de granit, il tomba en avant ; sa tête percuta le sol. Dans la pièce attenante, les filles se mirent à hurler. Mary, mains plaquées sur la bouche, fixait sa mère qui gisait par terre. À côté d'elle, M. Bromley gémissait en tentant de se redresser.

Mary me donna un coup de coude :

« Fiche le camp, John ! Dépêche-toi ! Vite ! »

Mais j'étais incapable de bouger. Mon regard restait accroché au corps de Mme Bromley, allongé là où le mien aurait dû se trouver.

« Pars, John, vite ! hurla Mary. Il va te massacrer ! »

Une ombre jaillit de sous la table et se précipita dehors. J'eus juste le temps de voir la queue de Shakespeare qui disparut dans l'obscurité, au-delà de la porte.

Entre-temps, M. Bromley s'était à moitié relevé.

Mary glapissait dans mes oreilles :

« Pars tout de suite, John, tu ne pourras rien y changer. Pars. Il va te massacrer. »

Elle me poussa pour que je me lève et, d'un geste impérieux de la main, me somma de partir. À distance respectable, je contournai M. Bromley. Au niveau de la porte, je marquai un arrêt pour regarder une dernière fois derrière moi. Mme Bromley ne bougeait toujours pas.

Quand je m'engouffrai dans le sous-sol, mon père comprit tout de suite que quelque chose n'allait pas. Par bribes, je lui rapportai ce qui s'était passé. Je vis son visage se défaire. Malgré tout, il garda son calme alors que, pour ma part, j'étais dans tous mes états :

« Il faut qu'on prévienne la police ! »

Mon père ne partageait pas cette véhémence :

« Il y a des choses dont il vaut mieux ne pas se mêler.

– Mais il l'a tuée !

– John, calme-toi.

– Il lui a porté un coup mortel ! Je l'ai vu de mes propres yeux ! »

Mon père restait inébranlable.

De colère, je me réfugiai dans ma chambre où l'image de M. Bromley, frappant sans pitié sa femme, ne cessa de passer et repasser dans ma tête. Rien, pas même de penser à Mary, ne put atténuer le désespoir qui m'habitait ; quand, à minuit, les cloches de Londres entonnèrent *Auld Lang Syne*, je craquai et fondis en larmes.

Durant près de quarante-huit heures, je demeurai dans l'incertitude au sujet du sort de Mme Bromley. Enfin, mon père eut de ses nouvelles.

« Elle est sur pied, John. Tu n'as aucune inquiétude à avoir.

– Et elle a quelle tête ? »

Il ne répondit pas.

« Hé ! John ! »

Les cours avaient repris depuis près de deux semaines quand je revis enfin William. Il m'attendait dans le couloir, à la fin de l'après-midi ; au moment où je quittais la salle, il m'interpella par mon prénom. Un grand sourire barrait sa figure.

« Qu'est-ce que t'as fabriqué ces derniers temps ? lui demandai-je.

– J'étais malade, dit-il en m'adressant un clin d'œil. (Je fronçai les sourcils.) Comme je n'avais plus goût à rien, expliqua-t-il, j'ai décidé de camper un peu dans ma chambre.

– Un peu ? Près de deux semaines !

– Impossible de faire autrement, déclara-t-il, l'air affligé. Ça va de mal en pis à la maison.

– Est-ce une raison suffisante pour t'enfermer ? À ta place, je me serais barré. »

Un sourire sournois apparut sur ses lèvres.

« Pour être franc, je voulais faire enrager mon père. Il ne supporte pas que je m'enferme toute la sainte journée. Mais, ajouta-t-il en chassant d'un geste de la main ce qu'il venait de dire, je préfère ne pas en parler maintenant. J'ai quelque chose à te montrer. »

Il ramassa son sac posé sur le sol et en sortit un magazine.

« Tu te rappelles ? Je t'ai dit que ce sont ceux qui commandent qui veulent la guerre et non les troupes ?

– Tu as même cité Heine, opinai-je. "Quand l'empereur ressent des démangeaisons, le peuple se gratte."

– Tout à fait, sourit William en me tendant le magazine. Tiens, *The Sphere* d'il y a quelques jours. Vise un peu la couverture. »

Un dessin à la plume représentait une dizaine de soldats allemands et britanniques qui posaient ensemble dans la neige devant l'appareil photographique d'un officier allemand. Les hommes avaient l'air joyeux et d'humeur pétulante. Ils buvaient du vin et fumaient des cigarettes. Des branches de sapin et de houx ornaient casques à pointe et casquettes. L'un des soldats brandissait un bouquet de gui ; au loin, d'autres, qui ne voulaient pas manquer ce moment de fête, accouraient.

« À Noël, des soldats allemands et britanniques ont quitté spontanément leurs tranchées pour fraterniser, m'expliqua un William enthousiaste. Ils ont fait la fête ensemble : ont chanté, bu du vin et du rhum, et même joué au foot ! Tout ça sur le champ de bataille ! Et attends, John, ce n'est pas tout, ajouta-t-il en me tendant une coupure de presse. Regarde ce qu'annonce *The Illustrated London News*. Des photos authentiques ! rayonnait-il. Prises par un soldat de la London Rifle Brigade le matin du 25 décembre ! »

Intrigué, j'examinai les deux photos qui illustraient l'article. Elles montraient des soldats allemands et anglais sans armes. Sur l'une, ils paraissaient un peu esseulés sur le champ de bataille, tels les pions d'un échiquier abandonnés après une partie interrompue ; l'autre figurait un soldat allemand barbu qui, une cigarette tout juste allumée entre les lèvres, fixait l'objectif. À ses côtés, quelques soldats britanniques coiffés de bonnets en laine ; dans leur regard, un mélange de timide fierté et de légère surprise.

« Une Woodbine, à tous les coups ! fit William en montrant du doigt la cigarette dans la bouche de l'Allemand. Échangée contre une bouteille de schnaps ! J'te l'ai dit, John, les soldats veulent la paix, pas la guerre !

– Ça m'en a tout l'air, oui. Quel culot, ces soldats, hein ?

– Ils vont comprendre leur douleur ! S'ils refont le même coup, ils encourront de sévères sanctions ! Sur l'ordre de nos plus hauts gradés ! Alors, dis-moi, c'est qui les barbares ? Nous ou les Allemands ? »

Dans sa fougue, il faisait des gestes théâtraux. Une fois apaisé, il ajouta d'une voix grave :

« Je vais écrire une lettre, John.

– Une lettre ? lançai-je, surpris. À qui ?

– Au journal, de façon que tout le monde puisse la lire.

– Mais à quel sujet ?

– Je veux que ça prenne la forme d'un pamphlet, précisa-t-il sans hésitation. Contre les dirigeants et leur guerre. Et je ne compte pas mâcher mes mots. Une critique inflexible. Qui n'épargnera rien ni personne. »

Je me grattai l'oreille. Je ne doutais pas qu'il fût capable d'écrire un tel pamphlet, mais ses attentes me semblaient plutôt démesurées. Ce que je me gardai toutefois de lui dire de manière explicite.

« Ce n'est pas trop risqué ?

– Risqué ? Moins que de marcher sous une grêle de balles. T'as vu les listes de morts ? De pleines pages ! La boucherie se poursuit sans relâche. »

Depuis quelque temps, je n'avais plus ouvert un seul journal. Je tenais, pour mieux me concentrer sur mes études, à garder une certaine tranquillité d'esprit. Les propos que tenait William me faisaient frissonner.

« John, nous devons soutenir ces hommes dans leur volonté de protester, reprit-il. Les soldats ont pris les devants pour faire taire les armes. Maintenant, c'est à notre tour. Nous ne pouvons rester de simples spectateurs ! De ce côté-ci de la Manche aussi, quelqu'un doit prendre l'initiative ! »

Sa combativité me laissait ahuri. Selon toute apparence, sa période d'isolement lui avait fait du bien. Et son enthousiasme se révélait communicatif.

« Eh bien, William, tu m'as convaincu ! Je suis à cent pour cent avec toi !

– Je n'en espérais pas moins, John. Toute aide est plus que bienvenue. »

Il avait de toute évidence tablé sur mon soutien, mais je prenais seulement conscience de ce à quoi je venais de souscrire sans y réfléchir.

« Mais un tel pamphlet… me dégonflai-je. À parler franc, je n'ai aucune idée de la façon dont tu…

– Ne t'inquiète pas. Je vais écrire ça les doigts dans le nez. Que tu sois disposé à me relire suffit à mon bonheur.

– Oh ! bien sûr, répondis-je, plus ou moins rassuré.

– Voilà une question de réglée. Maintenant, je veux m'en griller une. Tu sors avec moi ?

– Ça gèle.

– Le froid te fera du bien. Du bon air pur dans tes poumons », me dit-il avec un clin d'œil.

En marchant vers la sortie, William se mit à siffler une mélodie qui me parut familière. Les notes gaies s'élevaient dans la cage d'escalier, toujours plus haut, comme le chant d'une alouette.

« Beethoven, fis-je après un moment de réflexion.

– La Neuvième », confirma William.

Une seconde plus tard, il s'égosilla sans scrupule aucun. Sa voix résonna dans le vaste espace.

« *Freude, schöner Götterfunken, Tochter aus Elysium. Wir betreten feuertrunken, himmlische, dein Heiligtum !* »

Gêné, je me sentis soulagé une fois que nous atteignîmes la porte. Mais devant l'édifice, William, imperturbable, continua de chanter.

« *Deine Zauber binden wieder, was die Mode streng geteilt. Alle Menschen werden Brüder, wo dein sanfter Flügel weilt.* »

Les basses températures avaient chassé la plupart des étudiants à l'intérieur. Les rares à braver le froid le considérèrent l'air surpris avant de détourner le regard en secouant la tête.

« Tous les hommes sont appelés à être frères, John, finit par dire William. Schiller l'écrivait déjà en 1803. Quiconque soutient que les Allemands ne veulent pas la paix n'a aucune conscience historique !

– Tu prêches un convaincu, souris-je. Il te reste juste à convertir le reste du monde. Une autre paire de manches !

– Eux aussi, je finirai par les convaincre! Attends que mon pamphlet voie le jour!»

Le Nouvel An passé, plusieurs étudiants ne reprirent pas les cours, dont une poignée de garçons de la clique de Primrose Hill. Apparemment, ils avaient changé d'avis et s'étaient engagés. De même, bien des étudiantes ne réapparurent pas, désireuses sans doute de servir comme infirmières ou comme employées d'une administration pour remplacer les nombreux hommes qui avaient troqué leurs postes douillets contre l'uniforme.

Parmi les congénères de William, beaucoup étaient également partis alors même qu'ils auraient pu décrocher leur diplôme six mois plus tard. Il me l'apprit ce même après-midi tout en se réchauffant les poumons avec la fumée d'une Gold Flake.

«Nous ne sommes plus que quatre. Bientôt, il ne restera que moi.»

Savoir qu'il terminerait ses études en juin et qu'il me faudrait dès lors me débrouiller sans lui me préoccupait déjà depuis un certain temps. Ce dont je lui fis part. Sa réponse me surprit.

«Moi, finir mes études? Je n'y pense pas, mon ami. Mon père exulterait deux fois plutôt qu'une. De un parce que j'aurais obtenu mon diplôme, et de deux parce qu'une carrière dans l'armée s'ouvrirait à moi. Non, John, ne t'inquiète pas, l'année prochaine aussi tu m'auras sur le dos. Je serais le premier surpris d'avoir de bons résultats cette année.»

Un sourire sournois réapparut sur son visage.

«Tu songes à abandonner? Maintenant? Si près du but? m'écriai-je avec surprise. Tu ne vas quand même pas foutre comme ça quatre années en l'air ? Tes capacités devraient te permettre de trouver un travail ailleurs qu'au sein de l'armée.

– Possible, reconnut-il d'un air dubitatif. Et c'est vrai que j'aimerais obtenir mon diplôme… Mais de toute façon, ça ne marchera pas, ajouta-t-il après avoir marqué une pause pour tirer longuement sur sa cigarette. Ça grouille trop dans ma tête. Là-dedans, ça ressemble à une salle bondée, toutes les chaises sont occupées, mais les gens continuent d'affluer, tu saisis ?

– Oui, je comprends. Dans ce cas, je te conseille d'ouvrir au moins de temps en temps les fenêtres et les portes. D'aérer un peu.

– Oui, ricana-t-il, peut-être devrais-je aérer ma tête un peu plus souvent. Au fait, t'as lu *Les Souffrances du jeune Werther* ? me demanda-t-il après avoir laissé errer son regard.

– Oui, à plusieurs reprises. Ça m'a mis mal à l'aise. Et ça m'a hanté plusieurs jours.

– Heureux de te l'entendre dire, rétorqua William, l'air satisfait. La littérature, ça doit émouvoir. Comme si l'auteur te plantait – tchac ! – un couteau dans les côtes.

– Au lycée, mon dernier professeur d'anglais m'a raconté plus ou moins la même chose. Malgré tout, la prochaine fois, je privilégierai un roman de Dickens.

– De la pâture pour têtes sans cervelle, lança William, catégorique. Un livre, ça doit nous amener à réfléchir. À modifier le regard qu'on porte sur la vie. Sais-tu d'ailleurs que beaucoup de jeunes hommes ont suivi l'exemple de Werther ? (Je le considérai non sans surprise.) Habillés comme lui, précisa-t-il. Et une balle dans la tête. »

Pour illustrer son propos, il porta la main droite, pouce dressé et index tendu, contre sa tempe. Un frisson me parcourut.

« La mort en guise de délivrance, poursuivit William. T'as déjà entendu parler de *Weltschmerz* ?

– Non, jamais, admis-je.

– Littéralement, ça veut dire “douleur du monde”. Souffrir à cause du monde ou plutôt souffrir du monde. Ça va mille fois plus loin que la mélancolie. C'est prendre conscience que le monde dans lequel on vit ne répondra jamais à nos attentes. Et cette conscience ne cesse de peser toujours plus. Comme si on était condamné à coltiner toute sa vie un sac à dos plein de cailloux. Au bout du compte, on ne voit plus qu'une seule délivrance.

– La mort.

– Exactement, acquiesça William en plissant les paupières.

– Werther souffrait donc…

– … de *Weltschmerz*, dit-il en prononçant le mot comme s'il avait un bonbon dans la bouche. Quand Goethe a écrit son œuvre, ce terme n'existait pas encore. Il en connaissait les symptômes avant même que quiconque eût posé le diagnostic.

– Et encore moins pu prescrire un traitement, remarquai-je.

– Aucun traitement ne vient à bout du *Weltschmerz*, mon cher John. Le monde est comme il est. Soit on suit son mouvement, soit on y succombe.

– Eh bien, tu es encore une fois d'un optimisme à toute épreuve, mon cher William. Peut-être devrais-tu essayer de te replonger dans Dickens.

– Un scribouilleur de feuilletons. Un moraliste. Un sentimental. »

Dickens était l'un des rares écrivains sur lesquels nous divergions. Notre désaccord n'avait fait que s'aggraver après qu'il s'était efforcé, sur mon insistance, de lire un de ses romans jusqu'au bout. « J'ai beau faire de mon mieux, je n'en vois pas la fin », m'avait-il confié. Sans doute les histoires de Dickens lui rappelaient-elles trop ses années dans East End au cours desquelles, de son propre aveu, il avait vu de près toute la misère et la pauvreté du XIXe siècle.

« Guère plus sentimental que Goethe, me permis-je de lui rétorquer.

– Oui, mais chez ce dernier, pas une goutte d'eau de rose.

– À mon grand regret, force m'est de te suivre sur ce point. Pas une goutte d'eau de rose. Je lui accorde cette qualité, à ton Goethe.

– Je vous remercie beaucoup, professeur », plaisanta William en faisant une petite courbette.

D'une pichenette de l'index, il projeta sa cigarette au loin. Sans attendre, il plongea la main droite dans la poche de son manteau. Au lieu d'une nouvelle cigarette, il en retira une plume blanche toute froissée.

« On me l'a remise ici ce matin, m'expliqua-t-il. Deux femmes qui me sont tombées dessus. Elles se tenaient cachées sous un portique. "Attrape ça, espèce de poltron ! Puisque tu fuis le kaki !" À parler franc, ça m'a laissé un moment perplexe.

– L'Ordre de la Plume blanche ! J'en ai entendu parler. Une bande de féministes qui distribuent des plumes, signes de lâcheté et de trahison.

– Pas uniquement des féministes. De plus en plus de femmes se sentent appelées à agir. Selon elles, quiconque ne porte pas l'uniforme doit y passer, les jeunes comme les vieux. Et le pire, c'est que tous ceux qui ont assisté à la scène ce matin ont approuvé de la tête. Certains ont même ricané.

– On revient au Moyen Âge, soupirai-je. On ne va pas tarder à dresser des piloris sur les places.

– Des potences et des bûchers », renchérit William.

Étrangement, sa remarque ne me parut pas exagérée.

« Une chasse aux sorcières ! dis-je dans un soudain accès de colère. Une véritable chasse aux sorcières, merde !

– Bah, c'est rien qu'une plume, rétorqua William, laconique. Tiens, John, cadeau. Quand tu en auras collectionné assez, tu pourras te confectionner un éventail. »

Il sourit, mais ses yeux ne mentaient pas : l'incident l'avait plus touché qu'il ne le laissait paraître.

Le lendemain matin, sur le chemin de l'université, des crieurs de journaux s'époumonaient à de nombreux endroits, soustrayant aux plus pauvres leur dernier penny.

« Des zeppelins bombardent des villes côtières ! »

« Great Yarmouth et King's Lynn fortement touchées ! »

C'est ce que tout le monde avait redouté depuis des mois. La peur que ce soit bientôt le tour de Londres flottait dans les rues comme un banc de brouillard. Yeux écarquillés, des gens scrutaient le ciel sombre ; beaucoup hâtaient le pas, à croire qu'il pouvait à tout moment leur tomber sur la tête. Moi aussi, je marchais à grandes enjambées, mais surtout dans l'espoir de voir William avant le début des cours. Je craignais cependant qu'il ne se présentât pas après ce que j'avais appris sur son père.

À mon grand soulagement, il occupait sa table habituelle à la bibliothèque. Il se montra plus que laconique à propos des attaques de zeppelins.

« L'empereur aura éprouvé le besoin de tester ses joujoux.

– C'est tout ce que ça t'inspire ? lui demandai-je, un brin indigné.

– J'ai d'autres soucis, John, déclara-t-il sèchement, balayant du bras le vide au-dessus des nombreuses notes et coupures de journaux éparses sur la table, alors que sur la table de gauche, un atlas révélait la carte de la France et de la Belgique.

– Tu t'occupes de quoi ?

– Je prépare mon pamphlet. Je veux savoir dans quelle mesure les communiqués font violence à la vérité.

– Et alors ?

– On grossit les bonnes nouvelles et on minimise les mauvaises. Tout est fait pour influencer l'opinion publique. Tiens, ici, les combats autour d'Ypres en octobre dernier, fit-il en pointant du doigt un endroit situé dans le sud-ouest de la Belgique. Si on compare les communiqués quotidiens sur le nombre de victimes avec les listes de morts publiées dans la presse, on relève des différences saisissantes. »

Parmi ses notes, je vis des centaines de passages soulignés et toutes sortes d'additions.

« De grosses différences, vraiment ?

– John, si on se fie aux organismes officiels, la guerre ne s'avère pas plus dangereuse qu'une partie d'échecs.

– T'es sûr que t'es pas en train d'exagérer, toi aussi ? dis-je en souriant, bien que son propos me mît mal à l'aise.

– Ni plus ni moins que le gouvernement, affirma-t-il avec le plus grand sérieux en m'invitant à m'approcher. Je vais les clouer au pilori, John, cela dût-il me coûter ma tête ! »

Je perçus quelque chose de désespéré dans sa fougue. Préférant garder cela pour moi, je restai debout, l'observant poursuivre ses recherches. Sous son avant-bras droit, *The Times* était ouvert à la page des listes de victimes. *Roll of Honour*, pouvait-on lire en haut.

Un tableau d'honneur. Cet intitulé m'échauffait la bile depuis un certain temps déjà. La liste remplissait la page, divisée en plusieurs rubriques : « blessés », « disparus », « tombés au combat », « morts de leurs blessures », « portés disparus puis déclarés tombés au combat », « blessés puis déclarés morts ». Chaque rubrique consistait en une énumération de noms, ceux des victimes classés par ordre alphabétique et par régiment, suivis du numéro matricule et de la première lettre du prénom : Baker, 8490 L. – Bannister, 7153 J. – Belfield, 8117 J. – Blair, 7627 W. – Blundon, 8386 R. – Bower, 7089 J., et ainsi de suite.

« Tous ces noms, remarquai-je.

– Et c'est comme ça depuis des jours et des jours.

– Les gens ne peuvent plus faire comme si de rien n'était.

– La plupart des Anglais préfèrent fermer les yeux sur cette réalité, John. L'ignorance est la paix de la vie. Ils préfèrent croire le gouvernement qui assure que, tout bien considéré, ça ne va pas si mal. Pour contrebalancer une défaite, on met en avant deux victoires ; pour contrebalancer chacune de nos victimes, on en met en avant plusieurs du côté de l'ennemi.

– Ils tournent la vérité à leur avantage, commentai-je en repensant à ce que mon père m'avait dit.

– Ils mentent comme des arracheurs de dents ! » s'emporta William qui recueillit un sifflement d'admonestation du bibliothécaire planté derrière le guichet de prêt.

Je me penchai vers William, posai une main sur son épaule et lui chuchotai :

« Concentre-toi plutôt sur ton pamphlet. Plus tôt tu poseras le point final, mieux ce sera. Je suis très curieux du résultat.

– Tu seras surpris, John, ça je peux déjà te l'assurer. »

Ce soir-là, mon père était rentré un peu avant moi. Il était de nouveau avachi, comme privé de sa colonne vertébrale. Depuis qu'il avait, près de un mois plus tôt, caché ses livres derrière les sacs de jute, il se vautrait dans la morosité. Son comportement m'irritait toujours plus, au point que je lui avais lancé un jour : « Pour l'amour de Dieu, enlève donc ces sacs de là ! Ils nous pourrissent la vie !

– Tant que la guerre dure, on n'y touche pas ! » m'avait-il répliqué.

Les zeppelins ayant survolé nos côtes, il était moins disposé que jamais à revenir sur cette décision.

Je jetai un œil sur le poêle. Dessus trônait une simple bouilloire remplie d'eau.

« On mange quoi ? lui demandai-je.

– Je n'ai besoin de rien. Pour toi, il y a des restes d'hier.

– Tu as déjà mangé ?

– Non, je n'ai pas faim, John, répondit-il, hargneux. Je viens de te le dire. »

Il me fallut me dominer pour ne pas renchérir.

Dans la casserole, trois bouts de bacon ratatinés traînaient dans une mixture grasse.

Touché au vif, je me retournai. Mon père avait baissé les paupières. Coudes sur la table, il tenait son menton en appui sur ses mains.

Je fourrai un morceau de bacon dans ma bouche et m'assis en face de mon père en mâchant de manière ostensible, mais cela eut le don de m'excéder encore plus. À la fin, n'étant plus en mesure de me maîtriser, je lui lançai avec une pointe de cynisme :

« Qui est mort, cette fois-ci ? »

Je pensais le piquer ; au lieu de ça, après une brève hésitation, il me dit, la figure terne et empreinte d'apathie :

« Le fils de Mme Collingwood. »

Sa réponse me désarçonna, même si j'avais oublié qui était cette Mme Collingwood. J'avais bien conscience que mon cynisme était tout à fait déplacé.

« Mme Collingwood ? demandai-je, embarrassé.

– La veuve qui habite Penn Street », expliqua mon père.

Ça y est, ça me revenait. Le plum-pudding que nous avions mangé à Noël. Son fils, je ne le connaissais pas. Je savais seulement qu'il était dans l'armée.

« Tombé au combat ? »

Mon père hocha la tête. Un silence se fit. L'air sombre, il fixait le vide.

« Je ne savais pas que tu le connaissais bien.

– Qui ça ?

– Le fils de Mme Collingwood.

– Philip ? Non, je l'ai tout juste vu deux ou trois fois.

– Tu es un ami de sa mère alors ?

– De Mme Collingwood ? Non, non. Pourquoi ? »

Je ne comprenais pas. En songeant à ce que Mme Bromley m'avait dit à propos de la perte d'un proche, je parvenais à me faire une idée de ce que la mort d'un fils a d'intolérable pour une mère. Mais j'avais beau tourner la problématique dans tous les sens, je ne voyais pas pourquoi mon père se montrait aussi émotif. De toute évidence, il recyclait chaque mauvaise nouvelle pour nourrir et faire perdurer son propre chagrin. Vu les circonstances, son inclination ne pouvait qu'empirer.

« Pourquoi ? lançai-je en reprenant la question de mon père qui ne se rendait visiblement pas compte de l'incongruité de son comportement. Parce que la raison de ton abattement m'échappe. Ce garçon, tu le connais à peine. Et sa mère guère mieux. (Je perçus un changement dans ses yeux, mais il ne crut pas pour autant utile de s'exprimer.) Cela fait des semaines que ça dure, continuai-je, incapable de contenir plus longtemps ma colère. Tu ne manges pour ainsi dire rien, n'ouvres plus la bouche, ne fais rien, restes dans ton coin comme un chien battu. Moi, je n'en peux vraiment plus. Tu dépasses les bornes. Pour de bon. »

Le visage de mon père se ferma encore plus. Pour ma part, j'éprouvai un certain soulagement : j'avais enfin osé exprimer ce qui me contrariait depuis des semaines.

« Je dépasse les bornes », répéta mon père avec un lent débit et en appuyant sur les mots.

Bien qu'il se sentît à l'évidence insulté par mes propos, je hochai la tête.

Nous restâmes un moment silencieux. Je devais me forcer pour continuer à le regarder. C'est alors qu'il éclata.

« Si tu penses que je dépasse les bornes, John, prends ma place et va dire à Mme Collingwood que son fils a été tué ! Je suis curieux de savoir si sa réaction te laissera indifférent ! Et si tu ne comprends toujours pas, je te donnerai l'adresse d'autres parents où aller annoncer la même nouvelle. On verra bien alors qui de nous deux dépasse les bornes ! »

Il repoussa brusquement sa chaise et se précipita vers la cour sans m'accorder un regard. Me laissant seul, complètement abasourdi.

Jusqu'alors, je pensais que les familles étaient prévenues par télégramme de la mort d'un soldat. Au bureau de poste, j'avais vu des gamins d'une quinzaine d'années, alignés dans d'impeccables uniformes attendant d'aller distribuer des dépêches. Dès que l'on confiait un pli à l'un d'eux, il détalait, filait d'une rue à l'autre, courant aussi vite et avec la même agilité qu'un brigand en fuite. Ces garçons, peu leur importait la teneur des télégrammes qu'ils devaient remettre. Après tout, les destinataires, ils ne les connaissaient pas. Et avant même d'avoir vu les visages se décomposer à la lecture des lignes tragiques, ils se pressaient déjà vers le bureau de poste ou une autre adresse.

Apprendre que mon père était à son tour chargé de remettre ce genre de câbles à des gens chez qui il se rendait depuis des années me fit comprendre combien je l'avais offensé. Jusque-là impatientes de l'entendre frapper à leur porte, ces personnes redoutaient désormais son passage; il faisait figure d'ange de la mort qui allait de maison en maison. Ça devait être affreux pour lui. J'éprouvais une profonde honte de m'être laissé emporter par ma rage aveugle.

Quand il revint de l'arrière-cour, il passa devant moi sans un mot, prit la bouilloire d'eau chaude et gagna l'évier pour y faire la vaisselle qui s'était accumulée depuis plusieurs jours. Je quittai ma chaise, m'emparai d'un torchon accroché à la corde à linge, au-dessus du poêle, et le rejoignis. Mon père avait déjà mis à tremper les verres et entreprenait de les laver.

« Je suis désolé pour tout à l'heure. »

Dans l'eau, ses mains se figèrent. J'entendais sa respiration.

« C'est pas la peine, répondit-il d'une voix apaisée. Tu as raison, je dépasse les bornes.

– Non, c'est moi, je suis vraiment désolé. Je n'aurais jamais dû te dire des choses pareilles.

– Tu pouvais pas savoir », dit mon père en secouant la tête.

Il rinça un verre et me le tendit. Je l'essuyai. Hésitant, je lui demandai :

« Pourquoi charge-t-on les facteurs de porter ces terribles nouvelles ? Il y a les télégrammes pour ça.

– Pour les officiers, oui, mais de moins en moins quand il s'agit de la piétaille. Ça passe maintenant par le courrier ordinaire. Un formulaire type.

– Un formulaire ? répétai-je, étonné.

– *On His Majesty's Service* », acquiesça-t-il.

Je fronçai les sourcils.

« *On His Majesty's Service*, insista-t-il. La mention figure sur les enveloppes qu'envoie le gouvernement. Quand il y en a une parmi les autres lettres, on sait à quoi s'en tenir. »

Ce qu'il me révélait me faisait frémir. Je l'imaginais arrivant le matin au bureau de poste et découvrant le courrier qu'il devait distribuer. Puis en train de faire sa tournée, alors qu'il savait que dans telle rue, à tel numéro, chez telle famille, il lui reviendrait d'annoncer la pire des nouvelles, non en remettant une lettre, mais un formulaire type.

« Qu'est-ce qu'on peut lire sur ce document ?

– Le nom. Le grade, me répondit-il après un temps d'hésitation. Et qu'un tel est tombé au combat. Ou qu'il est blessé. Du moins, dans ce dernier cas de figure, c'est ce qu'on espère.

– C'est tout ?

– Parfois, une lettre suit, rédigée par le lieutenant ou un autre militaire témoin de ce qui s'est passé. Voire un paquet contenant les derniers effets du mort : un portefeuille, une montre, quelques photos, des lettres. La famille doit se contenter de ça. »

Je devais faire part de cela à William, songeai-je tout à coup. Peut-être pourrait-il en tirer quelque chose pour son pamphlet.

« Tu en as déjà distribué de ces enveloppes ? »

Quand il s'en était pris à moi, il avait parlé d'autres adresses en plus de celle de Mme Collingwood.

« John, arrêtons de parler de ça. »

Malgré sa supplique, je le fixai jusqu'à ce qu'il cède. Il poussa un profond soupir, ferma les yeux et finit par énumérer une série de noms gravés semble-t-il dans sa mémoire comme sur une pierre tombale.

« Joe Stanley, Ashford Street ; Arthur George Cole, Wenlock Road ; Cyril Jacobs, Shepherdess Walk ; et Robert McKenny, Shaftesbury Street. »

Je connaissais chacune de ces rues, mais les noms ne me disaient rien. Leur nombre me surprit plus encore que le reste de ce que je venais d'apprendre.

« Au cours de ces derniers mois ? lui demandai-je.

– De ces deux dernières semaines. »

Ce que je rapportai à William à propos du formulaire type le mit dans un tel état qu'il décida sur-le-champ de se renseigner plus avant.

« Je veux connaître le fin mot de l'histoire ! »

Deux jours plus tard, il m'attendait dans le couloir, à la sortie de l'un de mes cours. Jambes écartées, il se tenait devant une fenêtre derrière laquelle le soleil hivernal déclinant jetait ses dernières forces pour poser une lueur jaunâtre sur ses boucles.

« B104-80, B104-83, B104-82b, tonna-t-il tout en agitant un calepin.

– Quoi ?!

– Pour les blessés, il y a le formulaire B104-80, pour les disparus le formulaire B104-83 et pour les morts le formulaire B104-82b.

– Ah ! j'ignorais que plusieurs formulaires étaient en circulation. Mon père ne m'en a rien dit.

– Qu'est-ce que tu crois ? Il y en a pour tous les goûts. Et servis avec des formules de politesse imprimées à l'avance. Écoute un peu ça, c'est ce que le gouvernement offre à lire aux familles des tués, poursuivit-il en adoptant le même ton qu'un huissier qui annonce à des gens qu'ils sont expulsés de leur domicile : "Madame, Monsieur, j'ai le triste devoir de vous informer qu'un rapport nous a été communiqué par le ministère de la Guerre, lequel confirme la mort de..." » Levant les yeux du calepin, il ajouta : « Suivent alors le numéro matricule, le grade, le nom et le régiment de la victime qu'un fonctionnaire est chargé de remplir dans les espaces indiqués par des pointillés. »

Sans le faire exprès, je songeai à mon père. Une image me traversa l'esprit : mon père devant une porte, en train de remettre un de ces formulaires.

« En plus de cela, John, continua William, imperturbable, on indique la date et le lieu du décès, quoique de façon très approximative pour ce qui est de cette dernière mention. Quelque part en France. Un truc comme ça.

– Sans plus de précision ? Pourquoi ?

– Pure précaution. Au cas où les Allemands intercepteraient le courrier. Comme si le sort de la guerre dépendait de ça ! s'exclama-t-il en levant ses bras dans un geste d'indignation. Pour la même raison, on va jusqu'à censurer les lettres de nos propres soldats ! Les noms de lieux, le nombre des victimes, les descriptions trop sanglantes, on biffe tout ça rigoureusement. De toutes ces horreurs, ils nous font un conte de fées, nom de Dieu ! »

Il s'était empourpré de colère, et il n'était pas près de s'arrêter. « Tu sais ce qu'ils mentionnent comme cause de la mort ? » reprit-il en tapotant de l'index sur son calepin.

Les mots figurant sur le *Roll of Honour* me revinrent. « Mort de ses blessures ? Tué ? »

William secoua la tête :

« *Killed in action !*

– Et ben, c'est quoi le problème ? Mort au combat. Comment pourrait-il en être autrement...

– C'est de l'héroïsme à deux balles ! se récria William. Qui sait, le type en question n'a peut-être jamais mis les pieds sur un champ de bataille. Peut-être s'est-il tiré une balle dans la tête en chialant. Évidemment, ça, ils n'osent pas l'écrire. Mensonges que tout cela, John, une kyrielle de mensonges !

– Ce ne sont pas à proprement parler des mensonges, tentai-je de le tempérer.

– C'est de la propagande, John, de la pure propagande ! Et dans le même temps, ils ne se lassent pas de faire passer tous les Allemands pour des barbares ! »

La bouche grande ouverte, il suffoquait. Je crus qu'il en avait terminé, mais une fois qu'il eut repris son souffle, il en remit une couche.

« Tu sais pourquoi les journaux publient ces dernières semaines des listes de morts aussi longues ?

– À cause de la violence des combats ? hasardai-je.

– Les combats ? Le front n'a jamais été plus calme. Il fait un temps de chien. Dans les tranchées, les soldats ont de l'eau jusqu'aux genoux. Impossible d'avancer ou de reculer les canons d'un centimètre. La raison, John, c'est que la plupart de ces victimes sont tombées à une date bien antérieure. Mais il a fallu attendre Noël et le Nouvel An, et un énième cessez-le-feu entre les troupes en première ligne, pour que les uns et les autres puissent récupérer leurs cadavres. »

Ses révélations me laissaient sans voix. Je me sentais à la fois stupide et naïf.

« Comment t'as appris ça, William ?

– Simples déductions, John, des déductions tirées de mes nombreuses lectures et recherches », répondit-il avec fierté, avant d'ajouter après une brève pause : « Pour être honnête, je dois reconnaître que vivre juste au-dessus d'un café, ça présente des avantages.

– Je ne peux pas rivaliser avec toi, c'est sûr. Moi, à part le boucan des trains au-dessus de ma tête, je n'entends rien. Beaucoup plus de trains qu'avant, d'ailleurs. Des transports d'armes et de munitions, j'imagine. Et d'hommes, bien entendu.

– En attendant, reprit William après avoir hoché la tête, de plus en plus de personnes souffrent de la faim parce qu'on investit tout l'argent dans la guerre. Il est grand temps que mon pamphlet paraisse.

– Si je peux t'être utile en quoi que ce soit…

– Tes études passent avant tout, John, dit-il sur un ton paternel. Moi, je n'ai rien à perdre.

– Tu es toujours aussi déterminé ?

– Pas de diplôme pour moi cette année.

– Et ensuite ?

– Ensuite, on verra. D'abord, ça, précisa-t-il en posant la main sur le calepin à la manière d'un témoin qui prête serment. Je te tiens au courant, l'ami. »

La rédaction du pamphlet lui prit trois semaines de plus, période au cours de laquelle il ne se montra pas. Il faut dire que, de mon côté, je n'entrepris rien pour le voir. Pendant des jours, notre dernière conversation revint sans cesse dans mon esprit ; plus j'y réfléchissais, plus les doutes m'assaillaient. Je m'étais laissé entraîner par son argumentation, mais après coup, elle me procurait une sorte de malaise. William me rappelait dès lors un Don Quichotte à son apogée, plein de bonne volonté et de ténacité, mais qui se serait construit une image singulière de la réalité. J'espérais me tromper. Or, quand il me remit enfin son pamphlet, force me fut de reconnaître, à mon corps défendant, que je n'étais pas loin de la vérité.

Un beau jour, il surgit sans prévenir dans la salle de lecture. Sans prendre la peine de s'asseoir à ma table, il me dit qu'il m'attendrait quelques heures plus tard au Martha Kaffee, un établissement de Grafton Street, plus ou moins en face de l'université. Je n'y avais jamais mis les pieds. Le propriétaire anglais et son épouse autrichienne, m'apprit William, proposaient une carte de spécialités viennoises. Qui plus est, il s'agissait semble-t-il de l'une des rares brasseries où l'on pouvait encore s'installer sans être harcelé par des patriotes.

Une nappe de fumée de cigarettes et de forts cigares envahissait l'établissement où j'entrai l'après-midi. Pourtant, il y avait bien peu de consommateurs. Assis à mi-bar, un homme corpulent d'un certain âge fumait sa pipe ; tout au bout de ce long comptoir en bois de chêne, je remarquai, après avoir scruté les lieux, la silhouette de William. Je levai la main en l'air et me dirigeai vers lui. D'une porte située derrière le zinc apparut un grand type à l'impressionnante moustache qui le faisait ressembler à un morse. La moustache de Nietzsche, commenta peu après William. L'homme me salua avec amabilité ; mon camarade s'adressa à lui en montrant sa tasse.

« Je t'en ai commandé un, me dit-il alors que je prenais place sur un tabouret à côté de lui. Spécialité de la maison. Café au rhum nappé de mousse d'œuf et de sucre. C'est moi qui régale. »

Il avait l'air à la fois gai et épuisé. Quand je lui en fis la remarque, il m'avoua avoir travaillé toute la nuit. Mais ça n'avait pas été en vain ! Triomphant, il sortit plusieurs feuilles de papier de sa sacoche et les tint sous mon nez comme s'il s'agissait d'un mandat d'arrêt.

Je reconnus sa petite écriture régulière. En capitales se détachait en haut du premier feuillet une citation de Goethe : « LA SAGESSE N'EST QUE DANS LA VÉRITÉ. »

« Belle entrée en la matière, commentai-je.

– Attends d'avoir lu le reste », ajouta-t-il, radieux.

Dans un geste solennel, il me remit les feuilles. Sept en tout, noircies de haut en bas. Un texte bien trop long pour un article. Lisant dans mes pensées, William intervint :

« Un peu long certes, mais pas si on tient compte de tous les lièvres qu'il y a à soulever. Pour faire de la place, les journaux n'auront qu'à supprimer une ou deux lettres de soldat. De toute façon, elles sont toutes pareilles. À faire pâlir les poèmes héroïques. »

Il faisait allusion aux lettres d'officiers que la presse publiait pour ainsi dire quotidiennement. La plupart, envoyées par les familles, contenaient des descriptions détaillées de la vie au front. Sans guère laisser filtrer de critiques.

Alors que je m'apprêtais à me lancer dans la lecture, le propriétaire m'apporta mon café.

« *Bitte sehr*, me dit-il.

– *Danke schön*, fit William sans me laisser le temps de répondre et en me gratifiant d'une œillade de connivence. Goûte d'abord ton café, John. »

La boisson était servie dans une tasse en verre placée dans un support en étain. Une mousse recouvrait le café. Je portai la tasse à mes lèvres et bus une gorgée. Un sensation de chaleur envahit ma poitrine, causée par le café et par l'alcool.

« Délicieux, admis-je, sincère.

– Je m'en doutais, commenta William avec un léger rictus. Et maintenant, lis !

– À vos ordres ! »

J'approchai mon tabouret d'une lampe qui répandait une faible lueur sur le comptoir. William alluma une cigarette.

Le pamphlet consistait en une diatribe féroce contre le gouvernement britannique. La première partie révélait un William qui semblait avoir su brider sa fougue : il y revenait sur le vocabulaire des formulaires officiels et sur la censure des communiqués ; puis il s'arrêtait sur les lettres publiées par les journaux en démontrant, citations adéquates à l'appui – « Le soldat britannique est un bon gars qui a encore beaucoup à nous apprendre ! » –, de quelle façon on bombardait les soldats héros ; il évoquait aussi l'interdiction de mentionner dans ces lettres lieux, noms et chiffres. Ainsi qu'il le formulait avec pertinence : « Le sang se coagule dans leur porte-plume ». Comme je remarquai qu'il commençait à s'impatienter sur son tabouret, je le félicitai au passage de cette métaphore.

Dans la deuxième partie, cependant, une rage vindicative se substituait à la clarté de l'exposé. William pestait contre la propagande qui décrivait les Allemands comme des barbares et qualifiait de traîtres les objecteurs de conscience. Puis il défendait avec fougue les valeurs de l'art allemand tout en raillant celles de l'art britannique. Avec des sentiments mitigés, je pris connaissance de longs passages dans lesquels il traitait entre autres Shakespeare de bouffon et qualifiait Schiller de génie. La tête me tournait, mais je n'étais pas encore au bout de sa prose. Dans sa conclusion, truffée de points d'exclamation et d'autres signes de ponctuation, il décrivait l'atmosphère sinistre régnant à Londres, avant de s'en prendre une dernière fois aux détenteurs du pouvoir que tout État de droit normal condamnerait sur-le-champ au peloton d'exécution. « Nous ne céderons pas, clamait la dernière phrase, et tant que nous sommes en vie nous ne haïrons pas les Allemands sur ordre ! »

Ma lecture achevée, je sentis le sang battre contre mes tempes. Toutefois, j'attendis avant de réagir car je redoutais que William ne sollicite tout de suite mon avis. Mais il s'était rendu compte que j'avais terminé et, tout en écrasant sa cigarette dans un cendrier archiplein, il me demanda :

« Qu'en penses-tu ? »

L'enthousiasme qui l'animait perçait dans sa voix. Pour gagner du temps, je repris chacun des feuillets à la recherche d'une phrase ou d'un passage particulier.

« Je suis… me lançai-je en réfléchissant à ce que j'allais dire, je suis… impressionné. »

Tout bien considéré, ce n'était qu'un mensonge. Certes, j'étais époustouflé par son article, mais un peu comme si on venait de me déverser une benne de sable sur le paletot. Aussi, je restai à court de mots. William sembla s'en contenter.

« Heureux de te l'entendre dire, s'exclama-t-il, enjoué. Comme je te l'avais annoncé, ça ne pouvait être qu'un pamphlet cinglant.

– C'est réussi, commentai-je dans l'espoir de paraître convaincant avant d'orienter la conversation dans une autre direction. À quel journal comptes-tu l'envoyer ?

– À tous les quotidiens nationaux et régionaux. Même si on le diffuse dans tout le pays, ce ne sera jamais assez. »

J'opinai du bonnet. Dans le même temps, je me demandai si un journal serait plus enclin qu'un autre à accueillir son texte. Aucun titre ne me vint à l'esprit. Aucun ne voudrait prendre un tel risque. À supposer que William eût mis l'accent sur le pacifisme, certaines rédactions auraient pu envisager une publication, mais pas une seule ne voudrait se brûler les doigts avec un écrit regorgeant d'antipatriotisme. William risquait d'ailleurs de s'attirer des ennuis. À coup sûr, son père lui en voudrait. À moins qu'il ne songeât à le publier sans dévoiler son nom ? C'est ce que je lui demandai.

Il secoua énergiquement la tête.

« Me renier ? Pas question, jamais de la vie », m'assura-t-il. Et, après une pause, il me regarda droit dans les yeux : « J'apprécierais que tu mettes toi aussi ton nom sous l'article.

– Moi ?

– Deux noms, ça a plus de poids qu'un seul, surtout si on précise qu'on est étudiants de l'University College.

– Je… je ne sais pas, fis-je d'une voix hésitante. Je veux dire… c'est un honneur, comprends-moi bien, mais je n'en ai pas écrit une ligne. Cet article est à toi, de A à Z. T'as trimé dessus plusieurs semaines et moi je devrais…

– John, écoute, m'interrompit-il, ce serait un honneur pour moi si tu ajoutais ton nom au mien.

– Gros flatteur.

– Non, crois-moi, je suis sérieux », dit-il, affable.

Il posa la main sur mon épaule. Une nouvelle fois, je laissai aller mon regard sur les feuillets que je tenais toujours. Il m'était difficile de refuser. Tout ce qu'il avait représenté à mes yeux au cours des derniers mois me revint en mémoire. Et je m'imaginai ce qu'auraient été ces mêmes mois sans lui.

« Bien sûr, j'ajoute mon nom au tien », finis-je par dire, mais moins d'une seconde plus tard, je m'en mordais déjà les doigts comme un suspect qui reconnaît un forfait avec lequel il n'a rien à voir.

William, cependant, m'exprima sa gratitude.

« Écoute un peu, John ! » me lança mon père d'une voix enthousiaste que je ne lui avais plus entendue depuis des semaines. Il se redressa sur sa chaise alors qu'il était en train de lire *The Times.*

« *Montants élevés pour des éditions originales de Kipling vendues aux enchères à New York.* » Il leva brièvement les yeux sur moi, ses sourcils semblant décoller de plusieurs centimètres, et poursuivit sa lecture : « *À New York, une vente aux enchères exceptionnelle d'œuvres de Rudyard Kipling a rapporté presque £1 130. La pièce maîtresse présentée était une édition originale illégale de* The Smith Administration, *qui a trouvé preneur pour la somme de £ 130. Une série de* The United Services Colleges Chronicle *a été vendue £ 100 et un exemplaire de* Schoolboy Lyrics *de 1881 a rapporté £ 53.* »

Visiblement enchanté, il se pencha en arrière sur sa chaise comme s'il venait lui-même de conclure la vente de sa vie.

« Qu'est-ce que t'en dis ? »

Je m'abstins de prononcer le moindre mot. Je pensais à l'exemplaire du *Livre de la Jungle* abîmé par Molly et Poppy. Il était toujours sous mon matelas.

« Mille-cent-trente-livres, répéta mon père en décortiquant chaque syllabe. Je te l'avais bien dit, John, à Londres, il n'y a pas un seul marchand de livres anciens digne de ce nom. Des escrocs, tous autant qu'ils sont.

– Je suis content pour toi, fis-je sur un ton neutre. Tu envisages de vendre ta collection ? »

Il n'en avait aucunement l'intention.

« Bien au contraire, le temps ne peut que la valoriser.

– Tu oublies la guerre, non ?

– La guerre ? rétorqua-t-il comme s'il n'en avait jamais été question. Tiens, regarde les manchettes des journaux. Neuve-Chapelle est tombée. »

Mes yeux parcoururent les gros titres.

L'ARTILLERIE BRITANNIQUE ÉCRASANTE ! UNE VICTOIRE RETENTISSANTE ! PERTES MASSIVES CÔTÉ ALLEMAND !

Les nouvelles me remplirent de joie, d'une joie de brève durée. Après tout, il pouvait tout aussi bien s'agir de propagande.

« L'exagération n'a jamais fait perdre d'argent à la presse.

– Quel pessimisme, John ! Pour une fois que les nouvelles sont bonnes. »

Même si mon père avait peut-être raison, je préférai garder le silence. Le pamphlet de William me tracassait toujours. Plus de deux semaines s'étaient écoulées depuis qu'il l'avait mis au courrier. Il l'avait intégralement tapé, mot pour mot, puis autocopié. Sur chaque exemplaire, j'avais moi-même, avec des sentiments mitigé, apposé mon nom sous le sien. *The Times*, *The Daily Mail*, *News of the World*, *The Daily Mirror*, *The Daily Telegraph*, *London Morning Post* et *The Evening News* en étaient les destinataires. Le cœur craintif, j'avais, les jours suivants, feuilleté certains de ces journaux, poussant un soupir de soulagement chaque fois que je constatais qu'ils n'avaient pas imprimé le libelle.

« Cela prouve l'absence d'objectivité de tous ces quotidiens, commentait William, dont le désenchantement augmentait de jour en jour. Tous marchent main dans la main avec les autorités. Or elles fuient la vérité comme la peste. »

Ce simple constat suffisait à expliquer mes difficultés à partager l'optimisme de mon père. De la masse d'informations que diffusait la presse, je ne savais plus ce qu'il fallait croire et ce dont il fallait douter. Quoi qu'il en soit, lui en tirait des raisons d'espérer. Un besoin compréhensible, car même si, en raison des conditions climatiques hivernales, les listes de victimes avaient fini par être deux fois moins longues, il lui avait fallu à plusieurs reprises encore transmettre de mauvaises nouvelles à des familles de Hoxton. Je le lisais sur son visage dès qu'il rentrait à la maison.

« Qui, aujourd'hui ?

– Tu connais pas, John.

– Quelle rue ?

– Quelle importance ? »

Ce à quoi je ne trouvais rien à ajouter.

Après avoir lu l'article sur les combats de Neuve-Chapelle, force me fut de reconnaître que les chiffres, même à supposer qu'ils fussent exagérés, n'en demeuraient pas moins impressionnants. Il était question de dix-sept mille soldats allemands tués et de plus de un millier de prisonniers. Dans son commentaire, le rédacteur en chef, à l'instar de mon père, ne laissait subsister aucun doute sur la réalité du succès remporté par les forces britanniques. Il parlait d'une bataille que les Allemands se rappelleraient jusqu'à la fin de leurs jours.

« Dix-sept mille morts du côté allemand, observai-je. Même si ce n'était que la moitié, ça n'en resterait pas moins un sacré coup dur. »

Mon père fixait les rayonnages de sa bibliothèque.

« Qu'est-ce que t'as dit ?

– Rien. Laisse tomber.

– Oh ! J'allais oublier. Il y avait du courrier pour Mme Bromley. Martin a écrit.

– Martin ?

– Oui, confirma mon père. Il a même joint une photo à sa carte, sur laquelle il porte un uniforme. Fier comme un paon, le garçon. »

Martin en uniforme. J'avais du mal à me l'imaginer autrement que revêtu de mon gilet gris souris. Un uniforme, ça ne pouvait pas lui aller : à cette idée, la seule image qui s'imposait à moi, c'était un Martin nageant dans un pantalon et une veste à laquelle manquaient plusieurs boutons, coiffé d'une casquette qui lui tombait sur les yeux.

« Qu'est-ce qu'il écrit ? demandai-je, poussé par la curiosité.

– Il suit une période d'instruction à Aldershot. Il va bien.

– Quoi d'autre ?

– Rien d'autre. Il ne mentionne même pas le nom de son bataillon ni son numéro matricule. Mme Bromley aurait bien aimé lui envoyer un petit quelque chose.

– Martin tout craché », dis-je machinalement avant qu'une idée ne me traverse : « Il a écrit son prénom ?

– Comment ça ?

– Tout simplement. En bas de la carte.

– Non, répondit mon père après un moment de réflexion. Maintenant que tu le dis, juste un M majuscule. »

Non sans mal, je réprimai un sourire. Il poussait donc sa roublardise jusque-là.

« D'ailleurs, son écriture est à peine lisible, ajouta mon père. On dirait que chaque lettre a été gravée au couteau. »

Quand il écrivait, Martin bloquait son porte-plume entre l'index et le majeur tout en appuyant dessus. Je n'étais pas parvenu à lui faire perdre cette habitude.

« Quelle a été la réaction de Mme Bromley ?

– Ça lui a ôté un gros poids du cœur. Ses jambes flageolaient pour de bon quand je lui ai montré la carte. »

Je comprenais tout à fait. Même moi, je ressentais un certain soulagement. Cinq mois durant, Martin avait disparu de la surface de la terre. Il avait donc passé tout ce temps à Aldershot. Soit à trente kilomètres de Hoxton, quarante tout au plus. Jamais encore il n'était allé aussi loin. Restait à savoir s'il se plaisait vraiment là-bas. Peu auparavant, j'avais lu dans le courrier des lecteurs d'un journal la lettre d'une recrue qui s'ennuyait ferme pendant son instruction.

De longues heures à marcher au pas, à creuser des trous, voilà à quoi se résume notre vie de soldat ! Que ne nous envoie-t-on au front !

Martin lui aussi devait trépigner d'impatience. Je demandai à mon père s'il avait la moindre idée de la date à laquelle il traverserait la Manche.

« Aucune troupe de Kitchener n'est encore partie, me répondit-il. Mais ça va bientôt changer. L'armée de métier est au bord de l'épuisement. Et ça fait près de huit mois que dure la période d'instruction des premiers volontaires. »

À peine trois mois de plus que Martin. Les premiers volontaires envoyés au front, son tour ne tarderait pas à venir.

« J'espère que les choses n'iront pas jusque-là.

– Je l'espère aussi, John. »

Le lendemain, vers 10 heures du matin, William m'attendait devant l'université, une cigarette à la main comme à son habitude.

« T'es en retard, me lança-t-il. Ton cours commence dans deux minutes.

– J'ai dû faire un détour. Les rues grouillent de recruteurs.

– Ne m'en parle pas. Y en a deux qui m'ont harponné, fit-il en rejetant la fumée de sa cigarette par le coin de la bouche.

– T'es au courant pour Neuve-Chapelle ?

– Ah ! Neuve-Chapelle, s'agaça-t-il. Un village, rien de plus. Et ils veulent nous faire croire qu'ils ont repris le contrôle de toute la France.

– Les journaux…

– Les journaux, j'en ai rien à foutre ! m'interrompit-il sans ménagement, faisant un geste de rejet de la main droite qui me révéla son pouce bandé.

– Que t'est-il arrivé ? » l'interrogeai-je, soucieux.

Il regarda son doigt blessé et grimaça. Puis il baissa le col de sa chemise. On distinguait des marques bleues au niveau du cou.

« Ça a dégénéré à la maison.

– Ton père ? »

Il acquiesça. La cigarette, qu'il porta à sa bouche, tremblait entre ses doigts.

« Il a lu mon pamphlet.

– Un journal l'a publié ? demandai-je, choqué.

– Non, il l'a trouvé dans ma chambre. »

Sa réponse me soulagea en même temps que j'éprouvais des regrets pour William. Mon soulagement, je m'efforçai de le dissimuler.

« Tu ne l'avais pas caché ?

– Pas vraiment. Je n'ai pas de secrets. Pour personne. De toute façon, il ne contient rien de mal.

– Ce n'est pas ce qu'a pensé ton père.

– Nos avis divergent un peu, dit-il avec un clin d'œil.

– Et il s'est emporté ?

– C'est un euphémisme. Apparemment, des clients évitent le café à cause de moi.

– Mais il n'avait jamais levé le petit doigt sur toi.

– Il a été touché dans son orgueil, John. Et rien n'est plus dangereux qu'un animal blessé.

– Tu t'es défendu ?

– J'ai ma fierté moi aussi ! maugréa-t-il tout à coup avant de détourner la tête et de tirer longuement sur sa cigarette.

– Comment ça s'est terminé ? hasardai-je.

– Ma mère s'est interposée.

– Et ensuite ?

– Ensuite ? Rien.

– Tu t'es pas barré ?

– Pour donner raison à mon père ? Rien ne le réjouirait plus que de me voir partir pour de bon. Mais jamais de la vie. Quand bien même il me foutrait une centaine de raclées. »

Il était impossible de mettre en doute sa sincérité. Ce qui ne manqua pas de m'inquiéter.

« Ne serait-il pas plus sage de… ?

– Plus sage de quoi ? m'interrompit-il, irrité. T'as quelque chose à me reprocher ?

– Ce n'est pas ce je veux dire, mais…

– Mais dis-moi, t'as changé de camp ? »

Déconcerté, je le regardai droit dans les yeux. Il prit conscience de la rudesse de sa réplique. Pour s'excuser, il tendit la main vers moi :

« Ne m'en veux pas, John. Tout me pèse en ce moment.

– Je ne t'en veux pas, William. Je comprends ce que tu traverses. Et quoi qu'il arrive, je suis de ton côté.

– Ah ! je peux encore compter sur quelqu'un », souffla-t-il pendant qu'un sourire se dessinait non sans mal sur son visage.

À cette même date, mon père s'attaquait à un nouveau catalogue. Les montants élevés atteints par des œuvres de Kipling lui avaient redonné espoir. Il décloua un des sacs de jute, posa sur la table les livres ainsi mis au jour et s'assit pour les répertorier un à un, cette fois dans un registre de courriers recommandés qui avait fait son temps. Il s'agissait d'un cahier relié à couverture cartonnée et aux dimensions d'un journal dont les pages de gauche étaient encore vierges.

« Tu crois que ça peut te servir, un catalogue, si la guerre se termine bientôt ? lui demandai-je non sans songer à son optimisme.

– Peut-être que Neuve-Chapelle, ça n'a pas été la victoire escomptée, argumenta-t-il à ma grande surprise.

– Comment ça ?

– Aujourd'hui, on a reçu plusieurs télégrammes annonçant la mort d'officiers. Or, pour un officier tombé au combat, il faut compter au moins dix fois plus de soldats tués. On espère tous qu'il ne s'agit que d'une coïncidence. »

Mais ce n'était pas une coïncidence. Les jours suivants, la mauvaise nouvelle filtra goutte à goutte dans la presse, tout d'abord à travers des comptes rendus, ensuite dans le *Roll of Honour*. On apprit que les troupes britanniques, durant la bataille de Neuve-Chapelle, avaient souffert d'un manque criant de munitions et d'armes. Contraints de se replier avant l'heure, certains bataillons avaient abandonné à leur sort ceux qui étaient en première ligne. Au bout du compte, on dénombrait bien plus de victimes de notre côté que ne l'avaient laissé entendre les communiqués ; les listes des morts ne tardèrent pas à s'allonger. Personne ne fut plus en mesure de nier la réalité après la parution dans *The Times*, à la mi-mars, de la lettre d'un major intitulée « Le prix de la victoire ».

« Ici, les victimes affluent nuit et jour. Au moins deux cents officiers en quarante-huit heures – tous les hôpitaux débordent de blessés alors même que les combats se poursuivent. Nous avons fait beaucoup de prisonniers et progressons sur l'ensemble de la ligne de front, mais le prix à payer est terrible. Des hommes mortellement blessés en très grand nombre. »

Ces lignes procurèrent un sentiment de délivrance à William.

« Je l'avais dit ! Je l'avais dit ! *Bloody bastards !* Enfin, les gens vont savoir. Tout le monde va se raisonner. Ils vont descendre dans la rue. Tu peux me croire.

– T'es un visionnaire au même titre que Heine, lui accordai-je avec une certaine réticence car sa joie me heurtait plus que je ne m'y attendais.

– À cette différence que les poèmes de Heine sont un peu mieux écrits que ma prose, rit-il. Il se pourrait bien que mon pamphlet refasse surface. Garde un œil sur les journaux, John. On sera bientôt célèbres ! »

Tristement célèbres, pensai-je sans oser le lui avouer.

Contrairement aux attentes de William, les rues ne furent le théâtre d'aucune action contre la guerre. En revanche, une énième vague de solidarité déferla sur la ville. Partout émergèrent des initiatives pour amasser des fonds en vue de pourvoir les soldats de casquettes, de gants, de tuniques imperméables, de cigarettes, de rasoirs, de briquets à amadou, et ainsi de suite. Sur les places, femmes et enfants dressaient tables et petites baraques pour y vendre des drapeaux et des babioles faites maison. Devant les épiceries et aux croisements encombrés, des hommes âgés sans le sou offraient à des dames de porter leurs commissions ou de les aider à traverser la rue. Les quelques pence qu'elles leur accordaient, ils les glissaient dans l'une ou l'autre des boîtes que d'autres bonnes âmes présentaient aux passants en les invitant à participer, bon gré, mal gré, à la collecte.

« Soutenez nos troupes ! Soutenez nos troupes ! Hé, vous, ouais, vous, la casquette brune, un penny pour vos camarades qui, eux, sont en première ligne ! »

En outre, on enrôlait de nouveau des recrues à tour de bras. Il fallait envoyer du sang neuf sur le front occidental, mais aussi plus loin pour faire face aux Turcs qui s'étaient alliés aux Allemands. En février, dans les Dardanelles, passage étroit entre la mer Méditerranée et la mer Noire, on avait assisté à des combats acharnés. Pour encourager les hommes à s'engager, les journaux publièrent des réclames en pleine page ; dans les rues, de nouvelles affiches, au ton plus agressif encore que les précédentes, se multiplièrent.

Votre fiancé est-il bien digne de vous?

Hé! jeune homme, n'est-il pas temps de porter le kaki?

Comment des Anglais peuvent-ils rester à l'écart alors que les Allemands tuent des innocents?

Le gouvernement augmenta les aides accordées aux familles dont le père était parti. Mais ce qui me préoccupait le plus, c'était le porte-à-porte. William m'avait appris que des quarterons de soldats frappaient à toutes les portes à la recherche d'hommes qui ne s'étaient pas encore portés volontaires.

Quand j'en fis part à mon père, il me rassura:

« Ils ne mettront pas les pieds ici, John. »

Rien ne se déroulant comme il l'avait escompté, William se montrait fébrile. Récalcitrant. Même à mon égard. La guerre nous écartait l'un de l'autre comme un coin les deux parties d'une bûche. Nous nous opposions toujours plus, non que je l'attaquasse de front ou le critiquasse sèchement, mais parce qu'il supportait de moins en moins la contradiction. Le jour où, après l'avoir entendu soutenir que les gens se positionnaient comme s'ils avaient une pierre à la place du cerveau, j'avais objecté en passant qu'ils suivaient peut-être tout simplement ce que leur dictait leur cœur, il me rabroua:

« Tu me laisses tomber, Patterson? »

J'eus bien du mal à le convaincre que je n'en avais pas l'intention.

Et quand je lui rapportai l'un de mes rêves récents, il fut épouvanté. Dans ce rêve, je me trouvais seul dans une salle de cours. Un officier britannique en uniforme et coiffé d'un casque y entrait en marchant au pas cadencé. Il s'arrêtait derrière le bureau et se tournait dans ma direction. À ma grande surprise, il s'agissait du professeur Ker. Menton en avant, il regardait autour de lui comme s'il inspectait ses troupes. Me voyait-il ? Je n'en avais aucune idée.

« Patterson, John ! » criait-il. L'écho répercutait sa voix dans la salle. Je restais figé sur place. L'officier attendait apparemment une réponse.

Je levais la main : « Ici, monsieur. »

Son regard se posait quelques secondes sur moi. Il marmonnait quelques mots et hochait la tête. Son casque glissait alors, restant de guingois sur sa tête.

« Dunn, William ! » criait-il cette fois. De nouveau, il jetait un regard circulaire sur la salle, menton en avant. Aucune réponse. Mais le regard du professeur Ker demeurait posé juste derrière moi, comme s'il venait de reconnaître quelqu'un. Je regardais par dessus mon épaule, mais il n'y avait personne.

Puis je regardais devant moi et, à ma grande surprise, William s'était substitué au professeur Ker. Lui aussi portait un uniforme et un casque, trop petit pour sa grosse tête. Avec raideur, il levait le bras et saluait : « À votre service, sir ! »

C'est à ce moment que je m'étais réveillé.

« Autrement dit, tu veux que je m'engage, en conclut Williams.

– Comment ça ? m'écriai-je, surpris.

– Comme mon père, tu veux que je m'engage, insista-t-il.

– William, c'était juste un rêve.

– Les rêves traduisent nos plus profonds désirs.

– Tu plaisantes !

– Non, John, je ne plaisante pas ! fulmina-t-il. Mon père, toi, tout le monde, vous voulez tous la même chose ! Et moi, j'en ai marre, John, tu m'entends ? J'en ai marre ! »

Il ne retrouva son calme qu'au bout de longues minutes.

DÉBUT AVRIL, le redoux du printemps fit son apparition. Au-dessus des toits, un ciel bleu acier supplanta la grisaille ; le soleil fit sortir les premières ombrelles et les premiers canotiers ; en moins de rien, les parterres se couvrirent de fleurs et dans les parcs les branches bourgeonnantes tendirent un voile vert sur la cime des arbres. Certains jours, grâce à ce jeu de couleurs et de lumière, les gens parvenaient à chasser la guerre de leurs esprits et de leurs conversations, mais il suffisait de la manchette d'un journal pour que l'effroi reprenne le dessus. Parfois même d'un simple mot.

Gaz.

Il était dans toutes les bouches. Les troupes allemandes avaient utilisé un gaz. Les pires histoires circulaient. Un gaz invisible qui rendait aveugle ou fou, provoquait de graves brûlures, s'immisçait dans les poumons, y sommeillant plusieurs jours avant de frapper ou entraînant une asphyxie immédiate, pétrifiant les victimes dans d'ultimes convulsions.

Les collecteurs répondirent à un appel des autorités et s'empressèrent de recueillir les sommes nécessaires pour fabriquer des masques à gaz. Ils ramassaient de l'argent pour acheter qui de la laine en coton, qui de la gaze, qui des sangles. Ma réticence à contribuer un tant soit peu à cette collecte s'était envolée, d'autant plus que je me doutais que Martin serait envoyé au front dans un futur proche. Quand je donnais une pièce, on m'était reconnaissant, même s'il arrivait assez souvent que l'on me dise que prendre les armes constituerait un apport plus appréciable.

Du fait de l'allongement des jours, je pouvais de moins en moins mettre à profit le crépuscule pour me déplacer ; peu à peu, je découvris que, pour échapper aux casse-pieds, mieux valait se risquer dans la rue aux moments où il y avait foule. Dans le sillage d'hommes d'affaires corpulents, d'une femme à l'ombrelle ouverte ou d'un saute-ruisseau pressé sur un trottoir noir de monde, on me remarquait moins que dans une ruelle déserte ou à une heure de faible affluence.

Malgré mes précautions, ce n'était pas sans mal que j'esquivais certains recruteurs. Un jour, on me reconnut même ; je remontais Old Street pour rentrer à la maison. Derrière moi, une voix me héla par mon prénom, mais je poursuivis mon chemin sans me retourner.

« John ! John ! »

Comme la voix retentissait une deuxième fois, je la reconnus ; je regardai par-dessus mon épaule pour vérifier que je ne m'étais pas trompé.

C'était bien Mary. Elle marchait bras dessus, bras dessous avec deux autres filles qui portaient comme elle une robe de travail grise.

Si je ne l'avais pas vue depuis des mois, pas un jour ne s'était écoulé sans que je songe à elle. Au début, je m'attendais que le passage du temps gomme mes souvenirs et par là même tempère mes sentiments, mais rien n'était plus faux. Dès que je fermais les yeux, une multitude d'images m'assaillaient. Ses lèvres pointées en avant alors qu'elle s'apprêtait à me donner trois baisers le jour de mon anniversaire. La lueur dans ses yeux gris bleu au moment où j'avais remarqué que *Le Livre de la jungle* était abîmé. Le coup qu'elle avait donné sur le capot de la voiture qui avait failli écraser Shakespeare. Son bras accroché au mien sur le chemin du parc. Le pull marin qu'elle portait le soir du Nouvel An et qui dessinait la courbe de ses seins. Ses doigts fins sur la carte du roi de trèfle.

Toutes ces images passaient en boucle dans ma tête jusqu'à ce que me revienne en mémoire, implacable menace d'orage, l'ombre gigantesque de son père. La sensation de chaleur que j'éprouvais à chaque fois s'évaporait alors sur-le-champ, me rappelant que je ne devais nourrir aucune illusion tant que la guerre durait.

Mais la revoir ainsi, après tout ce temps, en train de faire de grands signes de la main dans ma direction, ressuscita mes espoirs.

« Mary ! » m'écriai-je, agitant la main à mon tour.

Un filet de sueur glissa de sous mon canotier jusqu'à ma nuque.

Les deux jeunes filles qui l'accompagnaient se mirent à glousser. Toutefois, je n'avais d'yeux que pour Mary qui se détachait de ses amies pour me rejoindre.

Elle était plus belle encore que dans mon souvenir. Le soleil jouait dans ses cheveux et, sous sa robe où elle ne portait qu'un corsage, ses seins montaient et descendaient légèrement. Dans ma poitrine, mon cœur battait la chamade.

« Bonjour, John », me salua-t-elle d'une voix de velours en arrivant à ma hauteur.

L'instant d'après, elle se dressait sur la pointe des pieds et tendait la bouche vers mon visage.

« Bonjour, Mary. »

Je me penchai pour accueillir ses lèvres qui effleurèrent ma joue.

Dans le même temps, je sentis sa main se poser sur ma poitrine, ses doigts frôlant au passage la peau nue de mon cou. Je fermai les yeux. Les gens autour de nous, la circulation, plus rien n'existait. Le monde semblait s'être arrêté. Sa main se promenait sur mon torse. Elle me chuchota quelque chose à l'oreille, des mots qui m'échappèrent.

Puis elle s'écarta. Quand je rouvris les yeux, elle se précipitait vers ses copines. Autour de moi, tout se remit en mouvement. Un peu déboussolé, je portai la main à ma poitrine, à l'endroit où elle promenait encore la sienne quelques secondes plus tôt. Il y avait quelque chose. Je baissai la tête. Une plume ornait ma boutonnière. Une plume blanche.

« Poltron ! Poltron ! » se mirent à crier les amies de Mary.

Hébété, je levai les yeux. Mary, qui les avaient rejointes, les imita, hurlant plus fort qu'elles :

« Poltron ! Poltron ! John est un gros poltron ! »

Durant une semaine, je ne mis pas les pieds dehors. Je n'eus même pas à faire semblant d'être malade. Malade, je l'étais. J'avais l'impression de flotter sur la Tamise, prisonnier plusieurs jours de suite d'un tonneau en bois. Nausées. Crampes. Douleurs dans tous les muscles. Un poids sur la poitrine.

Je dormais à peine et quand je finissais par somnoler, le moindre bruit me réveillait. Je passais des heures à écouter les trains ; par moments, je me voyais gravir le viaduc pour aller m'allonger sur les rails.

En effet, quel sens avait encore ma vie ? Ils avaient raison. Pleinement raison. Mary. Martin. Tous les autres. J'étais un poltron, un lâche. Qui serait disposé à aimer une telle personne ?

Plusieurs jours de suite, je me torturai de la sorte. De temps à autre, mon père venait s'asseoir à mon chevet. Il m'apportait du thé ou de la soupe. J'étais incapable d'avaler autre chose. Avais-je besoin d'un docteur ? De la tête, je lui répondais par la négative.

Mon père ne devinait-il donc pas ce dont je souffrais ? Lui qui éprouvait des tourments similaires depuis de longues années ? Pourquoi m'abordait-il comme un patient atteint d'un mal physiologique ? Il aurait dû comprendre que mes crampes et mes nausées étaient causées par les blessures faites à mon cœur.

Mais c'était oublier qu'il luttait contre ses propres démons. Cette réalité s'imposa à moi le soir où je le vis passer son plus beau costume pour assister, à Hoxton, à une cérémonie à la mémoire des hommes tombés au champ d'honneur. Or il n'avait plus mis les pieds dans une église depuis des années, pas même lors des obsèques de l'une des personnes à qui il apportait le courrier quotidiennement. « Autrement, je passerais mon temps dans les églises », avait-il commenté un jour.

Quand je lui demandai pourquoi il y allait cette fois, il tergiversa avant de me confier :

« J'ai quelque chose à me faire pardonner.

– Comment ça ? fis-je, le cerveau au ralenti.

– Repose-toi donc, crut-il bon de me dire en s'apprêtant à quitter ma chambre.

– Tu n'es rien de plus qu'un messager. Tu ne leur as rien fait. »

Traînant les pieds sur le sol grenu, il revint sur ses pas. Planté entre la porte et mon lit, il s'arrêta :

« Ce n'est pas l'impression que j'ai, tu sais. »

En rentrant de la cérémonie, il ne vint pas me voir dans ma chambre. Je l'entendis préparer du thé puis feuilleter le journal. Au bout d'un moment, je décidai de me lever. Pendant son absence, j'avais réussi à dormir, et pour la première fois depuis des jours, je me sentais un peu mieux.

Mon père était attablé devant son journal. Sur une chaise, il avait posé quelques livres en vue de les enregistrer dans son catalogue.

« Comment c'était ? »

Il leva les yeux. Même s'il avait l'air fatigué, je crus discerner un certain soulagement sur son visage.

« Beaucoup de monde. L'église était trop petite.

– On a commémoré combien de morts ?

– Dix-neuf », répondit-il dans la foulée, sans avoir eu besoin de réfléchir.

J'étais certain que si je le lui avais demandé, il aurait énuméré les noms de chaque disparu.

« Dix-neuf », me dis-je à part moi. Je tentai de me figurer ce que représentait pareil nombre.

« Quand on sait que Hoxton a été relativement épargné, ajouta-t-il. Qu'est-ce que ça va être quand les volontaires vont partir… »

Il m'était aisé de saisir le sens de ses paroles. Dans un quartier pauvre comme Hoxton, bien plus de garçons s'étaient engagés que dans d'autres parties de la ville. La plupart d'entre eux resteraient d'ailleurs de simples troufions.

« Tu veux du thé ? s'enquit-il en reculant sa chaise.

– Reste assis. Je m'en occupe. (Et après m'être servi et avoir pris place à la table :) Mais la cérémonie elle-même, c'était comment ? »

Mon père hocha la tête d'un air d'approbation :

« Le maire a pris la parole. Un officier a loué le courage des gars. Ça a réconforté les familles.

– Mme Collingwood était là ?

– Tout le monde. Mais je n'ai pas eu l'occasion de lui parler. Je me suis entretenu avec d'autres personnes qui ont grandement apprécié ma présence.

– C'était donc une bonne décision ?

– Je ne regrette pas d'y être allé. Martin lui aussi était là, ajouta-t-il avant que je n'aie pu lui demander des précisions.

– Martin ?

– Il a une permission. Il va essayer de trouver le temps de passer.

– Chez nous ?

– Oui. Ça t'étonne ?

– Non, m'empressai-je de dire. Quand, à ton avis ?

– Il ne l'a pas indiqué. »

Je sirotai mon thé. Malgré ce qui s'était passé entre Martin et moi, cette nouvelle me réjouissait. Depuis que j'avais appris qu'il risquait d'être envoyé au front, j'espérais en effet le revoir au moins une fois. Je craignais, s'il lui arrivait quelque chose, de regretter toute ma vie la façon dont nous nous étions quittés. Je ne voulais pas conserver de lui l'image de notre dernière rencontre, au parc.

Toutefois, à présent que je savais qu'il pouvait à tout moment frapper à la porte, je sentais de nouveau monter en moi la colère que j'avais ressentie le jour en question, et doutais d'être capable de me contenir en sa présence.

Mon père me tira de mes réflexions.

« Tu te sens mieux ? me demanda-t-il, sincère.

– Un peu, répondis-je sans mentir.

– Tu as manqué beaucoup de cours ?

– Ça va. Je les rattraperai.

– Les examens commencent bientôt, non ?

– J'ai encore deux bons mois, avançai-je sur un ton qui laissait entendre qu'il s'agissait d'une éternité. Ça devrait marcher. Je vais m'accrocher. »

En réalité, je présentais les choses sous un jour positif. J'avais, me semblait-il, accumulé depuis des mois un énorme retard ; il me faudrait mettre les bouchées doubles pour le combler. Pour ce qui est du vieil et du moyen anglais, je ne m'en faisais pas ; j'avais pris plus de notes que nécessaire durant les cours que j'avais suivis avec assiduité. En revanche, bien que j'eusse également assisté à tous ceux de linguistique, il ne m'en restait pas grand-chose, cette matière ne m'ayant jamais passionné. La dissertation me convenait mieux, mais ma réussite restait aléatoire ; elle tenait en grande partie au sujet : rédiger un essai sur une utopie moderne me permettait de donner libre cours à mon imagination, alors qu'explorer, par exemple, les intentions sous-jacentes d'un auteur, perturbait les rouages de mon cerveau qui finissaient par se bloquer.

« Une bourse serait en effet plus que bienvenue », observa mon père.

J'opinai du chef. Moi aussi, j'en étais conscient. Pour financer mes études, il s'était déjà défait de *La Foire aux vanités*, l'un de ses biens les plus précieux. Des volumes onéreux que ma mère lui avait laissés, il ne lui restait plus que l'édition originale de *David Copperfield* et le recueil de lettres de Keats, un livre dont il ne se séparerait jamais puisqu'il portait des annotations manuscrites de sa bien-aimée. En cela, je lui donnais raison.

Indiquant le journal ouvert sur la table, je m'enquis de la situation. Peut-être, espérai-je, était-on en train d'assister à un tournant décisif dans la guerre.

Promenant les yeux sur le quotidien, mon père répondit :

« On maintient le *statu quo* partout. Sur le front de l'Ouest, dans les Dardanelles, on a interrompu les combats le temps que les troupes se réorganisent.

– C'est plutôt positif, non ?

– Je ne saurais dire. Ils risquent fort de remettre ça. Mais il faudra bien qu'un vainqueur se dégage un jour.

– Un jour, oui », conclus-je en même temps que mon peu d'optimisme se volatilisait.

Ce même soir, je me replongeai dans mes études. Je commençai par la lecture du *Docteur Faust* de Christopher Marlowe, qui devait faire l'objet de l'un des prochains cours. Si mon père, ainsi qu'il venait de me le faire comprendre, espérait encore que je décroche une bourse pour la deuxième année, en ce qui me concernait, j'étais prêt à me contenter de réussir ric-rac mes examens. À supposer que j'échoue, il était peu probable qu'il m'accorde une seconde chance.

Me concentrer sur la pièce de théâtre me coûtait. La venue éventuelle de Martin m'obsédait. Peut-être passerait-il dans la seule intention de me persuader de m'engager, ce qui déboucherait sur une nouvelle dispute. Il me traiterait une fois de plus de lâche, je lui reprocherais d'avoir usurpé l'identité de son frère. Et qu'en était-il de ses rapports avec Mary ? Savait-il qu'elle m'avait ridiculisé ? Étaient-ils de mèche ? Un peu plus tôt ce même jour, j'avais fait de mon mieux pour minimiser mon abattement en me disant que Mary subissait comme tout le monde maintes pressions. À cause de ses amies d'un côté, des affiches collées partout dans la ville de l'autre, elle n'avait pu dompter ses nerfs. Son cœur battait encore pour moi, mais les circonstances lui imposaient un corset qui l'empêchait d'être elle-même.

Entre-temps, le doute me torturait de nouveau, et alors que je lisais l'œuvre de Marlowe, les quelques vers dans lesquels Hélène de Troie, revenue de la mort, embrasse Faust suffirent à me décontenancer :

Suave Hélène, rends-moi immortel dans un baiser !
Ses lèvres aspirent mon âme ; voyez comme elle y vole.
Allons ! Hélène ! allons, rends-moi mon âme ![1]

1. Traduction de François-Victor Hugo.

Une fois de plus, je luttai pour contenir mes larmes. Mary, j'en prenais conscience, était mon Hélène de Troie. Elle avait ravi mon âme, blessé mon cœur. Sans pitié aucune, elle m'avait humilié, et quand même elle eût agi sous la contrainte, le mal était fait et je souffrais encore et toujours.

Malgré mes efforts, je renonçai bientôt à poursuivre ma lecture tout en espérant m'endormir bien vite. Mon père était couché depuis un bon moment. Comme tous les jours, il devait se lever de bonne heure le lendemain.

Mais tandis que, dans ma tête, la gigue de Martin et Mary m'empêchait de trouver le sommeil, j'entendais à travers la paroi mince qu'il n'arrêtait pas de se retourner dans son lit. La vie ne l'épargnait pas, je m'en rendais compte une fois de plus. Au fardeau que représentait son travail s'ajoutait la crainte de perdre ses livres ; surtout, le bourrèlement de la perte de ma mère. Quand je voyais combien je souffrais à cause de Mary, je n'osais imaginer ce que mon père avait enduré.

C'est comme perdre un bras, m'avait expliqué Mme Bromley.

Et ça, mon garçon, ça fait mal, très mal. Tu sais où ? Là.

Sa main sur mon cœur.

Mon père vivait un enfer, jour après jour, depuis près de vingt ans. Comparé à lui, je n'étais qu'un pisse-vinaigre. Un romantique, à l'image du jeune Werther. Qui cultivait son chagrin. Qui n'avait perdu personne. Mary, après tout, rien ne m'empêchait de la retrouver. Son cœur était encore libre. Il me fallait seulement faire preuve de patience. Un jour, tout s'arrangerait.

Cette pensée réconfortante me fit, semble-t-il, glisser dans les bras de Morphée. Quand un *bing* m'arracha à mon profond sommeil, il faisait déjà jour. Je me redressai et tendis l'oreille.

Pas un bruit jusqu'au moment où la voix de Martin retentit.

« Hé ! John, tu marines dans ton pucier ? J'sais qu't'es là, grosse feignasse ! »

Je sautai de mon lit. Toutes mes réserves s'évanouirent sur-le-champ.

« J'arrive ! Une seconde ! »

J'enfilai un pantalon à la va-vite. Mais à cause de ma fébrilité, j'eus bien du mal à boutonner ma braguette.

« T'es où, bon Dieu ? s'impatientait Martin. J'ai pas beaucoup d'temps !

– J'arrive ! »

Pieds nus, je me précipitai dans la pièce de devant et ouvris la porte sans penser une seconde qu'il pouvait avoir revêtu son uniforme.

« Eh ben, t'as la tête de quelqu'un qui vient d'voir un fantôme !

– Martin, je... je ne t'attendais pas si tôt. J'étais encore au lit.

– Oui, ton père m'a dit que tu t'sentais pas très bien, lança-t-il, toujours dans l'escalier. J'viens de l'croiser dans la rue, ça m'a donné l'idée de t'rendre une petite visite. Ton vieux n'a pas exagéré. Mon pauvre, on dirait que t'es passé entre les rouleaux d'une essoreuse, se gaussa-t-il en haussant ses sourcils qui disparurent sous sa casquette.

– Je vais un peu mieux. À part un petit mal de tête, mentis-je.

– Quand on pense qu'à ses études, ça n'a rien d'surprenant, je t'avais prévenu. »

Sa remarque réveilla ma méfiance. Il était venu me convaincre de l'imiter. Mais à mon grand soulagement, il ne parla pas d'engagement. Planté sur la dernière marche de l'escalier, il écarta les bras. Rayonnant de fierté, il reprit :

« Alors, qu'est-ce que t'en dis ? »

Mon regard glissa de haut en bas sur son uniforme kaki. Sa casquette, sa veste, son pantalon, ses bandes molletières bien enroulées, ses croquenots en cuir marron. Tout lui allait comme un gant. Pas le moindre faux pli, pas la moindre tache. Tout ce qui était susceptible de briller rutilait comme un miroir : l'insigne du couvre-chef, les boutons de la capote, la boucle de son ceinturon, les chaussures – j'aurais pu me regarder dedans.

« Ça te va à la perfection, constatai-je, sincère.

– Eh ben merci, dis-moi, rit-il. Ça a demandé un peu d'temps. Presque quatre mois. »

Il sauta de la marche et vérifia la position de sa casquette. En le voyant ainsi à la même hauteur que moi, je relevai qu'en six mois, il avait grandi.

« Les sous-off t'ont mis quelques coups de pied au cul, non ?

– Des coups de pied au cul, à moi ? me considéra-t-il comme si je l'avais insulté.

– Je veux dire, t'as gagné quelques centimètres.

– C'est ce que m'a dit ma mère, poursuivit-il alors qu'un sourire satisfait venait d'apparaître sur sa figure. Tu verras, John, un jour j'serai aussi grand qu'toi. »

À mon tour, je souris. Son ton décontracté me mettait peu à peu à l'aise.

« Tu entres deux minutes ?

– Juste deux minutes alors. J'ai encore un tas de choses à faire. »

Je le laissai passer. Au bout de deux pas, il s'arrêta net.

« Saperlotte ! Qu'est-ce qui s'est passé ici ? »

Il me fallut quelques secondes pour comprendre de quoi il voulait parler.

« Mon père, expliquai-je. Il cherche à mettre ses livres à l'abri.

– À l'abri ? De quoi donc ? Des puces ?

– Des Allemands.

– Des Fritz ? Croit-il vraiment qu'ils vont v'nir jusqu'ici ?

– Les Fritz ?

– Les Allemands quoi, les Fritz, tu piges ? fit-il avec un rictus. Il a vraiment les jetons, ton père.

– Ben, tu le connais. Il se fait du mouron pour pas grand-chose.

– Ce coup-ci, y doit vraiment s'en faire. Il a l'air mal en point, John, la peau sur les os, comme s'il avait rien bouffé depuis des s'maines. »

Certes, mon père avait maigri, ça ne m'avait pas échappé, sans toutefois que je m'en inquiète outre mesure.

« Il est accablé de travail. Toutes ces lettres et toutes ces cartes que vous écrivez, vous autres. »

Je compris trop tard que Martin risquait de mal interpréter mon explication – lui qui n'avait envoyé en tout et pour tout qu'une seule carte. Mais, gardant le silence, il restait là, mal à l'aise, à regarder autour de lui, les bras collés au corps dans une pose peu naturelle.

« Assied-toi », suggérai-je.

Mes mots revêtaient une tonalité étrange à mes propres oreilles, j'avais l'impression de m'adresser à quelqu'un qui entrait ici pour la première fois.

« Juste deux minutes, alors », répéta-t-il.

Il tira une chaise, ôta sa casquette et s'assit. Je restai bouche bée. Il avait pour ainsi dire la boule à zéro, à peine devinait-on encore l'ombre de ses cheveux filasse.

« Tes cheveux ! m'écriai-je, pantois.

– C'est pratique, tu sais. »

Il se passa la main sur le crâne. Son millimètre de cheveux émit un léger crissement.

« C'est à cause des poux ? » lui demandai-je.

Au cours de son enfance, sa mère lui avait plus d'une fois rasé la tête. Moi aussi, j'avais subi à l'occasion le même traitement.

« T'es toqué où quoi ? C'est un pari.

– Un pari ? Qu'est-ce que t'as parié ?

– Un paquet de cigarettes.

– Un paquet de cigarettes, lançai-je en secouant la tête. Martin, tu… (Tu ne changeras donc jamais, m'apprêtais-je à lui dire, mais je me retins à temps.) Ça a quelque chose de viril.

– Je trouve aussi », commenta-t-il en faisant une moue de contentement.

Un silence se fit. Avant qu'il ne puisse continuer, j'improvisai une question.

« T'es en permission, c'est ça ?

– Plus qu'un jour. Je dois rentrer demain. On va bientôt partir. »

Bien qu'il s'exprimât avec nonchalance, j'eus l'impression de me prendre un seau d'eau glacée sur la tête.

« Partir ? Tu veux dire pour le front ?

– Bien sûr. Où veux-tu qu'on nous envoie ?

– Et bientôt, c'est quand ?

– Dans quelques jours p't-être, répondit-il en haussant les épaules. Quelques semaines. Y nous ont encore rien dit.

– Mais… vous êtes assez entraînés ? lui demandai-je de la façon la plus neutre possible.

– T'es idiot ou quoi ? Tu crois qu'on s'est tourné les pouces pendant tout c'temps ?

– Mais il paraît que vous n'avez pas assez de fusils ?

– Tu tiens ça d'où, toi ? Tiens, regarde ! »

Il tendit son bras gauche sur la table. Au niveau du poignet de la manche de sa capote se détachait un insigne de bronze en forme de deux fusils croisés et d'une étoile. Je considérai Martin d'un regard interrogateur. Ses yeux juvéniles scintillaient de fierté.

« Meilleur tireur de la compagnie ! s'exclama-t-il. T'aurais jamais cru ça de moi, hein, John ? Martin Bromley : tireur première classe !

– Martin ? Tu veux dire Matthew, j'imagine. »

Ça m'avait échappé dans un soudain accès d'exaspération. Mais cela ne le fit même pas sursauter. Il se contenta de constater, en toute sobriété :

« J'vois que t'as bonne mémoire. »

Son indifférence suscita ma colère.

« Bien sûr que je m'en souviens ! Comment pourrais-je l'oublier ? Tu m'as tourné en ridicule. Et je ne parle pas de la façon dont t'as couillonné ta mère. Nom de Dieu ! Tu danses sur la tombe de ton frère !

– J'avais pas le choix ! riposta Martin. J'ai essayé trois fois. Trois fois, John ! T'imagines un peu la honte ? Le seul à être recalé ! Même Jack, ils l'ont accepté.

– Jack ? Mais il était trop jeune lui aussi.

– Ouais, mais y fait plus vieux que son âge. Regarde-moi, John, y se foutaient de moi quand je disais que j'avais 19 ans. J'avais vraiment pas le choix.

– Tu crois que c'est une raison de voler ta propre mère ?

– J'avais pas le choix, répéta-t-il.

– T'aurais pu au moins lui dire la vérité.

– Impossible. Si quelqu'un s'en aperçoit, je serai renvoyé de l'armée. Je s'rais pas le premier.

– Elle ne te le pardonnera jamais, Martin.

– Mais elle a pas à l'apprendre. T'es le seul à le savoir, ajouta-t-il après avoir posé les yeux sur moi. Le seul. Et tant que tu l'ouvres pas… »

Sur son visage apparut l'expression suppliante que je lui connaissais si bien. Au même moment, je compris pourquoi il avait tenu à me voir.

Je m'abstins de répondre tout de suite. Mon regard se posa sur ses mains qu'il frottait nerveusement l'une sur l'autre. Je fus frappé de lui voir des ongles aussi soignés. Bien taillés. Pas en deuil. Je ne les avais jamais vus aussi nets. Puis mes yeux revinrent à l'insigne sur sa manche gauche.

Meilleur tireur de sa compagnie.

Lui qui n'avait jamais excellé en rien. Qui avait toujours été un suiveur. Tout d'abord le plus petit de la classe, puis le plus jeune aux docks.

Un train passa dans un grand vacarme. Tête baissée, immobile, Martin semblait attendre une sentence. Je finis par lui dire :

« Ça reste entre nous. Promis. »

Il leva lentement la tête. Un sourire s'esquissa sur sa bouche. Il porta de nouveau la main sur son crâne et se gratta. Le bruit de râpe de ses cheveux me rappela les moments où l'un de nous deux se retournait sur la paillasse que nous partagions.

« Merci, John. »

Je le considérai en silence. Dans ses yeux brillants, je reconnaissais le garçon qu'il avait toujours été, le Martin dont je souhaitais me souvenir.

« Quelle heure est-il ? me demanda-t-il.

– J'en sais rien. Ma montre est dans ma chambre. Je vais…

– Non, pas la peine, faut que j'y aille.

– Mais t'es à peine arrivé.

– Mon père veut m'acheter quelques bricoles avant mon départ. Et tu sais comment il est, hein, John ?

– Je ne le sais que trop bien, oui. »

Martin se leva, remit des deux mains son couvre-chef et porta mon attention sur l'insigne de son régiment : une rose Tudor entourée d'une jarretière et surmontée d'une couronne.

« Royal Fusiliers. Les meilleurs du pays.

– Et t'es bien placé pour le savoir, ajoutai-je en souriant.

– Et toi, John, tu vas t'engager ? »

J'eus l'impression d'entendre craquer la mince couche de glace sur laquelle nous progressions l'un vers l'autre.

« Moi… je passe bientôt mes examens. Je veux d'abord terminer l'année en cours. »

Martin me regarda droit dans les yeux. Alors que je m'attendais qu'il me reproche ma poltronnerie, il se contenta de dire :

« Tant que t'oublies pas ça : les Royal Fusiliers.

– Je n'oublierai pas.

– Très bien. »

De l'index et du majeur, il frappa d'un petit coup sec la visière de sa casquette, pivota sur ses talons et se dirigea vers la porte.

J'étais cloué sur place, la tête me tournait un peu.

Arrivé sur le seuil, Martin se retourna une dernière fois :

« Je t'enverrai une carte, promis ! »

Je levai une main en l'air. Bonne chance, aurais-je aimé lui dire, mais il était déjà parti.

LE CALME AVANT LA TEMPÊTE, tel se révéla être celui qui, tout relatif, avait régné sur le front. Cela m'apparut clairement à mesure que je parcourais, jour après jour, la presse au cours des semaines suivantes. Depuis que je savais que Martin était sur le point de traverser la Manche, je suivais de plus près ce qui se passait ; ce que je lisais ne manquait pas de m'alarmer. Tant sur le front de l'Ouest, autour d'Ypres, que dans les Dardanelles, les combats avaient repris avec plus d'effectifs que jamais. Les journaux reproduisaient les cartes des différents théâtres des opérations ; je me penchais dessus, une loupe à la main, afin de déchiffrer les noms, y compris ceux correspondant aux plus petits points. Une des cartes mentionnait par exemple Zonnebeke, Boezinge, Bellewaerde, une deuxième Kilid Bahr, Tchorlou, parmi bien d'autres noms tout aussi exotiques qui ne se prêtaient guère à être prononcés.

Selon mon père, les premières divisions des troupes de Kitchener allaient embarquer à la mi-mai. On rassemblait de plus en plus d'hommes dans des camps du littoral.

Lui aussi continuait donc de suivre de manière consciencieuse l'évolution de la situation. Ça ne me surprenait guère. On avait ajouté un certain nombre de rues à sa tournée. Il m'en fit part alors que, fin avril, j'évoquai un article paru dans *The Daily Mirror*. Nous avions tout juste fini de dîner.

Dans un communiqué, le ministère des Postes révélait que, depuis la déclaration de guerre, trente-cinq mille employés des Postes s'étaient engagés dans l'armée, dont sept cents à huit cents étaient morts et sept ou huit fois plus blessés. Mon père l'avait en réalité déjà lu.

« Moins de tournées, mais des tournées beaucoup plus longues, commenta-t-il sèchement. Telle est leur solution. Moi qui n'étais déjà pour ainsi dire jamais à la maison. Mais tu as lu le reste aussi ? Le nombre d'employés des Postes qui ne se sont pas encore engagés ? »

Je n'en étais pas encore arrivé là.

« Plus de onze mille. Si l'on introduit la conscription, plus une seule lettre n'arrivera à destination.

– La conscription ? répétai-je en avalant de travers une gorgée d'eau.

– De plus en plus de voix s'élèvent pour la réclamer. Et pas uniquement dans la rue. »

Le service obligatoire, j'en avais parlé à l'occasion avec William. « Je refuse. Plutôt la prison », avait-il décrété sans que ni lui ni moi crussions qu'on en arriverait là un jour.

« Mais ne t'inquiète pas, John, me rassura mon père, ce n'est pas encore pour demain. L'idée même d'en parler, la majorité au Parlement s'y refuse. Ce serait d'une certaine façon reconnaître qu'on n'est plus en mesure de faire face à l'ennemi. »

Son commentaire ne suffit cependant pas à gommer le sentiment de malaise qui venait de s'emparer de moi. Mes yeux se dirigèrent de nouveau sur le journal. Sept cents à huit cents tués, en l'espace de neuf mois.

L'un d'eux était Harry Whitfield. Y avait-il dans le nombre d'autres collègues de mon père ? Je lui posai la question. Il ne répondit qu'au bout d'un certain laps de temps.

« Quatre, dont deux facteurs. »

Quatre. Et cela pour le seul bureau auxiliaire dont il relevait.

« Tous les quatre de Hoxton ?

– Un seul. Roger Phillips. Il s'occupait habituellement du nord de Hoxton. Où il vivait, d'ailleurs.

– Marié ?

– Oui, fit-il en accompagnant le mot d'un bref mouvement du menton. Et deux filles. De 3 et 5 ans. »

Ses yeux errèrent dans la pièce.

« C'est toi qui l'as annoncé à sa femme ?

– Personne d'autre ne voulait s'en charger, expliqua-t-il sans me regarder.

– Je suis désolé.

– On s'habitue », dit-il en haussant les épaules, sans mettre beaucoup de conviction dans ses paroles.

Sans répit, les mauvaises nouvelles se succédaient. Le lendemain, le *Lusitania* était torpillé.

« Plus de un millier de morts », lut mon père à haute voix.

Abattu, il laissa tomber le journal sur la table. Mes yeux survolèrent la première page qui reproduisait une grande photo du célèbre paquebot transatlantique. Au-dessus, en lettres majuscules : « LE *LUSITANIA* TORPILLÉ PAR DES PIRATES ALLEMANDS. »

« Cet après-midi, au large de la pointe sud de l'Irlande, expliqua mon père. Deux torpilles. Sans aucun avertissement. Il a coulé en à peine dix-huit minutes. »

Je posai les yeux sur lui. Sa bouche traduisait la gravité des faits. L'ampleur de la catastrophe commençait à me pénétrer moi aussi. Le *Lusitania* était l'un des plus grands paquebots au monde affectés au transport de passagers. De fabrication britannique. En cinq jours, il reliait Liverpool à New York. La photo le montrait dans toute sa splendeur alors qu'il entrait dans un port. De la fumée s'échappait de deux des quatre cheminées géantes.

« Plus de un millier de morts, murmurai-je entre mes dents.

– Mais cinq cents des deux mille personnes à bord ont pu être sauvées. L'Allemagne est devenue folle. »

Ses mots résonnèrent dans ma tête. *L'Allemagne est devenue folle.*

« Dans la foulée, de violentes émeutes ont éclaté à Liverpool, poursuivit-il. Tout ce qui est allemand y est passé. »

Une sueur moite me couvrit le front.

« Et à Londres ?

– Ça ne devrait pas tarder. Tout le monde est furieux. Parmi les victimes, il y a des enfants. Des femmes. »

Je baissai les yeux et l'image de la boutique dévastée de M. Kohlmann resurgit dans ma tête. Puis celle de M. Kohlmann se penchant sur les débris de son horloge.

« Ainsi que des centaines d'Américains, ajouta mon père. C'est le commencement de la fin. »

Secouant la tête, il se dirigea vers l'évier pour préparer le repas. Alors que mon estomac aboyait encore quelques minutes plus tôt, je n'avais plus faim. Je dépliai le journal.

D'autres photos du navire, des dessins aussi, des portraits du capitaine et de quelques passagers. Parmi eux, plusieurs personnalités américaines : Alfred Vanderbilt, un millionnaire célèbre ; Albert Hopkins, directeur d'une compagnie maritime ; Charles Frohman, imprésario de théâtre. De l'autre côté de l'océan, ce drame ne resterait pas sans conséquences. Jusqu'à présent, les Américains s'étaient tenus à l'écart du conflit. Désormais, ils ne pouvaient demeurer à la traîne. Peut-être cela allait-il mener la guerre dans une phase décisive.

Bien entendu, mes pensées allaient à William. S'il exacerbait sa mésentente avec son père, ainsi qu'il se le proposait, il y avait de fortes chances que ça dégénère. Son père accentuerait encore la pression et William se braquerait toujours davantage. Jusqu'à ce que l'un des deux finisse par céder.

« Il reste de la soupe de pommes de terre, John. T'en veux un bol ? »

Nous en avions déjà mangé la veille.

« Il n'y a rien d'autre ? Du bacon ? De la saucisse ?

– Du saindoux, c'est tout.

– Rien d'autre ? m'écriai-je avec surprise en me tournant sur ma chaise.

– Demain, c'est samedi, s'excusa-t-il. Je touche ma paie. Tu voudras de la saucisse ? Je t'en apporterai si tu veux. »

J'écarquillai les yeux. Ce scénario, je le connaissais pour y avoir assisté chez Mme Bromley, mais jamais encore chez nous.

« Non, pas la peine, dis-je, incommodé. C'est pas grave. Va pour la soupe de pommes de terre. »

Le cours d'allemand du professeur Priebsch se terminait le lendemain matin à 11 heures. J'attendais William dans le couloir, devant la salle. Plusieurs semaines s'étaient écoulées depuis notre dernière rencontre, aussi me réjouissais-je de m'entretenir avec lui au sujet de la catastrophe du *Lusitania*. En ville, l'atmosphère était tendue. Les gens se ruaient sur les éditions spéciales des journaux ; dans les bribes de conversations que je glanais, l'indignation et la colère dominaient. Partout, des collecteurs beuglaient afin de réunir de l'argent pour les victimes de ce que certains qualifiaient comme le plus atroce de tous les crimes allemands. Assise à une table pliante près des Russell Square Gardens, une petite vieille y allait elle aussi de son action : d'une voix métallique, elle vendait aux passants des mouchoirs sur lesquels elle avait brodé la mention « Rappelez-vous le *Lusitania* ! » Ce n'est pas sans soulagement que j'avais atteint les bâtiments de l'université.

La porte s'ouvrit, trois étudiants en sortirent, suivis par le professeur. Derrière lui, la salle de cours semblait vide.

Le professeur ferma la porte. Quand il se retourna, nos regards se croisèrent. Hésitant, je lui adressai la parole et m'enquis de William Dunn.

« Dunn ? Ça fait des semaines qu'on ne l'a vu. (Je ne pus réprimer une moue de dépit.) Il s'est probablement engagé. Comme tant d'autres, n'est-ce pas ?

– Impossible, sir, répliquai-je. William déteste la guerre. »

De derrière ses lunettes rondes, les yeux bleu clair de Priebsch me considérèrent au moins trois secondes avec insistance.

« Y prendre part, c'est la seule façon d'y mettre fin, n'est-ce pas ? remarqua-t-il avec subtilité. Dommage, c'était un de mes meilleurs étudiants. »

Il tourna les talons et s'éloigna, me laissant à ma consternation.

Pendant le cours consacré à *La Maison d'Âpre-Vent* de Dickens auquel j'assistai juste après, la voix de l'assistant glissait sur moi. William occupait toutes mes pensées. Mes craintes s'étaient à coup sûr réalisées : il avait une fois de plus défié son père. À la simple idée de l'issue que pouvait revêtir un tel face-à-face, j'en venais presque à souhaiter que William eût fini par céder et se fût engagé. Mais le connaissant, je l'imaginais plutôt en train de s'entêter dans son refus ; l'inquiétude que m'inspirait cette perspective m'amena à envisager de me rendre chez lui, même s'il m'avait dissuadé de le faire.

« Ne te risque pas à ça. Mettre les pieds chez nous, c'est entrer dans la fosse aux lions », m'avait-il assuré un jour où je m'étais proposé de passer le voir.

Seule une clameur vint me distraire durant l'heure de cours. Faible d'abord, elle s'amplifia de minute en minute, attirant de plus en plus mon attention. Il était déjà arrivé qu'un quelconque régiment défile dans Gower Street, parade qui s'accompagnait de bruits divers – cadence des pas, roulements des tambours, aigus de la flûte –, mais cette fois, c'était différent. Ça ressemblait plus à un charivari qu'à autre chose. Des cris, des acclamations, le mot *Lusitania* hurlé à plusieurs reprises, me sembla-t-il. Fronçant les sourcils, les étudiants présents se regardèrent les uns les autres ; quand l'assistant s'approcha de la fenêtre pour voir ce qui se passait, tout le monde se leva de sa chaise.

Depuis le deuxième étage où nous nous trouvions, nous avions une vue imprenable sur la foule assemblée dans la rue, en face de l'université. Une cohue bigarrée d'hommes et de femmes, de jeunes et de vieux, certains brandissant un bâton ou un marteau, d'autres des cailloux qu'ils se mirent à lancer vers les fenêtres d'une des habitations.

« Martha Kaffee », murmura l'un des étudiants.

J'en eus le souffle coupé. Impuissant, je vis une poignée d'hommes s'attaquer à la porte à coups de marteau, puis pénétrer dans l'établissement. Trois secondes plus tard retentit un grand fracas de verre, comme si un service de vaisselle se brisait sur le sol. Peu après, ils ressortirent, poussant devant eux le propriétaire que je reconnus à sa moustache de morse. Sous les hourras de la foule, on lui attacha les mains dans le dos et on lui suspendit au cou une pancarte. Même de loin, on pouvait lire ce qui y était écrit : « TRAÎTRE ! »

Embarrassé, je détournai la tête ; ce faisant, je relevai la présence d'une forme imposante à moitié dissimulée sous un porche, à quelques maisons du café. Quand celle-ci se pencha en avant pour mieux voir ce qui se passait, je reconnus les boucles blondes de William. Dans d'autres circonstances, je l'aurais tout de suite hélé ; là, je pouvais tout au mieux espérer qu'il jette un coup d'œil de mon côté. Si j'étais soulagé de le voir, fût-ce à cette distance, dans le même temps, je prenais conscience de tout ce qui devait lui passer par la tête.

Hurlant et vociférant toujours plus – « Vengez le *Lusitania* ! Vengez le *Lusitania* ! » –, la foule s'engagea dans Gower Street. En première ligne, le propriétaire du Martha Kaffee, deux colosses ne cessant de lui bourrer le dos de coups pour le faire avancer.

De temps à autre, une personne se détachait de la mêlée pour lui cracher à la figure ou lui envoyer un coup de poing dans l'estomac. Deux ou trois fois, l'homme trébucha, mais on le redressait à chaque fois pour qu'il se remette en marche.

Je dirigeai de nouveau mon regard vers William, du moins vers l'endroit où il se tenait quelques secondes plus tôt : il avait disparu. Me penchant à la fenêtre, je scrutai les deux côtés de la rue sans toutefois l'apercevoir ; il semblait s'être volatilisé.

Pendant plusieurs jours, dans toute la ville, on avait pillé et saccagé des magasins. Déchaînés, les vandales avaient fait tellement de dégâts qu'il y eut, dans certains quartiers, une pénurie de pain et de viande. Chez un vendeur de pianos, ils avaient même réduit en morceaux tous les Steinway ; mon père me raconta qu'un homme avait passé sa colère sur un berger allemand en le brûlant vif.

J'attendis que le calme soit revenu pour me rendre au café des parents de William. Quand la foule s'était dispersée, j'étais descendu dans Gower Street, courant partout à sa recherche, en vain. Les jours suivants, il ne s'était toujours pas montré ; aussi pris-je la décision, malgré sa mise en garde, de lui rendre visite.

Ce matin-là, le temps avait changé. Le retour du froid, le ciel maussade conféraient à la ville un aspect sombre. En chemin, je traversai pour la première fois depuis des mois Trafalgar Square ; bien que William m'en eût parlé, je fus malgré tout surpris en découvrant les hauts panneaux placés autour de la colonne de Nelson sur lesquels on pouvait lire : « L'ANGLETERRE ATTEND DE CHAQUE HOMME QU'IL ACCOMPLISSE EN CES JOURS SON DEVOIR. »

« On se croirait au Far West ! s'était exclamé William. *Wanted : Dead or Alive !* Y manque plus que nos tronches dessus. »

Remontant le col de mon manteau, j'accélérai le pas en direction de St. James' Park ; selon William, l'établissement de ses parents se trouvait dans le quartier environnant. L'idée de faire face au père de mon camarade me rendait nerveux ; songeant qu'il y aurait sans doute, en raison du mauvais temps, affluence au café, ma fébrilité s'accrut encore. Je ne savais rien de l'apparence de cet homme. William lui ressemblait-il ? Avait-il la même stature que son fils ? Les mêmes battoirs ? Quoi qu'il en soit, je me le figurais comme un individu à tête de Janus, affable devant ses clients, grossier et méchant dès qu'ils avaient le dos tourné.

Dunn's Coffee House. L'enseigne aux lettres blanches sur fond noir se voyait de loin. J'empruntai le trottoir opposé de façon à jeter un œil sur l'établissement sans me faire remarquer. Précaution inutile : d'épais rideaux en velours masquaient les fenêtres et la vitre de la porte en verre. Le café était fermé.

Je levai les yeux sur la façade. De même, au premier et au deuxième étages, les rideaux étaient tirés ; seul le bow-window – la chambre de William ? – était ouvert, le vent en remuait le voilage.

« Ils sont fermés. »

Sans faire de bruit, la propriétaire de la boutique attenante, une modiste, s'était approchée. En passant devant sa vitrine quelques instants plus tôt, je l'avais vue en train de changer les chapeaux sur des têtes de mannequins.

Elle avait des cheveux noirs et raides, coiffés avec un certain style – les pointes remontant à hauteur des pommettes – qui laissait à penser qu'elle sortait de chez le coiffeur. Dans ses yeux, je perçus une légère suspicion.

« Leur journée de fermeture ? » m'enquis-je.

À deux reprises, la femme secoua brièvement la tête. L'œil scrutateur, elle me considéra de haut en bas.

« Je cherche William, dis-je pour qu'elle renonce à sa méfiance. Le fils de la maison. »

Elle leva les yeux sur moi.

« Vous le connaissiez ? »

Elle avait employé l'imparfait, mais je fis comme si je ne l'avais pas entendu.

« Lui et moi, on étudie à l'University College. »

Elle resta silencieuse, semblant chercher à se composer une expression.

« Vous n'êtes pas au courant ? demanda-t-elle alors tandis que sa commissure gauche frémissait.

– Au courant de quoi ? »

Son regard passa de la porte close à mon visage.

« Il a été enterré aujourd'hui.

– William ?!

– Un gentil gars, soupira-t-elle. Il disait toujours bonjour. (Je sentis mon estomac se nouer.) Je suis désolée », dit la femme sur un ton sincère.

Avec lenteur, je fis aller et venir ma tête de droite à gauche. Ma gorge s'engluait.

« Mais comment… que s'est-il… » C'est tout ce que je parvins à articuler.

Elle s'efforçait d'éviter mon regard. Moi, je la fixais droit dans les yeux. Détournant un peu la tête, elle finit par murmurer :

« Il s'est… samedi soir… avec le fusil de son père. »

Elle porta l'index sur sa tempe droite avant de le retirer tout de suite comme si elle avait simplement cherché à écarter une mèche qui la gênait.

« C'est… c'est pas possible… », dis-je.

Des mains, elle fit un geste d'impuissance.

« Le café était bondé. Tout le monde a entendu la détonation. »

Sur le chemin du retour, une seule et même pensée ne cessa de me tourmenter : William était mort et c'était de ma faute. Je l'avais abandonné à son sort au moment où il avait le plus besoin de moi. Quand j'essayais d'imaginer ses dernières secondes, celles où il avait posé l'arme contre sa tempe, je ne parvenais plus à respirer. En me remémorant l'attaque du Martha Kaffee et la lâcheté qui m'avait fait renoncer à me rendre chez lui, j'étais fou de rage contre moi. Moi qui aurais pu le sauver.

Devant mon père, je ne pus cacher mon trouble. Cependant, quand il me demanda ce qui n'allait pas, je ne lui révélai qu'un pan de la vérité. Je n'eus pas la force de lui dire que William s'était ôté la vie. Comme si c'eût été reconnaître que j'étais en partie responsable de sa mort. Je lui racontai qu'un étudiant que je connaissais bien avait succombé dans un accident. En prononçant ces mots, je détournai la tête afin que mon père ne devine pas mon mensonge éhonté. Je l'entendis grincer des dents, mais ce fut tout, il s'enferma dans le silence.

Je restai quelques jours sans retourner à l'université. Je me sentais incapable d'aller là-bas en sachant que je n'y croiserais plus William. Chaque endroit où je lui avais adressé la parole me le remettrait en mémoire. Les bancs devant le bâtiment, la salle de cours, les couloirs et plus encore la bibliothèque où je me rendais à chaque occasion pour voir s'il s'y trouvait.

En réalité, à la maison aussi, pas un seul moment ne s'écoulait sans que je pense à lui ; plus le temps passait, plus je me rendais compte que j'avais négligé bien des signaux d'alarme. Maintes fois, il m'avait ouvert son cœur sans pour autant que cela me dessille les yeux. *Les blessures les plus profondes, ce ne sont pas celles qu'on cause avec les mains.* Cette tournure aurait dû m'extirper de mon aveuglement, et si ce n'était elle, alors le poème mélancolique de Heine qu'il avait déclamé un jour. Lorsqu'il m'avait recommandé *Les Souffrances du jeune Werther*, puis précisé que beaucoup de jeunes hommes avaient suivi l'exemple du personnage de Goethe, ça ne m'avait pas non plus mis la puce à l'oreille. Je ne m'étais soucié que de mon propre malheur, m'accrochant désespérément à lui au point de ne pas voir que mon ami avait lui aussi besoin d'une bouée. Pareil à un homme qui se noie, j'avais entraîné sous l'eau l'homme venu me sauver.

Cette prise de conscience me minait. Telle une épave échouée, je croupissais sur mon lit, incapable de me changer les idées. Tout me laissait indifférent, y compris les propos de mon père m'apprenant que le gouvernement avait décidé d'interner tous les ressortissants allemands afin d'assurer leur protection. Ma colère faisait obstruction à toutes les autres émotions, contrecarrant même l'irruption de certains détails qui auraient pu me ramener à William.

Le plus gros de ma rage refluant enfin, une écluse s'entrouvrit peu à peu dans ma tête : un premier souvenir, puis un deuxième et un troisième s'y déversèrent, jusqu'au moment où un flot incessant d'images du passé me submergea. Je revis William assis au deuxième rang de la salle de cours, le jour où je l'avais remarqué. Je le revis dans la bibliothèque, l'*Encyclopædia Britannica* ouverte devant lui. Je le revis baisser le col de sa chemise pour me montrer les ecchymoses sur son cou. Je le revis en face de moi, assis sur le rebord de la fenêtre, une Pall Mall à la main ; dans le couloir après un cours ; sur un banc devant l'Université. Je revis son visage rayonnant tandis qu'il me montrait les photos de la trêve de Noël, son large sourire quand il m'annonça avoir mis un point final à son pamphlet. Ces images se succédaient sur ma rétine ; progressivement, une sensation qui m'était inconnue se fit jour dans ma poitrine, à l'endroit, pris-je en fin de compte conscience, sur lequel Mme Bromley avait posé un jour sa main. C'est alors que je me mis à pleurer.

LE MOIS DE MAI PASSA comme un navire à l'horizon. Une semaine après la mort de William, je me remis à assister aux cours ; dès lors, pas une heure ne s'écoula sans qu'il me manque. Quand j'entrais dans la bibliothèque, seules les tables inoccupées retenaient mon regard ; dans les couloirs et les autres endroits où de nombreux étudiants se retrouvaient, je ne voyais que celui qui était absent.

Pendant les cours, mon attention ne cessait de vaguer. Je tressaillais uniquement – espérant voir surgir William – lorsque la porte s'ouvrait ; je me morigénais alors vertement à cause de ce comportement ridicule. Dans des moments de grande solitude, je passais en revue les étudiants et me demandais si je pourrais tisser avec l'un d'eux les mêmes liens qu'avec William. La réponse était toujours négative.

À la maison, je m'efforçais malgré tout d'assimiler les cours, mais aucun texte ne me captivait, aucun poème ne me transportait. Plus d'une fois, j'envisageai d'abandonner mes études. Le matin surtout, avant de me lever, une sensation nauséeuse m'envahissait à l'idée de me rendre à l'université. Je m'y résolvais cependant.

Sur le trajet, il y avait toujours des recruteurs pour m'agripper par la manche, des collecteurs pour me flanquer leur boîte sous le nez ; de toutes parts, on me bombardait de reproches. Mais cela ne me touchait plus. Indifférent, je poursuivais mon chemin, si bien que même le patriote le plus zélé finit par renoncer à m'importuner, me prenant, qui sait, pour un fou échappé de Queen Square.

Pendant ce temps, la guerre continuait de faire rage. Les combats se concentraient autour d'Aubers et de Festubert, deux communes françaises que j'aurais, auparavant, cherché à situer sur une carte. À présent, je survolais tout juste les articles sans me soucier de savoir quelles troupes étaient engagées. La catastrophe ferroviaire qui, en Écosse, coûta la vie à des centaines de soldats en route vers le front ne me tira pas non plus de mon état second.

Un jour, nous étions déjà fin mai, mon père m'annonça quelque chose qui capta tout de même mon attention : M. Bromley s'était engagé.

« On a porté la limite d'âge à 40 ans. Kitchener a besoin de trois cent mille nouvelles recrues, m'expliqua-t-il avec, dans la voix, une pointe d'amertume.

– Il a quel âge, M. Bromley ? demandai-je, car je le croyais quadragénaire comme mon père.

– 39 ans.

– Et il n'a pas été réformé ?

– Apparemment, non. Il m'attend tous les jours dans l'espoir que je lui apporte sa convocation. Je suppose que ça ne devrait plus tarder.

– Ce n'est pas Mme Bromley qui va s'en plaindre », dis-je tout en pensant : moi non plus.

La perspective de pouvoir me rendre dans un futur proche à Allerton Street sans risquer de me faire tabasser par M. Bromley me redonna quelque espoir. Entre quatre yeux, je parviendrais sans doute à convaincre Mary que mon refus de revêtir l'uniforme ne tenait pas à ma lâcheté, mais à des idéaux qui me distinguaient de Martin, de Woody et de tous les autres volontaires. Peut-être me serait-il aussi donné de lui faire comprendre ce à quoi menait toute forme de propagande.

Cette expectative était mon seul rayon de soleil. Elle ne me consolait en rien de la perte de William, mais au moins, je voyais enfin une petite raison d'espérer après de longues semaines où je n'avais eu devant les yeux qu'un mur d'obscurité.

Le dernier soir de mai, alors que je lisais dans mon lit, je perçus un bourdonnement monotone qui entrait par la fenêtre ouverte de ma chambre. Il ne s'agissait pas du bruit familier des trains passant sur le viaduc ni des marchandises qu'on déchargeait à Bishopsgate Goods Station. Essayant de m'imaginer ce que ça pouvait être, je ne parvins pas à me figurer autre chose qu'un bourdon géant aux épaisses pattes lourdes de pollen et au vol lent.

Je consultai ma montre. Il était presque 11 heures. Mon père dormait depuis déjà un moment. Par une sorte d'intuition, je baissai la flamme de ma lampe à pétrole, gagnai la fenêtre pour fermer complètement le rideau. Le bourdonnement avait changé. À présent, ça ressemblait plutôt à un puissant crachotement provenant par exemple d'un moteur qui tousse.

Soudain un coup sourd retentit, aussitôt suivi d'un craquement. On aurait dit qu'à Bishopsgate Goods Station, une caisse en bois avait dégringolé de plusieurs dizaines de mètres de haut avant d'exploser sur le sol. Un bombardement, ça me traversa l'esprit et, sans réfléchir, je saisis ma lampe et me précipitai hors de la chambre.

Mon père était assis sur le bord de son lit. La lumière oscillante de ma lampe lui fit cligner les yeux.

« Des émeutes, dit-il en voyant la peur sur mon visage.

– Des émeutes ? Un bombardement, non ?

– T'as entendu des tirs de défense ? Une alarme ? Crois-moi, ce sont des émeutes, John. Hier, on a encore arrêté des espions allemands. »

Sceptique, je secouai la tête. Dehors, un autre coup sourd se fit entendre, plus éloigné que le premier. Mon père porta son regard vers la porte. À présent, le doute se lisait aussi sur son visage. Il tendit l'oreille.

Au-dessus de ma tête et dans la montée d'escalier, il y avait du tapage. Mon père prit son pantalon plié sur le dossier d'une chaise.

« Qu'est-ce que tu vas faire ?

– Voir ce qui se passe. »

Malgré les réserves que j'avais pu émettre sur l'état de l'immeuble, je me demandai à haute voix s'il ne valait pas mieux rester à l'intérieur. Mais mon père était déterminé.

Il ne resta que quelques instants dans l'encadrement de la porte. Le bruit de moteur semblait s'être évanoui.

Dès que mon père eut gravi les marches, je m'avançai d'un pas hésitant. Je passai ma tête par la porte, regardai le ciel nocturne qui se dessinait comme un rectangle noir en haut des escaliers. Les étoiles n'émettaient encore qu'une faible lueur. Je m'apprêtais à sortir quand retentit une nouvelle série de coups, trois, quatre, cinq à la suite. Pétrifié, le souffle coupé, je tendis l'oreille jusqu'à ce que quelqu'un dise : « C'était dans Commercial Road. »

Je reconnus la voix de notre voisin du dessus, tonnelier à Hoxton, l'un des rares locataires à vivre ici comme nous depuis plusieurs années. Quand j'entendis d'autres voix, dont celle de mon père, je décidai de sortir.

Devant la porte en haut de l'escalier, trois hommes, tête renversée en arrière, scrutaient le ciel d'encre. La haute et mince stature de mon père contrastait fortement avec celle, ramassée, du tonnelier. Le troisième, je ne le reconnus pas.

« Pas de projecteurs, dit mon père.

– Pas un seul, renchérit le tonnelier. Toute la défense antiaérienne dort comme une souche.

– Quelqu'un a vu quelque chose ? » demandai-je alors, dirigeant à mon tour les yeux vers le ciel.

Les hommes tournèrent brièvement la tête de mon côté.

« Rien, répondit mon père.

– Probablement un zeppelin, avança le tonnelier.

– Ça peut être que ça », assura le voisin que je ne connaissais pas.

Je lui donnais le même âge que mon père. Il portait une casquette côtelée gris clair.

« J'en sais rien, dit mon père, dubitatif, avant de regarder de nouveau la voûte céleste.

– Vous pouvez me croire, affirma le tonnelier. Ce bruit, ces explosions, un zeppelin.

– Je pensais… reprit mon père, mais la sonnerie d'une alarme, que le vent apportait de Spitalfields, le fit taire.

– Les pompiers », déclara le tonnelier qui proposa de partir dans cette direction.

L'homme à la casquette côtelée y consentit tout de suite ; par quelques gestes, mon père leur fit comprendre qu'il préférait rester là.

« Doug, qu'est-ce qui se passe ? cria une femme dans la cage d'escalier.

– Tout va bien, répondit l'homme à la casquette. Retourne te coucher. Je vais jeter un œil là-bas.

– Sois prudent, Doug. »

Mais Doug était déjà parti. Bientôt, il se fondit dans la nuit avec le tonnelier. Au-dessus de nous, dans les étages, des fenêtres se fermèrent.

« Zeppelin ou pas, c'est terminé, dit mon père sur un ton indolent. Rentrons, John, demain est un autre jour qui commence de bonne heure. »

Alors qu'il tournait les talons, je portai mon attention sur la sonnerie provenant de Spitalfields. Une deuxième voiture de pompier semblait en route. J'hésitais à me précipiter derrière les deux hommes quand mon père, qui s'apprêtait à descendre les marches, s'arrêta pour réitérer son conseil et je lui emboîtai le pas.

Il s'agissait bien d'un zeppelin. Il avait survolé Hoxton, était passé pour ainsi dire au-dessus de nos têtes avant d'obliquer vers Whitechapel. Une bombe était tombée sur Bishopsgate Goods Station.

Pour la première fois depuis un mois, je lus le journal. Laconique, l'article traitant du raid n'offrait guère de précisions. Aucun mot sur le lieu exact des impacts, rien non plus sur d'éventuelles victimes ; à propos des dégâts, une simple mention de leur quasi-insignifiance. Or, sur le trajet de l'université, j'avais pu reconstituer pour ainsi dire le parcours du zeppelin en découvrant les immeubles touchés de Christian Street, Commercial Road, Shoreditch High Street, Ivy Street et ainsi de suite vers le nord. Quelques tuiles ou carreaux cassés pour les plus épargnés, des dommages plus conséquents pour d'autres, par exemple une maison d'ouvriers attenante au Shoreditch Empire Music Hall : façade effondrée, toit dont il ne restait plus que la poutre faîtière noircie par les flammes. Selon des voisins, interrogés par des agents dans la rue, un enfant de 3 ans avait péri sous les décombres.

La flèche de Whitechapel Church avait elle aussi été touchée. Dans le clocher, on voyait un trou de la circonférence d'une roue de charrette ; le sol était jonché de débris, en particulier d'ardoises. Un peu plus loin, au milieu de la chaussée, il y avait un cratère assez profond pour engloutir une automobile. Plus une seule vitre alentour ne tenait debout. On relevait sur les façades des dizaines de petits impacts. Ici aussi, des agents établissaient un rapport. On dénombrait plusieurs blessés et deux morts. L'un d'eux était un gamin de 8 ans, touché de plein fouet alors qu'il rentrait du cinéma.

« Il n'a pas eu le temps de se rendre compte de quoi que ce soit », témoigna une femme qui, en prononçant ces mots, se signa.

Dans une autre rue, un atelier de menuiserie avait été en grande partie détruit par un incendie. Les employés déblayaient les décombres. Dans leurs yeux, je perçus de l'abattement, mais la façon dont ils jetaient sur le côté gravats et morceaux de bois carbonisés trahissait surtout leur colère.

Les jours suivants, la presse finit par publier des détails précis sur les faits. Ainsi, je lus qu'un couple de personnes âgées était agenouillé près de leur lit quand une bombe avait dévasté leur chambre : les deux victimes avaient été brûlées vives sur-le-champ – l'homme tenait sa femme par la taille ; en raison de l'intensité de la chaleur, il ne restait rien de leurs vêtements. Un autre article mentionnait qu'on avait retrouvé, lors de l'autopsie du garçon de 8 ans, des dizaines d'éclats de métal. Les bombes semblaient conçues pour faire le plus de dégâts possible en se désintégrant en une multitude de fragments.

En moi aussi, de tels récits suscitaient la colère. À un moment donné, je me surpris à penser que cette attaque, par sa lâcheté, appelait des représailles.

« Qu'attendez-vous donc ? » fulminaient les affiches collées dans la rue. Pour la première fois, et malgré toutes mes réticences, je considérai la possibilité de m'engager.

Mais de tous côtés, j'entendais William m'admonester : « Pure propagande, John. Et toi, tu tombes dans le panneau ! »

« Je suis désolé, William, » me disai-je à part moi.

Peu après le bombardement, les journaux regorgèrent de réclames vantant les mérites d'inventions permettant d'éteindre des bombes incendiaires.

« Une grenade extinctrice, rapportai-je à mon père. Tu penses qu'on devrait en avoir une à la maison ?

– Une grenade pour éteindre un feu ? fit-il avec scepticisme. Encore un truc de fou ! Ils en demandent combien ?

– Cinq shillings.

– Cinq shillings ! Une escroquerie caractérisée. Les gens feraient mieux de stocker des sacs de jute. »

D'un geste du bras qui embrassait toute la pièce, il désigna les sacs postaux la tapissant. J'étais étonné que sa trouvaille continuât de lui inspirer une telle confiance.

« Ces sacs ne servent à rien, me risquai-je. T'as vu les dégâts que ça cause, une bombe comme ça ? Un coup dans le mille et tout est instantanément en feu.

– Si tu n'as pas confiance, lança mon père avec une pointe d'irritation, pourquoi ne te réfugies-tu pas dans les tunnels du métro ? Tu ne seras pas le premier.

– Le métro ?

– Plusieurs familles de Hoxton s'y sont déjà installées. Il n'y a pas d'endroit plus sûr. C'est à combien de mètres de profondeur ? La Central London Line ? Cinquante ?

– Ça ne doit pas être très confortable.

– Ils sont guère plus mal que dans leurs taudis. Et les gosses peuvent passer leur journée à faire des tours en métro. »

À la réflexion, ce n'était peut-être pas une si mauvaise idée. Se cacher sous la terre comme un rat. Jamais une bombe ne les toucherait. Mais attendre la fin de la guerre de la sorte me paraissait tout sauf attrayant. Toutefois, en cas d'urgence, ces tunnels offraient un refuge propice. La Liverpool Street Station n'était pas très éloignée de la maison.

« M. Bromley doit être incorporé mardi prochain à Shaftesbury Street, dit alors mon père.

– Vraiment ?

– Il a finalement reçu sa convocation. »

Cette nouvelle me réjouissait. Il ne tarderait pas à être envoyé dans un camp pour y suivre son instruction.

« Et Martin, on a du neuf à son sujet ?

– Il est sur le front occidental.

– Hein ! Et tu me dis ça seulement maintenant ? Depuis quand il est là-bas ?

– À peu près une semaine.

– Il a écrit ?

– Pas encore, mais George Nickless a envoyé une lettre à sa mère et il parle de lui.

– George Nickless, c'est qui ?

– Allerton Street 19. La dernière maison de la rangée. Une famille de cinq garçons. George était le dernier à vivre encore chez ses parents. »

Maintenant, je voyais qui c'était. Leur père était savonnier. Selon Martin, les cinq frères puaient tout le temps le savon noir à des kilomètres à la ronde. George, de deux ou trois ans plus âgé que moi, était le benjamin.

« Qu'est-ce qu'il a écrit au juste ?

– Que le jour où il rentrait de permission, il a vu Martin sur le bateau. Mais Martin ne l'a pas reconnu. »

Une pensée me traversa : il a fait semblant de ne pas le reconnaître.

« Autre chose ?

– Au sujet de Martin, non.

– George est lui aussi chez les Fusiliers ?

– Oui, mais comme soldat de métier. Il a combattu à Mons.

– Et ses frères ?

– L'aîné est à Gallipoli. Lui aussi soldat de métier. Les trois autres se sont portés volontaires. Ils sont encore en période d'instruction.

– Et George, il est où ? m'enquis-je en me disant qu'il était peut-être cantonné dans le même coin que Martin.

– Pourquoi tu me demandes tout ça ? fit mon père en fronçant les sourcils.

– Comme ça, dis-je.

– À Ypres, si je me souviens bien », répondit-il après quelques secondes de réflexion.

Ypres. Une localité que j'étais plus ou moins capable de situer sur une carte, sans être toutefois en mesure de préciser si elle était actuellement le théâtre de violents combats.

« Quelle est la situation, là-bas ?

– Ça suffit, John. Tiens, tu n'as qu'à lire la presse. »

D'un geste ostentatoire, il poussa vers moi la pile de journaux de la semaine.

On se battait partout, à Ypres comme ailleurs, et tous ces combats se traduisaient par des listes de victimes plus longues que jamais. Jour après jour, des milliers de noms, un cortège sans fin de blessés, de morts et de disparus. Le sang bourdonnait contre mes tempes tandis que mes yeux glissaient sur ce champ de bataille de chiffres et de lettres.

« C'est plutôt désastreux », dis-je à mon père.

Il s'occupait de son catalogue. Sur la table, deux épais volumes à couverture en cuir brun foncé dont le dos portait le titre *Daniel Deronda* entre des motifs dorés. Il leva la tête :

« Quoi ?

– Les listes de victimes.

– Ça va de mal en pis, déclara-t-il en regardant ailleurs.

– À Hoxton aussi ?

– Tu ne devais pas réviser ? Quand commencent tes examens ?

– La semaine prochaine. »

Il se repencha sur son catalogue, mais puisqu'il venait lui-même d'aborder le sujet de mes études, je décidai de lui poser à brûle-pourpoint une question qui me tourmentait depuis un certain temps.

« Que va-t-il se passer si je ne décroche pas de bourse ? »

J'espérais l'entendre dire qu'il ferait de nouveau son possible pour réunir l'argent nécessaire, que je réussisse mon année ric-rac ou que je souhaite, en cas d'échec, redoubler. Il tenta d'éluder ma question.

« On verra le moment venu.

– J'aimerais savoir à quoi je dois me préparer, insistai-je.

– Je n'ai pas encore pris le temps d'y réfléchir, John. »

Je ne cessai de le fixer. Finalement, il se ravisa.

« J'en sais rien, admit-il sur un ton apparemment sincère. On vit une période difficile.

– Tu pourrais vendre *David Copperfield*, suggérai-je du bout des lèvres, comptant toujours sur une réponse rassurante. Ça devrait rapporter assez.

– Rien n'est moins sûr.

– Le marché se porte pourtant on ne peut mieux, répliquai-je sous le coup de la surprise. La vente Kipling, ça a rapporté gros.

– C'était en Amérique, John. Et depuis le *Lusitania*, tout le monde est devenu prudent, là-bas aussi. Les prix sont en chute libre. »

Une vague de déception me traversa, ce qui n'échappa pas à mon père. Aussi s'efforça-t-il de me rassurer :

« Bien sûr, rien ne m'empêche d'essayer. À condition que tu réussisses. Un redoublement, on n'en a pas les moyens. »

En s'exprimant de la sorte, il mettait le doigt sur ce que je m'étais refuser à envisager.

Les choses étant ce qu'elles étaient, j'avais déjà perdu bien trop de temps : tout effort pour combler mon retard se serait révélé inutile. Cependant, la pression que mon père faisait peser sur mes épaules me conduisit à tenter le tout pour le tout. Avec le courage du désespoir, je me plongeai dans mes cours, jour et nuit, ne dormant que très peu. Pour renforcer ma motivation, je gardais en permanence à l'esprit deux phrases de William.

Tes études passent avant tout, John. Moi, je n'ai rien à perdre.

Je me sentais obligé de réussir pour mon ami. De mener à bien ce qu'il n'était pas parvenu à accomplir. Seule façon de me racheter après l'avoir abandonné à son sort.

Malgré ma bonne volonté et ma persévérance, la tâche me paraissait surhumaine. Mon cerveau me semblait être une passoire. La plupart des cours, je ne me souvenais même plus y avoir assisté, bien que mes notes prouvassent le contraire. Des notes pas forcément déchiffrables d'ailleurs, maculées de bavures, car le stylographe de Mme Bromley fuyait de plus en plus.

Mes examens, je les passai finalement dans un état second. Après coup, je n'avais aucune idée de ce que j'avais écrit, et quand j'interrogeais d'autres étudiants sur les réponses à donner, ils me citaient des choses dont je n'avais jamais entendu parler. Mon désespoir ne cessa de croître, et par là même mon inquiétude. Quand je remis ma dernière copie, je connaissais déjà le verdict.

J'avais beau m'y être préparé, la gifle me fit très mal, d'autant plus que le jour de la publication des résultats, je vis quelques étudiants de l'année de William revêtus de leur toge, agitant joyeusement dans une main leur mortier et dans l'autre leur diplôme, qui descendaient pour la dernière fois l'escalier de l'University College et s'engageaient en chantant dans Gower Street.

Quand, à mon tour, je sortis du bâtiment un peu plus tard, un jeune homme en uniforme kaki, à peine plus âgé que moi, s'approcha, telle une araignée qui a senti vibrer sa toile.

« Raté ? me demanda-t-il en se balançant légèrement d'une jambe sur l'autre.

– Quoi ?

– On lit sur votre visage que vous avez raté vos examens, reprit-il d'une voix traînante. C'est bien dommage. »

Il avait tenté de mettre de la conviction dans ces derniers mots. Mais ils n'en sonnaient que plus faux.

« Occupe-toi de tes oignons », répliquai-je. Mais, alors que je voulais m'en aller, il me barra le chemin.

« Eh bien, eh bien, je vois qu'on répond à mon amabilité par de la grossièreté. »

Je ne bronchai pas. Mon échec me déstabilisait tellement que je me sentais incapable d'offrir une quelconque résistance. Me croyant de fait disposé à l'écouter, le recruteur se lança dans un monologue que je subis avec résignation.

« Mais bon, venons-en à ce qui nous occupe. Je sais que vous vous sentez mal, cependant rien n'est encore perdu. Pourquoi ne pas envisager vos résultats comme une opportunité ? Plus rien ne s'oppose désormais à ce que vous vous lanciez dans une nouvelle carrière, vous comprenez ? Je ne sais si on vous l'a dit, mais notre pays a un besoin urgent de héros. De véritables héros. Certes, l'érudition, le savoir, c'est important, mais en ce moment, on a beaucoup plus besoin de… de courage, dirons-nous. Il s'agit de défendre notre royaume. Beaucoup de nos concitoyens sont sans défense. Nos vieillards. Nos enfants. Nos femmes et nos fiancées. Vous avez peut-être une fiancée ? (Bien que l'image de Mary m'apparût, je gardai le silence.) J'en déduis que non, reprit le recruteur. Au fond, ça ne me surprend guère. Quelle fille voudrait… Mais bon, laissons cela. J'en étais où ? Ah ! oui, les héros. Tout le monde peut être un héros. Il suffit de le vouloir. D'oser. Des milliers d'hommes vous montrent l'exemple, chaque jour ils font preuve de courage, loin d'ici, face à un ennemi, un peuple d'une barbarie dont on n'a jamais vu l'équivalent sur cette terre. C'est pour ça qu'on a besoin d'encore plus d'hommes… »

C'en était trop pour moi. Si je n'avais pas encore ouvert la bouche, je n'en bouillais pas moins intérieurement. Je pensais à William et à la façon dont il aurait peu à peu enfoncé un coin dans ce genre de propagande.

« Allez vous faire foutre, toi et ton bourre-mou ! m'emportai-je tout à coup. Avec ta kyrielle de mensonges, t'envoies tout le monde à la mort. Des lemmings, voilà ce que vous êtes, tous autant que vous êtes, des lemmings ! »

Je le repoussai d'une bourrade. Avant qu'il n'ait pu dire ouf, je lui avais échappé. Le regard dirigé droit devant moi, je m'éloignai à grandes enjambées. Derrière moi, j'entendis le recruteur crier :

« C'est ça ! Disparais ! Notre peuple t'en sera à jamais reconnaissant ! »

Ce soir-là, quand mon père me demanda comment je m'en étais tiré, ma réponse était prête. J'avais eu tout loisir de la préparer. Durant les heures précédant son arrivée, mes sentiments de culpabilité et de honte n'avaient fait qu'accroître mon désespoir. Le recruteur m'avait forcé à voir la réalité en face. Une seule issue s'offrait à moi. Mais comme je ne pouvais m'y résoudre, un mensonge s'était fait jour en moi ; je le justifiais en me disant – pur sophisme – que je ne voulais pas décevoir mon père.

« J'ai réussi mon année.

– Vrai de vrai ? »

Évitant de le regarder, je hochai la tête.

« Félicitations, mon garçon ! Tu t'inscris donc en deuxième année ?

– Uniquement si on peut payer les frais d'inscription.

– Tu n'as pas décroché de bourse ?

– Je n'ai pas décroché de bourse. »

Une grimace déforma le visage de mon père. Durant un bref instant, son regard qui avait soudain perdu tout éclat erra du côté du rayonnage où, caché derrière un sac de jute, se trouvait l'exemplaire de *David Copperfield*. Puis il se reprit et dit sur un ton décidé :

« Je vais voir ce que je peux faire, John. Je te le promets. »

Le petit couac que je perçus dans sa voix trahissait cependant de manière flagrante combien il lui en coûtait de se défaire de ce livre. Pour la deuxième fois en un court laps de temps, je détournai le regard, honteux.

EN JUILLET, il y eut enfin une accalmie sur le front occidental ; de même, dans les Dardanelles, on sursit à toute offensive d'envergure jusqu'à nouvel ordre. Les Allemands semblaient se concentrer principalement sur l'Est où, avec l'armée austro-hongroise, ils livraient des combats acharnés contre les Russes. C'est du moins ce que relatait la presse que je m'étais remis à lire quotidiennement. Je prêtais une attention particulière aux nouvelles portant sur les Royal Fusiliers de Londres et parcourais, palpitant de peur, chaque liste de victimes, même si les statistiques démontraient que, jusqu'à présent, les Fusiliers avaient été relativement épargnés.

Le front domestique apportait de moins bonnes nouvelles. Après bien des controverses, le gouvernement avait décrété le recensement de tous les hommes ayant entre 15 et 65 ans. Malgré les démentis formulés sur les tons les plus variés, il était manifeste qu'il s'agissait là d'un premier pas vers la conscription. Toutefois, une autre mesure s'annonçait plutôt favorable à mon père qui assurait désormais presque chaque jour toutes les tournées de Hoxton. Le Parlement venait en effet d'adopter une loi donnant aux femmes la possibilité d'occuper tous les emplois réservés jusque-là aux hommes. Y compris dans les fabriques de munitions. Et au sein des Postes. Mon père, néanmoins, doutait que les choses en arrivent là.

« Des femmes facteurs à Hoxton ? Je veux le voir pour le croire. »

Entre-temps, me sentant de plus en plus coupable de lui avoir menti, je m'étais résolu à lui avouer la vérité dans un futur proche. Je m'attendais à susciter sa colère tout en escomptant sa compréhension. Pour l'instant, cependant, il n'avait encore entrepris aucune démarche pour vendre *David Copperfield* ou un quelconque autre livre. Toute sa bibliothèque demeurait à l'abri derrière les sacs postaux qui tiraient toujours plus sur le gris, privés d'air comme des aliments en bocaux. Il ne déclouait un sac que pour prendre les volumes qu'il entendait enregistrer dans son catalogue, non sans replacer la pile précédente et la faire de nouveau disparaître sous le corset de jute.

En ce mois de juillet, la météo se révéla capricieuse. À des journées d'une chaleur estivale succédaient des jours de bruine et même de grêle et de vent ; compte tenu de cela, j'établis un programme de manière à meubler tout le temps dont je disposais. Quand il faisait beau, j'allais à la National Gallery ou dans un autre musée peu fréquenté en cette saison, où régnait une température fraîche et agréable, à moins que je ne me retire dans le silence quasi sacro-saint de la British Library. Par mauvais temps, je restais le plus souvent à la maison pour lire ou faire, des heures durant, des parties de patience. Parfois, une sorte de résignation s'emparait de ma personne, m'enfonçant dans un engourdissement, mais une simple pensée suffisait à retourner la situation :

une tempête, pareille à celle d'un tableau de Turner, s'élevait alors en moi.

Il m'arrivait d'éprouver des difficultés à maîtriser mes émotions, en particulier lorsque je me promenais à Hoxton. Depuis que je savais que M. Bromley suivait sa période d'instruction et que je pouvais donc me risquer dans Allerton Street, Mary hantait de nouveau mes pensées. J'arpentais les rues en espérant y croiser des filles en robe de travail grise, non certes sans une certaine méfiance ; quand, feuilletant les journaux, je tombais sur une réclame pour des chemisiers ou des corsets, je m'imaginais Mary portant ces vêtements. Mais c'est surtout lorsque je lisais quelques lignes de Keats qu'elle m'obsédait ; par moments, le désir qui prenait possession de mes sens me faisait tellement souffrir que je me voyais contraint d'abandonner ma lecture.

Cependant, chaque fois que j'étais sur le point de succomber, le tour qu'elle m'avait joué avec la plume me dissuadait de lui rendre visite : j'appréhendais que ma mésaventure ne se reproduise. Jusqu'au jour où, à ma surprise, je reçus une invitation de Mme Bromley. À assister à la fête d'anniversaire de Mary. Une invitation qu'elle me transmit par l'intermédiaire de mon père.

« Quand ça ? demandai-je à ce dernier, ayant oublié la date exacte de l'anniversaire de la sœur de Martin.

– Après-demain.

– Après-demain, déjà ?

– C'est ce qu'elle m'a dit. Et aussi que tu n'avais pas besoin d'acheter quoi que ce soit. Ta simple présence ravira Mary.

– C'est Mary qui te l'a dit ?

– Mme Bromley. Mais je suppose qu'elle n'a pas inventé ça toute seule. »

Je dus me contenir pour ne pas danser une ronde.

« Eh bien, je vais y aller, non ? fis-je en me contrôlant le plus possible.

– Bien sûr, dit mon père. Mais quoi qu'en pense Mme Bromley, tu ne peux pas te pointer là-bas sans cadeau. »

Bien que mon père m'eût chargé d'acheter des fruits ou des biscuits, du moins de quoi caler l'estomac des filles Bromley, je me mis en quête d'une édition populaire du *Second Livre de la jungle*. Mais dans les deux premières librairies où je me rendis, ils n'avaient pas ce titre, et dans une troisième, uniquement une édition reliée cuir très chère que mon père, en temps normal, eût sans aucun doute aimé acquérir. Aussi fus-je d'autant plus heureux de dénicher, chez un bouquiniste de Fleet Street, un exemplaire de 1895 réunissant les deux volumes du *Livre de la jungle* et rehaussé de nombreuses illustrations, certaines signées John Lockwood Kipling en personne, le père de l'écrivain. Certes, la reliure cartonnée bon marché n'était pas originale, mais le livre n'en paraissait que plus neuf. J'étais tellement fier de ma trouvaille que, le jour même, je la mis sous le nez de mon père. Nullement impressionné par mon achat, il récrimina contre la somme que j'avais déboursée.

« Combien ?! Un shilling et demi ? Cette merde ne vaut même pas un demi-shilling. En plus, des illustrations ont été découpées. Tiens, regarde. »

Il me montra les étroites bandes de papier, à moitié cachées dans la couture le long de laquelle une lame bien aiguisée avait opéré.

Je n'en pris pas ombrage. Le cadeau ferait sans aucun doute le bonheur de Mary. J'emballai le livre, l'entourai d'une faveur et le compte à rebours commença : j'attendais l'heure H comme s'il s'était agi de mon propre anniversaire.

Le jour en question, il faisait un temps magnifique. D'habitude sinistre, le quartier de Hoxton respirait la gaieté. Le soleil se réfléchissait dans les vitres des automobiles. En manches courtes, les cochers saluaient avec bonne humeur les passants qu'ils connaissaient. Sur le rebord des fenêtres ouvertes des cafés, des hommes buvaient de grands verres de bière brune ; dans Brunswick Place, à l'abri d'un parasol, un type, criant à tue-tête, vendait des fraises à la pièce.

En revanche, l'Allerton Street exhalait ses miasmes, peut-être même plus pestilentiels que d'habitude : à cause de la chaleur, les immondices qui encombraient le caniveau et les ordures entassées contre les façades fermentaient. Partout à mon passage, de grosses mouches s'envolaient ; un matou qui prenait la fuite renversa un sac, libérant des asticots blancs qui se mirent à grouiller entre les pavés à la recherche de leur pitance.

Mais bientôt une autre odeur emplit mes narines, sucrée et capiteuse. Je me souvins alors que Mme Bromley, à chaque anniversaire de Martin, de ses sœurs et de moi-même, réunissait ses derniers sous pour préparer des crêpes.

« Surtout, on dit rien à papa », nous prévenait-elle alors, insistant particulièrement sur les mots lorsqu'on fêtait mon anniversaire.

Aujourd'hui, elle perpétuait manifestement la tradition. Par avance, je me réjouissais de me retrouver autour de la table où tout le monde attendrait avec fébrilité que Mme Bromley apparaisse et dépose solennellement l'assiette de crêpes.

Mais alors que j'allais frapper, je fus en proie à une sensation de flottement. La nervosité me gagnait à l'idée d'être dans quelques secondes en présence de Mary. Tel un jeune poulain, je flageolais, pouvant à peine me tenir debout ; j'avais la bouche sèche. Les passants auraient pu croire que je m'apprêtais à demander sa main.

Quand la porte s'ouvrit, je crus me retrouver en face de Mary. Mais je me trompais. C'était Nelly. Elle avait laissé pousser ses cheveux. Elle portait une frange qui décrivait une ligne droite juste au-dessus de ses sourcils. De ce fait, elle ressemblait comme deux gouttes d'eau à sa grande sœur.

« Bonjour Nelly. »

Elle me regarda comme si elle aussi avait besoin d'un moment pour reconnaître qui se trouvait devant elle. Puis, avec enjouement, elle s'écria :

« Hé ! John.

– C'est pour Mary, dis-je en voyant ses yeux se poser sur le cadeau. C'est bien aujourd'hui son anniversaire ?

– Oui, tu arrives juste à temps. Maman a fait une montagne de crêpes.

– Je les ai reniflées de loin », souris-je.

Nelly me rendit mon sourire, pivota avec courtoisie d'un quart de tour pour m'inviter à entrer. Je remarquai alors ses souliers vernis d'un bleu foncé rutilant. Elle qui portait toujours les affaires qui n'allaient plus à Mary…

« Tu as de beaux souliers, murmurai-je.

– Merci », rougit-elle.

S'étirant d'un mur à l'autre, des guirlandes faites de bandes de papier journal décoraient la pièce ; des rubans colorés et des nœuds élégants que je me souvenais avoir vus des années plus tôt ornaient les accoudoirs des chaises. En revanche, c'était la première fois que je voyais de petits drapeaux britanniques trôner sur la table. Sans doute Molly et Poppy les avaient-elles rapportés de l'une des nombreuses parades militaires qu'accueillaient les rues de Londres.

« Bonjour, John. »

Pieds nus, Trudy venait de surgir à pas de loup de la chambre attenante. Tel le prêtre un calice, elle portait devant elle, serré dans ses mains, un pot en terre. Elle aussi avait changé en l'espace de six mois. Centimètres en plus. Visage plus étroit. Prémices de seins.

Elle posa le pot au milieu de la table. Il était rempli à ras bord de sucre cristallisé, infiniment plus cher que le succédané auquel la maisonnée était habituée. Apparemment, Mme Bromley n'avait pas eu besoin d'être regardante. Souliers neufs pour Nelly. Du sucre pour foyers aisés. Je commençai à comprendre comment elle avait mis la main sur cet argent. Depuis que son mari était sous les drapeaux, le gouvernement lui versait une indemnité hebdomadaire, non seulement pour elle-même, mais aussi pour chacun des enfants – au total une somme plutôt rondelette.

« C'est comme ça qu'ils appâtent les pauvres. De la chair à canon bon marché », m'avait dit un jour William.

Au moment même où je me demandais où se trouvait Mary, Nelly déclara, comme si elle avait lu en moi :

« Derrière toi. »

Je regardai par-dessus mon épaule. Une couronne en papier sur la tête, Mary occupait le fauteuil, déplacé pour l'occasion de l'autre côté de la pièce et enveloppé de bas en haut de vieux draps et de vieux chiffons. Elle avait adopté une pose quelque peu crispée, mains raides sur les cuisses, pareille à une princesse assise contre son gré sur le trône. Quand elle constata que mes yeux s'attachaient à la couronne, elle s'empressa de l'ôter.

À supposer que je me fusse posé des questions sur l'effet que ça me ferait de la revoir, l'émoi que j'éprouvai aurait fait disparaître sur-le-champ mes derniers doutes. Une sensation de picotement me parcourut, comme si l'on venait de me plonger dans un bain chaud. Le rouge me monta aux joues. Si Molly et Poppy n'étaient pas apparues à ce moment-là en criant, je serais sans doute resté planté sur place pendant un certain temps, bouche bée, flageolant comme un nigaud qui a avalé sa langue.

« À table ! À table ! Voilà les crêpes ! »

Avec une distinction de laquais, les jumelles précédaient leur mère qui apportait une pyramide fumante de crêpes. La pièce se remplit d'une odeur sucrée.

« John, quelle surprise ! » s'écria Mme Bromley dès qu'elle me vit.

Elle me parut plus maigre encore que dans mon souvenir. Joues creusées, avant-bras décharnés qui révélaient, sous la peau ridée, la forme des os.

« Oui, et il a un cadeau pour Mary, dit tout de suite Nelly.

– Eh bien, elle va être contente, enchaîna Mme Bromley.

– Je l'espère », lançai-je.

Par-dessus mon épaule, je jetai un nouveau coup d'œil sur Mary, qui esquissa non sans mal un sourire. Une des jumelles mit à profit ce moment d'inattention de ma part pour bondir tel un chat et m'arracher le paquet des mains.

« Je vais le lui donner, s'exclama-t-elle, s'approchant en moins de deux de sa sœur et lui tendant le cadeau non sans exécuter une petite révérence. S'il te plaît, de la part de John.

– Molly, c'est pas très gentil de faire ça », protesta Mme Bromley.

D'un geste, je lui fis comprendre que je n'en prenais pas ombrage. Mais en mon for intérieur, je maudissais la gamine. Je m'étais imaginé en train de remettre moi-même le livre à Mary, mes doigts frôlant les siens, apparemment par inadvertance.

Mary considéra le paquet comme si elle tenait un animal mort. Selon toute vraisemblance, elle devinait qu'il contenait un livre. Je regrettai aussitôt de ne pas lui avoir acheté du chocolat.

« Mais ouvre-le, commanda Molly. Regarde, je vais t'aider. »

Elle se plaça entre sa sœur et moi. J'entendis un bruit de papier qu'on déchire sans précaution.

« Un livre, fit Mary d'une voix peu enthousiaste.

– Un livre ?! s'écria Molly. Qu'est-ce que tu vas faire d'un truc cucul comme ça ? »

Submergé de honte, je ne savais où me mettre. Sans attendre, Mme Bromley intervint sur un ton furibond :

« Molly, tu vas la fermer, oui !

– Beurk, en plus, c'est un vieux bouquin tout sale, reprit Molly, peu impressionnée par la remontrance de sa mère et, regardant par-dessus son épaule, elle fit une grimace à Poppy qui éclata de rire.

– Ce sont les deux parties du *Livre de la jungle* en un seul volume, m'empressai-je de préciser. Une édition très rare. Certaines illustrations ont été dessinées par le père de l'écrivain. Ça rend l'exemplaire d'autant plus…

– Maman, on les mange les crêpes, oui ou non ? » m'interrompit Molly.

S'approchant de la table, elle me permit enfin de pouvoir reposer les yeux sur Mary. Celle-ci feuilletait le livre comme s'il s'était agi d'un assemblage de pages blanches.

« Merci bien, John, fit Mme Bromley. Un livre, c'est toujours une bonne idée. Les filles lisent pas assez.

– Lire, c'est barbant, maman, commenta Molly. Alors, on les mange les crêpes à la fin ? »

Révélant son impuissance, Mme Bromley leva les mains en l'air et s'excusa par le moyen d'un sourire. Non sans mal, j'en esquissai un à mon tour.

« Bon, allons-y, à table, lança-t-elle. Toi aussi, John, y en a bien assez pour tout le monde ! »

J'aurais préféré rentrer sans délai, queue entre les jambes comme un matou en rut qui vient de se prendre un seau d'eau sur l'échine, mais Mme Bromley, qui avait déjà tiré une chaise de sous la table, attendait, une main sur le dossier, que j'y prenne place. Du coin de l'œil, je vis Mary se lever. Elle laissa le livre dans le fauteuil, grand ouvert, à plat, ce qui me fit craindre le pire pour le dos du volume.

Pendant la collation, Mary était assise plus ou moins en face de moi. De ses doigts, elle prenait de petits morceaux de crêpe qu'elle mangeait sans guère les savourer. Elle ne m'accordait pas le moindre regard ; mon sentiment de n'être qu'un mendiant qui, tel un intrus, se serait invité à ces agapes ne fit que s'accroître. Tandis que ses sœurs s'empiffraient sans prendre le temps de respirer, j'avais pour ma part bien du mal à avaler la moindre bouchée.

À mes côtés, Mme Bromley ne cessait de me parler, comme si elle redoutait qu'un silence ne se fît. Entre deux phrases, elle prenait tout de même le temps de picorer une bouchée de rien du tout. Ne l'écoutant que d'une oreille distraite, je l'entendis raconter que Molly et Poppy, pendant leurs vacances, lui donnaient un sacré coup de main pour les tâches ménagères, que Nelly et Trudy avaient abandonné l'école pour travailler dans une usine qui produisait des toiles de tente, et que Mary, quant à elle, avait été embauchée dans une fabrique de munitions.

« Ouais, et elle a les ongles tout noirs de poudre, la taquina Molly.

– Si elle s'approche d'une flamme, elle va exploser », enchaîna Trudy en gloussant.

Mary lui flanqua une bourrade dans l'épaule. Pour la première fois depuis que nous étions passés à table, mon regard croisa le sien, mais avant que je n'aie pu le sonder, elle l'avait posé sur quelqu'un d'autre.

Apprendre qu'elle était employée dans une fabrique de munitions me surprenait désagréablement. Quand je l'avais croisée avec ses amies dans la rue, je m'étais demandé, au vu de sa tenue, où elle travaillait. Rien d'étonnant à ce qu'elle s'en soit pris à moi puisqu'elle baignait au quotidien dans le climat de l'industrie de guerre, sous le flot de la propagande.

Peut-être me fallait-il tenter de l'attirer dehors. Je regardai autour de moi à la recherche de Shakespeare avec qui nous pourrions aller nous promener.

« Shakespeare n'est pas là ? demandai-je, ne le voyant nulle part.

– Il a encore fugué, répondit Nelly.

– Depuis longtemps ?

– Depuis hier.

– Oui, depuis hier, confirma Molly en mâchonnant.

– C'est l'époque des chaleurs, ajouta Mme Bromley. Demain ou après-demain, il sera de retour. Ses vieux os ne le portent plus aussi loin qu'il le voudrait. »

Mon projet tombait à l'eau. Il me fallait imaginer autre chose pour parler à Mary entre quatre yeux.

« Comment va ton père ? reprit Mme Bromley en se tournant de nouveau vers moi.

– Il est très occupé. Il est rarement à la maison. »

Mme Bromley hocha la tête en marquant une certaine hésitation. Elle donna l'impression de vouloir ajouter quelque chose puis de se raviser. Quelques secondes plus tard, elle se pencha tout de même vers moi et me confia à mi-voix :

« Je me fais du souci à son sujet. »

Je la considérai d'un air interrogateur. Elle rapprocha sa chaise.

« Comment dire..., continua-t-elle comme à contrecœur. Avant, tu sais, y faisait toujours un brin de causette, mais maintenant... c'est à peine s'y dit bonjour.

– Moi, je ne l'ai jamais connu autrement », fis-je pour dissimuler mon propre sentiment de malaise.

Je luttais toujours contre ce que je lui avais fait croire. Mon mensonge expliquait peut-être en partie sa morosité redoublée.

« C'est pas ça, cette fois, y a vraiment quelque chose qui cloche, insista Mme Bromley avec gravité. Et il est tout maigre. Il mange normalement ?

– Pas moins que vous. »

Un sourire forcé se dessina sur ses lèvres. Sans plus tarder, je lui demandai si mon père lui avait glissé un mot sur mes résultats.

« Oui, au fait, mes félicitations, s'exclama-t-elle, réjouie. Chapeau, tu t'es bien débrouillé.

– Merci, dis-je d'une voix bien peu franche.

– Et qu'est-ce que tu vas faire maintenant ? »

Pour éviter de m'enfoncer dans mes mensonges, je m'adressai à Trudy :

« Tu peux me passer le sucre, s'il te plaît ?

– Tu continues tes études ? s'obstina cependant Mme Bromley.

– Sans doute, oui. »

Mon regard se porta sur Mary. Alors qu'elle m'avait fixé pendant que je m'entretenais avec sa mère, elle détourna tout de suite les yeux. Je repensai à la façon dont elle m'avait offensé en pleine rue. Manifestement, son jugement à mon sujet n'avait pas changé.

« Regarde, John, Martin en uniforme. Un gros dur, hein ? »

Nelly, qui venait de surgir derrière moi, me mettait un cadre sous le nez. Je me penchai en arrière pour mieux contempler la photo. Dans une pose altière, devant un paysage arborisé peint, Martin se tenait de trois quarts ; de sous la visière de sa casquette, il fixait avec aplomb l'objectif. Son ceinturon lui serrait la taille ; un baudrier à cartouches en cuir courait en diagonale sur son torse. Dans le dos, il portait un havresac, apparemment bien rempli. Mais ce qui frappait le plus, c'était son bras gauche, semble-t-il délibérément tendu en avant et dont l'insigne cousu sur la manche sautait aux yeux.

« Oui, un gros dur, commentai-je sans mettre beaucoup d'intonation dans ma voix.

– C'est le meilleur tireur de tous ! s'exclama avec fierté Poppy.

– Et il a plus un cheveu sur le caillou ! » brailla Molly, entraînant ses sœurs dans son fou rire.

Seule Mary resta impassible. Je devinai qu'elle avait les larmes aux yeux. À côté de moi, Mme Bromley remuait sur sa chaise comme si elle s'y sentait à l'étroit. Me penchant vers elle, je me voulus rassurant :

« Le calme est enfin revenu sur le front.

– Même là où est Martin ?

– Partout. En France, en Belgique, sur tout le front de l'Ouest.

– Y se battent plus, alors ? demanda-t-elle avec un mélange d'incrédulité et d'espoir.

– Plus beaucoup, insistai-je, si ce n'est à l'Est. À des milliers de kilomètres d'ici. Là-bas, il n'y a aucune de nos troupes. Vous n'avez vraiment pas besoin de vous en faire. »

Mme Bromley se préparait à dire quelque chose quand, soudain, la voix de Mary résonna dans la pièce :

« Et Woody Cunningham alors ? »

Je me figeai sur ma chaise. Le visage de Mme Bromley s'assombrit. Non sans tergiverser, je me tournai vers Mary. Sa bouche révélait une rage contenue :

« Woody ?

– Woody, il était en France ! me rabroua-t-elle, le regard foudroyant.

– Mary, tais-toi », siffla Mme Bromley.

Mais Mary n'entendait pas se taire. Sur un ton dramatique, elle s'emporta :

« Les Huns l'ont tué ! Il est mort !

– Mary ! cria Mme Bromley.

– Mais il s'est battu comme un lion, cria sa fille plus fort encore. C'est un héros, un vrai héros ! Pas un poltron, lui !

– Mary, ça suffit ! » fulmina Mme Bromley en tapant du plat de la main sur la table.

Dans un mouvement de rage, Mary se leva et alla se jeter dans le fauteuil. Sous son poids, le livre émit un craquement, bruit qui se dissipa tout à fait sous celui des pleurs amers qui remplit bientôt toute la pièce en pénétrant chaque fibre de mon corps.

Peu après, je pris congé. Mme Bromley m'accompagna dehors.

« Je suis vraiment désolée, John, s'excusa-t-elle. Elle vient juste de l'apprendre. Je savais pas du tout que ça la mettrait dans cet état. En t'invitant, je pensais qu'elle chasserait ces idées. Je suis franchement désolée.

– Ce n'est rien, Mme Bromley, répliquai-je, indolent, sentant sa main osseuse et froide sur mon bras.

– Elle a évidemment peur que Martin, lui aussi… ajouta-t-elle en me serrant le bras. Qu'en penses-tu, John ?

– Quoi ?

– Martin. J'ai tellement peur que lui aussi… »

Je n'avais plus la force de penser à quoi que ce soit. Pour ne pas la blesser, je lui répondis mécaniquement :

« Ça se passera bien, Mme Bromley. Martin se tire toujours d'affaire. Il est comme Shakespeare. Il a sept vies. »

Ma voix grêle ne me sembla guère convaincante, bien au contraire. Pourtant, un sourire ourla sa bouche.

« Sept vies, dit-elle. Y doit bien lui en rester quelques-unes, alors. »

WOODY CUNNINGHAM MORT, le cœur de Mary ne continuait pas moins de battre pour lui. Et rien ne changerait tant que je ne m'engagerais pas. Ce constat me rendit fou de désespoir. Aussi, dans les jours qui suivirent, je gagnai Victoria Park où l'on avait annoncé un grand meeting de recrutement, rehaussé par un discours du maire de Stepney et le témoignage d'un caporal décoré de la Victoria Cross. Les notes de *Come on and join* joué par une fanfare me parvinrent de loin.

« S'engager pour une fille ? se gaussait William sous mon crâne. Comme c'est romantique ! John, j'en ai le cœur qui fond. » Dans mon imagination, je le voyais s'amuser à rouler les yeux.

De fait, le doute m'envahit de nouveau et, pour finir, je rentrai à la maison avant même le début de la réunion publique.

Malgré tout, l'idée de revêtir l'uniforme ne cessait de bourdonner dans ma tête comme une mouche bleue. Woody était un héros et moi un lâche, un poltron.

Il s'est battu comme un lion !

Les mots de Mary… Or, qu'est-ce que je faisais, moi ? Je lisais et jouais aux cartes. Et je mentais. D'abord à mon père, ensuite à Mme Bromley. Je me dégoûtais toujours plus; peu à peu, il m'apparut que cela ne pouvait plus durer.

« Il faut que je t'avoue quelque chose », dis-je un soir à mon père.

On était en guerre depuis exactement un an. Assis dans la pièce de devant, je n'avais pas quitté la maison de la journée; à chaque bruit qui retentissait dehors, je levais les yeux sur la porte dans l'espoir de voir apparaître Martin comme douze mois plus tôt, pour m'annoncer cette fois la fin de la guerre.

La porte, cependant, resta fermée jusqu'au retour de mon père.

Nous terminions de dîner quand je lui adressai la parole. Pendant le repas, nous avions à peine échangé un mot.

« Je t'ai menti, lui avouai-je. J'ai raté mes examens. »

Je m'attendais à une explosion de colère, mais mon père demeura calme. Il se contenta de dire :

« Et maintenant ?

– J'en sais rien.

– Tu veux redoubler ?

– Peut-être.

– Tu penses à faire ton service ?

– J'en sais rien », répondis-je avec franchise.

Mon père poussa un profond soupir. Je me tâtais : allais-je lui révéler ce qui me tourmentait ?

« Woody Cunningham, lançai-je. T'as entendu ? »

Bien sûr qu'il devait être au courant. Peut-être avait-il lui même apporté la funeste nouvelle aux parents. Il hocha brièvement la tête.

« C'est un héros, dis-je.

– Ils le sont tous, John, commenta mon père avec dédain, une réponse qui me déstabilisa.

– Il s'est quand même battu comme un lion.

– Comme tout le monde.

– Comment… bredouillai-je sans comprendre où il voulait en venir.

– Ils meurent tous de la même façon, John, précisa-t-il, catégorique. Sans souffrir. Une balle dans le cœur. Point final.

– Mais c'est pas comme ça que ça se passe ? relevai-je, dubitatif.

– Tu veux aller servir une autre version aux familles ? »

Je cherchais une réponse à lui fournir quand je compris qu'il s'agissait d'une question rhétorique.

« Mais qui présente les choses sous ce jour ?

– Un des officiers sous lesquels servaient les victimes. Après coup. Dans une lettre qu'il écrit lui-même. »

Il avait effleuré ce sujet, je m'en souvenais à présent, le jour où il m'avait appris l'existence des formulaires qu'on le chargeait de remettre aux familles. « Il arrive qu'ils reçoivent une lettre », avait-il précisé.

« Et ces officiers écrivent tous la même chose ?

– Plus ou moins.

– Mais en réalité, c'est un tissu de mensonges ?

– Ils tournent la vérité à leur avantage, nuança mon père. C'est ce que veulent entendre les familles. Leur unique consolation.

– Les parents de Woody en ont reçu une ? (En guise de réponse, il me servit un silence éloquent.) Woody n'est pas un héros alors ?

– Qu'est-ce qu'un héros ? » conclut mon père, avant de se lever pour débarrasser la table.

Peu à peu, tout s'apaisa dans ma tête. J'étais soulagé d'avoir enfin avoué mon échec à mon père et plus encore de l'avoir vu faire preuve d'une belle maîtrise de soi. Mon soulagement découlait aussi de la conviction que, tout bien considéré, Mary se laissait abuser par une fable. Comme mon père, William avait émis des réserves à propos des causes de décès qui figuraient sur les formulaires : *Killed in action*. Il avait même qualifié cela d'héroïsme à deux balles. Dès les premiers mois de la guerre, il présumait que de nombreux soldats perdaient la vie sans même avoir passé une minute sur le champ de bataille et que certains se supprimaient par désespoir en se tirant une balle dans la tête.

Mensonges que tout cela, une kyrielle de mensonges! s'était-il écrié.

Le temps lui avait donné raison.

Les propos de mon père avaient refroidi mon envie de m'engager. Certes, revêtir l'uniforme me permettrait peut-être de conquérir le cœur de Mary, mais pour en tirer quel avantage si je tombais à mon tour les armes à la main ? Mon nom ne serait rien de plus qu'une ligne dans le journal, enfoui entre ceux de tous les autres prétendus héros.

Je reportai ma prise de décision. Il m'était impossible de faire abstraction des propos de Mme Bromley : mon père n'allait pas bien. Aussi, me refusant à exercer une pression inutile sur lui, j'évitai de reparler du financement de mes études. Après tout, si je choisissais de redoubler, il restait deux mois avant le début des cours.

Mais, quelques semaines plus tard, quand un homme passa un soir nous remettre des formulaires d'enregistrement, je me dis qu'avant même que je saute le pas, quelqu'un allait peut-être décider à ma place.

« Le Registre national. »

C'est ainsi que l'agent recenseur se présenta quand mon père lui ouvrit la porte. Il faisait partie des nombreux hommes à s'être portés volontaires pour aller de maison en maison.

Raide comme un gardien de prison, mon père restait dans l'encadrement de la porte.

« Je vous apporte les formulaires d'enregistrement », expliqua l'homme avant d'ajouter, devant le silence auquel il faisait face : « Le questionnaire que vous devez remplir. »

Mon père finit par lui répondre, et sa réponse me surprit :

« Je me dépense déjà assez pour mon pays. »

Apparemment bien averti, le recenseur ne se montra en rien décontenancé :

« Je n'en doute pas, monsieur, mais tout le monde ayant entre 15 ans et 65 ans doit remplir le formulaire avant lundi. »

Mon père grogna quelques paroles incompréhensibles, toujours planté sur place, jambes écartées, me masquant le visiteur. Ce dernier formula alors sur un ton formel la question qu'il posait partout :

« Combien de personnes ayant entre 15 ans et 65 ans dormiront ici ce dimanche ?

– Comment voulez-vous que je le sache ? s'irrita mon père.

– En temps normal, monsieur, fit l'agent recenseur qui gardait un calme olympien. Vous, je suppose. Quelqu'un d'autre ?

– Mon fils, lâcha mon père, mettant fin à l'espoir que je caressais encore.

– C'est tout ? (Mon père hocha la tête d'un coup sec.) Dans ce cas, voici deux formulaires, reprit l'homme sans tergiverser. Un pour vous et un pour votre fils. Remplissez-les à l'encre indélébile. Je passerai les prendre d'ici quelques jours. Je vous souhaite une bonne soirée. »

Mon père demeura immobile quelques secondes de plus, puis il se retourna en poussant un soupir. Sur son visage déjà marqué par les intempéries, les rides paraissaient plus profondes encore que d'habitude.

Il se rassit et me passa un des documents.

« Il faut que tu le remplisses, me dit-il d'une voix monocorde.

– J'ai cru le comprendre. »

Mes yeux parcoururent les nombreuses questions. Les deux dernières avaient soulevé nombre de débats dans les journaux.

Avez-vous d'autres aptitudes professionnelles que celles que réclame votre emploi actuel, et si oui, lesquelles ? Êtes-vous en mesure d'exercer les aptitudes en question et êtes-vous prêt à le faire ?

Aux réserves que m'inspiraient ces questions s'ajoutaient mes incertitudes sur les réponses que l'on attendait de moi. Écrire que je n'avais pas développé la moindre aptitude, c'était signer pour un aller simple vers les tranchées, alors qu'un minimum d'expérience dans le travail du bois, du fer ou quoi que ce soit d'autre pourrait, qui sait, se traduire par un poste dans une usine en Angleterre ou dans un atelier éloigné des premières lignes.

Tandis que je restais paralysé devant le formulaire, mon père remplissait le sien. Sans perdre de temps à réfléchir, il inscrivit ses réponses, puis se contenta de tracer un trait derrière les deux dernières questions.

À contrecœur, je m'y mis à mon tour.

Mon nom. Ma date de naissance. Mon adresse.

Avais-je des enfants à charge ? Non.

Devais-je subvenir aux besoins de tiers ? Non.

Étais-je employé par le gouvernement ? Non.

La question portant sur ce que je faisais pour gagner ma vie me laissa dans l'embarras. Ne rien répondre revenait, me semblait-il, à inviter les autorités à m'appeler sans délai sous les drapeaux. Aussi, après avoir longuement pesé le pour et le contre, j'écrivis « étudiant » puis, à l'emplacement prévu pour l'adresse de l'employeur, « University College, Gower Street, London ». Enfin, à l'instar de mon père, je traçai un simple trait au niveau des deux dernières questions.

Le lendemain, je reçus une carte de Martin. Je la trouvai peu après m'être levé. Dès le premier coup d'œil, je reconnus ses pattes de mouche.

« Tous roule ici. Pas vus encore de Fritz. Mais entendues des bombes. M. »

Les fautes d'orthographe me tirèrent quelques ricanements. Combien de fois ne l'avais-je pas chicané à ce sujet ?

« Tant que t'arrives à m'lire, qu'est-ce qu'on en a à foutre ? » se hérissait-il alors.

Le cachet postal mentionnait comme date d'envoi le 16 août. La carte avait donc mis plus d'une semaine pour arriver. Au verso figurait un autre tampon, un triangle rouge et la mention *Passed by censor*.

Le censeur n'avait pas laissé passer ce courrier sans intervenir. Cela m'apparut quand j'observai le recto. Il représentait une grande place où se dressaient des maisons à pignons à échelons ainsi qu'un imposant bâtiment surmonté d'une tourelle. Hormis, çà et là, quelques enfants et adultes auxquels le photographe avait sans doute demandé de ralentir le pas jusqu'au moment où il serait prêt, la place était déserte. En haut à gauche on lisait les mots « Grand-Place – Groote Markt » ; quant au nom de la ville, la main du censeur l'avait rendu illisible. Barré à l'encre noire.

Tenant la carte à contre-jour, je tentai de déchiffrer chacune des lettres. En vain. Mais en grattant doucement du bout de l'ongle, j'eus la joie de les voir apparaître : P-o-p-e-r-i-n-g-h-e.

Moins d'une minute plus tard, j'avais rassemblé tous les journaux qui traînaient à la maison. Nombre d'entre eux reproduisaient des cartes. Je trouvai Poperinghe sur l'une d'elles qui fournissait maints détails sur le front occidental. La localité était située en Belgique, tout près de la frontière française, à l'ouest d'Ypres que la ligne de front contournait en une grande courbe. Une route rectiligne reliait les deux cités.

Il n'y avait donc rien de surprenant à ce que Martin, ainsi qu'il l'écrivait, entende des bombes. Tel l'orage qui gronde, le vent poussait probablement dans sa direction le bruit des mortiers et d'autres tirs d'artillerie.

Poursuivant mes recherches dans les journaux, je découvris que Poperinghe était une ville de garnison. Les troupes britanniques y stationnaient pour reprendre leur souffle après avoir livré des combats. En retrait de la ligne de front depuis le début des hostilités, elle avait moins souffert qu'Ypres, pour sa part en grande partie détruite.

Entre-temps, le théâtre des opérations s'était pour l'essentiel déplacé à Verdun, ville du nord-est de la France, à des centaines de kilomètres de Poperinghe. Pour le moment, Martin ne courait donc pas grand risque, quand bien même il devait certainement trépigner d'impatience de participer aux combats.

J'aurais voulu lui répondre sur l'heure, mais cette fois encore, il s'était contenté de mentionner l'initiale de son prénom. Ni numéro matricule. Ni bataillon.

Il persistait à se cacher dans la peau de son frère mort.

À son retour le même soir, mon père m'apprit que Mme Bromley avait également reçu une carte. Celle-ci montrait la rue de la Gare d'un lieu dont le nom était là aussi barré à l'encre.

« Sans doute Poperinghe. Regarde, lui dis-je en lui tendant la carte dont j'avais gratté la marque de la censure.

– Pop, fit-il en appuyant sur la syllabe. Eh bien, il va pas manquer de s'amuser.

– Comment ça ?

– Vin et bière à flot, filles au caboulot. »

On aurait dit le refrain d'une chanson, à moins que ce ne fût le passage d'une lettre que des parents lui avaient demandé de lire à haute voix.

« C'est sûr, Martin ne va sûrement pas s'en plaindre », ricanai-je.

Mon père considérait les brèves phrases envoyées par mon frère de lait.

« Qu'a-t-il écrit à sa mère ? demandai-je.

– Exactement la même chose. Pas un mot de plus, pas un mot de moins.

– Il a opté pour la facilité.

– On ne peut pas lui reprocher de ne pas avoir écrit.

– C'est vrai, acquiesçai-je avant de m'enquérir de la réaction de Mme Bromley.

– Elle a montré un grand soulagement, admit-il, corroborant mon intuition. D'autant plus que le matin avait mal commencé.

– Une mauvaise nouvelle ?

– Shakespeare est mort.

– Oh ! non, pas possible. Que lui est-il arrivé ?

– Elle l'a trouvé mort ce matin. Il avait passé la nuit à pleurer. »

Un frisson me parcourut le dos. Sa mort m'émouvait plus que je n'aurais pu le supposer, peut-être parce que je considérais qu'il faisait depuis toujours partie de ma vie – alors que j'avais presque 10 ans quand Martin l'avait sauvé des eaux ! Je partais pour ainsi dire de l'idée qu'il ne mourrait jamais, qu'il reviendrait de la mort tout comme il revenait, au bout de plusieurs jours, de chacun de ses vagabondages.

Mais cette fois, il était parti pour de bon.

« Y a aussi un paradis pour les chiens ? avait demandé un jour Martin à sa mère.

– Bien sûr, avait-elle répondu. Un paradis plein de pilons de poulet et d'os à moelle, bien plus qu'il ne pourrait rêver en avoir de toute sa vie.

– Je veux aller au même paradis », avait soupiré Martin.

La nouvelle n'allait sans doute pas ébranler Martin. Depuis longtemps, il n'accordait plus guère d'attention à son chien.

Pourtant, Shakespeare lui était resté fidèle. Il en avait donné une fois de plus la preuve au Victoria Park quand il avait reconnu Martin parmi les autres recrues.

« Le cœur d'un chien, il suffit de le gagner une seule fois », aimait à dire Mme Bromley.

Ce en quoi elle avait raison. Shakespeare n'avait jamais oublié le garçon qui lui avait sauvé la vie.

DÉBUT SEPTEMBRE, nous reçûmes les certificats d'enregistrement accompagnés d'un impératif catégorique : il nous fallait les porter sur nous en permanence pour être en mesure de les présenter à toute personne habilitée à nous les demander. Il s'agissait de cartes à deux volets qu'on glissait dans la poche, portant sur le premier les armoiries du royaume et, en dessous, en caractères gras : *NATIONAL REGISTRATION ACT 1915*.

Un peu tendu, j'écartai les volets. D'une écriture élégante, une main y avait inscrit mon nom suivi de mon âge, de mon adresse et, enfin, de deux mots qui m'ôtèrent sur-le-champ mes dernières illusions : *Sans profession.*

« Tu dois signer en bas », me dit mon père.

Il posa le doigt sur l'espace vierge au-dessus de *God save the King.*

Apathique, je lui obéis.

Les jours suivants, j'étais d'humeur sombre. Il me fallait prendre une décision. Mais entre redoubler et m'engager, j'hésitais toujours. Allais-je écouter mon esprit ou mon cœur ? La raison ou les sentiments ? William ou Mary ? C'était à cela que mon choix se résumait, c'était cela qui le rendait si difficile.

Mon père ne m'avait toujours pas sondé plus avant sur mes intentions. Il ne voyait d'ailleurs aucun motif de précipiter les choses. Tant que je repoussais ma décision, rien ne l'acculait à vendre le moindre de ses livres.

De toute façon, il était toujours très occupé, tellement occupé qu'il en délaissait bien malgré lui son catalogue. Le cahier dépérissait sous son lit, dans un tiroir ; hors de notre vue, derrière la jute, les livres menaient leur propre vie. Parfois, je le surprenais l'œil rivé sur ces parois de toile, tel un banquier fixant un coffre-fort pillé.

Bien peu de nouvelles nous parvenaient de la guerre. Sur le front occidental, les troupes britanniques connaissaient dans l'ensemble un été calme. La bataille faisait surtout rage à l'est entre les Russes et les Allemands. Ce fut finalement de Londres même que nous parvint le message le plus alarmant ; mon père m'en fit part avant que les journaux n'en parlent.

« La nuit dernière, Londres a été de nouveau bombardée. »

J'avais apparemment dormi comme un loir sans rien entendre du tout. Cette pensée me glaça. Mais mon père me rassura :

« Les bombes ont touché l'autre côté de la Tamise. Rotherhithe, Greenwich, Charlton, ces quartiers-là.

– Beaucoup de victimes ?

– Une famille de trois jeunes enfants à Deptford, répondit-il sur un ton étonnamment détaché. Et un nombre encore indéterminé à Rotherhithe et New Cross. »

Un surcroît de fatigue expliquait sans doute la torpeur de mon père. Aussi, le voir se coucher tout de suite, alors qu'il n'était pas encore 21 heures, ne me surprit guère.

Le reste de la soirée, dans ma chambre, je m'efforçai de me plonger dans un roman, mais le moindre bruit me tirait de ma lecture. Voix provenant de la cour, train qui partait, aboiement d'un chien, grincements du lit dans lequel mon père se retournait. À chaque fois, je levais les yeux, tendais l'oreille en arrêtant de respirer jusqu'à ce que le silence se rétablît.

Vers 10 h 45, je décidai de me coucher, non sans penser que je mettrais du temps à m'endormir ; je gagnai la pompe dans la cour pour y chercher de l'eau pour ma cuvette. Tout en actionnant le levier, le regard tourné vers le ciel, je sentais l'angoisse s'immiscer sous ma peau. À cause de la nouvelle lune, l'obscurité était totale. Je parvenais tout au plus à distinguer les quatre murs d'enceinte. Pas la moindre fenêtre éclairée. Le seul rai de lumière perceptible provenait de la porte de ma chambre.

L'idée qu'un monstre invisible se déplaçait peut-être au-dessus de ma tête m'oppressait. Une forme de soulagement me gagna quand mon seau fut plein. Une dernière fois, je scrutai le ciel. À l'est, une lueur jaune pâle venait d'apparaître ; elle sondait la voûte sombre. Bouche bée, je demeurai sur place ; soudain, une traînée d'étincelles blanches déchira les ténèbres, accompagnée d'un proche crépitement accompagné de vifs staccato. Bien que les projecteurs n'eussent encore rien intercepté dans leurs faisceaux, je laissai tomber le seau dans un réflexe inconscient et partis en courant. Au-dessus de moi, des fenêtres s'ouvrirent, des cris retentirent.

Je me précipitai dans notre sous-sol et m'immobilisai sans savoir quoi faire. Je me souvins des propos de mon père au sujet du métro. Là où on était en sécurité. Combien de temps fallait-il pour se rendre à pied à Liverpool Street Station ? Quelques minutes tout au plus. Au-dessus de ma tête retentirent des pas. Une porte que l'on claque. Les voisins quittaient leur logement. Une forte détonation fit alors trembler le sol sous mes pieds, tandis qu'un morceau de plâtre tombait du plafond. J'appelai mon père et, en deux enjambées, je fus dans l'autre pièce.

Il se tenait assis dans son lit. Depuis ma chambre, ma lampe projetait une lueur jaunâtre sur son visage défraîchi.

« On nous bombarde ! Il faut fuir ! criai-je en me dirigeant vers la porte d'entrée sans me retourner.

– John, où vas-t… » entendis-je avant de me carapater.

En haut de l'escalier, je m'arrêtai. Du toit du Guildhall s'élevaient trois colonnes lumineuses jaune paille ; telles des épées étincelantes, elles se croisaient dans le ciel à la recherche de quelque chose qui demeurait invisible. D'un autre toit partaient les zébrures blanches des projectiles antiaériens qui s'éteignaient à une certaine altitude sans rien avoir atteint. Je me demandais si j'allais reprendre ma course quand une forte explosion se fit entendre à proximité du Guildhall. Sans plus attendre, je pris mes jambes à mon cou.

Dans Norton Folgate, les phares de véhicules à l'arrêt jetaient une lueur pâle sur la chaussée. Debout dans la rue, tête renversée en arrière, certains conducteurs observaient les faisceaux lumineux qui poursuivaient leur valse lente. Çà et là retentissaient Klaxon et coups de trompes nerveux. Sur le trottoir aussi, des gens immobiles scrutaient le ciel comme s'ils se refusaient à croire que Londres subissait une nouvelle attaque tant qu'ils ne l'auraient pas constaté de leurs propres yeux. D'autres passants prenaient tout comme moi la direction de Liverpool Street Station.

Dans Bishopsgate, il y avait encore de la circulation. La plupart des personnes ne semblaient pas conscientes du danger qui planait au-dessus de leurs têtes. Un camion au lourd chargement roulait au pas, suivi d'un omnibus dont les passagers, derrière les vitres, n'étaient que des ombres. Devant ces véhicules, un cocher maniait son fouet pour mener droit ses chevaux qui poussaient des hennissements fébriles.

« Là-haut ! Regardez ! Là-haut ! »

Les cris provenaient d'un homme perché sur l'hippomobile. À l'arrière de la voiture, il venait de se redresser et tendait le bras en l'air.

À mon tour, je levai les yeux. Ce que je vis me paralysa. Tout là-haut, prisonnier d'un faisceau de projecteurs, se détachait un énorme ballon oblong, du même jaune brillant que la pleine lune par une nuit claire et glaciale. Un spectacle à couper le souffle, et le plus effrayant qu'il m'eût été donné de voir. Pourtant, je restai sur place, pour ainsi dire cloué sur le trottoir, fasciné par le gigantesque dirigeable qui se déplaçait lentement dans le ciel.

Du toit de Broad Street Station s'élevèrent les tirs de la défense antiaérienne. Les éclairs s'évanouissaient dans la nuit bien en dessous du zeppelin. Un silence se fit, puis on entendit un bref et sourd sifflement immédiatement suivi d'une puissante explosion, quelque part entre Finsbury Circus et Liverpool Street. Autour de moi, les passants se mirent à fuir en hurlant. Arraché à ma stupeur, je m'éloignai moi aussi.

À la station de métro, les gens se bousculaient déjà pour entrer. Je me faufilai dans la foule et me laissai en quelque sorte aspirer par elle. Mes oreilles bourdonnaient de voix, de cris, des pleurs d'un enfant.

Une fois la bouche de métro franchie, je suivis le mouvement, ce flot qui s'enfonçait toujours plus dans les entrailles de la terre où puanteur et chaleur s'intensifiaient. Sans m'arrêter une seule fois, je dévalai les escaliers les uns après les autres, poussé par un instinct de survie que j'ignorais avoir en moi.

Abordant les dernières marches, je ralentis enfin le pas, mais la foule me vomit bientôt sur le quai, à croire que tous ces gens espéraient attraper le dernier métro qui les conduirait loin de Londres. Le quai grouillait de monde. J'éprouvai les plus grandes peines à dénicher un endroit où me tenir debout sans suffoquer.

Quand j'eus repris mon souffle, je laissai mon regard errer sur une partie du souterrain et découvris que, de l'autre côté des voies, parmi les nombreux Londoniens qui s'étaient réfugiés là, certains étaient assis ou couchés par terre au milieu de valises et de sacs débordant d'effets, tous leurs biens, aurait-on dit. Des vieillards, mais surtout des femmes et leurs enfants dont les plus jeunes dormaient, tête sur un oreiller gris sale ou sur les genoux de leur mère. Des couvertures et des plaids protégeaient ces petits corps maigres tandis que leurs vêtements séchaient sur les tuyaux de la paroi concave, qui faisaient office de cordes à linge. À en juger d'après la crasse des visages et le cerne sombre des orbites, la plupart de ces gens devaient être ici depuis plusieurs semaines. Certains se mirent à grommeler, d'autres jetaient des regards agacés en direction de ceux qui ne cessaient d'affluer et emplissaient l'espace encore libre. Cette cohue aurait pu laisser croire qu'on traversait une heure de pointe qui s'éternisait ou que plusieurs rames avaient du retard.

Peu à peu, un certain calme revint. L'afflux s'était interrompu. Les voix se turent. Toussotements et halètements faiblirent.

Chacun, informé à présent du drame en cours, semblait retenir son souffle, un drame dont pas le moindre bruit ne parvenait dans le ventre de Londres alors même que là-haut un enfer, plus virulent peut-être que le Grand Incendie, battait son plein.

Prenant le temps de mieux observer les lieux, je vis à mi-quai une pendule dont les aiguilles marquaient tout juste 11 heures. Je pris alors conscience qu'au cours de toutes les minutes écoulées depuis ma fuite, je n'avais pas une seule fois pensé à mon père. Malgré la chaleur d'étuve, le froid m'envahit soudain. Je passai en revue la masse compacte à la recherche du visage auquel, disait-on, le mien ressemblait beaucoup, mais j'eus beau regarder partout, je ne le distinguai nulle part.

Quelques minutes plus tard nous parvint le message libérateur : tout danger était écarté. Le zeppelin avait disparu. Les armes antiaériennes s'étaient tues. Sans attendre une seconde de plus, j'entrepris de remonter à la surface. Dans ma tête se formaient d'atroces images. Plus j'approchais de la sortie, plus je me maudissais de n'avoir songé qu'à ma propre peau.

Des nœuds dans le ventre, je finis par me retrouver dehors, préparé au pire. Les alentours de la bouche de métro baignaient cependant dans une obscurité ordinaire. Pas de flammes. Pas de maisons dévastées. Pendant un moment, je crus que je m'extrayais d'un simple mauvais rêve ; c'est alors que je remarquai des nuages gris plomb, denses comme des cumulonimbus, qui s'élevaient derrière le grand bâtiment de Broad Street Station. Un grave incendie, selon toute probabilité. Comme beaucoup de personnes qui sortaient du métro, je me dirigeai dans cette direction, celle-là même, me rendis-je compte, d'où j'étais venu un peu plus tôt dans la soirée. Sous mon crâne, j'entendais de nouveau le hennissement fébrile des chevaux et, remontant dans l'autre sens la rue en question, je revoyais le cocher qui les exhortait à avancer en faisant fi de leurs instincts.

Dans Norton Folgate, au milieu de la chaussée, une foule s'était rassemblée. De hautes flammes s'élevaient, jetant une lumière instable et mouvante sur les nombreux visages. Je gravis les marches d'un porche et jouai des coudes pour me faufiler entre d'autres badauds. Un amas de bois et de métal brûlait, bien plus imposant que la voiture hippomobile ; le feu faisait rage, si bien qu'il me fallut un certain temps pour reconnaître l'épave de l'omnibus que j'avais vu à l'arrêt dans Bishopsgate. Il avait parcouru une petite centaine de mètres de plus avant d'être touché de plein fouet. La violence de l'impact avait transformé l'échelle d'accès en un enchevêtrement de fer et emporté le plus gros de la partie antérieure de la carrosserie et de l'habitacle. Le siège du chauffeur était occupé par une forme carbonisée ; avides, les flammes léchaient un corps qui pendait par une des vitres. Seaux pleins à la main, des gens accouraient des maisons environnantes ; sans trop s'approcher du brasier, ils essayaient de l'éteindre, mais l'eau s'évaporait presque instantanément en émettant des sifflements.

La nausée me gagnait. Je me dégageai de l'attroupement pour retourner au plus vite à la maison. Dans une rue un peu plus loin, je longeai un bâtiment dont toute la façade avait été soufflée. On en voyait les pièces des différents étages comme s'il s'était agi d'une maison de poupées. Sur le trottoir, les décombres fumaient encore ; près d'une couverture sous laquelle je devinai une forme humaine, une femme poussait des cris hystériques, avant-bras dressés en l'air, tandis que deux autres tentaient de la calmer.

Au lieu de m'attarder, je repris ma course, la peur au ventre, et parvint au coin de notre rue où je m'engageai. À mon grand soulagement, je ne vis ni flammes ni fumée. Les environs étaient plongés dans une obscurité totale uniquement rompue par une lumière au niveau de notre immeuble, ombre massive se détachant dans le noir.

Devant, une grappe de personnes se tenaient au milieu de la chaussée. Elles discutaient comme on peut le faire après une fête entre amis. L'une d'elles tenait une lanterne à la main qui éclairait les visages par-dessous. Je reconnus le tonnelier ainsi que l'homme à la casquette côtelée, celui-là même qui s'était déjà montré lors du précédent bombardement. Doug – son prénom me revint. À ses côtés, main posée sur son bras, une femme d'un certain âge en robe de chambre effilochée, une jeune femme et un gamin de 5 ou 6 ans. Le garçon enlaçait la cuisse de sa mère. De ses yeux noirs écarquillés, qui brillaient comme des billes de verre à la lueur de la lanterne de Doug, il fixait un objet sur le trottoir à deux mètres de lui. Une étrange bouée en fer de cinquante centimètres de haut surmontée d'une poignée. Elle baignait dans une substance grasse dont la consistance rappelait la boue.

« Une bombe incendiaire ? demandai-je d'une voix hésitante lorsque le tonnelier releva ma présence.

– Oui, opina-t-il, mais le feu n'a pas eu le temps de se propager. M. Harris s'est rué dehors. »

Du menton, il désigna Doug, lequel me salua d'un hochement de tête. Malgré l'obscurité, on distinguait des traces de suie et de fumée sur son visage.

« Encore une chance qu'elle soit tombée dans la cour et qu'elle n'ait pas explosé, fit l'homme d'une voix un peu rauque.

– Dans la cour ?! m'exclamai-je en manquant m'étrangler.

– Un impact à vous crever les tympans !

– Demain, on l'apportera à la police. Une preuve matérielle irrécusable », déclara le tonnelier sur un ton qui laissait croire qu'on n'allait pas tarder à appréhender les coupables.

Prenant conscience de ce à quoi j'avais échappé, je sentis mon ventre se nouer encore plus. Je dirigeai mes yeux du côté de l'entrée de notre sous-sol.

« Quelqu'un a vu mon père ? »

Fronçant les sourcils, Doug considéra le tonnelier. Lequel lui expliqua :

« Le facteur. Celui qui habite là, en bas. »

Doug secoua la tête de droite à gauche.

« Moi non plus, ajouta le tonnelier. Mais t'inquiète, mon gars. Y l'est sûrement couché depuis belle lurette. Demain, y doit se lever aux aurores, non ? »

Même si j'avais oublié quel jour on était, j'acquiesçai. Je pris congé de tout le monde et gagnai sans plus tarder notre logement.

Alors que je descendais les marches, une vague odeur de brûlé s'insinua dans mes narines. Je portai ma manche à mon nez, constatai que mes habits sentaient mauvais comme lorsque mon père s'escrimait sans résultat à allumer le poêle et que la fumée, qui remplissait bientôt la pièce, nous faisait tousser et nous chassait dehors.

Cette dernière image s'immisça dans mon esprit alors que je tendais la main vers la clenche et que j'ouvrais la porte. La seconde suivante, il y avait de la fumée partout. Elle m'assaillit en pleine figure. Dans un réflexe, je reculai. J'ouvris la bouche pour aspirer de l'air, mais la fumée afflua dans mes voies respiratoires, tels des clous forçant le passage de ma trachée. Je plaquai une main sur ma bouche et remontai tant bien que mal l'escalier.

En haut, je fus pris d'une quinte de toux. Les larmes inondèrent mes yeux. Je ne voyais plus rien, si ce n'est une lumière ondoyante qui s'approchait de moi.

« Patterson, qu'est-ce qui se passe… fit la voix du tonnelier.

– Mon Dieu, ça crame ! » la couvrit celle de Doug.

À travers le voile qui me brouillait la vue, je le distinguai. De sa lanterne, il éclairait l'entrée de notre logement. Du sous-sol continuait de s'échapper un épais nuage de fumée. À l'idée que mon père s'y trouvait peut-être, mon cœur se serra. Je ne pris pas le temps de réfléchir. En deux enjambées, je rejoignis Doug et lui arrachai la lanterne des mains. Il m'apostropha, mais je me précipitais déjà en bas bien que la fumée enveloppant les marches me donnât l'impression de dégringoler dans le vide.

Lèvres serrées, je pénétrai dans la pièce en tenant la lanterne devant moi à la manière d'une torche. Dans le brouillard compact, elle n'éclairait tout au plus que quelques centimètres alentour. Les yeux me piquaient alors que je progressais à tâtons. À ma droite, l'alcôve qui abritait le lit de mon père. Je tendis le bras le plus loin possible. La couche était vide, les draps rejetés.

Je me tournai et j'avançai vers la table. Je sentis que j'allais être pris de vertige. J'avais l'impression que mes côtes me comprimaient les poumons. Je heurtai quelque chose. Une chaise, qui bascula. Le bruit qu'elle fit en tombant par terre m'effraya. À ma gauche, je distinguai le plateau de la table. Je promenai la lanterne au-dessus et crus voir au bout du meuble le grand cahier qui faisait office de catalogue. J'agitai la main pour écarter un peu la fumée. Une nappe de brouillard sembla se lever, faisant apparaître les mains de mon père, croisées sur le cahier fermé. Sous la peau blême de leur dos saillaient les veines bleu clair gonflées. La tête me tournant, je me rattrapai au bord de la table et, pas à pas, m'approchai de l'endroit où se trouvait apparemment mon père.

La lumière de la lanterne l'éclaira alors. Il était affaissé sur sa chaise, tête reposant mollement sur son épaule droite, yeux clos, bouche entrouverte comme s'il s'était arrêté de parler au beau milieu d'une phrase. Le fixant, je sentis le sol se dérober sous mes pieds ; j'eus encore le temps de me rendre compte qu'il portait son uniforme bleu et son képi de facteur, celui-ci posé de guingois sur sa tête.

Je passai la nuit au deuxième étage, dans le logement de Doug et de sa femme. Mon père avait déjà été transporté à la morgue de Hoxton. Quand le véhicule emmenant sa dépouille s'enfonça dans la nuit, je me tenais au bord de la chaussée, enveloppé dans la couverture que m'avait apportée l'épouse de Doug. Les sens perclus, je n'éprouvais rien.

Peu après, je suivis la femme au second. Elle me montra un canapé. Me dit que je pouvais rester chez eux aussi longtemps que je le souhaitais. Joignant le geste à la parole, elle me donna un oreiller, des draps ainsi qu'une vieille paire de pantoufles de son mari. Et une chemise propre pour que je puisse me changer.

Dans le miroir de la table de toilette, je découvris que j'avais le visage barbouillé de traînées grises et noires. Je me rafraîchis, enfilai la chemise propre, la mienne – aussi sale que ma figure – dégageait une odeur qui me souleva l'estomac.

Lorsque Doug rentra, j'étais allongé sur le canapé dans la semi-obscurité. Sa femme avait baissé la lumière de la lampe et pris place à mon chevet. Chaque fois que je toussais, elle se levait. Éreinté, je ne parvenais toutefois pas à m'endormir.

Le couple disparut dans la chambre attenante. Quelques bribes de leur conversation me parvinrent.

« Une lampe à pétrole renversée dans la chambre à coucher… »

« Sûrement à cause de l'impact de la bombe incendiaire. »

« Le feu s'est propagé tout seul. »

« La fumée n'avait nulle part où aller. »

« Des sacs de jute sur tous les murs. »

« Bizarre. »

Ces paroles glissaient sur moi.

Quelques instants plus tard, la femme de Doug réapparut. Elle posa la main sur mon front et mes joues.

« Il est brûlant de fièvre. »

Elle ressortit et revint poser sur mon front un linge humidifié d'eau froide. Puis elle éteignit la lampe.

Tel un fleuve qui sort peu à peu de son lit, le sommeil me recouvrit.

Je fus réveillé en sursaut par l'image de mon père mort. Mon cœur battait à tout rompre. J'avais la tête lourde. Je regardai autour de moi. Il me fallut un certain temps pour comprendre où je me trouvais. La chaise occupée la veille par la femme de Doug était vide. La porte menant à la chambre attenante était entrouverte.

Je respirai profondément à quelques reprises et fermai les yeux. D'autres images resurgirent. Le zeppelin d'un éclat jaune dans le ciel. L'omnibus en flammes. Le cadavre sous la couverture. L'épais panache de fumée s'échappant de notre sous-sol. Et de nouveau le visage de mon père.

Je relevai les paupières et consultai ma montre. Le verre en était poussiéreux. De l'index, je l'essuyai. Il était 5 heures et demie. Je décidai de descendre. Je voulais voir dans quel état était notre logement.

Je me levai non sans mal, tout courbaturé que j'étais. Surtout, je ressentis une grande douleur à la poitrine quand je me penchai pour enfiler mes chaussures.

Sans bruit, je quittai la pièce. Hormis une sensation d'oppression, le cœur comme dans un étau, je ne ressentais encore pas grand-chose. Je fonctionnais comme une montre qui, une fois remontée, « trotte » le reste de la journée.

Le jour se levait déjà. Un oiseau sifflait, peut-être un merle. La rue était déserte ; là-haut, le viaduc restait silencieux. Le ciel était dégagé et vide, rien ne laissait penser qu'il avait pu en être autrement, pas plus qu'au matin après un orage, devant une mer étale, on ne peut imaginer les houles qui l'ont soulevée.

À pas lents, je descendis l'escalier menant au sous-sol. Partout, de la suie. Sur la rampe. La façade. La fenêtre de la façade. La porte. La clenche.

Dans l'encadrement de la porte, je m'immobilisai. La pénombre régnait dans la pièce ; malgré tout, je relevai que les chaises étaient poussées sous la table. Or, je me rappelais en avoir renversé une. Doug ou le tonnelier l'avait sans doute remise à sa place. Ils étaient venus remettre un peu d'ordre alors que j'étais en haut. Juste avant, ils nous avaient porté hors de notre logement, moi d'abord, mon père ensuite, ce dont je ne gardais qu'un vague souvenir.

Je franchis le seuil. Ça empestait encore la fumée. En suffoquant, je gagnai directement ma chambre afin d'ouvrir la porte donnant sur la cour.

Dehors traînaient par terre des chiffons à moitié brûlés et un matelas noirci. Le mien, me dis-je, non sans éprouver un choc. Dans la même seconde, les paroles de Doug me revinrent en mémoire.

Une lampe à pétrole renversée dans la chambre à coucher. Sûrement à cause de l'impact de la bombe incendiaire.

J'eus un hoquet et retournai dans la chambre. Sur le sol, à côté de mon lit, ma lampe, le verre brisé. Mon lit, à moitié brûlé lui aussi, le reste du montant en bois d'un noir de poix.

Secouant la tête, je combattais l'idée qui s'imposait à moi tandis que je revenais dans la pièce de devant. Autour de moi, tout se mit de nouveau à tourner. Je dus prendre appui sur le bord de la table.

Mon œil tomba alors sur le cahier ; en un éclair, je revis mon père tel que je l'avais trouvé. Mains croisées dessus, corps affaissé sur la chaise.

Toutefois, quelque chose clochait. Il portait son uniforme. Quand j'avais pris la fuite vers le métro, il se levait à peine. Et le cahier était dans le tiroir sous le lit.

Je m'approchai de la chaise qu'occupait mon père la veille et m'assis dessus. Lentement, je laissai glisser mon regard sur les sacs qui tapissaient les lieux depuis des mois, une jute à présent noire de suie. Dans mon cerveau, les pièces du puzzle s'assemblaient. Les sacs avaient fait leur travail. Ils avaient contenu la fumée dans la pièce, comme sous une cloche de verre, protégeant ainsi les livres alignés sur les étagères.

Je tentai alors de me mettre dans la peau de mon père : à un moment donné, il avait entendu l'impact de la bombe et le verre de ma lampe se briser ; constaté ensuite que le feu avait pris dans ma chambre et que la fumée envahissait le logement ; revêtu alors son uniforme, pris son catalogue sous son lit. Puis il s'était installé à table. Non sans avoir auparavant refermé la porte de devant.

Il avait ensuite attendu patiemment que la fumée consume tout l'oxygène. Dans cette même pièce qu'il avait entrepris bien des années plus tôt de transformer en monument pour ma mère.

Lorsque Doug apparut dans l'encadrement de la porte au cours de la matinée, j'étais toujours immobile, le regard dans le vide, sur la chaise où mon père avait rendu son dernier soupir. Il me dit avoir été choqué de ne pas m'avoir trouvé chez lui à son réveil. Je le rassurai. J'allais me débrouiller tout seul.

« C'est bien sûr ?

– Oui, sûr. Merci beaucoup, M. Harris, pour tout. »

Dans ma tête, un plan d'urgence semblait être entré en vigueur. Il me permettait d'élever une barrière entre mes émotions d'un côté et, de l'autre, ce qu'il me fallait dire ou régler.

Un peu plus tard, la femme de Doug passa à son tour. Elle m'apportait des tartines et une tasse de thé.

« Du thé d'églantine. Ça va vous requinquer. »

Je la remerciai elle aussi. Après avoir un peu traîné, entre autres pour regarder les parois de jute, elle rebroussa chemin. Juste avant qu'elle ne disparaisse, je la rappelai. Aurait-elle l'amabilité de prévenir le chef du bureau de poste ?

« Mon père vous en aurait été très reconnaissant », dis-je.

Obnubilé par ce qui m'entourait, je ne touchai ni aux tartines ni au thé. Tout me rappelait mon père, son lit défait, sa chemise de nuit posée sur l'oreiller, son manteau accroché à la patère, le cahier sur la table. Autant d'éléments à présent couverts d'une suie semblable à de la poussière accumulée depuis plusieurs années.

De la main, j'essuyai la couverture du cahier.

Registre des envois recommandés juillet-octobre 1910.

Apathique, je me mis à le feuilleter. Sur les pages de gauche, je reconnus l'écriture de mon père. Son projet, dans quelle mesure l'avait-il réalisé ? Pas même quatre pages, soit une centaine de livres. Parmi d'autres, je relevai les noms de Dickens et Keats.

Alors que je m'apprêtais à refermer le catalogue, quelque chose me sauta aux yeux : un papier jaune pâle dont un bord dépassait à la manière d'un signet. Je tournai la page. Le papier se révéla être une enveloppe. Une lettre. Sur laquelle figurait la mention *On His Majesty's Service*, et dessous un nom que je ne connaissais pas suivi d'une adresse à Hoxton.

L'air me manquait. Mes yeux passèrent de l'enveloppe au catalogue. Mes craintes me poussèrent à le feuilleter plus avant. Je ne tardai pas à tomber sur une deuxième enveloppe, celle-ci gris bleu. En haut à droite, un tampon « Trésor et Postes » ainsi que le sceau rouge de la censure. Entre les deux pages suivantes, une troisième. Un peu plus loin une autre. Et encore une autre. Je tournais les feuilles de plus en plus vite. Des jaunes pâles en alternance avec des grises bleutées. Les jaunes frappées du timbre gouvernemental, les autres d'un cachet du bureau de poste militaire et d'un du censeur.

En tout, j'en rassemblai ainsi une dizaine. Une par une, je les repris en main afin de lire le nom des destinataires, éperonné que j'étais par une sorte d'instinct prémonitoire qui me nouait la gorge.

Monsieur et Madame Kirch, Wenlock Street.

Madame Robertson, Hyde Road.

Madame Piper, Provost Street.

Au premier abord, aucun de ces noms ne me disait quoi que ce soit, à la différence des rues que j'avais empruntées bien des fois.

Monsieur et Madame Clifford, East Road.

Une deuxième enveloppe adressées aux mêmes, non plus une jaune, mais une gris bleu.

Monsieur et Madame A. Mutton, Bevenden Street.

Monsieur et Madame Bromley.

Je restai pétrifié.

C'était une enveloppe jaune pâle où figurait en haut, bien centrée, la formule *On His Majesty's Service*, et en haut à droite le cachet indiquant la date.

Monsieur et Madame Bromley.

La mention figurait dans une belle écriture déliée suivie de l'adresse que je connaissais depuis ma prime enfance.

Je me croyais dans mon lit quand une voix m'appela :

« John ? John ? »

J'ouvris les yeux et constatai que je m'étais en réalité allongé sur celui de mon père. Au même moment, je me revis en train d'arpenter le logement à la recherche d'un endroit où me coucher et pleurer tout mon soûl.

« John, t'es par là ? »

La voix de Mme Bromley ! Je bondis en bas du lit alors qu'elle apparaissait déjà dans l'encadrement de la porte. Du dos de la main, je me dépêchai d'essuyer mes larmes.

Mme Bromley était livide. Dès qu'elle me vit, elle se précipita et me serra dans ses bras.

« Oh ! John, c'est horrible, c'est horrible, ton pauvre père », gémit-elle.

Ses coudes osseux m'entraient dans le dos tandis qu'elle passait la main dans mes cheveux, au bas de ma nuque.

« J'ai compris tout de suite quand j'ai vu que c'était un autre facteur, sanglotait-elle dans mon oreille. Y s'est passé quelque chose, je me suis dit, y s'est passé quelque chose. Oh ! John, c'est terrible ! terrible ! »

Elle me pressa plus fort encore contre elle. Elle exhalait la même odeur que lorsqu'elle me consolait quand, enfant, je m'étais fait mal ou disputé avec Martin. Et tout comme à l'époque, j'éprouvai l'envie de poser la tête sur son épaule et de laisser libre cours à mes larmes. Mais soudain la voix de Molly, à moins que ce ne soit celle de Poppy, se fit entendre.

« Beurk ! Ça pue ici ! »

Je levai les yeux. Une des jumelles se tenait près de la table ; elle se pinçait le nez. À ce moment-là, une pensée fulgura dans mon cerveau : les lettres traînaient à portée de sa main. Je me dégageai de l'étreinte réconfortante de Mme Bromley, mais il était déjà trop tard.

« Hé maman, y a du courrier pour toi ! »

Mme Bromley se retourna. Sa fille avait pris l'enveloppe jaune pâle sur la table. Elle la brandissait.

« Touche pas à ça, Molly !

– Mais c'est une lettre pour toi, maman, protesta Molly en montrant du doigt l'adresse. Monsieur et Madame Bromley. Allerton Street. »

Aucun mot ne franchit mes lèvres. Mon regard restait accroché à l'enveloppe. Elle était encore cachetée. Je n'avais pas trouvé le courage de l'ouvrir.

« Waouh ! Maman, c'est une lettre du roi ! s'écria Molly, ébahie. C'est écrit là. *On His Majesty's Service.* »

Elle passa l'index sur les mots imprimés en relief.

« C'est une erreur, intervins-je sans même réfléchir. Toutes ces lettres – je tendis la main vers les autres enveloppes – ont été adressées aux mauvais destinataires. Je vais devoir les rapporter au bureau de poste. Mon père... »

C'est alors que je vis Mary. Restée jusque-là sur le pas de la porte, elle s'avançait à pas lents, les yeux rivés sur l'enveloppe que tenait Molly.

« Des mauvaises nouvelles, maman », dit-elle.

Le visage de Mme Bromley s'assombrit. Molly regarda l'enveloppe comme si elle avait tiré un mauvais billet de loterie.

« Molly, donne cette lettre à Mary », ordonna Mme Bromley d'une voix tremblante.

Molly ne regimba pas.

Mary ouvrit l'enveloppe. Hésitante, elle en retira le formulaire. Avant de commencer à le lire, elle me lança un bref regard. Je détournai les yeux, abattu. À mes côtés, Mme Bromley avait déjà baissé la tête.

Il y eut un silence.

« Ça ne parle pas de Martin », déclara alors Mary.

Mme Bromley redressa la tête. Moi aussi, je considérai Mary, stupéfait, mais devinai soudain de quoi il retournait.

« C'est écrit que Matthew est mort, Matthew Bromley.

– Matthew ? fit Mme Bromley.

– C'est qui Matthew ? demanda Molly.

– Mais Matthew est mort depuis longtemps, releva Mme Bromley.

– C'est qui Matthew ? » insista Molly.

Je détournai la tête, mais sentis bientôt sur moi le regard fiévreux de Mme Bromley.

L'absence, John, le manque, le vide.

Mary elle aussi m'observait dans l'attente d'une explication.

Et ça, mon garçon, ça fait mal, très mal. Tu sais où ? Là.

Je m'entendis alors dire :

« C'est une erreur, Mme Bromley. Je vous l'avais bien dit. Je rapporterai ces lettres demain au bureau de poste. »

Le front occidental

Il n'y avait pas foule sur la jetée quand nous appareillâmes. « Trop froid, trop tôt », commenta le sergent Chapman.

Malgré lui, sa voix ne masquait pas une certaine déception. Dans le train, il avait évoqué quelques souvenirs de son premier départ, un an plus tôt. La moitié de la ville s'était alors amassée sur le port pour leur dire au revoir, à lui et aux autres recrues fraîches émoulues des camps d'instruction. Et il y avait même une fanfare ! Elle avait joué *Keep the Home-Fires Burning*.

« Ça, pour se les geler, on se les gèle, enchérit Edward Hazell. J'en ai les phalanges qui tombent. »

Forgeron dans une vie antérieure, il avait les bras de la circonférence d'un tronc d'arbre et un garrot de bœuf.

Des marmonnements approbateurs retentirent autour de moi. Chapman, Hazell et d'autres hommes quittèrent le pont.

Je remontai mon col et gardai les yeux fixés sur le littoral qui s'étirait dans le matin gris. Bien que la mer fût calme, le tangage du navire me ballotait l'estomac.

La jetée disparut dans le lointain. Les falaises ne formèrent plus qu'un trait de craie à l'horizon.

« Patterson ! »

Je tournai la tête. C'était Archie Rathband. Un coursier d'East End. Tout comme Edward Hazell, il faisait partie de l'escouade de douze hommes dont je relevais aussi et que Chapman dirigeait d'une main de fer. Avec ses petits yeux sournois et sa façon de toujours surgir sans prévenir, Rathband m'avait, dès le début, inspiré de la défiance.

« Eh ! gars, tu rêvasses ou quoi ? Le lieutenant Ashwell te cherche.

– Moi ? demandai-je, surpris.

– Ouais, et tu ferais bien d'te manier. Il a pas l'air de bon poil. Qu'est-ce que t'attends ? Si tu traînes, moi aussi j'vais m'faire sonner les cloches. Allez, suis-moi. »

Je n'avais pas la moindre idée de ce que le lieutenant Ashwell attendait de moi. Il ne commandait notre section que depuis deux semaines ; jamais encore il ne m'avait adressé la parole. À l'instar du sergent Chapman, il retournait au front après une période de convalescence. Chapman avait été blessé au ventre lors de la bataille de la Somme ; quant à Ashwell, il gardait de la même campagne une infirmité à la paupière gauche – un tressaillement plus ou moins continuel. Un shrapnel selon certains, un simple tic selon d'autres.

Rathband me conduisit sur un pont supérieur. Le navire était bondé. Coursives, escaliers en fer, cabines, partout où il y avait de la place, des soldats s'étaient réfugiés à l'abri du froid. De partout aussi s'élevait une épaisse fumée de cigarettes.

Dans le sillage de Rathband, je traversai un espace bas de plafond, en grande partie occupé par les hommes de ma compagnie, et débouchai dans un étroit couloir où, d'un côté, se succédaient des portes. Devant l'une d'elle, mon cornac s'arrêta. Il inspecta rapidement son uniforme, du gras de la main essuya la boucle embuée de son ceinturon et frappa.

« Attends ici, Patterson », me glissa-t-il avant d'entrer.

Je fermai les yeux. Dans cette coursive, ça tanguait encore plus qu'ailleurs. Je redoutais le mal de mer.

« Capitaine Brooke, lieutenant Ashwell, je vous amène Patterson, il était sur la dunette », résonna la voix de Rathband de l'autre côté de la porte.

La présence de l'officier commandant la compagnie ne manquait pas de me surprendre. J'eus beau fouiller de fond en comble ma mémoire, je ne parvins pas à trouver ce que mes supérieurs pouvaient avoir à me reprocher.

« Il est où, Rathband ? retentit la voix du capitaine.

– Là, derrière la porte, sir.

– Faites-le entrer, Rathband.

– À vos ordres, sir. »

La trogne de Rathband apparut dans l'entrebâillement.

« Tu peux entrer, Patterson. »

Il ouvrit la porte toute grande et s'écarta pour me laisser passer.

Les deux officiers étaient assis à la table d'une petite cabine baignant dans une lumière électrique blanche. Devant eux, une pile de papiers.

Je saluai et j'attendis. Dans ma nuque, je sentais le souffle de Rathband.

« Rathband, vous pouvez disposer, fit le capitaine.

– Merci, sir, répondit-il d'une voix énergique avant de saluer à son tour et de reculer.

– Et n'oubliez pas de fermer la porte, Rathband. »

L'officier attendit quelques secondes, posa l'index sur la feuille placée au-dessus de la pile et lut :

« 2906, John Patterson ?

– C'est bien moi, sir. »

D'un œil préoccupé, le capitaine Brooke me considéra de la tête aux pieds. C'était un homme d'une quarantaine d'années, un ancien territorial qui effectuait lui aussi sa première traversée. Jusque-là, il avait formé des recrues. Il dissimulait son manque d'expérience sous un surcroît de fermeté.

« John Patterson, de Shoreditch, reprit-il en lisant à haute voix.

– Hearn Street, sir », acquiesçai-je.

L'officier hocha la tête.

« Que fait votre père ? »

Ma réponse tardant à venir, il leva les yeux sur moi. Le lieutenant Ashwell lui fila un coup de coude et posa l'index sur la feuille :

« Son père est décédé », murmura-t-il.

Je crus malgré tout utile de préciser :

« Il était facteur à Hoxton. Il est mort lors d'un bombardement de zeppelin.

– Hem, je suis désolé pour vous, dit le capitaine. J'avais un autre Patterson en tête. (Il se tut puis baissa de nouveau la tête sur le papier.) Je vois que vous étiez étudiant. Au King's College ?

– University College, sir. »

Le lieutenant Ashwell me considéra, surpris. Un léger tressaillement fit frémir sa paupière gauche.

« Quelles études ? me demanda-t-il, l'air intéressé.

– Littérature anglaise, sir.

– Littérature anglaise », répéta-t-il.

Il donna l'impression de vouloir ajouter quelque chose, mais c'est le capitaine qui reprit la parole :

« Pourquoi ne vous êtes-vous pas porté volontaire pour être officier ? »

Je haussai les épaules. Qu'aurais-je pu répondre ? Le capitaine attendit un petit moment, à croire qu'il espérait entendre de ma bouche un quelconque discours héroïque sur la vertu du sacrifice, puis il dit en désignant le lieutenant :

« Bon, Patterson, venons-en à ce qui nous intéresse. Dès que nous aurons débarqué, vous serez l'ordonnance du lieutenant Ashwell. Je suppose que vous savez en quoi consiste cette tâche. Si tel n'est pas le cas, renseignez-vous auprès de Simkins. »

Simkins était son propre ordonnance. Il appartenait à la même section que moi.

« Je sais en quoi cela consiste, sir, mais…, commençai-je d'une voix hésitante.

– Mais quoi ?

– Je me disais que… que Rathband est mieux qualifié que moi. Dans le civil, il était coursier. »

Le capitaine Brooke réagit au quart de tour.

« L'ordonnance d'un officier, Patterson, c'est bien plus qu'un simple saute-ruisseau ! C'est son bras droit. Son ombre. Là où est l'officier, là où il va, l'ordonnance est à ses côtés. Et quand l'officier veut une chose, l'ordonnance fait en sorte qu'il l'obtienne, même s'il lui faut pour cela aller la chercher dans la gueule des Huns.

– C'est justement pour cela que Rathband… cherchai-je à me justifier, mais cette fois, c'est le lieutenant lui-même qui intervint.

– Un bon ordonnance doit également savoir se taire, Patterson, dit-il en me regardant droit dans les yeux. Et s'il a une tête bien faite, qui s'en plaindra ? »

De l'index, il se tapota le front.

Je ne savais si je devais me sentir flatté par ses propos. Certes, j'aurais préféré rester simple soldat sans que rien ne me distingue des autres troufions. Cependant, je décidai de ne pas m'opposer plus longtemps à leur décision. Ça ne servait à rien. Qui plus est, le mal de mer me gagnait de plus en plus.

« Je vous remercie, sir. »

Mes yeux passèrent du capitaine au lieutenant ; j'inclinai légèrement la tête.

« Vous pouvez disposer, Patterson », conclut le lieutenant sur un ton cordial.

Je pivotai sur mes talons et quittai la cabine. Derrière la porte, Rathband m'attendait.

« Ta place de planqué, tu peux te la garder, grommela-t-il. Une vie de bonniche, c'est plus réjouissant que ce qui t'attend. »

J'ignorai son commentaire et m'éloignai. La mer clapotait dans mon estomac.

« Hé ! Patterson, me lança Rathband, tu sais, ton vieux, je l'ai connu. J'te dis ça juste pour que tu le saches. »

Je ralentis et tournai la tête. Ses yeux brillaient. Je m'apprêtais à lui demander des précisions, mais j'eus tout à coup l'impression que le navire entier se dérobait sous mes pieds. Tête en avant, mains sur la bouche, je me précipitai dehors.

À l'approche du Havre, une fine neige nous accueillit. Debout sur le pont, j'éprouvai une forme d'excitation qui me fit oublier le froid qui s'immisçait dans mes membres. Autour de moi, des centaines de soldats, havresac sur le dos, fixaient eux aussi, avec un mélange de désir et de crainte, le port qui disparaissait sous des nuages couleur de plomb.

Dès que le navire accosta, nous descendîmes la passerelle en une longue file, telles des fourmis s'éloignant de leurs galeries. Mes premiers pas sur le continent se perdirent dans la mince couche de neige bientôt transformée en bouillasse.

Sur le quai, je retrouvai les hommes de ma section. La nouvelle selon laquelle j'allais devenir l'ordonnance du lieutenant Ashwell s'était apparemment propagée. Cela semblait susciter la jalousie de certains car j'échapperais aux corvées les plus abrutissantes. D'habitude taciturne, Harry Finch, un gratte-papier de Westminster qui avait combattu dans la Somme, y alla lui aussi de sa remarque perfide :

« Tu arriveras dans les tranchées les ongles tout propres, Patterson ! »

Pour sa part, le sergent Chapman se contenta de me glisser quelques mots à l'oreille dont je ne saisis pas immédiatement le sens :

« J'aime mieux que ce soit toi que moi. Rien ne saurait pénétrer sa cervelle, pas même une balle. »

En rangs, l'ensemble de notre section gagna la gare où un train à bestiaux nous attendait.

« On nous emmène à l'abattoir », grommela Herbert Cullingford.

Sous la poussière de neige, une grande partie de sa moustache d'un noir corbeau revêtait une couleur blanche.

Alors que nous patientions sur le quai, un vieux Français maigrichon s'approcha en tenant un panier plein de marrons chauds. Edward Hazell, dont l'humeur se dégradait de minute en minute, chassa tout de suite le bonhomme avec de grands moulinets des deux bras :

« Des marrons ? Mais, espèce d'idiot, c'est de rhum qu'on a besoin ! On a la peau des côtes qui craque tellement on se les caille. Dégage avec ta merde ! »

À mes côtés, Rathband riait de toutes ses dents jaunes. J'avais fait exprès de rester près de lui dans l'espoir de lui tirer les vers du nez. Mais au moment où je m'apprêtais à lui demander ce qu'il savait sur mon père, on reçut l'ordre de monter dans le train.

Tout le trajet fut peuplé de plaintes et de soupirs. Entassés dans les wagons, nous avions à peine la place de nous asseoir. De toute façon, une couche de boue et de saletés pestilentielles couvrait la totalité du plancher.

Archie Rathband s'était réfugié au fond où il se tenait adossé à la paroi en bois. Il essayait de piquer un roupillon. Moins de un mètre me séparait de lui, mais Harry Finch avait glissé sa maigreur entre nous. Je tentai moi aussi de récupérer un peu, sans vraiment y parvenir. Chaque fois que je m'assoupissais, un coude ou une épaule m'entrait dans le ventre ou les côtes.

Le premier arrêt intervint au bout de trois heures, dans une localité reculée. Chacun de nous se cassa la langue sur le nom : Bréauté-Beuzeville. À notre grand soulagement, un repas chaud nous attendait. Une soupe de lentilles peu épaisse et un quignon de pain.

Une fois ma portion avalée, je cherchai Rathband. Il était assis sur un pieu au bord de la route. Dès qu'il m'aperçut, il couvrit des deux mains sa gamelle, comme s'il avait eu peur que je mette à profit un moment d'inattention pour lui barboter sa pitance.

« Le lieutenant Ashwell te réclame, dit-il sans m'accorder le moindre regard. Pour que tu lui sucres son thé.

– Du sucre, Rathband, c'est toi qui devrais en mettre un peu dans tes paroles, histoire d'adoucir ton aigreur. »

Il grimaça et, dans un grand bruit de déglutition, but une lampée de soupe. Je sortis un paquet de cigarettes de ma poche et le tint sous son nez.

« Cigarette ? »

Il me dévisagea avec méfiance. Ne fumant pas, j'utilisais ma ration de cigarettes comme monnaie d'échange pour tout et n'importe quoi. Faire affaire avec Rathband se révélait plutôt simple : il était souvent à court de tabac.

« Qu'est-ce que tu veux en contrepartie ? me demanda-t-il.

– Rien. C'est juste comme ça. Il fait froid. »

Du dos de la main, il s'essuya la bouche, prit une cigarette et la plaça derrière son oreille.

« Dis-moi, Archie, risquai-je, mon père, tu le connaissais d'où ?

– Je croyais, Patterson, que tu voulais rien en échange, fit-il en tapotant la cibiche que je venais de lui donner.

– Tu viens d'East End, n'est-ce pas ? continuai-je en ignorant sa remarque. Or, il n'allait jamais là-bas.

– J'ai travaillé à Hoxton, Patterson. T'as jamais eu un huissier aux fesses ? »

Je secouai la tête. Avec un morceau de pain, Rathband entreprit d'essuyer l'intérieur de sa gamelle.

« Estime-toi heureux, reprit-il. Ce sont des vautours. Mais ils paient bien.

– Même les saute-ruisseau ?

– J'étais pas un simple saute-ruisseau, Patterson, répondit-il avec un léger ricanement. Ils me demandaient de faire le guet. Jusqu'au retour de leurs proies. Je me dépêchais alors d'aller chercher mon patron. »

Je n'étais guère surpris d'apprendre qu'il avait exercé ce genre de boulot.

« Qu'est-ce qu'il avait à voir avec ça, mon père ?

– Je l'ai vu passer des centaines de fois, poursuivit Rathband, la bouche à moitié pleine. Pour lui, ces andouilles ouvraient leur porte. Comme ça, je savais qu'ils étaient chez eux. »

Il prit la cigarette derrière son oreille. Se mit à fouiller ses poches à la recherche d'allumettes.

« Mais tu ne lui as jamais parlé ? insistai-je.

– Non, je n'avais aucune raison de le faire.

– Tu m'as dis que tu le connaissais.

– Il y a connaître et connaître, Patterson, expliqua-t-il en farfouillant toujours dans ses poches. Il m'est aussi arrivé de le voir quand il apportait le courrier à mon patron. Rien de plus.

– Pour qui tu as travaillé ? » lui demandai-je en lui donnant du feu.

Il tira une longue bouffée, renversa la tête en arrière, et rejeta la fumée en l'air. Puis il désigna du menton ma poche poitrine qui contenait le paquet de cigarettes.

« Fait vraiment froid, hein ? »

Je lui donnai une deuxième cigarette et le regardai, dans l'expectative.

« Pour Clifford & Fils, East Road, finit-il par répondre. Tu me diras, le “Fils”, y peuvent le barrer. Il est mort au combat y a déjà un certain temps. »

Ses paroles me choquèrent. Je détournai la tête. Mais ma réaction ne lui avait pas échappé.

« Qu'est ce qu'y a, Patterson ? Tu le connaissais, peut-être ?

– Pas vraiment, mentis-je. On était dans la même école. En primaire. Lui était une ou deux classes au-dessus de moi. Il s'appelait comment déjà ?

– Thomas. Plus requin encore que son père, ce gars-là. Mais c'est pas ça qui lui a sauvé la vie.

– Comment ses parents ont appris la nouvelle ? demandai-je de la voix la plus neutre possible.

– Qu'est-ce que tu veux dire ?

– Eh bien, la nouvelle de sa mort. Par télégramme ? Une lettre ?

– T'en poses de ces questions, Patterson ! Comment veux-tu que je le sache ? »

Il me sembla préférable de ne rien ajouter. J'observai Rathband qui, paupières baissées, tirait sur sa cigarette. Alors qu'il s'apprêtait à se carapater, je lui posai la question qui me brûlait les lèvres depuis un petit moment.

« Et Martin Bromley, ça te dit quelque chose ?

– Martin Bromley ? Non, pourquoi ? Je devrais le connaître ?

– Non, mais lui aussi vient de Hoxton, aussi je me disais...

– Tu crois que je connais tout le monde là-bas ? aboya-t-il. T'es vraiment une nouille, Patterson ! (Il secoua la tête à deux ou trois reprises puis me fixa avec insistance comme s'il se regardait dans un miroir.) Tu ressembles à ton père, tu le sais ? Ton gros nez. Tes sourcils en broussaille. Ta casquette, même si elle n'a pas la même couleur. »

Il ricana et réunit deux doigts avec lesquels il frappa d'un coup sec ma visière. Mon couvre-chef me tomba sur les yeux.

« Tu me revaudras ça, Rathband. »

Je remis ma casquette en place et regardai tout autour de moi. Il s'était déjà évanoui au milieu des autres soldats.

Le lendemain après-midi, nous arrivâmes à Lucheux où nous devions séjourner quelque temps dans l'attente d'ordres sur la conduite à suivre. Après une nuit passée en train, il nous avait fallu marcher plusieurs heures pour atteindre notre destination. Dans le camp, la plupart d'entre nous se virent attribuer des tentes ; pour ma part, je partageai avec Walter Simkins, l'ordonnance du capitaine Brooke, une petite chambre dans une baraque près de la grange réservée aux officiers.

Simkins était tout rond, comme un pou gorgé de sang. Néanmoins, il faisait preuve d'une prestesse remarquable ; chacun de ses mouvements s'accompagnait de tressaillements de ses paupières. À peine entré dans la chambre, il adopta le comportement d'un sous-officier qui se livre à une inspection. Passant le bout des doigts sur le rebord de la fenêtre et sur la porte, scrutant, nez collé au plancher, les quatre coins de la pièce, secouant ensuite la paillasse jusqu'à obtenir un rectangle parfait, mesurant de deux doigts tendus si la couverture était bien centrée. Tout comme Rathband, il appartenait à la catégorie de soldats pour lesquels l'ordre et la discipline semblaient avoir été inventés. Il prenait toute remarque sur un bouton pas assez brillant ou un faux pli de son uniforme pour une insulte personnelle.

Lors de cette première journée à Lucheux, il ne tenait pas en place, impatient de jouer son rôle. Nous disposions encore d'une heure avant de nous présenter devant nos supérieurs, mais en moins de rien, Simkins déballa son havresac, se rasa, cira ses chaussures, brossa son uniforme. Pendant ce temps, j'étudiai la carte, relevant que notre cantonnement n'était guère éloigné d'Arras, ville que la ligne de front contournait en une grande courbe. À une bonne distance de là vers le Nord, de l'autre côté de la frontière, il y avait Poperinghe.

Savoir où nous nous trouvions n'intéressait aucunement Simkins. Il continuait de tourner comme une toupie dans la chambre. J'espérais qu'il me laisserait seul au moins deux minutes. Quand il se proposa d'aller voir si le capitaine avait déjà une tâche à lui confier, je lui assurai que cela me paraissait être une bonne idée. Ses dernières hésitations ainsi balayées, il sortit en se dandinant, affublé de son baudrier et de sa casquette. Le plancher craqua sous son poids.

Je m'empressai de fermer la porte derrière lui et trifouillai dans ma musette pour en sortir la boîte en fer-blanc que m'avait offerte un écolier londonien il y avait un peu plus de un an, à Noël. Tous les soldats de notre bataillon en avaient reçu une, remplie de dessins, de poèmes, de tabac, de chocolat et de pudding. La plupart d'entre nous, moi y compris, l'utilisions pour y mettre à l'abri les lettres que nous recevions.

Depuis des semaines, je ne l'avais pas ouverte. Un mois et demi durant, nous avions été sur le pied de guerre, le commandement repoussant notre départ à trois reprises. Pendant tout ce temps, je n'avais ni écrit ni reçu le moindre courrier.

Avant de soulever le couvercle, je tendis l'oreille pour m'assurer que Simkins ne se pointait pas. Je perçus des bruits venant d'assez loin, un peloton à l'entraînement, rien d'autre.

Le haut de la boîte recelait les lettres et les cartes de Mme Bromley. Numérotées, ainsi que je le lui avais demandé. Seule façon de s'assurer qu'aucune ne s'était perdue. À ce jour, elle m'avait envoyé sept lettres et trois cartes. Les lettres étaient de la main de Mary – on reconnaissait son écriture aux volutes des majuscules ; quant aux cartes, Molly et Poppy s'en étaient chargées, substituant un cœur minuscule au point de chaque i et de chaque j.

C'est les mains tremblantes que je retirai le paquet de la boîte. Pour la énième fois, je succombai à la tentation d'en respirer les effluves. Avec un brin d'imagination, je discernai une odeur de vanille.

Je le posai à côté de la boîte d'où je pris la carte de Martin.

La Grand-Place de Poperinghe. Au verso, la date : 16 août 1915. Environ deux semaines avant sa mort. Cela me parut une éternité en arrière.

« TOUS ROULE ICI. PAS VUS ENCORE DE FRITZ. MAIS ENTENDUES DES BOMBES. M. »

Je fermai les yeux, aspirai à pleins poumons puis rejetai l'air afin de me débarrasser du sentiment de malaise qui m'envahissait. Je n'y parvins qu'à moitié.

Un craquement me fit sursauter. Ce n'était qu'une latte du plancher sous l'effet du froid et de l'humidité. Je mis de côté la carte de Martin et posai la boîte en fer-blanc sur mes genoux. Elle contenait encore un petit paquet de lettres, enveloppé dans une pièce de lin et ficelé. Il y avait plus longtemps encore que je ne les avais relues. Après une hésitation, je le pris et, d'un coup de canif, tranchai la ficelle.

Tout en dépliant le lin, je pensai à une des phrases prononcées la veille par Rathband.

Clifford & Fils, East Road.

De la boue de ma mémoire, ses paroles avaient extirpé plusieurs souvenirs refoulés. Dans l'un d'eux, je marchais dans le quartier de Hoxton. C'était quelques semaines après le décès de mon père. Je venais d'emménager dans une chambre bon marché, au-dessus d'une auberge ; au loin, par la fenêtre, je pouvais voir les cimes aux couleurs fanées des arbres du Victoria Park. Le soir en question, je portais sur moi les lettres que mon père avait omis de distribuer, bien résolu à les remettre toutes à leurs destinataires respectifs. Toutes à l'exception d'une : celle adressée aux époux Bromley. Dans un accès de rage impuissante, je l'avais déchirée en mille morceaux. Avec, sur le moment, un certain soulagement. Mais je m'étais bientôt effondré : ni mon geste ni d'ailleurs mon mensonge n'allait ramener Martin.

Arrivé à l'adresse figurant sur la première enveloppe – une maison mitoyenne un peu délabrée à l'angle de Sturt Street –, l'air m'avait manqué. J'étais resté paralysé sur place. De derrière la porte me parvenaient des voix d'enfants, les exclamations enjouées d'une femme, un rire qui se propageait ; quand la porte de la maison attenante s'était ouverte, j'avais déguerpi. Tel un criminel pris en flagrant délit.

Ensuite, je m'étais rendu à deux des autres adresses, mais à chaque fois le résultat était le même. Au moment de glisser l'enveloppe sous la porte, j'avais eu l'impression que quelqu'un me faisait une clef autour du cou, m'empêchant de bouger et même de respirer. Pour finir, j'étais rentré dans ma chambre sans m'être délesté des lettres. Je les avais empaquetées dans un bout d'étoffe en lin puis remisées pour une durée indéterminée.

Une sensation étrange m'emplit tandis que, pour la première fois depuis des mois, je passais en revue ces enveloppes. Les jaunes pâles du gouvernement. Les grisâtres du bureau de poste militaire. Un éventail de cartes de tarot qui toutes prédisaient un futur funeste. Monsieur et Madame Kirch. Madame Robertson. Madame Piper. Monsieur et Madame Mutton.

Mes yeux se posèrent alors sur le nom de Clifford. Il figurait sur deux des enveloppes, une de chaque couleur, avec la même adresse. Monsieur et Madame Clifford, 7 East Road, Hoxton. La rue mentionnée par Rathband. Il devait s'agir du Clifford en question. Mais je tenais à m'en assurer.

Mon regard se glissa sur la porte qui, mal refermée, s'était entrouverte. Simkins ne réapparaissait pas. Le capitaine Brooke lui avait sans aucun doute confié une tâche quelconque.

De la lame de mon canif, j'ouvris l'enveloppe jaune. Jamais encore je n'avais osé procéder de la sorte avec l'une de ces lettres, malgré les voix intérieures m'implorant à certains moments de le faire.

L'enveloppe contenait un formulaire B104-82B.

Madame, Monsieur, j'ai le triste devoir de vous informer qu'un rapport nous a été communiqué par le ministère de la Guerre, lequel confirme la mort du soldat Thomas Clifford.

Thomas. Mes suppositions se trouvaient donc confirmées. Les parents avaient fini par l'apprendre. Peut-être en lisant le journal. Peut-être en recevant un paquet contenant les effets de leur fils. De façon assez bizarre, cela me procurait un certain soulagement.

Je pris une autre enveloppe. Maintenant que j'avais fait ce premier pas, plus rien en moi ne s'opposait à ce que je passe à l'étape suivante. Avec un bruit délicat, la lame fendit le fin papier. Je savais plus ou moins à quoi m'attendre – mon père n'avait-il pas évoqué la teneur de ces courriers ? Néanmoins, lire pour la première fois noir sur blanc des lignes qui faisaient un héros de n'importe quel soldat tombé au front ne manqua pas de me procurer une sensation étrange.

Chers Monsieur et Madame Clifford, c'est avec une profonde affliction que je vous écris à propos de la triste mort de votre fils Thomas. Je ne l'ai connu que brièvement, mais dans cette courte période, il a laissé une impression indélébile sur moi et le reste de l'escouade. À tout moment, il a fait preuve d'un courage qui a suscité l'admiration de tous. Jusqu'à la dernière minute, il s'est battu comme un lion. Apprendre que sa fin n'a été en rien un calvaire et que son corps n'a pas été mutilé vous offrira, je l'espère, quelque réconfort. Il est mort en véritable Anglais. Touché à la poitrine, il a simplement dit : « Ça y est, les gars. » Nous l'avons enterré avec quelques-uns de ses camarades en retrait de la ligne de front, non sans planter une croix sur sa tombe. L'aumônier militaire a prononcé une prière. Ses effets personnels vous seront envoyés sous peu.

J'espère que Dieu veillera sur vous et votre famille.

Je vous prie d'agréer, Monsieur et Madame Clifford, l'expression de mes sentiments attristés.

W. A. Taylor, 2e Lieutenant Royal Fusiliers

Pendant quelques secondes, je fixai le vide. Quelque part, dans un autre monde, William s'emportait.

De toutes ces horreurs, ils nous font un conte de fées, nom de Dieu!

Tout me revenait. Je me réveillais en quelque sorte après une hibernation de plus de un an, et pas seulement au sens figuré: j'éprouvais des fourmis dans les membres, jusqu'au bout des orteils, des doigts, comme quelqu'un qui a dormi dans une mauvaise position et dont le sang se remet à circuler. Pour la première fois aussi, je me rendais compte qu'il faisait froid, ce froid contre lequel tout le monde tempêtait depuis des jours et qui, même ici dans la baraque, gelait mon haleine.

« Une lettre de ta dulcinée? »

Je sursautai. Je n'avais pas entendu Simkins rentrer. Un rictus moqueur lui barrait la face. Pris sur le fait, je repliai la lettre et tentai de la remettre dans l'enveloppe; n'y parvenant pas, je les jetai en vrac, ainsi que tous les autres courriers, dans la boîte en fer-blanc.

« T'inquiète pas, voyons, Patterson. Une fiancée, j'en ai déjà une. »

Il détourna les yeux et, la tunique du capitaine sur le bras, se dirigea vers l'étagère où il avait, avec le plus grand soin, entreposé ses affaires. Il y prit une patience pour bouton, une boîte de pâte à cuivre, un chiffon et une petite brosse. Il s'assit alors sur un tabouret et se mit à frotter les boutons. Murmurant entre ses dents, il dit:

« Qu'ils brillent comme des perles de mer, polies par le frottement du sel au fil des siècles! (Il leva brièvement les yeux sur moi et ricana.) Le capitaine Brooke me l'a demandé. Il a sûrement trouvé ça dans un poème. C'est pas moi qui pourrais inventer une phrase pareille. »

Après qu'il eut prononcé ces mots, je pus faire comme s'il n'existait plus. Il était totalement accaparé par sa tâche. J'en profitai pour envelopper la boîte en fer-blanc dans le lin, nouer la ficelle autour, un double nœud de façon que l'on ne puisse pas la défaire sans la couper. Je replaçai le tout au fond de ma musette. Puis je m'allongeai sur mon matelas et fermai les yeux. De nouveau, les bruits du peloton s'exerçant à défiler me parvinrent : les ordres inflexibles proférés à plein gosier, le martèlement de centaines de bottes et les cliquètements des « présentez armes ! ».

Peu après le décès de mon père, je m'étais présenté, dans un état second, à un bureau de recrutement. Le jour en question, je partais de l'idée que je ne tarderais pas à être envoyé sur le front où je trouverais la mort dans les plus brefs délais. Cette pensée me réconfortait et me permettait d'aborder le futur proche avec une certaine équanimité.

Je m'étais aussi occupé des obsèques : un office religieux sommaire, de sorte qu'il puisse reposer à côté de ma mère. Mme Bromley était présente. Quatre facteurs en uniforme portaient le cercueil. Le directeur du bureau de poste me confia que mon père avait été un exemple pour tous ses collègues.

Ensuite, j'avais payé un tailleur de pierre pour qu'il grave l'année de sa mort sur la tombe où son nom et sa date de naissance, au bout de près de vingt ans, étaient encore parfaitement lisibles.

« La pierre tombale a été régulièrement savonnée, avait relevé le bonhomme. Au bout de tant d'années, ça ne voit pas souvent. »

Au cours des jours suivants, j'entrepris de vider notre logement. Le propriétaire m'avait donné une semaine pour quitter les lieux. Non sans exiger que je le dédommage des dégâts. Je fis venir un brocanteur, mais il refusa de débourser le moindre penny pour les meubles et le reste. La suie, on peut l'enlever, avait-il dit, mais pas l'odeur de fumée. Je devais m'estimer heureux qu'il accepte de tout emporter à titre gracieux.

Peu avant, un libraire d'ancien de Charing Cross Road était passé enlever tous les livres. Eux n'avaient pas été salis. Je m'en étais aperçu en ôtant un à un les sacs de jute. Lambeaux de peau brûlée dissimulant une nouvelle peau. Pour désigner d'un mot la bibliothèque de mon père, le marchand avait employé le terme « tinnef ».

« Tinnef?

– Un bric-à-brac », avait-il expliqué.

Comme le reste, l'édition originale de *David Copperfield* l'avait déçu.

« Ce n'est plus la couverture originale, affirma-t-il à mon grand effarement. Nouvelle reliure, vous voyez, sinon je vous en aurais donné une belle somme. »

Finalement, j'acceptai le faible montant qu'il m'offrait pour le tout. Peu après, il réapparut avec une charrette tirée par un cheval; il chargea dessus tous les livres. Quand il s'éloigna, quelques-uns tombèrent sur la chaussée. Il ne s'arrêta même pas pour les ramasser.

Il avait tout emporté, sauf le volume des lettres de Keats que j'avais tenu à garder.

En attendant d'être appelé sous les drapeaux, j'avais donc trouvé une chambre de quelques mètres carrés au-dessus d'une auberge. Le patron ne me demandait qu'une misère pour le couvert, sans compter qu'il m'offrait le vivre. *Un soldat à l'estomac vide, c'est un fusil sans cartouche*. Ses propres mots.

Trois semaines plus tard, je commençai mon instruction. Le premier mois, à Londres même, dans une caserne de Tower

Hamlets. Apprendre à saluer, à exécuter un demi-tour, à marcher au pas, exécuter des corvées, obéir aux ordres les plus stupides, je fis tout sans réfléchir, sans rouspéter. C'était exactement ce dont j'avais besoin à ce moment-là.

En novembre, on nous conduisit à Romford, dans l'Essex. Le jour de notre départ, nous défilâmes dans la City. Les rues se remplirent de monde, de cris de joie, les gens agitaient des drapeaux, le lord Mayor était là. Moi, je regardais droit devant moi comme un cheval affublé d'œillères. Lorsque le train quitta Liverpool Street Station, je jetai tout de même un coup d'œil par la fenêtre pour voir le lieu où j'avais vécu. Le viaduc en fer grinça sur ses piliers.

Arrivé dans l'Essex, j'envoyai une première lettre à Mme Bromley. Je partais plus ou moins de l'idée qu'elle avait entre-temps appris que Martin était tombé au combat. Parmi les lettres que mon père avait omis de distribuer, il ne s'en trouvait aucune du lieutenant de mon frère de lait. Qui plus est, ses effets personnels ne tarderaient sans doute pas à parvenir à Allerton Street.

Je n'ai pas encore reçu de nouvelles de Martin.

Cette phrase figurait dans la première lettre qu'elle me fit parvenir. On était déjà en décembre. Elle l'avait dictée à Mary. Pour le reste, elle ne voyait pas grand-chose de nouveau à me dire. Molly et Poppy obtenaient de bons résultats à l'école, Mary travaillait toujours dans la fabrique de munitions, Nelly et Trudy remplissaient des sacs de sable ; son mari, enfin, toujours à Aldershot, attendait avec impatience qu'on l'envoie au front. Une paire de chaussettes en laine accompagnait le courrier.

À Noël, Mme Bromley m'envoya une carte. Cette fois encore, tel le refrain d'une chanson triste, elle écrivait : *Je n'ai pas encore reçu de nouvelles de Martin. Et toi ?*

Je ne trouvai pas la force de lui révéler la vérité. Et tout au fond de moi, j'éprouvais du soulagement chaque fois que je constatais que la terrible nouvelle ne lui était pas encore parvenue. Certains jours, d'ailleurs, j'en arrivais à croire que Martin était toujours en vie.

En mars, je fus transféré en même temps que cinquante autres gars à Clipstone Camp, près de Mansfield, autrement dit encore plus loin de Londres. Le départ de nombreux bataillons dans la Somme avait libéré de la place dans le camp.

Papa ait parti. Il ait en France.

Une carte de Molly et Poppy.

Peutêt qu'il va voir labas Martin.

Nous, on ne nous envoya pas dans la Somme. On nous montra simplement un film tourné pendant la bataille elle-même. C'était une chaude soirée du mois d'août, la salle était bondée. Aucun de nous n'avait été sur le front. Dès les premières images, un silence de mort se fit, uniquement perturbé par le ronflement du cinématographe. Il était étrange de voir des obusiers exécuter des tirs, des mitrailleuses crépiter et des mines exploser sans que cela s'accompagne du moindre son. Peut-être est-ce la raison pour laquelle la réalité devait, par la suite, supplanter mille fois mon imagination.

Il était plus étrange encore de voir défiler ces milliers et milliers de visages sur l'écran, dans toutes les nuances de gris, au milieu desquels fulguraient par instants des dents blanches. En une seule seconde parfois, des soldats par centaines, en train de se reposer ou de marcher, ce qui rendait impossible toute identification. Malgré tout, j'essayais de distinguer les traits de certains soldats, plus encore quand, à la fin du film, apparut à l'image, sous des cris d'enthousiasme spontanés, un bataillon de Royal Fusiliers.

Durant au moins cinq secondes, un gros plan nous montra M. Bromley. Je reconnus tout de suite sa tête massive, quand bien même elle disparaissait en partie sous un casque à pointe allemand, trophée pris à l'ennemi. Assis torse nu sur le sol poussiéreux, parmi des dizaines d'autres soldats, il cousait un bouton de sa chemise. Se rendant compte que la caméra était braquée sur lui, il sourit, exhibant une denture pourrie. À ce moment-là, je ressentis un élancement dans la poitrine : j'avais, sans guère d'espoir, regardé si la trogne de Martin ne surgissait pas, et c'était celle de son père qui était apparue !

Le film terminé, tout le monde se montra exubérant. Nous avions pu percevoir un esprit de camaraderie auquel nous n'avions, pour notre part, pas goûté durant la période d'instruction. Éprouvante, la vie au front présentait malgré tout quelques attraits. Telle était l'image que le film donnait.

Propagande, surgit la voix de William dans ma tête, et peut-être s'agissait-il bien de cela. Mais en moi, toute forme d'opposition à la machine de guerre se trouvait étouffée à présent que je m'étais porté volontaire pour en faire partie. J'étais devenu, pour reprendre les mots de mon défunt ami, un lemming.

Les gens sont des lemmings. Ils s'acharnent à marcher avec la multitude. Au sein de laquelle ils se croient en sécurité. Qui les dissuade de réfléchir. De choisir. Suivant aveuglément le courant quel que soit l'endroit où il les mène. Toujours plus loin. Entraînant tout et tout le monde. Jusqu'au jour où…

Ce jour-là, cela faisait déjà dix mois que je l'attendais. Toutefois, rien ne laissait supposer que nous partirions bientôt.

Mme Bromley, elle aussi, avait vu le film. Elle avait reconnu son mari. Avec ses filles, elle était retournée le voir quatre fois.

Mais pas trace de Martin. Et Richard lui non plus ne l'a pas rencontré. C'est ce qu'il nous a écrit la semaine dernière.

Bien que dictées à Mary, les lettres ne contenaient rien de la main de cette dernière. Je ne le déplorais pas vraiment, car le contraire n'eût fait qu'exacerber mon désir de la revoir.

Entre-temps, les jours s'écoulaient les uns pareils aux autres. Quand on avait une permission, je restais systématiquement à la caserne, prenant le tour de garde d'autres soldats.

La période d'instruction terminée, je me retrouvai, dans l'attente de la traversée, à répéter indéfiniment tout ce qu'on m'avait appris. Pour la énième fois, creuser des trous, tirer des barbelés, s'entraîner au combat à la baïonnette, effectuer des marches avec tout le paquetage, des heures durant, le sang colorant mes chaussettes, et pour le reste briquer, frotter, astiquer, brodequins, boutons, vêtements, armes, couloirs, chambres, salles, autant de tâches que j'effectuais avec résignation, ma raison étant endormie.

« L'armée pense à votre place ! Et pour la plupart d'entre vous, on ne peut que s'en féliciter ! »

C'est ce que le capitaine Brooke nous lança le jour où nous partîmes pour Candahar Barracks dans les Salisbury Plains, alors qu'il passait ses troupes en revue. Nous étions en décembre 1916. Plus d'une année s'était écoulée et Mme Bromley n'était toujours au courant de rien.

Six semaines plus tard, nous embarquions dans le port de Southampton.

Il y avait quelque chose de convenu dans la façon dont les yeux du lieutenant Ashwell glissaient sur le courrier de notre peloton, ses pupilles passant rapidement de gauche à droite, d'une ligne à l'autre. Il me donnait l'impression de parcourir à peine le contenu des lettres et des cartes. Pourtant, de-ci de-là, il biffait un mot.

Assis en face de lui dans un bureau de fortune aménagé dans une grange, je tapais à la machine une liste manuscrite de noms de malades. À cause du froid, on déplorait quelques cas de pneumonie aiguë ; pour parer au pire, on avait mis ces soldats en quarantaine dans un hôpital de la région. Quant aux autres, ils avaient bénéficié d'un jour de repos. La plupart en avaient profité pour s'épancher dans des bafouilles à leur famille. Pour notre seul peloton, j'avais réuni pas moins de cinquante cartes et lettres que j'avais remises au lieutenant afin qu'il les lise avant que je ne les apporte au quartier général, à l'autre bout du camp.

Parmi ces courriers, une missive était de ma main. J'informais Mme Bromley que nous avions gagné le continent et que j'étais ordonnance d'un officier.

C'est un peu comme le majordome d'un château. On peut dire que j'ai réussi mes débuts dans la vie.

À propos de Martin, pas un mot. Je lui demandais simplement des nouvelles des enfants, en particulier de Mary.

J'espère de tout mon cœur qu'elle va bien.

Si je dirigeais de nouveau les flèches de mon amour vers elle, cela tenait à Keats. La veille au soir, pour la première fois depuis mon départ de Londres, j'avais relu son livre, m'imaginant que ses lettres ne me toucheraient plus vraiment. À tort. Chaque phrase me remémorait douloureusement Mary. De toute évidence, pendant les mois écoulés, le désir qu'elle attisait en moi avait couvé sous la cendre. Simkins, lui-même en train d'écrire, m'avait plus encore échauffé.

« Qu'est-ce que tu lis ?

– Des lettres de Keats.

– C'est un poète, non ? »

J'acquiesçai d'un signe de la tête.

« Il écrit à qui ? À sa fiancée ?

– Oui, à Fanny Brawne.

– Ce sont des lettres d'amour, alors ?

– Plus ou moins.

– Tu m'en lis une page ? »

J'ignorai sa requête. Mais il insista.

« Allez, juste quelques lignes, John. Que je pourrai glisser dans ma lettre. »

Je le dévisageai. Il me fit un clin d'œil, crayon en suspens au-dessus de sa feuille de papier. Son attitude me tira un sourire. Je parcourus la page que j'avais sous le nez à la recherche d'un passage approprié.

« Voilà, écoute », lui dis-je.

Je me raclai la gorge et déclamai : « *Je demeure heureux dans la certitude de votre amour qui, je vous l'assure, est pour moi joie tout autant que prodige. Envoyez-moi les mots "bonne nuit" à déposer sous mon oreiller.*[1] »

Durant quelques secondes, Simkins me fixa, bouche entrouverte. Il s'exclama alors, enchanté :

« Bon sang ! Si je lui envoie ça, elle va avoir des vapeurs ! Tu peux me relire ça, John ? Mais plus doucement, pour que je puisse recopier. »

Il lécha la pointe de son crayon et se mit en condition pour écrire. Je répétai chaque mot. Sur le visage de Simkins, la grimace enjouée se faisait toujours plus large.

« Merci, hein, me dit-il avec sincérité une fois que nous en eûmes terminé. Tu me le prêteras, ton livre ?

– Hors de question ! » rétorquai-je aussitôt.

Cette réticence que rien n'annonçait lui fit froncer les sourcils. J'improvisai tout de suite une explication.

« C'est un cadeau de ma fiancée.

– Eh bien, voilà un bon argument. Mais j'espère que tu m'en liras de temps en temps un passage, hein ? Quand une femme a goûté à quelque chose, elle devient insatiable, tu comprends ? exposa-t-il en arborant la même grimace.

– Je comprends, souris-je.

– Elle s'appelle comment ?

– Qui ça ?

– Eh bien, ta promise.

1. John Keats, *op. cit.*, p. 83.

– Ah ! ma promise, repris-je en marquant une pause tandis que Simkins me fixait. Mary.

– Mary, répéta-t-il d'un air approbateur.

– Et la tienne ?

– Gladys.

– Gladys. Joli prénom.

– Merci. T'as une photo de la tienne ?

– Non. Et toi ?

– Oui. Tu veux la voir ?

– Oui, je veux bien. »

Il posa son crayon et sortit son livret militaire de la poche poitrine de sa capote.

« Elle n'est jamais loin de mon cœur, dit-il, un sourire timide aux lèvres, tout en s'emparant de la photo. Tiens, mais ne pose pas les doigts dessus. »

Gladys n'était pas à proprement parler une beauté. Cheveux courts, raides, blond clair, peut-être roux, sur lesquels se détachait un mince bandeau noir. Figure potelée, joues rondes et pleines tout comme les épaules, nez plutôt proéminent. En contrepartie, une belle bouche fine, des dents blanches, et de ses yeux clairs émanait un regard doux et séduisant.

« Charmante, ta dulcinée », commentai-je.

La fierté gonfla les joues pourtant déjà bien rebondies de Simkins.

« Oui, et elle n'est pas bête. Elle va faire des études de pharmacie.

– Elle a quel âge ?

– 18 ans. »

Le même âge que Mary. Je rendis le portrait à Simkins et fis un geste du menton en direction de la lettre à laquelle il s'était attelé.

« Tu ne lui racontes rien de méchant sur moi, hein ? le taquinai-je.

– Tu n'es quand même pas intéressant au point que je gaspille du papier pour parler de toi, Patterson, ricana-t-il. Et toi ? Tu ne lui écris pas, à ta dulcinée ?

– Tout à l'heure. Je cherche d'abord l'inspiration dans Keats. »

Je lui adressai un clin d'œil et me replongeai dans ma lecture en différant un peu la rédaction de ma lettre à Mme Bromley. Toutes mes pensées, cependant, étaient tournées vers Mary.

En face de moi, le lieutenant Ashwell prenait une nouvelle enveloppe sur le haut de la pile. Quelques-unes encore et il tomberait sur la mienne, sur mes confidences. À cette perspective qui ne m'enchantait guère, je songeai à quitter la pièce sous un prétexte quelconque. Mais alors que je m'apprêtais à me lever, l'officier, comme s'il avait deviné mes intentions, me dit :

« N'allez pas croire que j'aime ça. »

C'était la première fois qu'il se livrait un peu à moi. Jusqu'à présent, il s'était contenté de me donner des ordres. Certes, nous n'avions jamais été seuls plus de quelques minutes. Il y avait toujours un autre officier ou un autre ordonnance dans les parages, en particulier dans ce bureau improvisé qui abritait la seule machine à écrire en état de fonctionner.

J'arrêtai de taper et considérai le lieutenant. Un énième tressaillement secoua sa paupière gauche. Pour se moquer de lui, quand il avait le dos tourné, des soldats de notre peloton imitaient cette secousse quand ses instructions ne les emballaient pas.

« Je ne crois pas que vous allez découvrir beaucoup de secrets d'État dans nos lettres », lui dis-je sur un ton léger maintenant que la glace était rompue.

Un sourire éclaira son visage.

« Au cours de notre instruction, on nous a vivement recommandé d'apprendre à bien connaître nos hommes, m'expliqua-t-il. Et à cette fin, peut-on imaginer mieux que leur correspondance ? Il nous revient donc de regarder cela comme un privilège. »

Une pointe de cynisme perçait dans la façon dont il avait prononcé cette dernière phrase. Je m'attendais qu'il développe sa pensée, mais il n'en fit rien. Il se pencha sur la lettre posée devant lui et, en silence, reprit sa lecture.

Avec un doigt, je tapai le nom d'un autre malade. Je n'avais aucune expérience des machines à écrire. Simkins m'avait inculqué les rudiments de la dactylographie ; apprenti clerc par le passé, il maniait le clavier avec l'aisance d'un pianiste. Le lieutenant Ashwell relança la conversation :

« En quelle année étiez-vous ? Des études d'anglais, c'est ça ?

– Oui, acquiesçai-je. Je venais tout juste de terminer la première année.

– Avec succès ?

– Malheureusement, non. Et vous ? Vous avez également fréquenté l'University College ?

– Des études de botanique. J'allais attaquer ma quatrième année quand la guerre a éclaté. »

Il n'avait donc que trois ou quatre ans de plus que moi, alors que je lui donnais 28 ou 29 ans, peut-être à cause de la calvitie qui lui dégageait près de la moitié du crâne. Ce qu'il lui restait de cheveux formait une large faucille rouillée sur l'arrière de sa tête.

« Vous vous êtes engagé tout de suite ? lui demandai-je.

– C'est ce que j'avais de mieux à faire, se défendit-il en haussant les épaules. Je voyais cela comme un intéressant voyage d'études.

– Un voyage d'études ?

– Pour étudier les plantes. Une naïveté sans pareille, je sais, ajouta-t-il avant même que je puisse intervenir.

– Vous m'enlevez les mots de la bouche, risquai-je, car l'aveu plein de franchise d'un tel manque de lucidité m'inspirait de la sympathie.

– Et vous ? Vous vous êtes bien porté volontaire aussi ?

– Sur un coup de tête, reconnus-je.

– Après le décès de votre père ? »

Je me demandai comment il avait pu l'apprendre, mais je me souvins qu'on en avait parlé sur le navire, lors de l'entretien avec le capitaine Brooke.

« Ça a joué un rôle.

– Une forme de revanche ?

– Je n'en sais rien, répondis-je en toute bonne foi. Le désespoir, la solitude, tout ça. »

J'étais surpris de me confier ainsi sans retenue. D'une certaine façon, je me sentais à l'aise en la compagnie du lieutenant. Malgré le tressaillement de sa paupière, il dégageait une forme de quiétude.

« Rien à voir avec le patriotisme, vous voulez dire ? me demanda-t-il alors.

– Je suis désolé si jamais cela doit vous décevoir. »

Comme il n'insista pas sur ce point, je m'interrogeai sur ce qui l'avait incité à me poser ces questions. S'il avait cherché à savoir ce que j'avais dans le ventre, il était quoi qu'il en soit un peu plus éclairé. À la différence de Simkins, je n'allais pas me mettre en quatre pour être le meilleur brosseur du bataillon. Je m'adressai de nouveau à lui :

« Je peux encore vous demander quelque chose, sir ?

– Je vous en prie.

– Pourquoi m'avez-vous choisi comme ordonnance ?

– Question d'intuition, affirma-t-il après quelques secondes de réflexion.

– Question d'intuition ? Eh bien, j'espère que je ne vous décevrai pas.

– Vous savez, Patterson, je n'ai pas d'attentes particulières », poursuivit-il d'un air entendu.

Nous nous remîmes alors à nos tâches respectives. Moi tapant le nom suivant sur la liste, le lieutenant reprenant sa lecture. Chaque fois qu'il en avait fini avec une lettre, il pressait le tampon sur le coussinet imprégné d'encre et apposait un cachet rouge sur le recto de l'enveloppe.

Passed by censor.

Finalement, le tour de ma lettre arriva. Sans rien en laisser paraître, j'essayai de lire la réaction d'Ashwell sur son visage. Je perçus une légère hésitation quand il découvrit mon nom sur le verso de l'enveloppe. Il leva les yeux, je me penchai sur la feuille insérée dans la machine à écrire pour lui donner l'impression que je vérifiais l'orthographe du dernier nom tapé. Entre mes cils, je vis le lieutenant apposer sur l'enveloppe, sans l'avoir ouverte, le tampon de la censure et la poser sur la pile du courrier déjà lu.

Surpris, je le regardai, mais il tournait la tête sur le côté. Néanmoins, je vis sa paupière frémir, de façon plus patente que les fois précédentes.

Nous n'échangeâmes plus un mot jusqu'à l'arrivée du capitaine Brooke quelques minutes plus tard. Simkins, avec le dandinement qui caractérisait sa démarche, le suivait de près.

« Patterson, vous avez bientôt fini ? aboya l'officier. Mon ordonnance a besoin de la machine à écrire.

– Plus que deux noms, sir.

– Laisse, je m'en charge », fit Simkins qui, de son imposant postérieur, essaya tout de suite de me pousser de ma chaise.

Le lieutenant Ashwell se leva. Il me remit la pile de lettres.

« Allez remettre cela au quartier général, Patterson. Et demandez s'il y a du courrier pour les hommes.

– À vos ordres, sir », lançai-je d'un ton résolu.

Le courrier arriva cinq jours plus tard. C'était la première fois que nous en recevions depuis notre départ d'Angleterre. Des dizaines de grands sacs furent livrés en camion à notre compagnie par l'officier d'intendance. Lettres, cartes, télégrammes, paquets de formats très variés : la récolte de plusieurs semaines. Le lieutenant Ashwell organisa la distribution de façon que je puisse m'occuper de celle de notre peloton.

« De la sorte, vous gagnerez sans trop de peine leur sympathie », me dit-il.

En dépit de la distance qu'il maintenait entre lui-même et ses hommes – certains lui reprochaient sa froideur –, il cernait facilement l'état d'esprit du peloton. Ainsi, le mépris que j'endurais à cause de ma position privilégiée – en particulier de la part des membres de mon ancienne section, quand bien même je participais comme tout le monde aux exercices de tirs et de relève de la garde, aux marches et aux défilés –, ne lui avait pas échappé. Certes, j'étais dispensé de certaines corvées, comme creuser des latrines, décharger des camions, déblayer la neige de la place d'armes; je n'avais pas non plus à monter la garde. L'essentiel de la jalousie de mes camarades provenait cependant du fait que la plupart d'entre eux croyaient que j'avais en permanence à ma disposition du rhum et d'autres spiritueux – une fable répandue par Rathband. Et aussi qu'on mettait dans mon assiette ce qui se faisait de meilleur. Cela n'était pas tout à fait faux : régulièrement, l'un des officiers du bataillon apportait un imposant jambon, un faisan bien gras ou un lièvre; l'un des ordonnances cuisinait ces viandes et, avant de les servir, nous goûtions en catimini aux plats. En outre, le lieutenant Ashwell veillait toujours à m'en mettre une part de côté.

Tout bien considéré, les tracasseries que je subissais en raison de cette « vie de luxe » restaient dans le domaine du supportable, car je ne mettais jamais d'huile sur le feu. Cela se limitait de temps à autre à une remarque fielleuse, une insulte aboyée à mon passage, un cou de coude ou d'épaule, ou encore un croche-pied quand nous marchions au pas cadencé. Une fois, on me vola ma gamelle; je la retrouvai dans la boue. Des bagatelles, en fin de compte, par rapport à la pression que j'avais connue à Londres.

Malgré cette hostilité, cela me fit un grand bien d'être l'acteur principal des scènes de joie que suscita la première distribution du courrier.

« On se croirait à Noël », s'extasia James Lenihan, jeune colporteur de Stepney, à la vue des nombreux paquets qui débordaient des sacs.

Deux lui étaient d'ailleurs destinés, ainsi qu'une lettre de sa mère. Chaque fois que je prononçais son nom, il poussait un cri de joie et s'exclamait à pleins poumons, de cette voix forte avec laquelle il avait probablement l'habitude de vanter ses marchandises :

« Merci, Patterson, t'as pas idée comme tu me rends heureux !

– Je ne suis qu'un commissionnaire, James, lui dis-je la troisième fois.

– N'empêche, Patterson, n'empêche ! »

Un télégramme apprit à Alfred Brown, l'un des rares militaires de carrière de notre peloton à avoir survécu aux diverses campagnes, qu'il était papa d'une petite fille. De bonheur, il me serra dans ses bras, m'étouffant presque. À mon étonnement, Archie Rathband lui aussi m'exprima sa gratitude quand je lui remis un paquet ; il ne put toutefois s'empêcher d'ajouter que, pour une fois, je me rendais utile.

Lorsque j'eus tout distribué, Jimmy Parker s'approcha de moi d'un pas hésitant. C'était l'un des premiers volontaires à avoir rejoint notre bataillon. Un gars un peu nigaud d'origine irlandaise qui, dans le civil, travaillait comme garçon d'écurie. Jusqu'au jour de ses 19 ans où il avait reçu sa convocation, il avait pour ainsi dire vécu sans se soucier de la guerre.

« Rien pour moi ? » me demanda-t-il, la mine déconfite.

Je plongeai la main dans le sac d'où je venais d'extirper la dernière lettre. Puis je le retournai et le secouai. C'était tout ce que je pouvais faire pour lui.

Les épaules tombantes et l'oreille basse, il s'éloigna. Un soldat se moqua de lui :

« Hé ! Jimmy, tu vas pas chialer quand même ! »

Je savais ce qu'il ressentait. Moi non plus, je n'avais rien reçu. La réponse de Mme Bromley à mon dernier courrier, je ne l'attendais certes pas encore. Mais en voyant tous les autres autour de moi en train de lire des lettres, de contempler des photos, d'ouvrir des paquets, d'essayer gants ou chaussettes, de goûter du chocolat à l'amertume trop prononcée ou des gâteaux tout durs, je sentis ma gorge se nouer.

« Ta promise ne t'a pas écrit ? »

Simkins s'était approché sans bruit. Il fit aller et venir une enveloppe sous mon nez.

« Gladys est aux anges, ajouta-t-il, rayonnant. Elle me dit que je suis un poète. Tu voudras bien me lire un paragraphe ou deux de ton bouquin ? C'est de qui déjà ?

– Keats, marmonnai-je.

– Ah, oui, Keats, c'est lui, je croyais que c'était Shakespeare. »

Shakespeare. Quand j'entendis ce nom, Shaky réapparut devant mes yeux. Il était mort, après avoir pleuré toute la nuit, le même jour que Martin. Ce que j'avais déduit bien des mois plus tard.

Paupières closes, Simkins reniflait son enveloppe.

« Penhaligon's English Fern, avança-t-il. Avant, Gladys voulait juste de l'eau de Cologne, mais elle a vite changé d'avis quand les Huns sont entrés en guerre contre nous. »

Sa remarque lui tira un petit rire. Dans l'espoir de me débarrasser de lui, je lui dis :

« Je regarderai tout à l'heure si je trouve quelque chose pour toi dans Keats, Simkins, mais va falloir que tu débourses.

– Dis-moi combien tu veux, Patterson. On va toucher notre solde. En francs, pour la première fois. Et le capitaine Brooke m'a assuré que je pouvais compter sur un petit supplément. »

Notre solde serait payée en francs. Ça m'avait échappé. Durant la période d'instruction, ne faisant guère de dépenses, j'avais pu mettre de côté pas mal de livres sterling. À deux ou trois reprises, j'avais envoyé, à son grand contentement, un pécule à Mme Bromley.

« Les francs, ça ne m'intéresse pas vraiment. Il te reste de l'argent anglais ? »

Simkins secoua la tête de droite à gauche.

« Mais je trouverai bien quelqu'un qui voudra échanger tes francs. Pour moi, des phrases de Keats, pour toi des livres sterling. D'accord ?

– D'accord. »

Dès qu'il s'éloigna, je pliai les sacs postaux vides. Je m'efforçai de refouler les souvenirs douloureux qu'éveillaient en moi la toile de jute et la mention imprimée en gras ROYAL MAIL. La gorge toujours nouée, je luttai pour ne pas pleurer et ne pas devenir, comme Jimmy, la cible des moqueries. Après avoir passé des nuits entières à chigner au cours des premières semaines de l'instruction, ce dernier avait pour de bon perdu la face aux yeux du peloton. De guerre lasse, quatre compagnons de chambrée l'avaient, en pleine nuit, transporté dehors sur son lit. Même s'il n'avait plus, depuis, versé la moindre larme, le surnom de « pleurnichard » lui collait désormais à la peau.

Le reste de la journée, je réussis à ne rien laisser paraître de ma détresse. Sauf peut-être aux yeux d'Ashwell qui me libéra plus tôt que d'habitude :

« Allez vous reposer. Demain, une marche gratinée nous attend. »

Une fois dans ma chambre, je me jetai sur mon matelas sans toutefois parvenir à dormir. Quand Simkins rentra à une heure tardive, j'étais encore éveillé. À voix basse, il me demanda si je roupillais. Je gardai le silence et les yeux fermés. Il reposa sa question à quelques reprises, fit même à dessein un peu de bruit avant d'y renoncer et de se laisser tomber sur son matelas. Deux minutes plus tard, il ronflait comme une locomotive.

Mes pensées me taraudèrent encore un quart d'heure, puis je finis par m'endormir à mon tour. Même alors, mon inquiétude continua de faire rage : bien vite un rêve me transporta à Hoxton où j'errais à une heure où les rues étaient encore désertes, exception faite d'un homme qui marchait à une centaine de mètres devant moi, un facteur, qui ne pouvait être que mon père. Sa sacoche débordait de courrier ; à chacun de ses pas, quelques lettres en tombaient sans qu'il s'en aperçoive. Je le hélais, mais visiblement il ne m'entendait pas. Il allait de maison en maison sans distribuer la moindre enveloppe. Devant chaque porte, il levait la main pour toquer avant de se raviser. Dans son sillage, je ramassais les lettres tombées par terre. Il y en avait tellement que j'avais bien du mal à les porter toutes ; la panique commençait à m'envahir. Mais tout à coup, il n'y en avait plus une seule par terre et mon père lui aussi avait disparu. Je regardais tout autour de moi. J'étais à Allerton Street, devant la maison de la famille Bromley dont la porte était grande ouverte. Intrigué, j'avançais la tête pour jeter un œil à l'intérieur. Il y régnait une obscurité totale. Martin ! Martin ! criais-je. Des reniflements et des grognements me parvenaient et, la seconde suivante, tel un loup affamé, Shakespeare me sautait à la gorge. Je tombais à la renverse et, pendant qu'il plantait ses crocs terrifiants dans ma chair, j'essayais frénétiquement de le repousser.

« John, John, réveille-toi, John ! »

Une bougie à la main, Simkins se tenait près de mon lit. Il me secouait. Quand j'ouvris les yeux, il me lâcha :

« Bon Dieu, John, tu vas réveiller tout le camp avec tes cris ! C'était quoi ton putain de cauchemar ?

– Je… c'est rien… rien… bredouillai-je même si je me souvenais de chaque détail.

– Rien ? On aurait dit que tu te faisais trucider.

– Non, non, c'est rien. Va te recoucher.

– T'es sûr ?

– Oui, sûr, Simkins », lui répondis-je en lui tournant le dos.

Il se glissa dans son lit et souffla sur la bougie.

« John ? dit-il une seconde plus tard. (Je gardai le silence.) John, c'est qui Martin ?

– Hein ?

– T'as appelé un certain Martin dans ton sommeil. »

NOUS PARTÎMES VERS L'EST, nous rapprochant chaque jour un peu plus du front. Régulièrement, nous croisions des troupes qui en revenaient. À ces moments-là, le sergent Chapman redressait le dos, tendait et balançait son bras gauche de manière plus ostensible que d'habitude. De la sorte, il espérait attirer les regards de ces hommes sur la brisque qu'il portait à la manche, étroite plaque brillante en cuivre prouvant qu'il avait subi une blessure. Cela lui valait d'ailleurs, de temps à autre, un mot d'encouragement ou un salut empreint de respect. Nombre de ces soldats n'éprouvaient en revanche aucune difficulté à reconnaître en nous de la bleusaille ; le sergent d'un bataillon écossais nous lança par exemple : « Vous pourrez enfin écrire à vos mamans que vous avez vu de vrais soldats. »

C'est au cours de ces longues marches quotidiennes que j'entendis pour la première fois la guerre qui faisait rage au loin. Explosions sourdes, rafales d'artillerie – comme si quelqu'un tambourinait sur des fûts de bois vides –, et l'écho des coups de feu qui, dans la brume du matin, semblaient tellement proches que certains d'entre nous, effrayés, rentraient par réflexe la tête dans leurs épaules.

Le seul danger auquel nous eûmes alors à faire face provenait d'avions ennemis qui nous survolaient en restant hors de portée de nos tirs. À trois reprises, ils bombardèrent notre bataillon. Chapman montra son expérience des combats en évaluant l'endroit des impacts. Tandis que nous plongions tous dans un fossé, lui demeurait immobile ; nous relevant peu après tout trempés, nous constations que les bombes étaient tombées à des mètres de leur but. Quant au sergent, il affichait un large sourire.

Un jour, cependant, l'une des bombes n'explosa pas très loin de lui. Elle atteignit quatre mules qui tiraient un canon de campagne. Trois d'entre elles furent tuées sur le coup ; la quatrième, un shrapnel dans le genou, ne parvenait plus à se redresser.

Jimmy Parker, le pleurnichard, ancien garçon d'écurie ayant un faible pour les chevaux, se soucia du sort de l'animal blessé et, d'une voix qui dérapa dans l'aigu, s'écria qu'on pouvait le sauver à condition de le transporter au plus vite à l'hôpital vétérinaire.

« C'est rien qu'un âne, Parker », objecta le capitaine Brooke qui, sans la moindre hésitation, acheva la mule d'un coup de revolver.

La mine rembrunie de Parker fut plus pénible à voir que les quatre équidés morts.

Durant de courts moments, ce genre d'événements qui émaillaient nos marches, pour le reste très monotones, reléguaient au second plan ce qui me taraudait. Mon cauchemar m'avait révélé que je ne pouvais plus laisser les choses suivre leur cours sans réagir. Marchant machinalement au pas à la cadence de la colonne, je songeais en permanence aux lettres qui, dans ma musette, finissaient par me peser plus que mon barda. Si quelqu'un venait à mettre la main sur ces courriers que mon père avait soustraits, par exemple un fouineur de la trempe de Simkins, presque toujours pendu à mes basques, je risquais de sérieux ennuis. Il me fallait les envoyer, malgré le temps qui s'était écoulé, ou les détruire. Quant à Mme Bromley, qui, par ma faute, gardait quelque espoir, je devais l'informer de la mort de Martin avant que je ne périsse à mon tour dans les tranchées. Cette incertitude sur le sort de son fils qu'elle pourrait cultiver jusqu'à la fin de ses jours, je ne tenais pas à l'avoir sur la conscience.

Nous passâmes ainsi en tout plus d'une semaine sur les routes et les chemins, ne faisant que de courtes haltes pour dormir dans une grange ou un quelconque bâtiment abandonné. Le temps se montrait capricieux. Mais à la fin février, quand nous arrivâmes à Saint-Amand, un village des environs d'Arras, l'hiver semblait sur le point de capituler. Le vent soufflait à présent vers le sud ; dans le ciel, le soleil diffusait juste assez de chaleur pour nous dégeler les os.

Cette embellie parut ravir le lieutenant Ashwell : un matin, il dressa le nez, respira profondément et, des scintillements dans les yeux, me dit :

« Les premières fleurs du printemps ne vont plus tarder à boutonner. Regardez, Patterson, il y a déjà des chatons sur ces saules. »

Sa joie pour ainsi dire enfantine à la vue de rares épis duveteux sur les branches me fit hausser les sourcils. Mais quand il entreprit peu après d'examiner les chatons à la loupe, son attitude me rappela quelque chose que je n'avais plus vu depuis longtemps : l'enthousiasme irrépressible du collectionneur.

Mon intuition se trouva confirmée lorsqu'il se mit à prendre des notes dans un calepin et qu'il me confia que nous ferions une sortie si les circonstances le permettaient.

« Où ça ?

– Dans un bois, au nord d'Arras.

– Un bois ?

– Je veux réunir des plantes pour mon herbier. »

Quelque temps plus tard, l'officier d'intendance lui fit livrer une lourde valise en bois. Notre compagnie était stationnée dans une ferme dont une partie du toit avait été soufflée par un obus. Le lieutenant s'était aménagé un coin dans les caves qui n'avaient pas été endommagées ; c'est là qu'on me chargea de lui remettre la valise. Des effets personnels, supposai-je. Beaucoup d'officiers avaient apporté des affaires du pays pour agrémenter leur quotidien au front. Ainsi, le lieutenant Robinson, du troisième peloton, disposait de nappes, le capitaine Blandford de la compagnie A ne pouvait se passer de son gramophone et de sa collection de disques ; quant au capitaine Brooke, il possédait une collection de pipes en pierre sur laquelle Simkins veillait comme un chien de garde.

Je ne m'étais pas trompé : de sa valise, le lieutenant Ashwell retira quelques livres – guides botaniques et autres ouvrages scientifiques –, une petite boîte contenant des lamelles de verre, une deuxième diverses fioles, mais aussi… un microscope et une sorte de presse en plomb et en fer qui expliquait le poids du bagage. Je compris par la suite qu'il s'en servait pour sécher des plantes.

Ce jour-là, le lieutenant me montra l'herbier qu'il avait constitué au cours de son précédent séjour en France, un ensemble de feuillets volants qu'il se proposait de relier. Sur chacun, une plante séchée, avec sa tige, ses feuilles et une fleur. J'en reconnus certaines sur-le-champ, par exemple le bouton-d'or et le coquelicot ; toutefois, elles portaient en l'occurrence des noms singuliers, comme « renoncule flammette » ou « pavot douteux ». Il avait en outre mentionné le lieu et la date où il les avait cueillies, ainsi que les noms latins de la famille, de l'espèce et des autres subdivisions dont elles relevaient. Je ne pus m'empêcher de penser au catalogue de mon père. Et c'est lui que j'eus par moments l'impression d'entendre quand Ashwell se mit à m'entretenir de ses découvertes.

« Plutôt rare. Découverte par pur hasard. »

Ce sont les mots qu'il employa en me montrant une sorte d'orchidée dont la fleur ressemblait à un insecte. Il l'avait trouvée à Sailly-au-Bois le 29 juin 1916.

« Le 29 juin, remarquai-je. Soit deux jours avant le début de la bataille de la Somme, n'est-ce pas ? »

Peut-être mon imagination me joua-t-elle des tours, mais il me sembla bien que sa paupière gauche se mit soudain à trembler plus que d'habitude.

Il hocha brièvement la tête.

« Vous y avez pris part dès le début ? » lui demandai-je.

Je me souvenais de l'euphorie des premiers jours, qui, y compris dans notre camp d'entraînement, s'était propagée comme un virus avant que la réalité ne filtre sous la forme de listes de morts quasi infinies.

Nouveau bref hochement de tête. Puis il me dit en consultant sa montre :

« Les hommes sont sans doute prêts. Vous pouvez prendre leurs livrets militaires, John ? (Il referma son herbier avant d'ajouter, d'une voix inflexible :) C'est un ordre. »

Il ne s'était jamais adressé à moi sur ce ton, et ça me déstabilisa. J'étais son ordonnance depuis près de un mois ; au cours de cette période, il m'avait toujours transmis ses instructions avec amabilité, parfois même avec une certaine gêne. Cette fois, il se comportait comme si l'un de ses supérieurs lui avait tapé sur les doigts pour ne pas faire preuve d'assez de sévérité à mon égard.

« Leurs livrets ? » demandai-je, perplexe.

Je savais que les hommes ne s'y résoudraient pas facilement. Ces carnets contenaient toutes leurs données personnelles, maints détails sur leur vie militaire, y compris le montant des soldes perçues, les amendes et les sanctions auxquelles ils avaient dû faire face.

« Leurs livrets, répéta le lieutenant. Et dites à ceux qui auraient omis de le faire de remplir la page 13. »

Page 13. La page vierge destinée à recevoir le testament du soldat. Peu avant d'embarquer, on nous avait demandé de la remplir, mais certains s'y étaient refusés sous le prétexte que cela portait malheur.

Apparemment, Ashwell s'en doutait puisqu'il reprit :

« Ceux qui s'y opposent peuvent s'attendre à des sanctions. »

Je faisais partie de ceux qui avaient laissé la page blanche, non par superstition, mais parce qu'en mentionnant Mme Bromley comme unique héritière, je redoutais qu'on lui fasse des problèmes si on venait, après ma mort, à découvrir les lettres dissimulées par mon père. Cette crainte ne m'encourageait que plus à me débarrasser de celles-ci.

Je me levai pour aller réunir les livrets militaires. Notre section comptait une cinquantaine d'hommes ; je savais plus ou moins lesquels allaient se montrer récalcitrants.

« Patterson ! cria le lieutenant avant que je ne disparaisse. En même temps, demandez-leur de vous remettre le courrier qu'ils veulent envoyer.

– À vos ordres, sir », répondis-je en prononçant ce dernier mot sur le même ton sec qu'il avait employé plus tôt.

Finalement, rassembler la totalité des livrets me coûta peu de peine. Dans la cour de la ferme, sous un pâle soleil, le sergent Chapman était en train d'inspecter les armes des soldats. Je l'informai de ma mission et il transmit aux hommes la requête du lieutenant. Non sans ajouter :

« Ceux qui pensent ne pas avoir besoin de testament seront bientôt en première ligne lorsque nous attaquerons les Huns. »

C'est Jimmy Parker qui prit le plus de temps pour formuler le sien. À l'écart des autres, il s'était assis sur le tronc d'un arbre foudroyé, le carnet dans une main, un crayon à papier dans l'autre. Quand je m'approchai de lui, je vis qu'il n'avait rien inscrit sur la page 13, hormis son nom et son prénom. De ses petits yeux noirs, il me fixa, un regard qui trahissait son impuissance. Je saisis assez vite de quoi il retournait.

« Dis-moi à qui tu veux laisser ceci ou cela, lui dis-je après avoir pris place à ses côtés. Je l'écrirai pour toi. »

Craintif, il regarda autour de lui. Les autres s'étaient de nouveau penchés sur leurs armes. Le sergent Chapman examinait le canon du fusil de Rathband pour vérifier s'il ne restait aucune trace de poudre.

Parker me tendit son livret et son crayon :

« Tout à ma mère. Mon père, y a longtemps qu'y s'est barré.

– Oh ! je suis désolé.

– Pas la peine. C'était une brute.

– Et tu as des frères et des sœurs ?

– Deux demi-sœurs. Mais elles sont plus à la maison non plus. Aucune idée d'où elles sont.

– Donc tu mets tout sur le nom de ta mère. Bien, elle s'appelle comment ?

– Maman », fit-il en haussant les épaules.

Sa réponse déclencha mon rire, mais avant qu'il ne le prenne mal, j'ajoutai :

« J'écris Mme Parker, alors ?

– D'accord. »

J'écrivis à sa place la formule requise : « Si je viens à mourir, je donne tous mes biens à ma mère, Mme Parker. »

« Ton adresse ? lui demandai-je pour finir.

– 9 Bletchley Street, Hoxton.

– Bletchley Street ?! m'écriai-je, stupéfait.

– Tu connais ?

– C'est tout près d'Allerton Street !

– Oui, à l'angle. T'habites là ?

– Non, un de mes amis vivait… vit là. »

Mon lapsus me fit prendre conscience que je devais faire attention à ce que je disais.

« Qui ça ? (Faisant semblant de ne pas entendre sa question, j'écrivis l'adresse.) Peut-être que je le connais, insista-t-il.

– Bromley, murmurai-je sans lever les yeux.

– Martin Bromley ?

– Oui, Martin, répondis-je sans rien laisser paraître de ma stupéfaction. Tu le connais ?

– Par ouï-dire. J'ai bien connu les Cunningham. Jack et Woody. Il traînait souvent avec eux, non ?

– Oui, assez souvent, acquiesçai-je, un peu rassuré.

– Il travaillait pas aux docks ?

– Avant la guerre. Mais il s'est engagé dès qu'il a pu, précisai-je en pesant mes mots.

– Lui aussi dans les Royal Fusiliers ?

– C'est ça.

– Et tout va bien pour lui ?

– Oui, pourquoi ?

– Eh bien… Woody a été tué, tu sais, et je me disais…

– Tiens, signe ici, l'interrompis-je en lui mettant son livret sous le nez.

– Une signature ? J'ai pas de signature.

– Inventes-en une.

– Un truc comme ça ? » me demanda-t-il après avoir tracé un gribouillis.

J'opinai de la tête et l'entendis pousser un soupir de soulagement.

« Merci, John. »

Il semblait sincère. Il me rendit le carnet, baissa la tête et, du talon de sa botte, traça une petite rigole dans la terre à moitié gelée.

« Comment va Jack ? lui demandai-je. Ça fait déjà un moment qu'il s'est engagé, non ? »

Depuis le rassemblement devant St. Martin in the Fields où il était venu dire au revoir à son frère Woody, je ne l'avais plus revu. Je savais par Martin qu'il était lui aussi sous les drapeaux, ayant passé avec succès l'étape du recrutement. Mais après la dernière visite de mon frère de lait, je n'avais plus pensé une seule fois à lui. À présent que Parker mentionnait son prénom, je me demandais s'il avait pu entendre parler de Martin.

« Jack ? Il est estafette, me raconta Parker. Il transmet des messages à motocyclette depuis son quartier général.

– Pour quel régiment ?

– Aucune idée.

– Ici, sur le front occidental ?

– Oui, je pense.

– Tu pourrais te débrouiller pour savoir où il est ?

– Je peux demander à ma mère, mais... »

Il leva la tête. Sur son visage de souris, ses lèvres ne formèrent bientôt plus qu'un trait. Au même moment, je me souvins de sa déception le jour de la distribution du courrier.

« Tu n'as jamais écrit à ta mère, hein ? (Il secoua la tête de droite à gauche.) Pas même une carte postale militaire ? »

J'en avais récemment distribué un certain nombre à nos hommes. Elles portaient des mentions imprimées que chacun était libre de barrer ou de laisser telles quelles afin d'informer au mieux le destinataire sur son état de santé.

« Si j'en envoyais une, elle croirait que ce sont de mauvaises nouvelles, m'expliqua Jimmy, dépité. Que je suis mort, tu comprends. Elle non plus, elle sait pas lire. »

Je comprenais. Les cartes avaient la même couleur jaune pâle que les enveloppes annonçant le décès d'un soldat ; et un format presque identique.

« Et elle non plus, elle ne t'a jamais écrit ? Pourquoi elle ne demande pas à quelqu'un de le faire à sa place ?

– Je lui ai promis de lui envoyer mes coordonnées, mais y a personne qui… », fit-il en s'interrompant pour s'essuyer le nez, avant de reprendre à mi-voix : « Tu pourrais peut-être… pas forcément aujourd'hui, mais… Elle sera contente d'apprendre que je vais bien. »

Il donnait une telle impression de fragilité que je n'hésitai pas une seconde. Posant, avec chaleur, une main sur son épaule, je lui dis :

« Choisis une jolie carte postale, Jimmy, je m'en occuperai demain. »

En retournant peu après au quartier des officiers, je trouvai Ashwell assis à son bureau en train d'écrire une lettre.

« Déjà ? s'étonna-t-il.

– Tout le monde a été coopératif. Grâce à l'intervention du sergent Chapman.

– Très bien », déclara-t-il sur un ton neutre.

Il reboucha son stylographe, poussa les livrets militaires vers moi en posant dessus un formulaire imprimé qu'il avait mis de côté.

« Vous pouvez me dresser une liste ? Le nom de chaque soldat, son numéro matricule, ce qu'il laisse et à qui il le laisse. »

Être amené à entrer en quelque sorte dans le jardin secret de mes camarades ne me réjouissait en rien. Alors que je me demandais si cela relevait bien de mes tâches, le lieutenant précisa, cette fois sans rien de forcé dans la voix :

« C'est une requête, pas un ordre. »

Je pris quelques secondes pour réfléchir et décidai de lui faire plaisir. Mieux valait ne pas le décevoir au bout de si peu de temps, surtout que j'étais, me semblait-il, en train de gagner progressivement sa confiance. Ce qui en soi n'était pas un mince exploit, compte tenu de ce que m'avait dit le sergent Chapman à notre arrivée au Havre :

Rien ne saurait pénétrer sa cervelle, pas même une balle.

Je commençais à saisir ce qu'il sous-entendait par là.

La pile de livrets devant moi, je pris place de l'autre côté du bureau, face au lieutenant. Il ouvrit la petite boîte à cigares dans laquelle il conservait tampons, encre et tampon encreur, versa des gouttes d'encre rouge sur le coussinet, appuya dessus le tampon de la censure et fit un essai sur une feuille de papier.

Dans le courrier qu'il devait contrôler, il n'y avait aucune lettre de ma main. J'avais décidé d'attendre la réponse de Mme Bromley. Mais à présent que je m'étais résolu à lui révéler la vérité sur Martin, j'appréhendais le moment où je coucherais les mots adéquats sur le papier. J'espérais qu'elle aurait appris entre-temps la funeste nouvelle par un autre canal. Trois mois ne s'étaient-il pas écoulés depuis sa dernière missive ?

Tandis que le lieutenant Ashwell parcourait le courrier de mes camarades, je recopiais leurs dernières volontés. Bien que la plupart d'entre eux léguassent tout simplement ce qu'ils possédaient à leur père, leur mère ou leur épouse, je me sentais pareil à l'individu qui ouvre des tiroirs les uns après les autres dans une maison qu'il est en train de cambrioler. Les quelques testaments d'une teneur différente se gravèrent d'autant plus facilement dans ma mémoire.

Non sans un certain embarras, je rendis le même jour chaque livret militaire à son détenteur.

« T'as pas mis ton nez dedans, hein, Patterson ? » fit Archie Rathband.

Il entendait laisser son canif au benjamin de ses frères. Quant à Harry Finch, il souhaitait que le reliquat de sa solde permît d'éponger les dettes qu'il avait contractées dans un tripot. Il posa sur moi un regard pénétrant comme pour lire à l'intérieur de mes pensées. Heureusement, je ne laissai rien paraître.

Pour ma part, j'avais consigné mes volontés au dernier moment alors que, toujours assis en face d'Ashwell, je finissais de remplir le formulaire. Peut-être sans en être conscient, il m'y avait incité en me disant : « Le quartier général vient d'annoncer que nous partons pour les tranchées d'ici quelques jours. »

Cette annonce inopinée retentit à mes oreilles comme un avertissement. Je n'avais encore rien inscrit dans mon livret, mais j'ajoutai d'emblée mon nom et mon numéro matricule sur la liste. Puis je dressai mentalement l'inventaire de mes biens.

Ça se résumait à peu de choses. Une modeste somme d'argent, le volume de Keats, une montre, un stylographe, la boîte en fer-blanc qui contenait les lettres.

L'argent reviendrait à Mme Bromley. C'était une affaire entendue. Ses lettres lui seraient probablement retournées ainsi que la carte de Martin. Quant à celles que mon père avait omis de distribuer, il me fallait les poster avant mon départ pour les tranchées.

Pour le livre de Keats et mon stylographe, je n'eus pas non plus à me fatiguer les méninges. Mary en hériterait. Je tentai de m'imaginer la tête qu'elle ferait en ouvrant le paquet, mais l'idée que je ne serais alors plus de ce monde m'étant trop douloureuse, j'y renonçai.

Restait ma montre. Je retroussai le bas de ma manche gauche et passai l'index sur le verre.

Hé, John ! T'arrives trop tard ! Bien trop tard !

La voix de Martin. Et Martin lui-même, que je revoyais comme s'il avait été devant moi, en train de tapoter la montre-bracelet qu'il venait de voler dans la boutique de M. Kohlmann. Pour la première fois, ce souvenir me tira un petit rire et, sans tergiverser, j'écrivis :

Ma montre, je la donne à Martin Bromley.

À n'en pas douter, elle lui aurait beaucoup plu.

Le lieutenant Ashwell m'avait demandé de le réveiller le lendemain matin à 6 h 30. Quand j'entrai dans sa chambre, il était déjà en uniforme, installé à son bureau à la lueur d'une lampe à pétrole. Devant lui, son herbier était ouvert. Il débordait d'entrain et avait même l'air émoustillé.

« Patterson, j'ai réussi à avoir une voiture et un chauffeur. Je m'éclipse quelques heures. Si vous le souhaitez, vous pouvez m'accompagner.

– Où ça, sir ? » lui demandai-je sans guère d'enthousiasme.

J'étais trop fatigué pour être d'aussi bonne humeur que lui. Je n'avais pas fermé l'œil de la nuit. Peu à peu, j'avais pris conscience que, d'ici quelques jours, tout serait peut-être fini. Une balle, un éclat de grenade, un obus, et en une fraction de seconde, j'étais rayé du monde. Cette pensée se doublait d'une angoisse telle qu'il m'était pour ainsi dire impossible de m'imaginer que j'avais pu vouloir un jour mettre fin à ma vie.

« D'abord à Arras, répondit le lieutenant. J'ai besoin de feuilles de papier rigide pour mon herbier. Tout le stock apporté d'Angleterre a pris l'humidité. Et d'Arras, on se rendra à Souchez.

La *Vinca minor* pousse dans les forêts du coin. Peut-être fleurit-elle déjà.

– La *Vinca minor* ?

– La petite pervenche, expliqua-t-il, mais cela ne m'en disait guère plus. Bah, ce n'est pas grave, Patterson. À vous de décider. Sans tarder. Le chauffeur passe me chercher dans cinq minutes. »

Soudain, je me dis que sa proposition m'offrait une opportunité.

« Il y a un bureau de poste à Arras ? J'aimerais acheter des cartes postales des environs.

– À Arras, Patterson, on trouve de tout, je pense. Mais si vous préférez rester ici, je peux vous en acheter.

– Non, non, si cela ne vous dérange pas, je vais vous accompagner, sir. Personne n'a besoin de moi ici.

– Bien. Allez chercher vos affaires et n'oubliez pas votre casque, me dit-il en tapotant du bout de l'index son crâne à moitié chauve. Arras est régulièrement bombardée. »

Quand nous partîmes, il faisait encore nuit. Une carte routière pliée sur ses genoux, le lieutenant avait pris place à côté du chauffeur, un caporal répondant au nom de Wilson. Fine moustache noire sous un nez pointu. Gants en cuir. Désignant la carte, l'homme dit à l'officier qu'ils n'en auraient pas besoin : il pouvait se rendre à Arras les yeux fermés. Dans le même temps, il mit Ashwell en garde : mieux valait ne pas s'éterniser en ville, car les Allemands la bombardaient de préférence en pleine journée.

Assis à l'arrière, je ne distinguais pas grand-chose, d'autant plus que la capote était relevée sur nos têtes. Je discernai surtout la silhouette de frêles arbres alignés à faible distance les uns des autres le long de la route, certains au tronc cassé en deux. À trois endroits, l'épave carbonisée d'un véhicule barrait en partie le passage ; avec une prudence accrue, le chauffeur contourna les obstacles successifs. Il lui fallait aussi éviter maints nids-de-poule ; il n'y parvenait pas toujours et, à plusieurs reprises, de grandes secousses se répercutèrent dans mon corps. À ces moments-là, ma main se portait dans un réflexe sur le paquet de lettres que je m'étais empressé, juste avant le départ, de fourrer dans ma capote.

Les deux adressées à la famille Clifford, je les avais réunies dans une troisième enveloppe. Peut-être celle rédigée par le supérieur hiérarchique de Thomas offrirait-elle un peu réconfort à ses proches. J'ignorais totalement si les autres parents avaient depuis été informés de la mort de leur fils. Mais je me refusais, quoi qu'il en fût, à me focaliser là-dessus.

À mesure que nous approchions d'Arras, la route boueuse se gorgeait de soldats, de chevaux et de véhicules, une partie se dirigeant vers la ville, une autre venant de la quitter.

« Ça fait des semaines que des troupes affluent, souligna Wilson. Y a des soldats dans tout l'arrière-pays. Quelque chose de considérable se prépare. »

Le lieutenant Ashwell, qui n'avait pas ouvert la bouche de tout le trajet, garda cette fois encore le silence.

« Vous ne croyez pas, sir ? insista le chauffeur à brûle-pourpoint.

– Aucune idée, caporal, répondit-il. Tout comme vous, je ne suis qu'un pion. »

Ces mots semblèrent désorienter Wilson. Il se tut à son tour, jusqu'à ce qu'apparaisse un double arc de triomphe dont les contours se dessinaient nettement dans le jour levant.

« Porte Baudimont, la porte de la ville, précisa le chauffeur tel un guide accompli. Elle n'a pas été épargnée. »

Je saisis bien vite ce qu'il entendait par là. Des tirs nourris avaient amputé le large monument. Quand nous passâmes sous l'une des arches, je constatai que des éclats de grenade avaient laissé des trous et des crevasses dans la pierre.

Une fois la porte franchie, le caporal s'arrêta pour abaisser la capote, une initiative qui amena le lieutenant à froncer les sourcils. La température ne dépassait guère 0 °C.

« Qu'est-ce que ça signifie, caporal ? grommela-t-il. Vous avez trop chaud ?

– Les gravats, sir, faut que je puisse voir les gravats tomber, s'excusa-t-il. Vous ne voulez tout de même pas finir sous les décombres ? »

Il repoussa la capote au-delà de ma tête. Je découvris alors de chaque côté de la rue plusieurs habitations dévastées. De celles qui avaient le mieux résisté, fenêtres, portes, leurs montants et le reste avaient disparus ; les toits révélaient leur squelette de liteaux. De certaines, seule la façade était encore debout, qui s'effondrerait sans doute sous la prochaine bourrasque. Du côté opposé à celui où nous étions stationnés, un immeuble avait été complètement soufflé, exception faite de la toiture, accrochée aux deux bâtiments contigus à une dizaine de mètres au-dessus du sol, tel un pont jeté sur un ravin.

Bouche bée, je fixai ce spectacle tout autour de moi. Mon regard croisa celui du lieutenant. De nouveaux spasmes chahutèrent sa paupière gauche. Remarquant que j'y prêtais attention, il tourna la tête d'un mouvement brusque et dit d'une voix résolue :

« Caporal Wilson, remettez-moi cette capote.

– Mais, sir, c'est extrêmement dangereux, protesta l'autre.

– Caporal, c'est un ordre ! »

Je vis Wilson se ramasser sur lui-même. La façon dont le lieutenant m'avait commandé la veille d'exécuter ses ordres me revint en mémoire.

Bougonnant dans sa barbe, le caporal obéit. Puis il reprit sa place, passa une main derrière son siège pour attraper son casque dont il se coiffa, le lieutenant et moi-même ne tardant pas à l'imiter.

« Pourriez-vous me dire ce que vous cherchez, sir ? Cela m'éviterait des détours inutiles.

– Une papeterie, lui répondit l'officier. Je cherche du papier.

– Du papier ? C'est pour *ça* que vous…

– Qu'attendez-vous pour démarrer, caporal ?

– Je doute qu'on trouve un magasin ouvert, sir.

– Nous ne tarderons pas à le savoir », lança Ashwell pour clore la conversation.

Le caporal émit un bruyant reniflement, tira sur le levier de vitesses et démarra. Le nez pour ainsi dire collé au volant, il roula à faible allure. Par le pare-brise, je pus voir la lumière des phares se réfléchir tous les deux mètres sur les débris de vitres qui parsemaient les décombres. Lugubres, sur les façades, les fenêtres demeuraient noires.

« Où nous emmenez-vous ? demandai-je en me penchant en avant.

– À la Grand-Place, répondit le caporal.

– Vous savez s'il y a là un bureau de poste ? » repris-je, ajoutant pour éviter d'éveiller des soupçons : « J'aimerais acheter deux ou trois cartes postales. »

– Pour ça, pas besoin d'aller dans un bureau de poste. Des cartes postales, vous en trouverez partout. Et à cette heure, vous pouvez faire une croix sur le bureau de poste. (Frustré, je m'adossai de nouveau à la banquette.) On le dirait pas, continua le caporal en s'adressant toujours à moi, mais ici, on trouve vraiment de tout. Depuis le début de la guerre, les gens vivent sous terre comme des rats. Partout des souterrains et des grottes. Voyez-vous, la ville est construite sur du calcaire. Faire de nécessité vertu, les habitants ont bien compris ça. Des journaux, des cigarettes, des bibelots et des souvenirs, les meilleures denrées alimentaires, bien plus d'alcool que ce qu'on peut boire, et d'autres choses… si vous voyez ce que je veux dire.»

Prononçant ces derniers mots, il glissa un regard vers le lieutenant, mais celui-ci restait les yeux fixés droit devant lui. Par l'intermédiaire du miroir intérieur, Wilson me fit une œillade de connivence, puis reporta son attention sur la route.

Quand nous fûmes arrivés à destination, sans encombre, le caporal poussa un soupir de soulagement. Il gara la voiture sur la Grand-Place et coupa le moteur. Le silence qui régnait me frappa tout de suite. En descendant, j'eus l'impression d'être en plein désert. La place n'était qu'un vaste espace où le vent semblait avoir accumulé çà et là, à la manière de dunes, des monceaux de gravats et de pavés. Des demeures mitoyennes la ceignaient en partie, presque toutes surmontées du même pignon. Ici aussi, des bombes avaient démoli des habitations, soufflé des toits et gravement endommagé des murs, si bien que, de loin, cet ensemble architectural ressemblait à la denture d'un traîne-misère.

«C'est par là, sir, dit le caporal au lieutenant en tendant le doigt en direction de bâtiments plus ou moins intacts sur notre droite. Si vous n'y voyez pas d'objection, sir, je reste près de la voiture. Permettez-moi de vous rappeler qu'il vaut mieux ne pas s'éterniser. Il va bientôt faire plein jour.

– Ne vous inquiétez pas. Je n'ai aucune intention de m'attarder. »

Je toussotai pour attirer l'attention de Wilson. Il m'adressa un hochement de tête, puis se tourna de nouveau vers Ashwell.

« Et votre ordonnance devrait y trouver ses cartes postales.

– Je préférerais… commençai-je, mais le lieutenant me coupa la parole.

– Venez, Patterson, ne perdons pas de temps. »

Il s'éloigna tout de suite à grandes enjambées et je n'eus d'autre ressource que de lui emboîter le pas.

Wilson ne s'était pas trompé. Sur la façade d'un des bâtiments, un tableau noir portait des inscriptions écrites à la craie en langue anglaise : dans la cave, on pouvait se procurer des articles pour le bureau, du tabac, des journaux et des cartes postales. L'édifice attenant abritait même un restaurant qui proposait entre autres des bières de chez nous.

Le lieutenant poussa la porte et me précéda dans la papeterie. La salle était en grande partie vide, à l'exception d'un comptoir massif et d'étagères en bois. Alignées à même le sol, des bougies allumées invitaient les clients à gagner l'arrière-boutique.

De là, par une porte laissée ouverte et un escalier de bois, nous gagnâmes une vaste cave bien éclairée, aménagée en magasin ; il y avait même des panneaux de réclame aux murs. À gauche de l'entrée, derrière une petite table, un homme d'environ 50 ans, à la peau squameuse et aux yeux aussi petits que ceux d'une tortue, nous salua en français avant d'ajouter dans un anglais rudimentaire :

« Cigarettes ? Gauloises. *Very heavy.* »

Pareil à un pianiste qui fait aller sa main sur toute la largeur du clavier de son instrument, il balaya d'un geste l'étagère de boîtes posées derrière lui, toutes remplies de cigarettes qu'il vendait à l'unité.

Ashwell fit non de la tête.

« Des feuilles de papier, dit-il. *Also very heavy.* »

Dans la figure du Français, les yeux de reptile brillèrent quelques secondes.

« *I have, sir, I have.* Suivez-moi », lança-t-il en se levant et en invitant le lieutenant à avancer.

Je restai près de la table et promenai mon regard dans la cave. Le marchand et l'officier s'arrêtèrent devant un meuble comptant des dizaines de tiroirs bas. De l'un d'eux, l'homme sortit une feuille de papier. Ashwell la tâta entre le pouce et l'index, avança les lèvres d'un air approbateur. De la main, il expliqua qu'il en voulait vingt.

« Non, non, monsieur, par lot de cinquante », précisa le Français en secouant énergiquement la tête.

Il prit un paquet qu'il tendit sous le nez du lieutenant. Celui-ci haussa les épaules en soupirant et acquiesça d'un signe du menton.

« *Very good* », reprit l'homme.

Les feuilles sous le bras, il trottina dans ma direction. Avant même d'avoir atteint la table, il s'adressa à moi :

« *You want, sir ?* »

Pour sauver les apparences, je lui demandai des cartes postales.

« Des cartes postales, oui, oui, *I have*, opina-t-il en m'indiquant un emplacement dans mon dos. *You choose.* »

J'exécutai un demi-tour. Il y en avait, réparties en petits paquets, dans les casiers d'une étagère en bois.

« *I have stamps*, monsieur », reprit le Français.

D'un tiroir de la table, il sortit une planche de timbres.

Mes pensées me devancèrent et, au risque de paraître trop empressé, je dis au lieutenant :

« Pendant que je choisis, vous pouvez régler votre achat, sir. »

Je me tournai et m'approchai des cartes postales. Dans mon dos, une discussion s'engagea sur le prix des feuilles de papier.

Toutes les cartes montraient des images des ravages qu'avait subis la ville, légendes en langues française et anglaise à l'appui : les vestiges de l'hôtel de ville, le beffroi après le bombardement, l'hôtel Saint-Vaast détruit par les flammes, ainsi que la porte Baudimont endommagée et deux soldats posant dans le trou laissé par un obus dans sa partie supérieure. Je pris deux exemplaires de cette carte. Comme le lieutenant venait de payer, je m'adressai de nouveau à lui :

« Vous n'êtes pas obligé de m'attendre. J'arrive tout de suite. »

Avec circonspection, je tâtai mes poches à la recherche de mon portefeuille.

« Au revoir », fit Ashwell au marchand. Puis il me dit : « À tout de suite, Patterson. Ne traînez pas.

– Je me dépêche, sir. »

Je posai les cartes postales devant l'homme en écoutant les pas du lieutenant qui s'éloignaient.

« *Stamps, sir?* »

J'opinai du chef, attendis quelques secondes de plus et sortis de ma capote mon portefeuille en même temps que les lettres.

« *To England*, indiquai-je. L'Angleterre. *Is it possible?*

– Angleterre. Oui, oui, c'est possible, mais c'est très cher.

– Cher ? »

Il leva la main et frotta son pouce contre son index.

Je tirai quelques billets de cinq francs de mon portefeuille.

L'homme haussa et baissa les sourcils. Du menton, il désigna les enveloppes que je tenais dans la main.

« Combien en tout ? »

Dix, lui fis-je comprendre avec mes doigts. Il ferma les yeux pour calculer dans sa tête.

Je lui rappelai que j'étais pressé, mais il ne saisit pas le sens de mes paroles.

« Sept francs. *Seven* », finit-il par dire.

Même si j'avais l'impression qu'il cherchait à me rouler, je lui remis deux billets de cinq francs sans protester. Le marchand me rendit la monnaie, trois pièces de un franc. Puis il détacha les timbres. Une des séries représentait une femme poussant la charrue derrière un attelage de chevaux, l'autre une femme errant dans un cimetière, un bébé dans les bras.

Il m'indiqua que je devais coller un timbre de chaque série sur chaque enveloppe.

Une dernière fois, je passai les enveloppes en revue. Ma fébrilité empirait à la seule idée que le lieutenant pût réapparaître à tout moment pour voir pourquoi je traînais. Aussi, j'eus bien du mal à coller sans trembler les timbres sur les cachets de 1915 afin de les dissimuler. Je m'efforçais de faire abstraction des noms figurant sur les enveloppes, mais ils étaient tellement gravés dans ma mémoire que la vue des deux ou trois premières lettres de chaque patronyme suffisait à me rappeler les suivantes : Monsieur et Madame Kirch, Madame Robertson, Madame Piper…

« Pourriez-vous envoyer ces lettres pour moi ? demandai-je au bonhomme en lui tendant les enveloppes en même temps que je glissais une pièce de un franc sur la table.

– Envoyer ces lettres ? répéta-t-il, l'œil avide. Oui, oui, *no problem, sir*! *Today*! Par la poste. »

Une de ses mains s'empara des enveloppes, la deuxième se referma sur la pièce.

L'AUTOMOBILE QUITTA Arras par la même route, puis se dirigea vers le nord. Le soleil apparaissait à l'horizon, mais il diffusait une lumière trop faible encore pour éblouir le caporal Wilson. Celui-ci pianotait sur le volant ; le lieutenant semblait lui aussi détendu. Du doigt, il suivait l'itinéraire sur la carte tout en jetant par moments un regard plein d'espoir sur la nature qui s'éveillait autour de nous.

« Des choucas », s'exclama-t-il alors qu'une nuée d'oiseaux menant leur bruyant chamaillis s'élevait d'un bosquet de peupliers.

Depuis la banquette, je fixais sans rien dire ce tumulte. J'avais la tête étonnamment vide. Je ne ressentais aucun soulagement, aucun remords, rien. Tout au plus une intense fatigue qui alourdissait mes paupières. À deux ou trois reprises, je m'assoupis, mais immanquablement, un des nombreux nids-de-poule me tirait brusquement de ma somnolence.

« Vous prendrez là-bas à droite », prévint Ashwell alors que nous roulions depuis un moment sur une route rectiligne.

Le caporal ralentit et bifurqua.

« Vous êtes déjà venu ici, sir ? demanda-t-il en remettant les gaz.

– Pas dans ce coin.

– Où ça alors, si je puis me permettre ?

– Plus au sud.

– La Somme ? (Le lieutenant Ashwell hocha rapidement la tête.) Où au juste ?

– Comment ?

– Où avez-vous combattu ? Moi, j'étais à Montauban. »

Je tendis l'oreille.

« Gommecourt, marmonna le lieutenant.

– Gommecourt, dit à son tour Wilson en réfléchissant. Combien de temps, sir ?

– Quatre mois.

– Quatre mois ! C'est une éternité. Moi, je n'ai tenu que deux jours. »

Il leva la main droite et l'agita. Le gant n'avait pas de pouce ; à l'emplacement du doigt, on voyait une couture. Cela me fit un coup : je ne l'avais pas remarqué jusque-là.

« Un éclat de grenade, expliqua-t-il. Tranché d'un coup comme par une lame de rasoir. (Il jeta un œil par dessus son épaule droite pour voir si je suivais la conversation, porta de nouveau son attention sur la route et poursuivit son histoire.) Je voulais à tout prix retourner dans l'infanterie, mais on ne m'y a pas autorisé. Sans pouce, qu'on m'a dit, vous ne pouvez plus viser correctement une cible. Mais vous savez aussi bien que moi, sir, que c'est des conneries. (Il regarda le lieutenant.) Viser, c'est réservé aux tireurs d'élite. Le simple troupier n'a pratiquement jamais l'occasion de tirer. Mais les médecins n'ont rien voulu entendre. Ces messieurs qui n'ont jamais vu une tranchée de près croient tout savoir mieux que tout le monde. (Il secoua la tête en reniflant. Le lieutenant continuait de regarder la route, l'air apathique ; le caporal reprit néanmoins son monologue.) Et encore, heureusement que mon commandant a bien voulu établir un rapport. Selon eux, la blessure était bien trop propre pour être vraie, vous comprenez ? Ils prétendaient que je me l'étais faite tout seul. Imaginez un peu ! J'aurais pu finir devant le peloton d'exécution. Dieu merci, ils se sont rendu compte de leur erreur à temps !

– Caporal Wilson, l'interrompit Ashwell d'une voix empreinte d'impatience.

– On m'a alors trouvé ce boulot, poursuivit Wilson, imperturbable. Avec en prime deux sardines sur ma manche. Un pouce en échange de deux sardines, y a pire comme troc, hein ? N'empêche, sir, que les camarades, ça finit par vous manquer…

– Caporal Wilson ! Vous pouvez vous taire, oui ! Ici, prenez à gauche. Le bois où on va, c'est là-bas.

– À votre convenance, sir, » acquiesça l'autre avec humilité.

Nous quittâmes la route pour emprunter un chemin flanqué de deux fossés profonds. À cause de la boue, le caporal ne pouvait repérer les trous. À deux reprises, la voiture s'enfonça, sans toutefois s'enliser.

« Il ne me paraît pas raisonnable d'avancer davantage, dit-il. Si on s'embourbe, on sera une cible idéale. Vous tenez vraiment à ce qu'on roule jusqu'au bois, sir ? Il n'y a rien à voir là-bas. »

Comme le lieutenant Ashwell tardait à répondre, je pris la parole à sa place, bien que j'eusse moi aussi préféré qu'on fasse tout de suite demi-tour.

« Dans ces bois, on trouve semble-t-il des plantes rares, lançai-je sèchement.

– Des plantes ? » s'étonna Wilson en me regardant par-dessus son épaule avant de s'adresser au lieutenant, un peu courroucé : « Avec tout le respect que je vous dois, sir, vous n'allez pas me dire qu'on risque notre peau pour quelques plantes ?

– On roule jusqu'à la lisière, caporal, répondit Ashwell qui conservait son calme. Je n'en demande pas plus. Vous pourrez vous mettre à l'abri sous un arbre.

– Sous un arbre ? s'emporta Wilson. Vous plaisantez, sir ! On est encore en hiver. »

Employer un tel ton à l'égard d'un supérieur sortait de l'ordinaire. Peut-être escomptait-il recevoir un blâme et être renvoyé dans les tranchées.

« Vous n'avez jamais entendu parler des filets de camouflage, sergent ? répondit le lieutenant sur un ton laconique. Je parie qu'il y en a un dans le coffre. »

En ronchonnant, Wilson s'avoua vaincu. Il porta brusquement le regard vers le bois et passa une vitesse ; on se laissa cahoter jusqu'aux arbres.

Le caporal gara la voiture à l'orée du bois, sous le réseau dense des branches d'un chêne. Il descendit et alluma une cigarette. Un bras appuyé nonchalamment sur le capot, il rejeta la fumée en renversant la tête en arrière. Toute son attitude trahissait le fait qu'il refusait de cacher le véhicule sous un filet et de suivre l'officier.

Pendant ce temps, celui-ci se préparait avec la même gravité que s'il devait rejoindre les tranchées. Il vérifia le contenu de sa musette, glissa un guide botanique dans sa poche, accrocha une petite pelle et une paire de ciseaux à son ceinturon, prit dans la voiture une chemise en carton bourrée de vieux journaux et enfila ses gants.

J'étirai mes jambes et mon dos raidis. Il faisait plus froid qu'en ville. Entre les branches dépourvues de feuilles, le vent glacial soufflait à sa guise, soulevant les pans de ma capote. Si cela n'avait tenu qu'à moi, je serais resté dans l'automobile pour piquer un roupillon, mais Ashwell me fit comprendre qu'il apprécierait ma compagnie.

« À deux, on trouvera plus de choses, comme Holmes et Watson », dit-il.

La perspective de cette promenade le mettait manifestement de meilleure humeur.

« Combien de temps pensez-vous que cela va vous prendre, sir ? demanda Wilson en retroussant sa manche pour consulter l'heure. On m'attend à 11 heures au quartier général. »

Je consultai moi aussi ma montre. Il était presque 9 heures.

« Une petite heure, j'imagine, répondit le lieutenant. Le bois n'est pas très étendu. Vous n'aurez qu'à klaxonner si jamais vous perdez patience. »

Il avait à peine terminé sa phrase qu'un grondement sourd se fit entendre.

« On est si près du front que ça ? s'enquit Wilson en fronçant les sourcils.

– Un kilomètre ou deux, je suppose, avança Ashwell.

– On dirait que ça vient de bien moins loin, non ? objecta le sergent.

– S'il nous faut mourir, caporal, reprit le lieutenant en haussant les épaules, autant que ce soit ici où l'on est à découvert.

– Même une chatte ne viendrait pas mettre bas ici », railla l'autre.

Leurs chamailleries m'amusaient. J'étais enclin à donner raison à Wilson. Tout être vivant semblait avoir abandonné le bois ; il en émanait quelque chose de menaçant. Sous le vent, les branches craquaient ; le soleil bas jouait un jeu lugubre avec l'ombre capricieuse des arbres.

« Allez, Patterson, on y va. »

Nous nous engageâmes dans les bois en empruntant un petit sentier où personne ne semblait être passé depuis des lustres. Il était envahi par la végétation, en particulier des rejets de ronces enchevêtrés et, partout, des orties, simples tiges privées d'une partie de leurs poils. Quant aux autres plantes qui poussaient là en touffes vert pâle, je n'en connaissais pas le nom ; elles n'avaient semble-t-il rien de particulier, puisque le lieutenant n'y accordait aucune attention.

Progressant à petits pas, il gardait les yeux rivés sur le sol. Bientôt, il fit une découverte qui l'émoustilla.

« Regardez, des anémones Sylvie. Malheureusement, elles n'ont pas encore commencé à fleurir. »

Il s'accroupit et me montra, au bord du sentier, un lit de feuilles gris vert palmées.

Une plante quelconque, me dis-je tout en le regardant prendre sa pelle et déterrer l'une des anémones. Avec fierté, il m'en montra la racine, de la même taille qu'une cigarette. Son regard me rappelait celui de mon père lorsqu'il me présentait une de ses nouvelles acquisitions.

« Surtout, cachez votre enthousiasme, Patterson », lança le lieutenant en me décochant un clin d'œil.

Je me forçai à sourire.

Il posa précautionneusement l'anémone entre deux journaux de sa chemise. Après qu'il eut griffonné quelques notes, nous reprîmes notre marche. Je contemplai la dense végétation tout autour. Un mélange d'arbres jeunes et vieux et, dessous, des buissons et des broussailles touffus qui ne permettaient pas de voir à plus de deux ou trois mètres. Là où le soleil ne s'insinuait jamais, il restait de la neige. Tout le sous-bois était jonché de branches et de feuilles mortes ; bien peu de taches de verdure subsistaient.

Au bout d'un moment, un nouveau grondement retentit. Cette fois, il me sembla distinguer le feu roulant d'une mitrailleuse. Nous nous rapprochions du front. Aussi, quand Ashwell suggéra de quitter le sentier, mon anxiété me poussa à lui demander si c'était vraiment une bonne idée.

« Les plantes ne vont pas venir d'elles-mêmes jusqu'à nous », me répondit-il, et il se fraya sans tarder un chemin parmi les fourrés.

Poussant un soupir, je lui emboîtai le pas. Des branches mortes craquaient sous mes semelles, de la boue collait à mes bottes ; plus d'une fois, des ronces s'accrochèrent à mes jambières.

Au moment où je voulais proposer au lieutenant de rebrousser chemin, il laissa échapper un cri de joie.

« La *Vinca minor*, Patterson ! »

Et il tomba à genoux dans la neige.

Nous nous trouvions à un endroit légèrement vallonné en grande partie couvert de neige. De nombreuses feuilles coriaces émergeaient du tapis blanc ainsi que, çà et là, des fleurs bleues – celles-là mêmes qui soulevaient l'enthousiasme de l'officier – pas plus grosses qu'un bouton de manchette.

Je me penchai près de lui pour examiner l'une des fleurs. Peut-être m'expliquerais-je ainsi mieux la raison de son émoi.

« Patterson, dans cette guerre, chercha-t-il à me convaincre, il faut savoir se satisfaire du moindre témoignage de beauté. Autrement, autant s'avouer vaincu tout de suite. »

Je me doutais bien que son propos reposait sur une solide expérience, mais, malgré certains revers, j'avais encore trop peu vécu pour l'apprécier à sa juste valeur. J'interprétai ses paroles comme une simple et piètre tentative de justifier ses pulsions de collectionneur qui nous avaient conduits dans ce coin perdu.

« Vous voulez bien me tenir ça ? »

Le lieutenant me tendit la chemise en carton et, des mains, entreprit de dégager la neige. Sur le sol finit par apparaître un enchevêtrement de tiges garnies d'innombrables feuilles d'un vert frais. Aussi délicatement que s'il avait saisi l'anse d'une tasse en porcelaine, il prit entre le pouce et l'index l'une de ces tiges juste en dessous de la fleur. Ses doigts descendirent le long de la tige en tentant de la dégager de l'écheveau sans la casser. À sa base, elle disparaissait sous une branche à moitié pourrie qui se prolongeait en rameaux de la forme de doigts. Quand le lieutenant retira celle-ci de la neige, je compris qu'il s'agissait effectivement de doigts. Fins et osseux, dans le prolongement d'un avant-bras en décomposition.

J'en eus l'estomac retourné et je vis le lieutenant relâcher sa prise. Un son propre à vous glacer les sangs sortit de sa bouche. Avec une extrême lenteur, il se releva, incapable de détacher les yeux de sa propre main. On aurait dit qu'il regardait à travers elle. Sans rien dire, il s'éloigna.

« Mon lieutenant, où allez-vous ? »

Progressant à grandes enjambées, il paraissait prendre en chasse un animal ou un individu qui me demeurait invisible. Il fila tout droit en direction du grondement qui, au loin, se prolongeait. La chemise m'échappa des mains. Sans la ramasser et refoulant un haut-le-cœur, je le suivis. Pendant un instant, je crus qu'il allait se précipiter vers le front ; c'est alors qu'il s'arrêta net, comme s'il venait de heurter une paroi invisible.

Arrivé à sa hauteur, je constatai qu'il se tenait au milieu d'un chemin sablonneux. Devant nous s'étendait un paysage pour ainsi dire vide, exception faite de rares arbres carbonisés aux branches nues, bras noirs tranchant sur le ciel gris bleu, et de troncs ayant volé en éclats, pour partie disséminés dans les champs. Tout autour, la terre bistre et pelée était truffée de cratères remplis d'eau couleur rouille. Mais ce sont les corps qui gisaient dans ces trous et sur les bords qui retinrent mon regard. Des dizaines de cadavres, la plupart encore revêtus d'un uniforme bleu gris délavé, les chairs du visage et des mains à moitié rongées, les globes oculaires fixant le ciel.

Sans que j'eusse rien senti venir, mon estomac se vida en deux ou trois gerbes. Couvrant les bruits répugnants que je faisais, les halètements du lieutenant, qui semblait sur le point de s'étouffer en avalant sa langue, retentirent un peu en surplomb de l'endroit où je me trouvais.

Quand je me redressai, je constatai que sa figure avait pris une teinte gris cendre. Son regard demeurait figé sur la vision d'horreur. Sa poitrine se soulevait et retombait par à-coups.

« Lieutenant, partons d'ici », parvins-je à bafouiller.

Il ne broncha pas. Quand je l'empoignai par les épaules, je perçus à travers son uniforme la rigidité de ses muscles. Sa gorge continuait d'émettre des sons traînassants.

« Sir ! Sir ! » m'écriai-je en le secouant.

À m'agiter ainsi, je fus pris d'un nouveau haut-le-cœur. Je me penchai en avant et crachai de la bile.

Comme plus rien ne sortait, je m'essuyai la bouche du dos de la main. Au loin retentit un Klaxon. Trois coups rapprochés. Un silence. Trois nouveaux coups.

Ces bruits semblèrent le tirer de sa torpeur. Il inclina légèrement la tête en arrière ; je profitai de ce moment pour me planter en face de lui de manière à lui masquer le spectacle macabre. Je plaquai mes mains sur le haut de ses bras et lui parlai d'une voix lente :

« Nous devons partir, sir. Le caporal Wilson a klaxonné. »

Peu à peu, sa respiration se régula. Le voile qu'il avait devant les yeux se dissipa. Je lui saisis le poignet.

« Allons, sir, on rentre », ajoutai-je sur un ton placide.

Encore désorienté, il se mit en mouvement et se laissa guider comme un enfant égaré. Par instants, il marmonnait quelque chose ; au bout d'un moment, je compris les mots qu'il ne cessait de répéter. Et qu'il les égrenait pour lui-même comme une incantation consolatrice.

« Ce sont des Français, rabâchait-il, des Français. »

Le soir précédant notre départ dans les tranchées, une lettre de Mme Bromley me parvint. Dès le premier paragraphe, elle me demandait : *As-tu croisé Martin là-bas ?*

Dans sa vision des choses, la France n'était apparemment guère plus étendue que son quartier. Autrement dit, elle s'imaginait que Martin et moi finirions par nous rencontrer – ce n'était qu'une question de temps. Une lettre de son mari la confortait dans ce sens : il l'informait, m'écrivait-elle, qu'il serrerait bientôt son fils dans ses bras.

Tartufe, songeai-je en découvrant ces mots. À la première occasion, il foutrait une raclée à son cher fils en prétextant qu'il n'avait pas donné de ses nouvelles.

L'instant d'après, la réalité s'imposa de nouveau à moi : il était impossible qu'il rencontre Martin où que ce soit.

Depuis notre retour du bois, un jour plus tôt, le chaos le plus total régnait dans ma tête. L'image du paysage dévasté et des nombreux cadavres abandonnés là ne cessait de me hanter. Même si je ne nouais pas de liens solides avec le moindre de mes camarades, je frémissais à l'idée que certains allaient peut-être mourir, sous peu qui sait, et resteraient à l'endroit où ils tomberaient, pâture de la vermine. Et comme si cela ne suffisait pas, une autre pensée récurrente me torturait : quelque part, en première ligne, le cadavre de Martin pourrissait peut-être dans des conditions similaires. La nuit, mon angoisse avait pris de telles proportions que j'avais été à deux doigts de quitter le camp pour aller inspecter, mètre après mètre, le front occidental, à la recherche de sa dépouille. Je m'étais toutefois rendu compte à temps de l'absurdité de ce dessein. Le lendemain matin, l'idée me harcelait encore, quoique dans une moindre mesure, car jamais je n'avais éprouvé à ce point le besoin de me rendre à l'endroit où il avait perdu la vie.

« Comment peut-on se rendre à Poperinghe ? » avais-je demandé au sergent Chapman ce matin-là après l'appel.

La carte que Martin m'avait envoyée depuis cette localité constituait mon seul point de repère.

Le sergent me dévisagea comme si je délirais, et d'une certaine façon, ce n'était pas faux. Il y avait bien longtemps que je ne m'étais senti aussi déboussolé.

« Pop, Patterson ? répondit-il d'un air moqueur. T'avais encore la tête en l'air pendant le cours de cartomancie ? Pop, c'est au moins à cent kilomètres d'ici. Tu croyais quoi ? Y aller à pattes ?

– Peut-être en train, sir.

– Oh ! rien de plus facile, me dit-il, à présent plein d'amabilité. Toutes les gares vendent des allers simples pour Pop. Un train part toutes les heures.

– Vraiment ?

– Vraiment », m'assura-t-il, empressé, avant de me considérer, l'air soucieux, des pieds à la tête et de haut en bas, et de beugler : « T'es un idiot, Patterson ! Dieu seul sait ce que le lieutenant Ashwell a pu voir en toi ! »

Ses vociférations me tirèrent immédiatement de mon hébétude. Autour de moi, des soldats ricanaient.

« Où il est, d'ailleurs, ton cher lieutenant ? Ça fait un moment que je l'ai pas vu. »

Je n'en savais rien. Dès que le caporal Wilson nous avait ramenés au camp, j'avais reçu l'ordre de rejoindre ma compagnie tant que le lieutenant n'aurait pas besoin de moi.

« En réunion au quartier général, avançai-je pour ne pas manquer de loyauté vis-à-vis de mon supérieur.

– Hum », fit le sergent. Après avoir laissé errer son regard, il continua : « Mais dis-moi, Patterson, qu'est-ce qui t'intéresse tant à Pop ? T'as le bas-ventre qui te démange ? »

Le rire d'Archie Rathband couvrit celui des autres soldats. Intérieurement, je maudissais mon incroyable bêtise : quelle idée de m'adresser en ces termes au caporal ! Heureusement, ce dernier n'en rajouta pas. Il sembla se satisfaire d'avoir les rieurs de son côté : affichant un rictus d'autosatisfaction, il tourna les talons.

La lettre de Mme Bromley ne fit qu'ajouter à mon désarroi. Après ce qu'il m'avait été donné de voir, je me demandais s'il était raisonnable de lui raconter la vérité.

Il y avait autre chose qui venait nourrir mon indécision. Pour la première fois, Mary s'adressait elle-même à moi. Un post-scriptum par lequel elle répondait à mon souhait de recevoir de ses nouvelles.

Je vais bien, John. Ne t'inquiète pas. J'espère que tout va bien aller pour toi aussi. Mary.

Au moment où j'avais découvert ces lignes, mon cœur s'était mis à battre tellement fort que j'avais jeté un regard embarrassé autour de moi. Je me trouvais dans une grange qui abritait un grand nombre de lits superposés. C'était là que nous étions cantonnés, moi et une partie de la compagnie. La plupart des gars étaient eux aussi en train de lire leur courrier, certains y répondaient, d'autres dormaient déjà ; du fond du bâtiment s'élevaient les sons assourdis d'un harmonica.

J'espère que tout va bien aller pour toi aussi. Mary.

C'était écrit noir sur blanc, là sous mes yeux, et ça l'était encore quand je les rouvris après les avoir fermés trois secondes.

Mary. Certes, elle avait dû beaucoup changer depuis nos dernières rencontres, mais je la voyais telle qu'elle m'était alors apparue. Malgré les mois écoulés, rien n'émoussait cette image ; ses formes et son visage affleuraient en moi avec une rare netteté, tout en se révélant cependant beaucoup plus fugaces. J'avais l'impression qu'elle se tenait dans une chambre noire qu'un éclair illuminait par instants.

« Patterson, t'as quelques lignes de Keats pour moi ? »

Telle la pleine lune par une nuit d'hiver, la face ronde et pâle de Simkins me surplombait. Nous partagions l'un des lits. Il avait tenu à tout prix à occuper la couche du dessus.

« Moi, j'aime pas dormir sous les vesses de quelqu'un d'autre », avait-il ricané alors que je laissais entendre que, pour ma part, je n'avais pas de préférence.

Tête penchée sur le bord de son matelas, il me regardait en clignant de ses petits yeux porcins.

« Tu sais, ton bouquin ?

– Pas ce soir, Simkins.

– Comment ça, pas ce soir ? Demain, on sera dans les tranchées. T'as pas l'air de comprendre. Allez, John, Gladys va encore se pâmer. Je peux pas me permettre de la décevoir.

– C'est à ce point ? lui demandai-je en songeant à Mary.

– T'as pas idée ! m'assura-t-il sur un ton sincère. Elle me dit que son cœur s'embrase quand elle lit mes lettres.

– Dans ce cas, il faut en effet qu'on entretienne ce feu, non ? »

Simkins partit d'un grand rire qui fit trembler le châlit. Je repliai la lettre de Mme Bromley et la fourrai sous mon oreiller.

« Toi aussi, t'as reçu une bafouille de ta dulcinée ?

– Oui, bien sûr. »

Je me penchai pour piocher le livre dans ma musette. Simkins se glissa hors de son lit. Il était à moitié déshabillé. Par sa taille, son caleçon aurait pu servir de toile de tente.

Armé de papier et d'un crayon, il posa ses fesses sur mon matelas. L'excitation cramoisissait ses joues de hamster. Son corps empestait la transpiration. Je regrettais déjà d'avoir accédé à sa demande.

À la lueur de la bougie posée près de mon lit, je feuilletai l'œuvre de Keats. Les yeux de Simkins étaient ventousés à mes doigts.

Quoi qu'il advienne, je sais pour ma part du moins cela – que je considère comme un bonheur très grand de vous avoir aimée jusqu'à ce jour.[1]

« T'as trouvé quelque chose ? s'enquit Simkins, plein d'espoir.

– Non, rien », fis-je, même si je savais qu'en lisant cette phrase, le cœur de sa fiancée aurait battu la chamade.

Mais songeant que je ne goûterais pas moi-même à ce bonheur, je choisis de ne pas la partager avec Simkins.

1. John Keats, *op. cit.*, p. 92-93.

Je continuai de tourner les pages, relevant un passage plus convenu qu'il ne nota pas moins avec un grand empressement.

Ma chère amie je vous aime pour l'éternité et sans réserve. Plus je vous connais plus je vous aime.[1]

« Sans réserve, ça passe bien », dit-il avec un hochement satisfait dès qu'il eut recopié ce fragment, avant de relever la tête et de prendre une profonde inspiration pour déclamer : « Je vous aime sans réserve. »

Clignant les paupières, il posa sur moi un regard amène. J'attrapai mon oreiller et lui en donnai quelques coups pour le chasser.

« Tu me dois une livre, Simkins ! lançai-je.

– Demain, Patterson, sans réserve ! » rétorqua-t-il, grimpant dans son lit en se balançant comme un singe.

Je restai sans bouger, regard dans le vide, livre sur mes genoux. Dans ma poitrine, mon cœur battait, trépidant.

« John, je peux te déranger ? »

Jimmy Parker s'était approché sans bruit. Pareil à un enfant qui, ne trouvant pas le sommeil, vient de se relever, il vacillait un peu sur ses jambes.

« Oui, Jimmy.

– J'ai pas pu mettre la main sur une carte, John, m'avoua-t-il, penaud. Peut-être qu'on peut juste écrire un petit mot. Pas besoin que ce soit long. »

Je poussai un soupir. Je n'avais pas la tête à ça. Je m'apprêtais à trouver une excuse quand je me souvins des cartes postales

1. *Ibidem*, p. 101.

d'Arras. L'une d'elle lui ferait certainement plaisir. Et je pouvais la noircir en moins de rien.

« Eh bien, Jimmy, t'as du bol, il se trouve que j'en ai acheté deux hier. Je peux t'en donner une. »

L'autre, peut-être pourrais-je l'envoyer à Mary.

Le visage de Jimmy s'illumina :

« T'es sérieux, John ?

– Bien sûr. Deux secondes, je te la montre. »

Je les avais glissées dans mon livret. Comme elles étaient trop grandes, le bord supérieur en était corné ; l'une d'elle présentait même une petite déchirure. C'est celle-là que je donnai à Jimmy. Il ne fit pas cas de ces petits défauts. Ses yeux scintillaient comme des étoiles.

« Avant-hier, je suis passé sous cette porte. C'est à l'entrée d'Arras. À peine à quelques kilomètres d'ici. »

Il la contempla comme s'il n'avait jamais vu une reproduction de sa vie. Avec fierté, il reprit :

« Je parie que ma mère va croire que je suis un de ces deux soldats. »

Il tendit la carte sous mon nez en posant le doigt sur les deux militaires perchés en haut de l'arc de triomphe.

« C'est vrai que tu ressembles sacrément à celui de gauche », le taquinai-je.

Jimmy sourit. Puis il me demanda :

« Je te dois combien, John ?

– Laisse tomber. Je te l'offre.

– Vrai de vrai ?

– Vrai de vrai. Dis-moi ce que je dois écrire. Mais va à l'essentiel. Il n'y a pas beaucoup de place. »

Il me rendit la carte et baissa les paupières pour réfléchir. De ma musette, je retirai mon stylographe.

« Eh ben, quelque chose pour dire que je préférerais être à la maison.

– Ça ne me paraît pas être une très bonne idée, Jimmy. Il vaut mieux raconter quelque chose de positif. Autrement, ta mère va se faire du souci, tu comprends ?

– T'as raison, admit-il en se remettant à réfléchir, mais sans rien trouver à ajouter.

– Ma chère mère, je vais bien, suggérai-je. Ça a le mérite d'être simple et clair.

– Maman, corrigea-t-il. Chère maman, je vais bien. »

J'inscrivis les mots en question. Puis je lui suggérai :

« Et dis-lui que tu lui enverras peut-être bientôt une vraie lettre.

– Oui, un truc comme ça. Mais pour la lettre, tu m'aideras, hein ?

– Ne t'en fais pas, Jimmy.

– Indique aussi l'adresse et le reste pour qu'elle puisse me répondre, d'accord ?

– Pas de problème. »

Il me dicta les données nécessaires, après quoi je lui demandai l'adresse de sa mère.

« Bletchley Street, Hoxton. »

Ces mots me remirent en mémoire notre conversation au sujet de Jack Cunningham, le camarade de Martin. À cause des péripéties des derniers jours, je n'y avais plus du tout songé.

« Ça te dérange si je demande à ta mère de nous dire si elle en sait plus sur Jack ?

– Non, je t'en prie, fit-il sans la moindre hésitation. Comme ça, on est sûr qu'elle enverra une réponse. Y a encore de la place ?

– Juste assez. »

J'écrivis alors : *Un de mes amis aimerait savoir si tu sais où Jack Cunningham se trouve actuellement.* Puis je lus le tout à voix haute et le laissai apposer son prénom en bas de la carte.

« Je verrai avec le lieutenant si elle peut partir au courrier demain matin tôt.

– Ce serait bien, John. Merci. Merci beaucoup.

– De rien, Jimmy. Ta maman sera contente. J'en suis sûr. »

Visiblement soulagé, il regagna sans se presser son lit, près de l'entrée de la grange. Et moi, de l'avoir ainsi aidé, je me sentais un peu mieux.

« Hé, John, tu veux bien t'occuper aussi de ma lettre ? » lança Simkins en passant de nouveau la tête sur le bord de son lit.

J'allais lui répliquer de se débrouiller tout seul quand le sergent Chapman s'engouffra avec fracas dans la grange et cria à la cantonade :

« Éteignez-moi ces bougies ! »

Pour joindre le geste à l'ordre aboyé, il souffla celle posée sur un tabouret, à côté du lit de Jimmy.

Simkins s'empressa de me remettre sa lettre. À contrecœur, je la pris.

« Réveil à 2 h 30 du matin ! reprit le sergent. Appel à 3 heures ! Avec barda au complet ! (Un grommellement s'éleva de presque toutes les bouches.) Vous avez mieux à faire que récriminer ! Essayez plutôt de dormir un peu. Ça pourrait être votre dernière nuit, continua Chapman en jetant un regard scrutateur autour de lui. Simkins ! Patterson ! Vous êtes où, espèces de planqués ?

– Ici, sir, fit la voix de Simkins au-dessus de ma tête.

– Vous deux, c'est debout à 2 h 15. Et à 2 h 30 au quartier des officiers.

– Compris, sir », cria Simkins qui ajouta immédiatement : « Patterson est là, en dessous.

– Vous aussi Patterson, c'est compris ? tonna le sergent qui, en s'approchant, m'envoya en pleine figure une exhalaison de rhum.

– Compris, sir, répondis-je en détournant la tête.

– J'aime vous entendre parler comme ça, Patterson. »

Il se pencha sur ma bougie et la souffla. Puis il arpenta la grange en passant devant tous les lits. Quand l'obscurité régna, il quitta les lieux. Trois secondes plus tard, des mains rallumèrent çà et là une bougie.

L'HIVER NE NOUS AVAIT ACCORDÉ qu'un bref répit. On avait beau être en mars, le froid piquait comme jamais quand nous prîmes la direction des tranchées. Il nous pétrifiait ; un vent glacial projeta une averse cinglante de grêle sur la route qui conduisait aux lignes arrière, pilonnée à plusieurs reprises. Ce temps exécrable et l'obscurité compacte requéraient de notre part une vigilance de tous les instants qui reléguait à l'arrière-plan la moindre pensée sur ce qui nous attendait. Au point que la fatigue qui m'avait joué des tours lors du départ se trouvait neutralisée.

Comme beaucoup de mes camarades, j'avais à peine fermé l'œil de la nuit. À force de nous retourner dans les lits, la plupart d'entre nous en avions fait craquer les cadres sans arrêt ; on aurait dit que des vers se régalaient du bois. De plus, les toussotements nerveux de certains semblaient ne jamais devoir cesser.

En ce qui le concernait, Simkins avait dormi comme un loir. Quand on nous réveilla à 2 h 15 du matin, il bondit du lit et me bourra de coups jusqu'à ce que je me lève. Tandis que je m'habillais, quelques soldats de mon peloton m'apportèrent leur courrier, à l'exemple de ceux qui m'avaient remis le leur la veille peu après le départ du sergent Chapman.

À 2 h 30, je gagnai le quartier des officiers et descendis dans la cave où séjournait le lieutenant Ashwell. Il se comporta comme si de rien n'était.

« Vous avez pu dormir un peu, Patterson ?

– Et vous, sir ? répondis-je en haussant les épaules.

– Mieux que prévu, fit-il, mais le tressaillement de sa paupière gauche, comme habitée par un minuscule être animé, montrait qu'il mentait.

– J'ai des lettres. Les hommes espèrent que ça pourra partir aujourd'hui.

– Le tampon est dans le tiroir du bureau, dit-il tout en étudiant, penché sur une carte, l'itinéraire que nous devions emprunter. L'officier d'intendance les mettra au courrier. Il doit passer prendre ma valise. »

Je remarquai que le lieutenant avait en effet remballé le microscope et ses autres affaires. Dans la valise en bois, placée près du bureau. En même temps, je repensai à la chemise en carton que j'avais oubliée dans les bois. La chemise et l'anémone. Je décidai de ne pas aborder le sujet tant que lui-même ne le remettrait pas sur le tapis. Alors que j'étais en train de disposer le tampon et le coussinet à encre à portée de sa main, il me prit de court :

« Occupez vous-en, John. »

Il n'avait pas même levé les yeux. De l'index, il suivait une ligne sinueuse sur la carte.

« Comment ça, sir ? demandai-je, croyant avoir mal entendu.

– Tamponnez vous-même les lettres, expliqua-t-il.

– Mais, sir…

– Je n'ai pas le temps de m'en charger, John, » m'interrompit-il d'une voix ferme.

Une forme de malaise s'immisça en moi.

« Dois-je aussi les contrôler, sir ? »

Cette fois, il dressa la tête. Je détournai les yeux car il m'était impossible de le regarder en face sans fixer sa paupière gauche.

« Contentez-vous de les tamponner.

– Très bien, sir. »

Je pris place à son bureau. Bien qu'il n'y eût en tout et pour tout qu'une dizaine de lettres, la tâche me pesait. En même temps, je ressentais un début d'exaltation. Quand j'eus tamponné la première enveloppe – celle de Simkins –, je restai quelques secondes, un brin euphorique, à contempler les mots à l'encre rouge : *Passed by censor*. Alors que je m'étais promis de ne pas regarder le nom des expéditeurs, ma curiosité l'emporta à chaque fois sur mes scrupules. Harry Finch. Billy Crockett. James Lenihan. Consciencieusement, j'appliquai d'un coup sec le cachet sur le coin supérieur droit de chaque lettre.

Quand, pour finir, je m'emparai de la carte de Jimmy, je marquai un moment d'hésitation. Sur le recto apparaissait le nom de la ville. À supposer qu'un contrôle ait lieu, le lieutenant risquait de se faire remonter les bretelles si l'on ne biffait pas le mot « Arras ». Malgré tout, je pris la décision de ne rien lui dire. Repensant à ma joie lorsque j'avais découvert que Martin se trouvait à Poperinghe, j'imaginais le soulagement qu'allait ressentir la mère de Jimmy en recevant après un aussi long silence quelque précision sur la région où son fils était cantonné. J'apposai la mention rouge au-dessus de ma propre écriture, glissai la carte entre les enveloppes. J'étais déjà debout quand une idée me traversa.

Sans bruit, je me rassis et sortis de la poche intérieure de ma veste l'autre carte postale d'Arras. Le lieutenant demeurait plongé dans l'étude de l'itinéraire.

Chère Mary, ici à Arras les journées sont longues et pénibles, mais la pensée d'être un jour de retour à Hoxton me permet de tenir le coup sans difficulté. Écris-moi bientôt. John

Je relus mes mots à deux reprises, me convainquant que Mary n'aurait aucun mal à saisir, entre les lignes, la teneur de mon message. Puis, à la fin de la dernière phrase, je remplaçai le point par un point d'exclamation, à l'instar de Keats qui, de la sorte, faisait ressortir son désir dans certains passages qu'il adressait à Fanny.

Sur la partie droite de la carte, j'écrivis l'adresse de Mary avant d'appliquer juste au-dessus le tampon de la censure avec un soin digne du fonctionnaire le plus consciencieux.

« Voulez-vous que j'apporte le courrier à l'officier d'ordonnance, sir ? »

Le lieutenant consulta sa montre.

« On va y passer ensemble. C'est l'heure. »

Il se mit à replier la carte. M'étant levé, je mis cette occasion à profit pour cacher les lettres.

« Savez-vous combien de temps nous allons rester dans les tranchées ?

– Au moins une semaine.

– On sera amené à attaquer ?

– Pour l'instant, on ne nous a confié que des missions de reconnaissance.

– Dangereuses à votre avis ?

– Vous prenez ma valise, John ? se déroba-t-il. On y va. »

En quittant la grange, nous croisâmes le sergent Chapman qui s'apprêtait à effectuer une dernière inspection dans les rangs de la compagnie. D'un geste raide, il nous salua et s'évanouit à grandes enjambées dans l'obscurité.

« Il était plutôt schlass hier soir, confiai-je au lieutenant.

– Oui, ça lui a d'ailleurs valu un blâme du capitaine Brooke.

– Oh ! m'exclamai-je, surpris.

– Il ne comprend pas, déclara Ashwell en regardant droit devant lui.

– Qui ça ? Le sergent Chapman ?

– Non, reprit le lieutenant en secouant la tête. Le capitaine Brooke. Il n'a aucune idée de ce qui se passe dans la tête de Chapman. Ici, c'est bien différent de l'Angleterre. »

Ce qu'il sous-entendait m'échappait encore.

« Quel est le problème avec le sergent ? Je n'ai jamais rencontré quelqu'un d'aussi courageux que lui. Il n'arrête pas de parler de ses exploits. »

Le lieutenant me considéra à la façon d'un maître d'école l'un de ses brillants élèves qui vient, malgré ses qualités, de dire une énormité :

« D'un côté, il y a les loquaces, John, et de l'autre, les taciturnes. Mais quel que soit le sens dans lequel on tourne les choses, au bout du compte, ça ne fait aucune différence. »

Alors que nous nous rapprochions du front, les paroles du lieutenant me trottaient dans la tête. Notre colonne comptait environ deux cents hommes ; seuls le bruit de nos pas et le hurlement du vent sur la plaine nous parvenaient. Devant moi, Archie

Rathband, une mitrailleuse sur l'épaule droite. À mes côtés, trois gars ; quand je jetais un œil sur ma gauche, c'est à peine si je distinguais leurs silhouettes tant la nuit était épaisse.

Consciemment ou non, le lieutenant, en caractérisant le sergent, avait brossé un portrait de lui-même. N'était-il pas un type taciturne ? Indéniablement. Il refoulait tout, se contentait de dire le strict nécessaire. Sur ce point aussi, il ressemblait à mon père. Et à bien y réfléchir, William aussi entrait dans une de ces deux cases. De toute évidence, on aurait pu le ranger dans celle des loquaces – un moulin à paroles. Et au bout du compte, effectivement, ça n'avait fait aucune différence. Que ce soit mon père ou William. L'un et l'autre avaient succombé. En ce sens, le lieutenant Ashwell avait raison.

Ayant failli me cogner contre la crosse de la mitrailleuse de Rathband, je crus bon de me concentrer sur la marche. Je regardai sur ma gauche afin de rester à la même hauteur que les autres gars. Non sans mal, je reconnus juste à côté de moi Harry Finch – le gratte-papier de Westminster –, d'après la forme étroite du visage que je devinais sous le casque. Lui aussi était un taciturne. Il avait participé à la bataille de Loos, mais sans jamais rien préciser à ce sujet. Depuis que je le connaissais – il ne nous avait rejoints qu'à Salisbury Plains –, il avait consciencieusement exécuté tous les ordres. Il ne posait jamais la moindre question. Ne ronchonnait jamais. Se fondait dans notre peloton à en être invisible, tout comme nous nous fondions en ce moment dans le paysage, invisibles dans la nuit.

Une fois que nous eûmes atteint les lignes arrière, notre compagnie se dispersa en éventail afin de gagner le front en empruntant des tranchées de liaison. Nous avions de l'eau jusqu'aux genoux. Les soldats écossais que nous relevions s'efforcèrent de nous rassurer, affirmant qu'il y avait bien longtemps qu'on n'avait vu un tel calme à l'avant ; néanmoins, ce n'est pas sans manifester un réel soulagement qu'ils s'en éloignaient. Hirsutes et sales, ils paraissaient avoir passé des semaines sur une île déserte.

Avec le lieutenant Ashwell, je gagnai un abri de quelques mètres carrés en tôle ondulée où se trouvaient un tonneau, quatre chaises et deux lits de camp. Une lampe à pétrole à la flamme vacillante jetait de grandes ombres sur les parois et le toit soutenu par des poutres en bois. Sur le sol, des seaux et des boîtes en fer-blanc recueillaient les gouttes qui tombaient par les trous de la tôle. Près de l'entrée, obturée par une couverture, il y avait une pompe à main permettant, au besoin, d'évacuer l'eau.

J'entendis le lieutenant pousser un profond soupir.

« Je prépare du thé, sir ? » lui demandai-je.

Mon regard venait de s'arrêter sur un petit réchaud à pétrole, entreposé dans une niche au fond de l'abri.

Aucune réponse.

« Sir ?

– Oui, John, s'il vous plaît. Cet ustensile nous servira peut-être en même temps de chauffe-pieds. »

Je me débarrassai de mon fusil, ôtai mes moufles et ma capote et me délestai de mon havresac.

La niche recélait par ailleurs quelques conserves et une bouteille en grès sur le goulot de laquelle je promenai mes narines.

« Lieutenant, il y a un peu de rhum.

– Ça fera plaisir aux hommes. Je crains que nous ne soyons pas ravitaillés avant un certain temps. Une gorgée pour chaque gars. Il y en aura assez ? »

Je secouai le récipient. Il était au moins à moitié plein.

« Ça devrait aller, sir.

– Dès que le thé sera infusé, allez distribuer le rhum. Et donnez une double ration au sergent Chapman s'il le souhaite.

– À vos ordres, sir. »

Je commençai par allumer le réchaud. Derrière moi, le lieutenant retira à son tour sa capote.

« Tenez, un crochet, sir. Elle séchera mieux là-dessus.

– Remettez-la, lieutenant, » retentit la voix du capitaine Brooke.

Sans faire de bruit, il venait de se glisser dans l'abri. Simkins le suivait comme son ombre. Tenant la couverture de l'entrée écartée, il posait un regard désapprobateur sur notre refuge.

« D'après certaines rumeurs, les Allemands auraient quitté leur tranchée pour se replier, expliqua le capitaine. Le quartier général demande qu'on envoie une escouade. J'ai pensé au sergent Chapman et à ses hommes. Ce serait bien qu'un officier expérimenté les accompagne. »

Je vis le visage d'Ashwell se figer.

« On vient à peine d'arriver, sir, argua-t-il. Je n'ai même pas eu le temps d'étudier la carte. Il ne me semble pas raisonnable de…

– Des ordres du quartier général, lieutenant », l'interrompit le capitaine sur un ton plutôt ferme. Après quoi il tira une montre de sa poche poitrine, qu'il consulta en fermant une paupière : « Dans deux heures, il fera jour. Mieux vaudrait que vous soyez alors de retour. (Ashwell pinça les lèvres.) Compris, lieutenant ?

– Compris, sir. »

D'un geste sec, le capitaine salua et tourna les talons. Depuis l'entrée, Simkins me décocha un clin d'œil.

Le sergent Chapman ne se calma pas avant que le lieutenant lui eût accordé une deuxième gorgée de rhum. J'étais allé le quérir. Apprenant ce qui se préparait, le sous-officier avait explosé et maudit le capitaine Brooke jusqu'à la douzième génération. Ashwell l'avait laissé fulminer un certain temps avant de formuler ses ordres :

« Dans dix minutes, sergent, votre escouade doit être prête. Tous vos hommes sans exception. Donnez à chacun deux gorgées de rhum. Le reste, ce sera pour les autres soldats. »

À cette minute précise, je n'avais pas encore pris conscience du fait que j'allais bientôt m'enfoncer dans le no man's land. Mais quand, peu après, je contemplai dans un éclat de miroir ma figure noircie au charbon de bois, la peur s'empara de moi ; je me mis à trembler de tout mon corps comme un philosophe. L'idée que je serais peut-être mort le matin même me paralysait autant que celle de me retrouver face à un Allemand sur lequel il me faudrait faire feu.

Tout homme en situation de détresse voit sa conscience s'éliminer toute seule.

Une phrase de William. Or c'est justement cette conviction qui m'alarmait.

« John, tenez, buvez un coup, » fit le lieutenant en me tendant sa tasse dans laquelle il restait un fond de rhum.

Sa main tremblait, moins toutefois que sa paupière gauche. Cette fois, cependant, il ne détourna pas la tête, n'essaya aucunement de dissimuler le tressaillement, peut-être parce qu'il constatait que je n'étais pas plus rassuré que lui.

Juste avant de quitter l'abri, il me remit deux bandes Velpeau supplémentaires. Avais-je de la place pour les emporter ? Je les fourrai dans la poche intérieure de ma capote, contre mon calepin. Entre deux pages de ce carnet, je conservais la dernière lettre de Mme Bromley. Savoir les mots de Mary près de mon cœur, tel avait été mon unique réconfort au cours de la marche de la nuit.

Les hommes du sergent se tenaient côte à côte dans la tranchée. Douze avec moi. L'escouade était de nouveau au complet. Dans l'obscurité, j'avais du mal à les reconnaître tous, d'autant qu'ils avaient eux aussi le visage tout noir. Saillaient cependant, de la rangée que le lieutenant passait en revue pour la simple forme, les quinquets brillants comme du charbon d'Archie Rathband ainsi que la haute silhouette d'Edward Hazell.

L'un de nous claquait des dents. Quand Ashwell fit tirer peu après une fusée éclairante afin de fouiller au périscope les ténèbres du no man's land, je vis, dans la lumière jaunâtre qui dégoulinait dans la tranchée, qu'il s'agissait de Jimmy Parker. Deux secondes durant, il me considéra, l'air craintif. L'instant d'après, nous sursautâmes l'un et l'autre : des tirs tonitruaient près de nous.

Par un créneau, Archie Rathband venait d'arroser les positions en face de nous. Retenant notre souffle, nous attendions de voir si l'ennemi allait riposter au fusil, à la mitrailleuse, ou pire, au canon. Tout resta silencieux, si ce n'est que, quelque part à ma droite, très loin de notre secteur, une rafale crépita en l'air.

Peu avant de donner le signal de départ, le sergent Chapman nous transmit d'ultimes instructions dont les bleus parmi nous lui furent reconnaissants.

« Si vous voyez des Huns, surtout, tirez sans réfléchir, lança-t-il d'une voix ferme. C'est eux ou c'est vous ! Y a pas à tortiller du cul ! »

Grâce à sa façon de parler, l'esprit combatif en nous supplanta la peur. Moi-même, j'affermis ma prise sur le fusil et m'assurai de la présence des grenades à ma ceinture. À mesure que les minutes s'écoulaient, la volonté de survivre s'affirmait en moi.

Nous enfilâmes la tranchée à ma gauche, passant devant des soldats de notre peloton qui piquaient un roupillon dans d'étroits retranchements, à l'abri d'un bout de toile de tente. Le lieutenant Ashwell ouvrait la voie, j'étais tenu de rester juste derrière lui. Dans mon sillage progressait Herbert Cullingford qui dévidait une prière sans fin. Sa moustache noire se confondait avec son camouflage.

Bien vite, nous nous engouffrâmes sous les fascines d'une sape qui s'enfonçait en zigzag dans le no man's land. Nous avions de la boue jusqu'au bas des mollets ; elle aspirait nos bottes avec des bruits de ventouse qui pouvaient trahir notre présence à des dizaines de mètres à la ronde, même à un ennemi dur de la feuille.

Non sans mal, nous parvînmes au bout de la sape. Selon les calculs du lieutenant, environ quatre-vingts mètres nous séparaient encore de la tranchée adverse. Là, nos lignes se trouvaient plus proches de celles de l'ennemi que partout ailleurs dans le secteur. Le sergent Chapman, Harry Finch et le robuste Edward Hazell rampèrent sur le parapet pour aller couper les barbelés qui les séparaient les unes des autres. Dans les paluches de l'ancien forgeron, les pinces paraissaient des ciseaux à ongles.

Avec les autres, j'attendis le retour de Harry Finch. Le travail fait, il était chargé de venir nous chercher. James Lenihan, le jeune colporteur, chuchota à l'oreille de Herbert Cullingford qu'il espérait entendre les Allemands tirer au moins une fois, trahissant ainsi leur présence et rendant de fait superflue notre mission. Cullingford le rabroua : il ne fallait pas provoquer les dieux. En réalité, Lenihan ne faisait qu'exprimer le souhait qui nous habitait tous.

Archie Rathband brûlait toutefois d'impatience de prendre part à son premier combat. Inflexible, il se tenait prêt à passer à l'action, bien en appui sur ses jambes dans la boue, yeux rivés sur l'échelle en bois. Ces derniers jours, il avait laissé entendre à tout le monde qu'il voulait être l'acteur d'au moins un acte héroïque.

Aucun tir ne retentit. Quand, au bout de longues minutes, pareille à celle d'un rat qui guigne une quelconque pitance, la trogne longiligne de Harry Finch réapparut au-dessus de la crête de la tranchée, nous comprîmes que le moment était venu.

Je me préparai à avancer, attendant que le lieutenant escalade l'échelle.

Mais il ne la gravit pas.

Mains sur l'échelon le plus élevé, il s'y cramponnait à la manière d'un homme suspendu à une branche au-dessus du vide. Derrière moi, ça s'agita. Il fallut que Harry Finch passe de nouveau la tête par-dessus la levée de terre et murmure, d'une voix sifflante, que la voie était libre pour que mon supérieur se décide à bouger et à ramper sur le parapet.

Moi aussi, je marquai une hésitation au moment de saisir les barreaux. Mais Archie Rathband me flanqua une bourrade dans le dos, si bien que je n'eus pas l'occasion d'atermoyer plus longtemps. Tous mes sens à l'affût, j'escaladai à mon tour le rebord de la tranchée et je me mis à ramper derrière le lieutenant.

Le no man's land n'était qu'une grande mare fangeuse. Il était quasiment impossible de progresser sans patauger. Au cours de notre instruction, aucun exercice ne nous avait en réalité préparés à de telles conditions ; avancer de quelques centimètres exigeait maintes contorsions de tout le corps. Qui plus est, comme je craignais à tout moment de heurter un cadavre, mon bras ne manquait pas de s'enfoncer dans la boue jusqu'au coude pendant que je tâtais le sol autour de moi.

Ashwell se débattait ferme ; je me fiais aux bruits qu'il faisait pour rester à son contact. Ça alla bien jusqu'au moment où, sans crier gare, Rathband me dépassa, se mouvant dans la boue comme une anguille. Il ne m'accorda pas un regard et prit bientôt une grande avance. Revenu de ma surprise, je constatai que j'avais perdu la trace du lieutenant.

Peu après, dans un entonnoir creusé par un obus, rempli d'eau à ras bord, la forme de Rathband réapparut devant moi. Des deux bras, il cherchait à repêcher son fusil. Dans ses yeux brillants, je perçus un grand désespoir, mais il m'était impossible de l'aider. J'avais déjà bien assez de mal à garder le mien au-dessus de ma tête, au sec. Tout à coup, Rathband brandit son arme. Même si elle était inutilisable, il s'extirpa du trou sans l'ombre d'une hésitation et s'évanouit de nouveau dans les ténèbres.

Sans rien voir, je continuai de ramper. Incapable de m'orienter, je redoutais, plus les minutes s'écoulaient, de me diriger du mauvais côté, condamné à errer dans le no man's land jusqu'au lever du jour. Mon désarroi augmentait de mètre en mètre ; plus d'une fois, je dus me maîtriser pour ne pas appeler mes camarades.

Depuis combien de temps avions-nous quitté la sape ? Je n'en avais aucune idée. Pas plus que de l'endroit où les autres se trouvaient. Je m'ouvris alors la main sur un barbelé. Un bout qui traînait dans la boue. Je devais donc être là où étaient passés nos trois éclaireurs avec leurs pinces. Ce constat me donna le courage de progresser dans la même direction. Bientôt, je parvins à une petite élévation de terrain qui consistait dans des sacs de sable durs comme la pierre. J'avais atteint le parapet de la tranchée allemande. Je le franchis à quatre pattes et me laissai glisser jusqu'à sentir le sol sous mes pieds.

« Merde alors, Patterson, tu traînais où ? » retentit la voix du sergent Chapman en un bougonnement contenu.

J'essuyai la boue de mes yeux. Devant moi, je distinguai des formes tassées les unes contre les autres.

« Les Fritz ont décanillé, cette bande de péteux. »

C'était cette fois la voix de Rathband.

À ces mots, je repris mon souffle, soulagé. Les rumeurs selon lesquelles les Allemands, pour Dieu sait quelle raison, se repliaient étaient donc fondées. Cependant, la seconde d'après, je sentis de nouveau un poids sur ma poitrine. Je ne voyais nulle part le lieutenant.

« Quelqu'un a vu Ashwell ? murmurai-je.

– Il est parti de ce côté avec quelques hommes, m'expliqua le sergent en indiquant la partie de la tranchée dans mon dos. S'il avait dû t'attendre, il aurait pris racine sur place. File le retrouver. »

J'hésitai. Quelqu'un me fila un coup de pied dans le tibia.

« T'attends quoi ? »

Rathband, encore lui.

Je fis demi-tour et, lentement, m'éloignai d'eux. Un peu habitués à l'obscurité, mes yeux me permirent de voir que le boyau décrivait un coude vers la droite à une dizaine de mètres devant moi. Des détritus traînaient çà et là, entre autres des conserves et des cartouches vides, mais apparemment il n'y avait aucun obstacle majeur.

À l'écoute du moindre bruit, j'avançai à petits pas jusqu'au coude. Je perçus des chuchotements. Des voix qui parlaient anglais.

Libéré d'un poids, je franchis l'angle. Quelques mètres plus loin, il y avait un groupe de soldats. L'un d'eux se retourna et pointa son arme sur moi. En un éclair, je compris qu'à ses yeux, je pouvais être un Allemand.

« Ne tirez pas ! m'écriai-je. C'est moi ! Patterson ! »

Sous mon nez, le soldat, effrayé, laissa tomber le fusil. Dans un crac, l'arme heurta les planches posées sur le sol. Le coup ne partit pas.

Je constatai que les autres s'étaient à leur tour retournés.

« Bon Dieu, Patterson, vous êtes pressé de mourir ? jura le lieutenant à voix basse. Parker aurait pu vous abattre, nom d'une pipe. »

Mon cœur battait à tout rompre tandis que Parker, cloué sur place, se tenait devant moi, les bras positionnés comme s'il tenait toujours son fusil.

Une main se posa sur son épaule.

« Du calme, Jimmy, lui dit Edward Hazell. C'est l'un des nôtres. »

Le forgeron se baissa pour ramasser l'arme. Je m'approchai :

« Je suis désolé, Jimmy. C'était stupide de ma part. »

Jimmy laissa retomber ses bras. Sa lèvre inférieure tremblait.

Edward Hazell lui remit le fusil dans les mains.

« Tiens, Parker, et montre-toi un homme, bon Dieu ! »

Je me joignis au groupe de six hommes. Le lieutenant me fit signe de rester près de lui. Nous allions passer le reste de la tranchée au peigne pour nous assurer qu'il n'y avait plus aucun Allemand. Le groupe de Chapman se chargeait de l'autre côté du boyau. Ashwell me demanda si je les avais croisés. Ma réponse le rassura.

Le lieutenant allumait de temps à autre sa lampe de poche. La faible lumière rouge permettait tout juste de discerner les choses à quelques pas devant nous. La tranchée était en excellent état. Parapet et flancs en bois ; à espaces réguliers, des niches de la taille d'un homme. Sur le sol, des planches où de l'eau n'émergeait qu'à de rares endroits. Excepté des monticules de déchets, les Allemands n'avaient rien laissé, à croire que leur repli avait été prévu de longue date.

Au bout d'une centaine de mètres, nous tombâmes sur une guitoune ; une porte en barrait l'accès. Le lieutenant nous fit signe de ne pas faire un bruit. D'un geste, il commanda à Harry Finch et Alfred Brown, seuls soldats expérimentés du groupe, d'avancer.

Ils se postèrent de chaque côté de la porte. Finch, une grenade à la main, Brown fusil en joue, Ashwell révolver dégainé. Ce dernier dressa trois doigts et lança un compte à rebours muet. À zéro, il ouvrit la porte.

Rien ne troubla le silence qui régnait dans l'abri. Personne ne cria ni ne se précipita dehors. De sa lampe, le lieutenant éclaira l'intérieur tandis qu'Alfred Brown y jetait un rapide coup d'œil. L'instant d'après, il baissait son arme et poussait un soupir de soulagement. La tension reflua aussi de mon corps.

Le lieutenant entra. Les membres de notre petit groupe se bousculèrent dans l'entrée. Je sentis deux doigts de Jimmy qui s'agrippaient à mon ceinturon ; il prenait appui pour mieux voir, par-dessus mon épaule, ce qui se passait.

L'abri était spacieux et confortable. Il y avait de la place pour au moins huit hommes. Contrairement à la tranchée elle-même, il ne paraissait pas avoir été abandonné depuis bien longtemps. Sur la table basse qui occupait le centre de l'espace se trouvaient des journaux et des cartes à jouer ; sur le poêle trônait une casserole contenant des restes ; à l'une des parois étaient accrochés des torchons et des masques à gaz ; des assiettes, des bouteilles et des pichets encombraient les étagères. La lueur rouge de la lampe de poche glissait sur tout cela ; bouche bée, nous contemplions l'endroit comme si nous venions de découvrir une chambre funéraire de l'Antiquité regorgeant de trésors.

L'un de ces trésors était un casque à pointe. Oublié sur une chaise, dans le coin le plus reculé de l'abri. Sous la lumière, l'extrémité en cuivre astiquée brillait tellement que tous, nous montrâmes du doigt le trophée dans l'espoir de le remporter. Le lieutenant prit alors une décision que je trouvai pleine de noblesse. Il appela Jimmy, lequel avança en jetant tout autour de lui des regards empreints de surprise. Personne n'osa objecter quoi que ce soit, bien que la jalousie de certains parût presque tangible.

L'intensité de la lueur de la lampe ne cessait de varier. C'est dans une quasi-obscurité que Jimmy se dirigea vers le coin. Arrivé près de la chaise, il tendit la main en avant ; la lumière redevint rouge. Dans cette clarté, Jimmy regarda une dernière fois pardessus son épaule. Je voulus croire que ses yeux se posaient sur moi, mais rien ne me l'assurait. Ce qui est certain, c'est que ses quinquets noirs scintillaient au milieu de sa tête de souris.

Il s'empara alors du casque et le porta dans le même mouvement au-dessus de sa tête, sans aucun doute avec l'intention de s'en coiffer pour qu'on l'admire. Mais il n'en eut pas le temps car, au même moment, tout le monde, sauf lui, vit sur la chaise une grenade à main dont l'amorce était reliée au casque par un fil tressé en crins de cheval. Nous ne pûmes que crier :

« Jimmy, nooooon ! »

Une semaine s'écoula. On nous avait relevés. Nous bivouaquions dans l'arrière-pays où nous nous tenions prêts à occuper des tranchées ennemies si le repli venait à se confirmer. On racontait que les Allemands avaient creusé un nouveau réseau, plus court, d'Arras à l'Aisne, quelques kilomètres en retrait de la ligne de front précédente, où ils redéployaient leurs troupes. C'était déplacer le front sur un terrain légèrement plus élevé, un peu moins inconfortable, chose dont nous n'avions pas même osé rêver.

La bassesse du piège à l'origine de la mort de Jimmy avait porté un sale coup à notre escouade, en particulier au lieutenant Ashwell. Le sentiment de culpabilité qui l'habitait se trouvait renforcé par les commentaires des gars du peloton. Certains lui reprochaient d'avoir méconnu les risques que représentaient les objets laissés par les Allemands. Je les contredisais en avançant que le capitaine Brooke l'avait forcé à partir sans préparation aucune ; mais ils préféraient croire Simkins, qui jouissait de plus de crédit que moi auprès d'eux et m'accusait de répandre des balivernes.

Nous avions été contraints de laisser le corps de Jimmy sur place. Juste après l'explosion, l'artillerie allemande était entrée en action pour pilonner le secteur de l'abri où la grenade à main avait trahi notre présence. Malgré le feu nourri, Ashwell avait tergiversé. Revenu à toute allure sur ses pas, le sergent avait dû remuer ciel et terre pour le persuader de déguerpir.

« Vous voulez que tout le monde y passe ? Un mort, ça vous suffit pas ? Notre mission est terminée ! »

Cette diatribe aurait pu valoir un blâme à Chapman. Le lieutenant Ashwell avait fini par céder.

J'étais resté près de lui pendant que nous traversions le no man's land dans l'autre sens ; il se mouvait dans la boue comme chargé d'un lest, d'un barda d'une tonne. Pour la première fois, j'avais vu de près la puissance explosive des canons de huit livres ; j'étais étonné que notre escouade ait pu s'en tirer presque indemne.

Le reste de la semaine, le calme n'avait été troublé que par quelques tirs, la plupart des projectiles atterrissant dans le no man's land. Les incessantes chutes de neige nous importunèrent bien plus, inondant plus encore les tranchées et permettant aux rats de nager pour chaparder nos aliments. Jamais encore je n'en avais vu d'aussi gros. Horrifié, je songeai qu'ils allaient s'engraisser en se repaissant de la dépouille de Jimmy. Je m'efforçais d'écarter l'idée que le même sort avait pu être réservé à Martin.

Le lieutenant ne quittait notre abri qu'en de rares occasions. Il passait son temps à étudier les instructions qu'il recevait, à rédiger des rapports, à passer des commandes pour nous ravitailler en vivres et en munitions, à tenir à jour son carnet de service et à établir les tours de garde sans jamais y mentionner mon nom. Il souhaitait que je demeure le plus possible à ses côtés.

Par moments, il tentait de se détendre en feuilletant l'un de ses guides botaniques. Mais de ses yeux n'émanait alors que la mélancolie propre à une personne qui tourne les pages d'un album de famille aux photos jaunies.

En ce qui me concerne, je m'efforçais de remplir au mieux mon rôle d'ordonnance. Malgré mes conditions de vie lamentables, il ne m'échappait aucunement que j'occupais une position luxueuse en comparaison de mes camarades qui, eux, étaient nuit et jour dans les tranchées. J'effectuais surtout des tâches ménagères, pour autant qu'il pût être question de travaux domestiques dans une guitoune où pas même un renard ne se serait réfugié. Je faisais en sorte de servir au lieutenant, en temps voulu, le contenu réchauffé d'une conserve, une tasse de thé, de rallumer le réchaud à pétrole quand un courant d'air l'éteignait, de suspendre audessus nos uniformes pour les faire sécher – ils s'égouttaient en produisant des sifflements sur le fer chaud – et de refouler régulièrement avec la pompe l'eau qui envahissait le sol.

Les hommes étant peu occupés, si l'on fait exception des gardes et de l'entretien de l'équipement, ils écrivaient de nombreuses lettres à leurs proches. Je relevais le courrier deux fois par jour et le remettais au lieutenant. Quand je déposai la toute première pile d'enveloppes sur la table, le lendemain de la mort de Jimmy, il la laissa pendant des heures sans la toucher; de fait, je m'attendais qu'il me confiât la tâche de les traiter comme celles du matin de notre départ. Finalement, il s'y mit tout de même, avec une minutie et une rigueur qu'il n'avait encore jamais montrées. À maintes reprises, il recourut à son crayon de censeur, barrant parfois des passages entiers. Quand il eut fini, il fit appeler les chefs d'escouades, dont le sergent Chapman, pour leur rappeler sans ménagement les règles que chaque soldat était tenu d'observer lorsqu'il écrivait une lettre. Aucun nom de lieu, aucun chiffre et encore moins des détails sur les victimes.

Dans cette dernière remarque, il n'eut pas besoin de mentionner le cas précis auquel il faisait allusion.

Il renvoya les sous-officiers bougons dans les tranchées en leur ordonnant de transmettre le message à chacun de leurs hommes et de veiller à ce que les règles soient appliquées de façon rigoureuse.

Les jours suivants, il relâcha de nouveau sa fermeté dans son travail de censure, son regard se contentant de survoler le contenu des lettres ; on remettait ensuite celles-ci à l'officier d'intendance, à moins qu'une estafette ne fût chargée de les apporter jusqu'aux lignes arrière.

Mes conversations avec Ashwell se bornaient à des banalités. Pas une fois nous ne parlâmes de Jimmy, pas même lorsque, deux jours après la mort de l'ancien garçon d'écurie, le lieutenant s'attela à la rédaction d'une lettre standard. Dès que je le vis en écrire la première ligne – *Chère Madame Parker, c'est avec une profonde affliction que…* –, je me levai et quittai l'abri. Je savais certes qu'il s'agissait là du cours normal des choses, mais le manque de sincérité de pareille missive me blessait. Avec la meilleure volonté du monde, je ne pouvais me représenter un Jimmy ayant combattu comme un lion ou étant mort en véritable héros. Je ne cessais de revivre ses derniers instants et surtout le moment où le lieutenant, après que la poussière de l'explosion était retombée, rallumait sa lampe de poche pour éclairer le coin où Jimmy venait de trouver la mort. Où que je portasse mon regard, cette image surgissait comme s'il elle avait été brûlée sur ma rétine.

Lorsque nous eûmes quitté les tranchées et regagné les lignes arrière, je parvins enfin à chasser brièvement Jimmy de ma tête. Un plein sac postal étant arrivé pour notre peloton, je ne pus détourner mes pensées de Mary et de la réponse que j'attendais de sa part après l'envoi de ma carte postale.

J'étais resté avec le lieutenant Ashwell et Simkins dans la tente glaciale qui faisait office de mess. Peu avant, les officiers de notre compagnie, y compris le capitaine Brooke et Ashwell, avaient savouré une soupe de haricots et un plat d'agneau. Simkins, trois autres ordonnances et moi-même avions assuré le service puis, le repas terminé, débarrassé la table. Alors que nous faisions la vaisselle, nos comparses nous apprîmes, à Simkins et à moi, que dans les autres pelotons, plus de dix soldats étaient morts. Effectuant des patrouilles, ils étaient tombés sur des tranchées encore occupées par des Allemands, avec les conséquences que l'on peut imaginer. Simkins leur raconta alors ce qui était arrivé à Jimmy. J'aurais aimé pouvoir me boucher les oreilles.

Pendant que je triais le courrier avec Simkins, le lieutenant lisait un livre. Simkins cherchait principalement les lettres ou colis qui lui étaient adressés. Haletant, il farfouillait dans le tas.

« Hé, Patterson, regarde, une lettre pour Parker, » s'écria-t-il alors qu'il en avait déjà trouvé deux pour lui.

Il me la tendit, mais, au moment où j'allais m'en emparer, retira brusquement sa main. Puis il se précipita vers Ashwell.

« Tenez, sir, vous pouvez la renvoyer d'où elle vient. »

Le lieutenant jeta un œil sur l'enveloppe. Je ne pouvais voir son visage. Il répondit :

« Merci, Simkins. »

Revenant vers moi, Simkins me lança une œillade en clignant exagérément de sa paupière gauche. Je lui flanquai une bourrade dans l'épaule.

Alors que je continuais de trier le courrier, je jetais par moments un coup d'œil sur le lieutenant. Il s'était de nouveau plongé dans sa lecture. L'enveloppe était posée devant lui sur la table. Il allait bientôt apposer dessus, sûrement pas de gaieté de cœur, le tampon *Killed in action* en vue de la retourner sans l'ouvrir à la mère de Jimmy. Moi aussi, cette idée me faisait frémir.

Simkins quitta finalement la tente, emportant quatre lettres et deux paquets. Pour moi, il n'y avait rien.

« John, vous avez une minute ? » m'invita alors le lieutenant.

Il posa son livre. *The Endeavour Journal of Sir Joseph Banks*, pus-je constater une fois que je me fus approché.

« Oui, sir ? »

Je m'étais posté à ses côtés, un peu en retrait. Comme il ne portait pas son couvre-chef, mes yeux se posèrent sur son crâne dégarni.

« Une lettre pour Parker. »

Il me montra du doigt l'enveloppe posée sur la table. Le patronyme de Jimmy figurait dessus. Ainsi que son numéro matricule.

« Je sais, sir. Sa mère, je pense.

– Vous pouvez m'en résumer le contenu ?

– Mais, sir… » bafouillai-je, hésitant.

Avec une grande lenteur, il tourna sa tête vers moi. Il avait le regard vitreux.

« Je dois lui écrire, me confia-t-il d'une voix fatiguée.

– Vous ne l'avez pas déjà fait ?

– Non, avoua-t-il en secouant la tête. Je n'y suis pas arrivé. Pas là-bas. »

J'étais surpris d'entendre ces mots dans sa bouche, mais à bien y réfléchir, je les comprenais. Comme je compatissais sincèrement, je lui dis :

« Ce qui est arrivé à Jimmy, sir, ce n'est pas votre faute. Vous n'avez rien à vous reprocher.

– Épargnez-moi vos preuves de sympathie, John, fit-il, irrité. Les gars ont raison. J'aurais dû être au courant.

– Sir, moi, j'ai vu la façon dont le capitaine Brooke vous a…

– Ce n'est pas ça qui nous ramènera Parker ! » m'interrompit-il sèchement avant de reprendre, d'un ton plus calme : « Lisez cette lettre, John, peut-être contient-elle des éléments qui me seront utiles, qui pourraient me permettre de la réconforter un peu. »

Et de se réconforter lui-même, songeai-je. Néanmoins, j'estimai qu'il s'agissait de sa part d'un geste généreux. Il aurait très bien pu se contenter d'aligner des formules toutes faites prises çà et là.

Je m'assis et m'emparai de l'enveloppe. C'est seulement à ce moment-là que je me dis qu'elle contenait peut-être des informations sur Jack Cunningham.

Le lieutenant remua sur sa chaise.

« Vous me la résumez ? répéta-t-il. Inutile de la lire à haute voix. »

Je décachetai l'enveloppe, tendu et curieux à la fois. Mes dernières réserves s'évanouirent.

J'avais sous les yeux une écriture très soignée. Une lettre sans fautes d'orthographe. L'homme qui l'avait rédigée à la demande de la mère de Jimmy – c'est ce qu'on pouvait déduire des premières lignes – avait fait un excellent travail.

Mon cher Jimmy, tu ne peux imaginer la joie que me procure ta carte. Il m'est enfin possible de t'écrire. Un grand merci au garçon qui t'a aidé. Ici, à Hoxton, il y a des habitants qui se proposent d'écrire des lettres. Ils demandent un penny par feuillet, de l'argent qu'ils reversent à une œuvre de charité.

Est-ce toi, l'un des soldats sur la carte ? Celui de gauche, il me semble ! J'ai entendu dire qu'il fait très froid là où tu te trouves. Je t'envoie très bientôt une paire de chaussettes chaudes. J'ai réussi à mettre la main sur des restes de laine.

Ici aussi, il fait encore froid. Le charbon coûte très cher. On nous a distribué des coupons pour nous en procurer. La nourriture aussi, on doit à présent la payer avec des bons. Mais on nous en donne bien peu en échange. Si jamais tu as un peu d'argent de côté, ça m'aiderait bien et me ferait vraiment plaisir.

Dernièrement, j'ai vu Mme Cunningham. Elle m'a dit que Jack est quelque part en Belgique. Elle me donnera bientôt son adresse, comme ça ton ami pourra lui écrire. Comment s'appelle-t-il au fait ?

Je m'arrête là. Comme ça, la lettre pourra partir dès aujourd'hui. Ah oui, la dame du haras m'a dit que ta chatte préférée a eu des petits. Six ! Elle m'a demandé si je voulais m'occuper de deux ou trois d'entre eux jusqu'à ton retour. J'ai préféré prendre deux petits mâles. Ça nous évitera des tracasseries plus tard. Sans compter que ce sont de bons chasseurs, les souris sont prévenues. Peut-être peux-tu leur trouver un nom.

Écris-moi bien vite. Je prie tous les jours pour que Dieu te protège. Ta maman qui t'aime.

« Alors ? » s'enquit le lieutenant dès qu'il s'aperçut que j'en avais terminé.

Il n'avait pas remarqué que j'avais presque, en lisant, hoqueté d'émotion. Je repris la lettre pour relever des choses qu'il pourrait utiliser.

« Jimmy venait de lui écrire, commentai-je. Elle est heureuse d'avoir enfin de ses nouvelles. Elle raconte que le charbon et les denrées alimentaires sont rationnés. (Alors que je prononçais ces mots, une idée me traversa l'esprit : envoyer de l'argent à la mère de Jimmy.) Elle parle aussi de deux chats, continuai-je. Jimmy adorait les chevaux, mais il était aussi très attaché à une chatte du haras où il travaillait.

– Que faisait-il ?

– Il était garçon d'écurie. La chatte a eu six petits. Sa mère en a adopté deux pour lui.

– Entiché des chats et des chevaux, résuma le lieutenant pour lui-même. Autre chose ? »

Je parcourus une dernière fois la missive jusqu'à la dernière phrase.

Je prie tous les jours pour que Dieu te protège.

« Non, rien. »

Je repliai le feuillet et le glissai dans l'enveloppe dans l'intention de la remettre au lieutenant. Mais il me dit :

« Gardez-la pour moi. Tant que je n'ai pas rédigé ma lettre à sa mère. »

Il poussa alors un profond soupir, s'accouda à la table et bloqua sa tête entre ses deux mains. Le voyant ainsi, une pensée surgit en moi que je jugeai dans un premier temps tout à fait extravagante. Mais resongeant à tout ce qu'il avait en commun avec mon père, je me décidai malgré tout à le sonder en espérant qu'il serait à même de me rassurer. Je me souvenais l'avoir vu remplir le formulaire *ad hoc* le lendemain de la mort de Jimmy.

« Sir, une question sans doute superflue, lançai-je d'une voix hésitante. Vous avez bien informé le quartier général que Jimmy… »

Je n'eus pas besoin de finir ma phrase. De sa tête à moitié ensevelie dans ses mains, il faisait déjà signe que non.

Le même jour, j'envoyai une lettre et de l'argent à Mme Parker.

Non, pas moi. C'est Jimmy qui envoya la lettre. Qu'il terminait par ses mots :

Que penses-tu des noms Keats et Milton pour les chatons ? C'est une idée de mon ami. Écris-moi bientôt. Ton fils qui t'aime, Jimmy. PS : As-tu les coordonnées de Jack Cunningham ?

On nous renvoya dans le no man's land, cette fois à l'aurore, afin d'occuper une position allemande abandonnée. La veille, nous avions relevé le deuxième bataillon dans les tranchées près de Bellacourt. À l'endroit où nous devions le traverser, le no man's land s'étirait sur une largeur de près de cinq cents mètres. La nuit avait été glaciale et claire. Une pellicule de givre couvrait la terre et les sacs de sable. Vers l'est, le ciel, où le soleil pointait à l'horizon, se colorait d'un rouge orangé à couper le souffle ; je n'en avais jamais vu de pareil, si ce n'est sur des œuvres de paysagistes. Le léger vent ne nous apportait aucun bruit du lointain. Canons et fusils, allemands comme alliés, restaient muets.

La compagnie au complet, tous les gars côte à côte dans la tranchée, lourdement harnachés, portaient des caisses remplies de matériel, des pièces d'artillerie et des munitions ; nous avions pour mission de tout transporter de l'autre côté.

« Regardez en permanence droit devant vous », nous recommanda le sergent Chapman quelques instants avant de franchir le parapet.

Peu comprirent sur le moment la portée de ce conseil, moi pas plus que les autres. L'ennemi ne s'était-il pas replié ? Mais dès que nous quittâmes la tranchée et eûmes sous les yeux le no man's land labouré, tout le monde saisit le sens de la mise en garde. Ce qui s'étendait devant nous ne ressemblait en rien au paysage d'une peinture. C'était l'enfer de Dante, dessiné par Gustave Doré, les noirs et les gris de sa plume ne laissant pas le moindre espace pour une tache claire, sur aucun des cadavres, alors que des cadavres, on en dénombrait des dizaines et des dizaines, dans les positions les plus improbables et à divers stades de décomposition.

« En avant ! en avant ! aboya le sergent Chapman. Regardez droit devant vous, pas ailleurs ! En avant ! »

Je me mis en mouvement. Bien que chaque parcelle de mon corps me sommât d'écouter le conseil de Chapman, à chacun de mes pas, mon regard était irrésistiblement attiré par les os et les crânes grisâtres, les ventres étripés, les boyaux couverts de givre sali, les bras aux muscles et tendons à nu, les mentons et mâchoires à moitié arrachés, les visages tordus en des grimaces où était gravé leur ultime cri. Quelques rares cadavres avaient eu la visite d'un infirmier courageux qui leur avait fermé les yeux, glissé la musette sous la tête et, si possible, croisé les mains dans l'attente des brancardiers ; mais ceux-ci allaient-ils passer avant qu'un énième bombardement ne soulève la dépouille du cloaque et la projette un peu plus loin en morceaux ?

Beaucoup d'entre nous, qui n'avaient encore jamais vu un mort, vomissaient le pain et le lard du petit déjeuner pourtant accueillis le matin même par des acclamations. Surcroît de nourriture pour tous les rats suiffeux qui, effrayés par la survenue peu discrète de tant de soldats, déguerpissaient de partout, y compris des jambes de pantalon et des poches des cadavres.

« En avant ! » lança encore le sergent, mais cette fois d'une voix plus faible.

Peut-être voyait-il lui aussi ce que je voyais : une tête intacte, à la différence des autres, à peine un peu de boue sur les joues, encore coiffée de son casque, un garçon de 16 ou 17 ans, les yeux ouverts, d'un bleu vitreux, la carnation rosée, le nez fin, tout intact, mais sans corps, rien que la tête.

Il me fallut me morigéner pour détourner les yeux et reprendre ma progression. Pendant ce temps, impossible de faire abstraction de la puanteur omniprésente, sans doute identique à celle des épidémies de peste, aux relents surs de salpêtre et de levure, odeur en tout cas que je n'avais jamais respirée jusque-là, et qui peu à peu m'étourdissait : plus je voyais de corps, plus je reconnaissais dans les traits des uns ou des autres une caractéristique de Martin ou de Jimmy – forme anguleuse de la pommette, couleur de l'œil sur lequel tombe un rai de soleil, mèche filasse collée au front, étroitesse du visage, dent de guingois.

Le lieutenant Ashwell peinait à mes côtés. Il prenait toutefois soin de garder son regard dirigé droit devant lui, tel un cheval affublé d'œillères. Malgré tout, il lui était impossible de tenir toutes les dépouilles hors de son champ de vision, plus encore quand nous atteignîmes les barbelés, réseaux encombrés de celles d'hommes pris au piège lors de patrouilles nocturnes, toujours accrochés là, des semaines et des mois après leur mort, comme autant de boxeurs dans les cordes.

Harry Finch coupa les fils. Son expérience incontestable ne lui fut cette fois d'aucun secours.

« On ne s'y habitue pas, bon Dieu, on ne s'y habitue pas », ne cessait-il de répéter.

Nous parvînmes enfin à la tranchée abandonnée dans laquelle nous nous précipitâmes. Les pensées que chacun ruminait, qui nous rongeaient, nous fouissaient, couvraient peu ou prou les ahanements qui s'élevèrent un bon quart d'heure vers le ciel bleu. Par ailleurs, on percevait l'incessant filet de marmonnements de Herbert Cullingford ; il avait gardé suffisamment d'air dans les poumons pour prier pour qui ceux qui n'avaient jamais atteint la tranchée.

Le sergent Chapman finit par rompre l'envoûtement. Se tournant vers Ashwell, il lui demanda :

« Et maintenant, sir ? On se déploie ? On passe tout au peigne fin ? »

Le lieutenant hocha la tête. Sa paupière gauche trahissait ce qui le travaillait. Pour le reste, il ne laissait rien paraître.

« Les escouades du sergent Wilkins et du caporal Moore, de ce côté, dit-il d'un ton décidé. Les deux autres, de l'autre côté. Prenez des pelles, des pioches et du bois pour consolider ce qui doit l'être. »

Pas besoin de dessin pour comprendre ce qu'il entendait par là. Avant d'abandonner leurs tranchées, les Allemands avaient presque tout détruit. Ces derniers jours, plusieurs explosions avaient retenti à divers endroits de leur ligne d'où s'était élevée de la fumée. En outre, ils avaient cessé de pomper l'eau. Nous en avions jusqu'au bas des mollets.

Les chefs d'escouade s'apprêtaient à s'éloigner quand le lieutenant les rappela :

« Attention aux objets piégés, les mit-il en garde avec insistance. Envoyez des hommes du génie en éclaireurs.

– Compris, sir », fit Chapman, obligeant.

Cette admonition me ramena à la lettre que j'avais écrite à la mère de Jimmy. Je ne regrettais toujours pas cet acte, bien au contraire, la traversée du no man's land m'ayant convaincu que je n'avais rien fait de mal ou de blâmable. Me dire que Jimmy était encore en vie, ne fût-ce que dans la tête de sa mère, me réconfortait et c'était la seule consolation qui me restait après que j'avais vu tous ces morts dont les proches croyaient qu'ils étaient tombés et enterrés au champ d'honneur.

Une fois les chefs d'escouade partis, le lieutenant Ashwell et moi nous mîmes à la recherche d'une guitoune. Nous en trouvâmes une, très spacieuse, mais en grande partie brûlée. L'odeur qui y régnait ranima en moi des souvenirs qui me poussèrent dehors à la recherche d'air.

« Cherchons un autre abri », suggéra le lieutenant.

Du no man's land nous parvenaient à présent les voix des brancardiers qui besognaient dur pour ramasser les cadavres. Les troupes du génie étaient elles aussi arrivées ; on les entendait qui entreprenaient d'aménager avec des planches des passages sur le bourbier, ce lieu de désolation. Des coups de marteau montaient du champ de bataille. Au loin, du côté opposé de la tranchée, tirs et explosions se succédaient : gagnant leurs nouvelles positions, les Allemands détruisaient tout sur leur passage.

Nous ne tardâmes pas à tomber sur un autre abri. L'entrée en était effondrée. L'escouade de Wilkins se chargea de la dégager. Elle dissimulait un espace guère plus grand qu'un placard à balais, où se trouvaient deux tabourets et une caisse de munitions vide censée faire office de table.

« Un peu exigu, mais confortable », commenta le sergent Wilkins.

Mettre un peu d'ordre dans l'abri m'occupa un court moment. De vieux journaux allemands, de la paille humide et sale, des boîtes de conserve écrasées et enfoncées les unes dans les autres, des talons de bougie, des boîtes de cirage vides, des douilles ternies, des biscuits tout durs à peine grignotés, à croire que les rats eux-mêmes n'en avaient pas voulu, traînaient pêle-mêle. Je balayai ces déchets et, avec une pelle, commençai à tout jeter par-dessus le parapet. Pendant ce temps, les autres soldats progressaient dans la tranchée et l'étançonnaient, débagoulant des blagues idiotes afin de ne plus avoir à penser à ce qu'ils avaient eu sous les yeux un peu plus tôt.

Alors que je rentrais dans l'abri, je vis un animal se faufiler à l'intérieur par un interstice du toit, fait de sacs de sable soutenus par des poutres. J'assurai ma prise sur la pelle et m'avançai.

« Il y a un rat », dis-je au lieutenant qui sursauta en me voyant approcher la pelle levée.

Il était en train de rédiger un rapport détaillé sur l'état des tranchées. Dos voûté, penché sur la caisse de munitions. Par le plafond filtraient des rais de soleil.

Sans bruit, je gagnai le coin le plus éloigné. Mais m'ayant repéré, la bête rebroussa chemin à toute vitesse en poussant des piaulements alarmants.

« Ce n'est pas un rat », s'empressa d'observer Ashwell.

Il se leva. Poussé par la curiosité, il s'approcha de la cachette de l'animal. Je baissai la pelle. Sur la pointe des pieds, l'officier fouillait des yeux une fente au-dessus d'une des poutres. Il tendit la main pour attraper quelque chose.

« Regardez, un nid de merles, s'écria-t-il, enjoué. Ici, dans cette géhenne. »

Il se retourna. Il tenait dans la main un nid en forme de coupelle composé d'herbe sèche, de mousse et de boue, qui contenait deux œufs. Il en prit un et le tint à la lumière pour l'examiner. Un œuf verdâtre moucheté de brun.

« Cette perfection, John, vous la voyez ? »

Je voyais surtout le brasillement dans ses yeux, le même que lorsqu'il avait découvert la petite fleur bleue de la *Vinca minor* dans les bois de Souchez. C'est alors qu'il m'avait déclaré qu'il fallait savoir se satisfaire du moindre témoignage de beauté en temps de guerre. Depuis, j'avais été le témoin de suffisamment d'atrocités pour évaluer ses propos à leur juste valeur. Un vers jaillit sans crier gare de mon esprit.

« *Un objet de beauté est une joie éternelle* », récitai-je à voix haute.

Dans les yeux du lieutenant apparut un signe de connivence et, à ma surprise, il enchaîna :

« *Son charme ne fait que croître ; et jamais ne sombrera au néant.*

– *Mais restera toujours pour nous un havre de calme*, poursuivis-je, amusé.

– *Un sommeil plein de doux rêves, de santé et d'un calme respir*[1], reprit le lieutenant qui, pour la première fois depuis des semaines, souriait de toutes ses dents, et admit qu'il ne connaissait pas la suite du poème.

1. John Keats, *Endymion*, trad. Jean Briat.

– Pour un botaniste, c'est déjà pas mal, sir, relevai-je en lui adressant une œillade.

– Au lycée, un de mes professeurs adorait Keats, m'expliqua-t-il. Il nous faisait apprendre des poèmes entiers par cœur. Mais il ne m'en reste pas grand-chose.

– Estimez-vous heureux, sir. Moi, je n'ai eu que des professeurs qui ne voulaient pas entendre parler des auteurs romantiques. Des poèmes de midinettes énamourées, selon eux. »

Le sourire toujours aux lèvres, le lieutenant porta de nouveau son regard sur l'œuf.

« Vous lisez encore de temps en temps de la poésie ? lui demandai-je afin de nourrir la conversation.

– De la poésie ? Moi ? Non, non, tout mon intérêt va à la nature.

– Dans la nature se trouve aussi la poésie, sir.

– C'est vrai, John, c'est vrai, reconnut-il avant de se taire et de fixer l'œuf comme s'il s'agissait d'un diamant.

– De qui tenez-vous cet intérêt pour la nature ? »

Il réfléchit un moment. Peut-être jugeait-il ma question trop personnelle. Il finit par répondre :

« De mon père. Dès que nous le pouvions, nous partions nous promener. Avec lui, j'ai sillonné tout le Royaume-Uni, toutes les îles du pays. Il n'y en a pas une où je ne sois allé, énumérez-les toutes si vous voulez… Man, Wight, Jura, Skokholm, et ainsi de suite.

– Votre père est botaniste lui aussi ?

– Lépidoptériste. Il consacre sa vie à un ouvrage d'ensemble sur les papillons britanniques. Il est affilié à l'University College de Londres.

– Votre père est un professeur à Gower Street ? le considérai-je avec étonnement.

– Le professeur Ashwell. Vous n'avez jamais entendu parler de lui ?

– Non, désolé, sir.

– Ce n'est rien, ça ne tient pas à vous. Mon père préfère rester dans l'ombre.

– Vous avez suivi ses cours ?

– Il n'en donne plus. Il se voue uniquement à la recherche. Autrement dit, surtout à la capture des papillons. Oh ! regardez ça, ajouta-t-il, son attention attirée par le nid. (Il reposa l'œuf dedans, trifouilla du bout des doigts dans les herbes sèches qui en constituaient l'essentiel et en tira quelques fils kaki.) Le merle a même utilisé du fil de couture. Il l'aura piqué aux Huns. »

Selon moi, ça ressemblait plutôt à des effilochures d'uniforme, mais je préférai ne pas le relever.

« Drôle d'endroit pour couver des œufs, non ? remarquai-je.

– Pas si étrange qu'on pourrait le croire au premier abord. Dans les environs, il n'y a plus un seul buisson, plus un seul arbre debout. Seuls les rats prospèrent ici.

– Mieux vaut être un rat qu'un lemming, lançai-je sans me rendre compte de ce que je disais, comme si William venait de parler par ma bouche. (Le lieutenant me considéra d'un air interrogateur.) Les rats sont intelligents, repris-je toujours dans l'esprit de William. Ils ont une volonté propre, alors que…

– Alors que les lemmings se précipitent bêtement dans le vide », m'interrompit le lieutenant.

J'opinai du chef. Bien entendu, l'histoire ne lui était pas inconnue.

« C'est un mythe, corrigea-t-il. Ces animaux ne se précipitent pas vers la mort. Ils essaient tout simplement d'atteindre l'autre côté. En quête d'un nouveau territoire, non de la mort, bien au contraire, ils cherchent juste à survivre.

– Oh ! fis-je, me sentant soudain bête.

– Les animaux ne se suicident pas, John, m'assura le lieutenant. Leur instinct le leur interdit. En cela, l'homme se distingue d'eux. » (Je sentis un frisson me parcourir en resongeant à William, William qui s'était donné la mort.) Qu'y a-t-il, John ?

– Rien, dis-je, mais le lieutenant garda les yeux fixés sur les miens. Rien de spécial, du moins. Je pensais à un de mes amis. Lui aussi fréquentait l'University College quand la guerre a éclaté. En dernière année d'allemand.

– En allemand ? Les cours de Priebsch ? Le professeur aux petites lunettes rondes et à l'accent si singulier ? »

Je hochai la tête. Se pouvait-il qu'il ait connu lui aussi William ? Je lui posai la question.

« William Dunn ? Ça ne me dit rien.

– Un géant. Tignasse blonde, toute bouclée. Chaque main comme la pale d'une rame.

– Ça fait trop longtemps, admit Ashwell en secouant la tête. Que fait-il à présent, votre ami ? Il s'est engagé, lui aussi ?

– Il est mort, sir, avouai-je après un moment d'hésitation. Suicide.

– Je suis désolé, John, je ne savais pas… » répondit le lieutenant dont le visage s'était figé.

D'un signe, je lui fis comprendre qu'il n'avait pas à s'excuser.

« Son père le forçait à s'engager, mais lui s'y refusait. Il ne voulait pas se battre contre les Allemands. Apparemment, il n'y avait plus à ses yeux qu'une seule issue. »

Je laissai mon regard errer dans l'abri. La lumière vaporeuse du soleil tissait une résille du sol au plafond. Près de l'endroit où l'officier avait trouvé le nid, une ombre qui rompait ce réseau de fils attira mon attention.

« La femelle est de retour, déclara-t-il. Je vais remettre le nid à sa place. »

Il se dressa sur la pointe des pieds et tendit le bras. Poussant des piaillements courroucés, l'oiseau s'enfuit de la guitoune.

« Elle reviendra, m'assura l'officier. (Il se faufila devant moi pour reprendre place sur le tabouret. En passant, il posa une seconde ou deux la main sur mon épaule.) Je suis désolé pour votre ami, John. Apparemment, personne n'est épargné. »

Sa voix et ses gestes recélaient tellement d'empathie que, pour la première fois, j'osai lui demander ce qu'il avait pour sa part enduré.

« Et vous, sir ?

– Quoi ?

– Vous avez perdu quelqu'un, vous aussi ? »

Je ne m'attendais pas qu'il me réponde, tout au plus qu'il formule une phrase évasive. Or, pour une fois, il ne tourna pas autour du pot.

« J'ai perdu tout un peloton, John. »

À LA TOMBÉE DE LA NUIT, le peloton entier contemplait l'horizon. Pareilles à des choux bons à consommer, nos têtes dépassaient de la tranchée.

Le soleil s'était couché dans notre dos. Pourtant, devant nous, vers l'est, le ciel se teintait sur toute la largeur d'une lueur rouge. Des lueurs d'incendie.

« Sale vermine ! siffla le caporal Moore.

– Bande de barbares ! enchérit Edward Hazell.

– On vous aura, les Fritz ! » s'écria Archie Rathband.

Dans le lointain, une explosion répondit à son cri ; elle fut suivie du fracas d'un bâtiment qui s'effondrait dans un des villages.

Le lieutenant Ashwell était resté dans l'abri. Une estafette lui avait apporté de nouveaux ordres. Le lendemain matin, avant même le lever du soleil, nous devrions partir sur les traces des Allemands. L'officier en avait fait part aux hommes par l'intermédiaire des chefs d'escouade.

À mes côtés, Herbert Cullingford clignait des yeux.

« Ils ne laissent rien debout », bougonna-t-il en secouant la tête de dépit.

Dans la lueur vespérale, sa moustache évoquait les bacchantes rousses d'un Viking.

« Le génie va avoir du boulot », déclara Billy Crockett, benjamin du peloton depuis la mort de Jimmy Parker.

Il cherchait à se laisser pousser une moustache pareille à celle de Cullingford, mais n'arborait que quelques poils épars comme ceux d'un pinceau.

« J'en ai assez vu, lança Alfred Brown. Je vais me trouver un petit coin pour roupiller. (Il passa devant moi, mais revint bientôt sur ses pas.) Ma lettre est partie, Patterson ?

– Ta lettre ?

– Le courrier d'hier soir. C'est toi qui l'as ramassé.

– Oh ! elle est partie presque tout de suite, m'empressai-je de lui répondre.

– Merci bien, Patterson. »

En réalité, je ne savais pas si le courrier était parti. La veille, je l'avais apporté à la baraque des officiers où le capitaine Brooke était réuni avec les chefs de peloton. Il n'y avait eu que peu de lettres, de fait. Se préparer à occuper les tranchées allemandes prenait beaucoup de temps aux gars. Matériel, munitions, il leur fallait tout emballer dans des caisses avant de se les répartir. Simkins s'était néanmoins débrouillé pour en écrire une. Je m'en souvenais. Il était venu me mendier une citation, mais cette fois j'étais parvenu à l'éconduire.

Par la suite, j'avais oublié cette mince pile d'enveloppes. Pendant un bon moment, toute mon attention était allée à la traversée du no man's land ; puis la confession du lieutenant Ashwell n'avait cessé de bourdonner dans ma tête. Il n'avait certes pas épilogué sur le sujet, mais je supposais que le drame s'était déroulé dans la Somme. Son premier combat à la tête de son peloton, une cinquantaine d'hommes, des soldats et des sous-officiers, tous fauchés.

Rien ne saurait pénétrer sa cervelle, pas même une balle.

Le sergent Chapman ne se doutait probablement pas à quel point il était proche de la vérité lorsqu'il avait prononcé ces mots. Selon toute apparence, le lieutenant Ashwell avait été le seul à échapper à la danse macabre. Il en avait même réchappé sans blessure, du moins sans blessure apparente.

« Ça reste entre nous, avait-il pris la peine de préciser.

– Pourquoi ? Si vous en faisiez part aux hommes, ils vous comprendraient mieux. Ce ne serait pas trop tôt.

– Ils se diraient que je porte malheur », John, rétorqua-t-il en soulignant ma naïveté d'un sourire compatissant, puis ajouta, après une brève pause : « Peut-être est-ce le cas. »

Je regagnai l'abri tandis que les autres demeuraient bouche bée devant les mers de feu qui submergeaient l'horizon. Sur la caisse de munitions, Ashwell avait étalé une carte d'état-major dont les bords pendaient des quatre côtés comme une nappe. Je m'assis en face de lui ; il leva sur moi des yeux empreints de fatigue et d'inquiétude.

« Les hommes m'ont demandé si le courrier d'hier soir est parti.

– Je n'ai pas encore eu le temps de tout lire », me répondit-il.

Le manque de temps ne pouvait constituer une raison valable. Il y avait bien peu de lettres, la journée avait été longue et le lieutenant n'avait pas été très occupé. Des heures durant, il avait attendu les ordres du quartier général, se distrayant par moments en suivant les gesticulations du merle.

Il se pencha de nouveau sur la carte. Un trait tracé au crayon à papier reliait des villages les uns aux autres, Boiry-Saint-Martin, Boisleux-au-Mont et ainsi de suite jusqu'à Saint-Martin-sur-Cojeul et Croisilles où un autre, plus épais, indiquait les nouvelles positions des Allemands, laissant à penser qu'à cet endroit une main avait par enchantement élevé un mur de plusieurs mètres de haut.

« Voulez-vous que je vous aide à traiter les lettres, sir ? »

Éprouvais-je à ce moment-là une certaine pitié pour lui ? Sans aucun doute. Parallèlement, je ne pouvais m'empêcher de penser à la lettre qu'il se devait d'écrire à la mère de Jimmy. Je voulais savoir si elle était venue s'ajouter aux autres.

« Je ne tiens pas à vous impliquer là-dedans, fit-il d'une voix calme. Pas à vous impliquer davantage.

– C'est moi qui vous le demande.

– Je n'ai pas besoin de votre compassion, John.

– Qui parle de compassion ?

– Il convient de les lire avec la plus grande attention, m'apprit-il alors qu'une légère torsion marquait les commissures de ses lèvres. Des plaintes nous sont parvenues de la Commission centrale de censure.

– À votre sujet, sir ? »

Alors que je posais cette question, mon cœur se serra. Je crus, pendant quelques secondes, que ma supercherie avait été découverte. La réponse du lieutenant me rassura.

« Non, une plainte qui concerne tout le monde. Ils nous enjoignent de ne pas faire preuve d'indulgence. À défaut, nous encourrons de sévères sanctions.

– On va vous dégrader et vous reléguer dans un quelconque bureau comme gratte-papier. »

Ashwell n'était pas d'humeur à plaisanter.

« J'ai choisi d'être là, John, rétorqua-t-il, l'air grave. Je ne suis pas du genre à renoncer. Quoi qu'il puisse arriver. »

Quelques jours plus tôt, je ne l'aurais pas cru capable de prononcer de telles paroles, ou je les aurais trouvées naïves. Maintenant qu'il m'avait confié ce qui lui était arrivé, je ne pouvais que lui témoigner le respect qu'il m'inspirait.

« Où sont les lettres ? demandai-je avec détermination.

– Rien ne vous oblige à le faire, John. S'ils viennent à le découvrir, tant vous que moi…

– Vous vous rappelez, sir, l'interrompis-je, ce que vous m'avez dit sur le bateau ?

– Vaguement. Pendant toute la traversée… commença-t-il en décrivant de la main le mouvement tourbillonnant que fait l'eau en s'évaporant.

– Un bon ordonnance doit également savoir se taire, voilà ce que vous m'avez dit. »

Il acquiesça tout en laissant apparaître un mince sourire sur sa bouche. Puis compléta la citation :

« Et s'il a une tête bien faite, qui s'en plaindra ? (Il passa la main sur son crâne, de la nuque vers l'avant, et de deux doigts massa brièvement la peau blême de son haut front. Depuis que nous parlions, c'est à peine si sa paupière gauche avait tremblé. De plus en plus, il semblait être à même de se détendre en ma présence.) Les lettres sont dans l'étui, avec mon bloc-notes. Et le tampon dans ma sacoche. »

Il y avait des lettres de Walter Simkins, d'Alfred Brown, du caporal Moore, d'Archie Rathband et de Willie Hobbs. D'autres avaient opté pour la carte postale militaire imprimée : *Tout se passe bien pour moi. Lettre suivra.*

Point de missive en revanche du lieutenant à Mme Parker, la mère de Jimmy.

Non sans un sentiment de honte auquel s'ajoutait une curiosité grandissante, je parcourus ces courriers. Je m'étais un peu détourné d'Ashwell, une planche sur les genoux en guise de pupitre. Au-dessus de ma tête, une lampe à pétrole diffusait bien assez de lumière pour décrypter ces écritures dont certaines tenaient du gribouillis. Craignant d'être surpris en train de lire des confidences de tiers, je levais la tête au moindre bruit et retenais mon souffle jusqu'à ce que j'estime tout danger écarté.

La missive de Rathband était la plus laconique. Il réclamait de l'argent à ses parents en alléguant qu'il avait perdu le sien en chemin. Il l'avait perdu, c'était vrai, je le savais, mais pas au cours de la marche. En jouant aux cartes.

« La chance va tourner, s'était-il entêté. Allez, les gars, on mise ! »

Si Herbert Cullingford avait fait preuve d'une certaine magnanimité en lui conseillant d'arrêter de parier avant qu'il ne soit trop tard, Edward Hazell et Alfred Brown s'était montrés sans pitié.

« Laisse-le, voyons, tu vois pas qu'il a envie de jouer. »

Alfred Brown, pour sa part, envoyait ses gains à sa petite famille. L'argent était glissé dans l'enveloppe qu'il adressait à sa femme. Voilà pourquoi il tenait tant à savoir si le courrier était bien parti.

Reçu un supplément de solde, écrivait-il.

Plus bas, dans sa lettre, il remerciait son épouse de lui avoir fait parvenir une mèche de cheveux de leur bébé dans un médaillon.

Je le porte à mon cou. Ça me portera à coup sûr bonheur dans cette foutue guerre. Embrasse mille fois la petite pour moi. Il m'en coûte beaucoup de devoir attendre de la serrer pour la première fois dans mes bras.

Songeur, je regardai quelques secondes dans le vide. Mary, mère de mes enfants. Une petite fille qui lui ressemble, un petit garçon qui me ressemble comme deux grains d'orge. Papa est à la guerre, mais il va bientôt rentrer à la maison. Mary en train de tenir de tels propos, voilà ce que je m'imaginais. Et moi en train de lui écrire des lettres, des feuillets entiers couverts de mon écriture. À l'instar de Simkins. Sa lettre comptait sept pages. Il relatait à sa Gladys, pour ainsi dire minute par minute, ce qu'il avait fait, mangé, pensé, senti ces derniers jours. *Mon cœur bat pour toi comme un doigt qui suppure*. Je dus me retenir pour ne pas éclater de rire. En même temps, je perçus les aiguillons de la jalousie me titiller le cœur. Pour le reste, il parlait à plus d'une reprise du capitaine Brooke, le portant à tel point aux nues que ça me démangeait de manier le crayon de censure là où rien ne justifiait pareille intervention.

La fin de sa lettre recelait une surprise, y compris pour moi.

Ceci encore. J'ai gardé la bonne nouvelle pour la fin. Le capitaine a présenté une demande pour que je sois promu lance-corporal! Lance-corporal Simkins! Un galon sur chacune de mes manches, cela va éveiller des regards d'envie et d'admiration. Et tous les soldats devront me saluer. N'es-tu pas fière de ton chéri? Dommage simplement que le même honneur échoie à un autre ordonnance, le

Patterson dont je t'ai déjà parlé, tu sais. Son lieutenant a lui aussi fait une demande.

Ashwell ne m'avait encore fait part de rien. Je posai les yeux sur lui. Blotti dans sa capote dont il avait relevé le col, il s'était assoupi. Tête reposant sur sa main gauche. À une ou deux reprises, sa paupière fut parcourue d'un léger frisson, ondulation sur une eau saumâtre. Qu'avais-je fait pour mériter cette promotion ? Je n'étais pas même certain de me sentir honoré. Cela ne ferait qu'aviver la jalousie de mes camarades, ce dont, contrairement à Simkins, je pouvais très bien me passer.

Lance-corporal Patterson. Ça m'écorchait presque la bouche.

Je repliai la lettre de Simkins dans l'enveloppe, collai celle-ci et apposai le cachet de la censure dans le coin supérieur droit.

À coup sûr, Gladys allait être fière comme un bar-tabac. Et Mary ? Ma promotion allait-elle l'émouvoir un tant soit peu ? Plus que probable. Il n'y avait pas si longtemps, en effet, elle me traitait de poltron et dans quelques mois, je serais caporal.

Toutes les filles, l'uniforme, ça les fait craquer.

Une phrase prononcée par Martin. Un galon sur la manche ne pouvait que les impressionner davantage.

Lance-corporal Patterson. Plus je répétais ces mots, moins ils m'écorchaient la bouche.

Je consultai ma montre. L'officier d'intendance pouvait arriver à tout moment, afin de ravitailler les troupes en prévision de la journée du lendemain. Deux lettres encore à vérifier.

L'une du caporal Moore, adressée à son frère qui était apparemment lieutenant dans un autre régiment. Bien qu'elle fût plutôt brève, fourrer mon nez dans la correspondance d'un supérieur me mettait mal à l'aise, d'autant plus qu'il n'y aurait rien eu de surprenant à le voir surgir dans la guitoune.

Ici tout est calme. Tout juste de temps en temps des avions qui nous survolent, mais notre artillerie chasse cette menace. Les Huns se replient pour de bon. Simple manœuvre tactique, nous a-t-on dit. Cependant, certains de mes hommes pensent que la guerre sera bientôt terminée, et qui suis-je pour leur ôter cet embryon d'optimisme?

S'agissait-il là d'informations confidentielles qu'il convenait de censurer? J'en doutais. J'ignorais les normes que le lieutenant se devait d'observer. Ce qui est sûr, c'est que je venais d'en apprendre bien plus, à la lecture de quatre lettres seulement, que ce que j'aurais pu me figurer. Je me sentais un peu comme une diseuse de bonne aventure, capable de lire dans les pensées des visiteurs d'une foire.

J'estimai que, tout bien considéré, la missive du caporal Moore ne contenait rien de répréhensible, influencé que j'étais peut-être par l'estime que m'inspirait ce dernier. En tant que chef d'escouade, il se révélait plus amène à l'égard de ses hommes que le sergent Chapman.

Au loin, de nouvelles explosions retentirent. Le lieutenant ouvrit les yeux. Son regard se porta tout de suite sur moi.

« Ça marche, John?

– Aucun problème. Plus qu'une lettre. »

Ashwell consulta sa montre. Il posa son autre main sur son ventre.

« L'officier d'intendance aurait-il la bonne idée de se pointer? Mon estomac en a assez de ces biscuits antédiluviens.

– Un peu de rhum, ça ne ferait pas de mal non plus pour faire passer cette pitance. »

J'ouvris l'enveloppe de Willie Hobbs. Un bon gars de Shoreditch aux cheveux corbeau et aux lunettes à verres épais. Employé de banque, il avait été déclaré inapte au combat sur le front en raison de sa mauvaise vue. Pendant deux ans, on l'avait affecté à des tâches administratives dans l'équipe de la brigade ; un officier supérieur avait fini par lui donner un coup de pouce pour qu'il serve au sein d'une unité engagée sur l'avant.

« Sans ses lunettes, y verrait pas un éléphant à un mètre, assurait Simkins. Le capitaine Brooke dit que c'est un oiseau pour le chat. »

Hobbs écrivait à sa mère. Il la remerciait de lui avoir envoyé un gâteau fait maison.

Il était encore fumant. J'en ai eu de la buée sur mes lunettes.

Quelques lignes plus loin, je me vis dans l'obligation, pour la première fois, de censurer une phrase, quand bien même Hobbs s'était efforcé de trouver une formule cryptée.

Jusqu'à hier, nous nous trouvions dans un village dont le nom français n'est pas sans rappeler des pommes.

Nous avions bivouaqué à Pommier. Moi qui n'avais jamais suivi de cours de français, j'estimai sa devinette trop transparente.

Je biffai la phrase, faisant crisser ostensiblement le crayon car je sentais le regard du lieutenant posé sur moi. Soulagé d'en avoir fini, je glissai la lettre dans l'enveloppe. Plus que jamais, je comprenais la réticence d'Ashwell à se livrer à cette tâche. Dans le même temps, le risque que nous prenions tous deux – lui eu égard à ses supérieurs, moi envers mes camarades si jamais ceux-ci venaient à découvrir que j'avais accès au tréfonds de leur cœur – ne m'échappait pas. Pour ces derniers, rien n'était plus facile que se venger.

« Une balle dans le dos au cours d'un assaut. Ni vu ni connu », avait laissé échappé lors de l'instruction Edward Hazell après que le sergent Chapman lui avait passé un savon.

Une voix me fit sursauter :

« Lieutenant Ashwell, caporal Tolhurst. »

L'homme se tenait dans l'entrée, une main en visière contre le front pour faire obstacle à la lumière de la lampe à pétrole qui l'éblouissait un peu. Venant tout juste d'apposer le cachet sur l'enveloppe de Hobbs, je laissai tomber, dans un réflexe, le tampon dans ma poche.

« Tolhurst, nous avions hâte de vous voir arriver », lui dit le lieutenant.

Le caporal était au service de l'officier d'intendance. C'est lui qui, en général, distribuait les rations. Pour gagner sa faveur, les soldats le traitaient avec les égards dus à un général, ce dont il tirait une certaine satisfaction.

« Mauvaise nouvelle, sir, annonça Tolhurst, le visage dépité. On n'a pas réussi à passer avec les voitures. On attend que le génie en ait fini. On essaiera de vous rejoindre demain dans l'un des villages.

– Je le redoutais, reconnut le lieutenant. Vous n'avez même pas un peu de rhum ?

– Désolé, sir. Juste un peu de lecture, répondit-il en pêchant dans sa sacoche un petit paquet de lettres.

– Donnez ça à mon ordonnance. Il les distribuera tout à l'heure.

– Où est-il ? s'enquit le caporal, promenant ses yeux plissés autour de lui. Ah ! là ! avec cette lumière, je ne l'avais pas vu. Pas de la camelote, hein, ces lampes allemandes ? Ils ont de quoi nous en remontrer, les Huns ! Attrape, Patterson ! »

Il me lança le paquet. Je l'attrapai et lui demandai s'il voulait bien prendre le courrier de notre peloton.

« À peine une poignée de lettres et de cartes », lui dis-je. Et j'ajoutai, pour m'attirer sa bienveillance : « Les hommes vous en seront reconnaissants.

– Je le leur conseille. Donne-les-moi », fit Tolhurst avec empressement avant de s'adresser de nouveau au lieutenant : « On dirait que ça va être tendu demain, n'est-ce pas, sir ?

– Mourir l'estomac vide, ça n'a rien de réjouissant.

– Vous oubliez que je suis là, sir, plaisanta Tolhurst. J'espère ne pas vous décevoir demain. On fait tout notre possible.

– Je n'en doute pas. En attendant, bonne nuit. »

Une fois le caporal parti, je me levai afin d'aller distribuer le courrier. La curiosité m'incita à relever le nom des destinataires. Simkins. Vernon. Cullingford. King. Encore une fois Simkins. Crockett. Patterson. John Patterson !

Après avoir remis les missives, je lus celle qui m'était adressée dans la tranchée, à la lumière d'allumettes que je grattai les unes après les autres de mes mains tremblantes. J'avais tout de suite reconnu, sur l'enveloppe, l'écriture de Mary.

Son père était mort.

Ça s'est passé quelque part en France. Il n'a pas souffert. Son lieutenant nous a écrit que papa était l'homme le plus âgé mais aussi le plus courageux de son peloton.

L'émoi que j'avais éprouvé en la décachetant disparut sur-le-champ.

Mes petites sœurs pleurent beaucoup. Moi, j'essaie de tenir le coup, mais c'est pas toujours facile.

Je repensai à toutes les fois où j'avais redouté le pire face à lui. Au coup en pleine figure qu'il avait porté à sa femme le soir de la Saint-Sylvestre. À son sourire qui avait rempli l'écran lors de la projection du film sur la bataille de la Somme. Le casque à pointe qu'il portait sur ces images.

Maman elle aussi a beaucoup de chagrin. Ça fait des jours qu'elle n'a rien mangé.

Comment Mme Bromley pouvait-elle être bouleversée à ce point ? S'était-il montré en une seule occasion gentil avec elle ? Elle l'avait maudit et haï. Elle préférait voir revenir Shakespeare plutôt que son mari : combien de fois ne me l'avait-elle pas dit ? Apparemment, le décès de M. Bromley avait effacé tout ce passé. L'homme le plus courageux du peloton. Seule cette image subsistait. Pareille à une photo qui immortalise un unique instant de toute une vie.

On espère recevoir bientôt des nouvelles de Martin. Il faut qu'on lui annonce la mort de papa. Mais on a tellement peur que quelque chose lui soit arrivé à lui aussi. Prête-nous main-forte, John. Dis-lui, quand tu le verras, de nous envoyer un signe de vie. Ça nous réconforterait. Il me manque tellement. Papa me manque. Il nous manque à toutes.

Elles n'étaient toujours pas au courant. M. Bromley n'avait donc pas, lui non plus, découvert la vérité.

Merci pour ta carte d'Arras. Mary.

Ainsi sa lettre se terminait-elle. Sèchement. Sous sa plume, à l'inverse de ce que j'avais moi-même écrit, pas un mot laissant entendre qu'elle était impatiente que nous nous retrouvions. Le chagrin qu'elle éprouvait au sujet de son père semblait recouvrir toute autre émotion.

Je rangeai l'enveloppe et, adossé au coffrage en bois de la tranchée, fixai un moment le vide. Des soldats passaient devant moi en traînant les pieds ; ils cherchaient un endroit sec où dormir. Il s'était mis à pleuvioter. Fines gouttelettes glacées qui ne savaient encore si elles allaient grossir et se transformer en vraie pluie… En moi aussi, une certaine morosité qu'il aurait été exagéré de qualifier de chagrin grandissait. La mort de M. Bromley me laissait froid ; en revanche, la tristesse qui emplissait Allerton Street me touchait. Il ne m'échappait pas que leur confier ce que je savais aurait encore amplifié leur affliction.

Prête-nous main-forte, John.

Des mots qui me donnaient l'impression que Mary, désespérée, jetait ses bras autour de mon cou au risque de m'étouffer. *Dis-lui, quand tu le verras, de nous envoyer un signe de vie. Ça nous réconforterait.*

Je ne pouvais garder le silence plus longtemps. Depuis près de deux ans, une porte était entrouverte. Le moment était vraiment venu de la refermer. Ou de l'ouvrir toute grande.

NOUS PARTÎMES ENTRE CHIEN ET LOUP. Pareil à une horde d'ombres carnassières, notre bataillon progressait sur le chemin de Boiry-Saint-Martin, l'un des premiers villages se trouvant au-delà de l'ancienne ligne de front. On ne distinguait aucune autre ombre alentour. Aussi loin que l'on pût scruter l'horizon, nous avions sous les yeux une étendue rase comme une table de billard; sur les bords se dessinaient bien quelques élévations, la silhouette de villages en ruine.

Vue de plus près, la plaine présentait des fosses et des cratères; et sur le chemin se dressaient de nombreux obstacles, en particulier des kilomètres de câbles et de barbelés, des enchevêtrements inextricables, ainsi que des poteaux et des arbres renversés. Les Allemands avaient même abattu ou fait exploser des chênes séculaires et d'imposants peupliers. À chaque fois, il fallait engager des mules et des chevaux pour que les véhicules et l'artillerie puissent passer.

Une mare dans un pré offrait aux bêtes une occasion de se désaltérer. Mais avant qu'elles se soient penchées sur l'eau, le sergent Oxley, chargé de nous instruire sur les gaz, se précipita, criant qu'il ne fallait surtout pas les laisser boire. Il tint une lampe au-dessus de la mare, des vapeurs jaunâtres s'en élevaient, l'eau revêtait des teintes vertes, brunes, noires qui s'étendaient dans les fossés environnants.

« De l'arsenic et de la créosote », expliqua Oxley.

On aurait dit une formule tout droit sortie d'un livre de magie noire.

À Boiry-Saint-Martin, du moins de ce qui restait de ce village, les habitants vinrent à notre rencontre, surtout des femmes et des enfants, ainsi que quelques hommes âgés. Après des mois d'occupation, ils exprimèrent, à la vue de soldats britanniques, une joie tout aussi exubérante qu'éphémère. Quelques instants plus tard, en effet, l'image de leurs maisons dévastées par les Allemands qui se repliaient s'imposa de nouveau à leur esprit ; l'église elle non plus n'avait pas été épargnée.

« Et les vergers ! les vergers ![1] » cria une femme portant une robe de paysanne.

Avec des gestes de panique, elle montrait les prés autour de nous où des dizaines d'arbres matures étaient couchés, puis, de désespoir, elle plaqua les deux mains sur sa figure.

« *Orchards*, expliqua le lieutenant Ashwell. Des poiriers, des pommiers et là, des abricotiers tout juste en fleurs. C'est insensé. Ils n'ont pas laissé un arbre debout. Il faudra des années pour en ravoir d'aussi beaux. »

Nous fîmes une halte dans le village, le temps de manger. Les hommes entamèrent leurs rations ; Ashwell et les autres officiers se rassemblèrent dans la cave d'une ferme ravagée, où, avec les autres ordonnances, je préparai leur repas. Bien qu'elles n'eussent pas

1. En français dans le texte.

grand-chose à se mettre sous la dent, des femmes nous avaient apporté du pain et de la confiture, du jambon séché et des œufs. Les Allemands leur avaient laissé juste de quoi se nourrir pendant deux jours, de sorte que les villageois mendient au plus tôt leur pitance auprès de l'armée britannique.

« Ils ont emmené avec eux les hommes en bonne santé pour les faire travailler de force », racontait le capitaine Blandford qui, se débrouillant en français, avait recueilli les doléances de nombreux habitants.

Comme il ne prenait aucunement la peine de baisser la voix, je pouvais suivre mot pour mot son compte rendu.

« Pendant tous ces mois, les soldats cantonnés ici ont été la courtoisie même pour leurs hôtes. Et du jour au lendemain, ils se sont transformés en barbares. "Je suis désolé, madame, ce sont les ordres", voilà tout ce qu'ils leur ont dit, après quoi ils ont cassé les fenêtres et les portes, fait un tas de tous les meubles, versé du pétrole dessus et y ont mis le feu. Ceux qui ont opposé une résistance se sont retrouvés avec le canon d'un fusil contre la tête.

– Des monstres, fulmina le lieutenant Robinson.

– Les bancs, les stalles et les chaires de l'église y sont passés eux aussi, reprit le capitaine qui n'avait pas terminé son récit. Ils ont déchiré les missels et ont emporté la cloche pour la fondre. Après quoi, avec des mules et des véhicules blindés, ils ont fait tomber les murs de la nef. Pour le clocher, ils ont utilisé des explosifs lourds.

– Engeance d'impies ! » lança le capitaine Brooke qui mordit ensuite dans une tartine généreusement garnie de beurre et de confiture.

Une heure plus tard, nous quittions le village. Les gens nous adressèrent des signes d'adieu, du moins ceux qui ne priaient pas, debout, les mains jointes. Je songeai à ce qu'ils venaient de subir. Dévastations, menaces, pillage. Après ce que j'avais vu et entendu, il m'était pour ainsi dire impossible de me remettre en mémoire l'image pacifique que je me faisais naguère des Allemands. Si j'y parvenais encore, c'était uniquement grâce au visage de chaque membre de la famille Kohlmann et à celui du coiffeur Fritz Ludenbach, mais ces souvenirs eux aussi tendaient à s'effacer. Où pouvait bien se trouver à présent M. Kohlmann? Combattait-il sous l'uniforme boche? Je préférais ne pas le savoir.

Toutefois, cette pensée me revisita quand nous croisâmes un détachement d'éclaireurs qui rejoignait le quartier général. Cette patrouille avait capturé trois Allemands. Ne reconnaissant aucun des prisonniers, j'éprouvai un certain soulagement. L'un d'eux arborait des bacchantes semblables à celles de son empereur, un autre une barbiche d'étudiant telles des effiloches sur toute la largeur du menton; le troisième était encore glabre, c'était un jeune gars, comme Jimmy Parker, dont les yeux bleu pâle lançaient de tous côtés des éclairs de peur. Archie Rathband se racla la gorge, mais le sergent Chapman intervint avant qu'il ne leur crache dessus.

« Nous, on n'est pas des barbares, Rathband! »

Mais un gars se détacha d'un autre peloton et se jeta sur l'Allemand aux bacchantes:

« Assassin! Assassin! »

Quatre soldats ne furent pas de trop pour le maîtriser.

« Paddy Sullivan. Il a perdu deux frères. »

Le commentaire passa d'un groupe à l'autre en une suite de murmures.

À cause de cet incident, je fus obnubilé par l'idée que l'un de ces prisonniers avait peut-être tué Martin de ses propres mains. Je me surpris en train de poser soudain sur eux un regard non plus curieux et intrigué – celui que pose l'écolier sur les images de son livres –, mais dégoûté – celui que pose le visiteur d'un zoo sur un reptile monstrueux. Après tout, ces hommes ne font qu'exécuter des ordres, tout comme moi, me chapitrai-je.

Quand l'empereur ressent des démangeaisons, le peuple se gratte.

« Allez, Patterson, on y va ! » cria le sergent Chapman.

Alors que le jour avançait, nous poursuivîmes notre marche, traversant deux autres villages peut-être plus dévastés encore que le premier. Plus aucun mur debout, les habitants anéantis près des décombres. Les véhicules et l'artillerie de notre bataillon nous suivaient, mais loin derrière nous, tout ce qui était muni de roues restant bloqué au niveau d'une rivière où les Allemands avaient fait sauter un pont.

Savoir que nous ne disposions plus de couverture alors même que nous nous rapprochions toujours plus de la nouvelle ligne ennemie rendait tout le monde nerveux. Je le lisais sur maints visages tendus, dans les yeux craintifs, les commissures des lèvres qui se contractaient en un sourire forcé. Notre peloton marchait pour ainsi dire en tête, seulement précédé du premier, à une centaine de mètres devant nous ; cent mètres derrière nous suivaient le troisième, puis le quatrième et, bien plus loin, dans une formation identique, les autres compagnies de notre bataillon. Une patrouille avait été envoyée en reconnaissance, mais elle ne s'était pas encore manifestée. Nous avancions, armes épaulées.

J'étais terrifiée. Jamais le pressentiment de ma mort prochaine n'avait exercé un tel empire sur moi. C'était pour aujourd'hui. Une balle qui portait mon nom, et tout serait fini. John Patterson, tombé au combat, quelque part en France, en mars 1917, quel jour ? Je ne le savais même pas.

Pour chasser cette angoisse, je m'efforçai de penser à la lettre que j'envisageais d'écrire sous peu à Mme Bromley. La nuit dernière, j'avais pris la décision de ne rien lui dire encore au sujet de la mort de Martin. Je ne tenais pas à exacerber la douleur qui régnait dans la maison d'Allerton Street. Mme Bromley n'était déjà pas bien vaillante et jamais Mary ne m'avait paru aussi désemparée. Mais l'idée que je pouvais casser ma pipe à tout moment s'imposa de nouveau bien vite à moi, en même temps que la crainte que Martin ne mourrait jamais si je venais moi-même à mourir. La vérité flotterait alors quelque part pour une durée indéterminée, telle une comète inconnue dans l'espace. Jimmy non plus ne mourrait pas pour le moment. Certes, sa mort serait révélée un jour, même si le lieutenant Ashwell gardait le silence : en effet, les témoins de sa fin ne manquaient pas. Alors que quiconque s'enquerrait de Martin n'obtiendrait jamais la moindre réponse, son identité exacte n'existant pas de ce côté-ci de la Manche.

C'est perdu dans ces pensées que je me traînais au milieu de notre cohorte. Nous avions quitté la route, impraticable, pour nous engager dans une prairie détrempée. Je suivais les traces qu'Edward Hazell laissait dans le sol spongieux ; il portait une mitrailleuse sur ses larges épaules. À ma gauche, qui était aussi celle du peloton, le lieutenant Ashwell avançait, détournant à moitié la tête pour cacher ce qui n'avait toutefois échappé à personne ; à ma droite progressait Alfred Brown, qui rêvait probablement de sa gamine née quelques semaines plus tôt, et le sergent Chapman à l'expérience duquel toute l'escouade se cramponnait.

Comme c'est lui qui fut touché le premier, notre consternation n'en fut que plus profonde. Les balles étaient venues on ne savait d'où, le crépitement de la mitrailleuse ne se fit d'ailleurs entendre qu'une fraction de seconde après le cri de douleur que poussa le sous-officier. Il tomba à la renverse tandis que nous tous, dans le même réflexe, nous jetions à plat ventre dans l'herbe. Je m'affalai dans un « plof » assourdi ; devant moi, Edward Hazell tendit le bras en arrière pour récupérer la mitrailleuse sur son dos. Alors qu'il effectuait ce mouvement, une salve, véritable lame de couteau, trancha net son bras droit, avant d'arroser le côté gauche. Un juron et un beuglement échappèrent au blessé.

Je n'étais pas en mesure d'utiliser mon fusil – coudes en appui sur le sol, tête légèrement dressée comme nous l'avions répété des centaines de fois au cours de l'instruction – pour faire feu sur l'ennemi. Le corps du sergent Chapman me barrait la vue et bientôt aussi celui d'Alfred Brown, l'herbe se teintant de rouge sous sa tête à moitié arrachée. J'avais l'impression que mes intestins s'agglutinaient et si, à cet instant-là, la voix du capitaine Brooke n'avait pas retenti, forte et claire, j'aurais sans doute perdu conscience. Contre toute attente, il ne nous cria pas de nous disperser ni de nous redresser pour passer à l'attaque, mais :

« Lieutenant Ashwell, mettez-vous à couvert, bon Dieu ! »

Je jetai un coup d'œil par-dessus mon épaule. Au milieu de ce paysage où plus rien ne subsistait se tenait mon lieutenant, droit comme un i, totalement pétrifié, dans la même position qu'à Souchez lorsqu'il avait découvert le champ de cadavres. Sur sa gauche, de nouvelles salves se rapprochaient. En percutant le sol, les balles soulevaient de la terre et de l'herbe. Encore quelques secondes, elles allaient atteindre ses jambes. Sans réfléchir, je me relevai et bondis vers lui. De tout mon poids, je le renversai. Il ne vacilla même pas. Mais tomba tout d'un bloc. Dans la seconde suivante, des mottes de terre étaient projetées en l'air. Elles retombèrent en pluie sur nous, un tambourinement suivi presque aussitôt de petites déflagrations, comme des coups de bâton sur un sac de farine. J'en déduisis que la salve s'était déplacée pour enfoncer de nouvelles balles dans les corps d'Alfred Brown et de Chapman. Le sergent émit encore un râle bref, puis le silence se fit. La mitrailleuse elle aussi se tut.

De nouveau, la voix du capitaine Brooke s'éleva, cette fois pour nous commander de nous disperser tout en faisant feu. L'ennemi se tenait légèrement sur le côté, « à 2 heures », cria-t-il en donnant l'ordre à deux escouades de se diriger sur la gauche et aux autres sur la droite.

J'étais à moitié couché sur le lieutenant. Il respirait fort et de façon précipitée, son ventre se soulevait et s'abaissait comme un soufflet. Autour de nous, de plus en plus d'hommes se redressaient, y compris Edward Hazell qui toutefois retomba immédiatement. Du sang jaillissait en jets de la plaie béante où, peu avant, il y avait encore un bras. Le lieutenant ne faisait pas mine de se relever. Mes yeux passèrent sur ses jambes, ses cuisses, son bas-ventre : il n'avait pas été touché. En quelques flashs, des proches m'apparurent de façon inattendue, mon père effondré sur sa chaise, puis William portant avec lenteur un fusil à sa tempe, scène à laquelle je n'avais pas assisté mais que je m'étais représentée des centaines de fois, et enfin le lieutenant Ashwell, tel que je l'avais vu quelques instants plus tôt, planté sur place, prêt à être criblé de balles. Toutes ces images soulevèrent en moi une rage venue du plus profond de moi, à croire qu'un abcès qui suppurait depuis des semaines, des mois, des années, crevait enfin. Des deux mains, j'agrippai le lieutenant par le col de sa capote et hurlai, presque en larmes :

« Debout, bon Dieu ! debout ! Si vous tenez tant à mourir, faites-le les armes à la main, bon sang ! Battez-vous ! Si vous ne vous relevez pas, vous allez finir devant le peloton d'exécution. Vous m'entendez ? C'est ça que vous voulez ? Être tué par des balles britanniques ? Battez-vous, bon sang, et mourez avec les honneur ! »

Mourez avec les honneurs. Mes propres mots. Dans le trompe-l'œil des combats, je croyais dur comme fer en l'existence de quelque chose comme ça.

Furieux, je lâchai le col. La tête du lieutenant tomba en arrière. Rampant dans l'herbe et les mottes de terre spongieuses, je récupérai mon fusil. La mitrailleuse de l'ennemi s'était remise à crépiter. Peut-être allais-je tomber incessamment à mon tour – je m'en contrefoutais. Le sergent Chapman ne bougeait plus, Alfred Brown avait perdu la moitié de sa tête et Edward Hazell se vidait de son sang en des secousses pareilles à celles qu'occasionnent des décharges électriques.

Le lieutenant avait-il bougé, lui ? Du coin de l'œil, je le vis se redresser, sa main se porta à son étui, il saisit son revolver. De notre côté aussi retentissaient à présent des tirs, des salves, notre peloton tout entier se déployant en éventail. Le premier peloton faisait de même sur une partie des prés. Le capitaine Brooke continuait de lancer des ordres ; pour sa part, le lieutenant Ashwell ne prononça pas un mot, mais il s'élança en avant. Je m'efforçai de rester près de lui. Il se déplaçait de façon désordonnée, un coup vers la gauche, un coup vers la droite, marquant à chaque fois une brève hésitation, tel un chien qui poursuit un couple de lapins sans parvenir à jeter son dévolu sur un seul des deux.

Dans mon champ de vision, à droite, à environ quatre cents mètres, les Allemands abandonnaient leurs positions. L'un d'eux, touché, tituba sur quelques pas avant de s'effondrer, tête en avant. Les autres disparurent derrière une légère élévation du terrain.

Le capitaine donna l'ordre de les prendre en chasse. La seconde suivante, il fondait tout droit sur Ashwell qui s'arrêta en chancelant.

« Ça va vous coûter votre tête, lieutenant ! beugla-t-il. Vous serez… »

Ses paroles se perdirent dans le tonnerre, le soudain fracas du feu de l'artillerie. De derrière l'élévation du terrain, un tir de barrage, bombardement de grenades aux violents impacts, commençait à labourer les prés où nous nous trouvions.

L'ARROSAGE DE NOS TROUPES se prolongea un certain temps. Le lendemain, alors que nous nous étions retranchés parmi les ruines d'un village, de nouveaux bombardements nous visèrent. Ceux-ci laissèrent sur le tapis plusieurs hommes d'une autre compagnie. Dans la nôtre, on dénombra uniquement quelques blessés de plus, parmi eux James Lenihan, touché à la cuisse. Avec un peu de chance, il ne serait plus jamais envoyé sur le front.

Harry Finch profita du moment où on couchait notre camarade sur un brancard pour faire une blague :

« À quelques centimètres près, Lenihan, t'étais transformé en eunuque ! »

Mais le lendemain, quand on évacua les morts, l'humeur n'était plus à la rigolade. Les corps étaient salement amochés. Un brancardier prit soin de recueillir leurs effets et de les glisser dans des enveloppes ; dans celle portant le nom d'Alfred Brown se dessinaient les contours d'un médaillon.

Le brancardier s'apprêtait à les remettre au lieutenant Ashwell quand le capitaine Brooke les réclama. Il chargea Simkins de les envoyer au plus vite aux familles. Assumer cette responsabilité fit de toute évidence plaisir à ce dernier. Ses joues se gonflèrent comme les sacs vocaux d'une grenouille ; les yeux plissés, il me considéra d'un air hautain.

Le même jour, les défunts furent enterrés près du cimetière du village en présence de notre peloton dans son entier. L'aumônier dit une prière. À la place de ma poitrine, il y avait une pierre froide. À mes côtés se tenait le lieutenant Ashwell, tête baissée, épaules tombantes, décharnées.

Le troisième jour, on nous releva. Nous retournâmes à Pommier, au camp de base, relativement à l'abri derrière nos propres lignes. Pour la première fois depuis des semaines, j'eus la possibilité de prendre un bain. J'en profitai aussi pour me faire couper les cheveux.

« Bien court », demandai-je au soldat-coiffeur.

Tout le monde reçut des chaussettes propres et sèches ; ceux qui le souhaitaient pouvaient obtenir une nouvelle tenue. Par ailleurs, des repas chauds nous attendaient, d'autant plus appréciés que le thermomètre redescendait en dessous de 0. En revanche, le courrier se fit attendre, mais selon le caporal Tolhurst, ça n'était qu'une question de jours.

À Pommier, je trouvai enfin le temps d'écrire à Mme Bromley. À ce moment-là, je n'avais pas digéré ce qui s'était passé sur le champ de bataille : les hommes tombés sous mes yeux, plus faciles à tirer que du gibier ; la scène avec le lieutenant Ashwell, à propos de laquelle ce dernier avait depuis gardé le silence ; la violente algarade du capitaine Brooke, qui ne resterait pas sans conséquence.

Coucher ces lignes me permit de faire momentanément abstraction de tout cela. La lettre, je n'étais pas même certain de l'envoyer, à supposer que je la termine. Je tenais en réalité à être ailleurs en pensée, loin de ce qui m'était arrivé, à être de retour à Allerton Street.

Chère madame Bromley, ça m'attriste d'apprendre que votre mari est mort. Je suis convaincu qu'il s'est battu avec bravoure. Je vous souhaite beaucoup de courage à vous, à Mary et aux filles. Je compatis à votre douleur à toutes.

Ainsi commençai-je. D'un seul trait. Sans même réfléchir aux mots que j'alignais. Ils venaient tout seul.

Ce qui suit va peut-être vous offrir un peu de réconfort.

Arrivé à ce point, j'hésitai. Je regardai autour de moi. Toute la compagnie était de nouveau cantonnée dans une grange pleine de lits superposés. Beaucoup de soldats écrivaient eux aussi, assis sur le bord de leur matelas ; quelques-uns inspectaient leurs couvertures, écrasant les poux entre leurs doigts.

Je me penchai de nouveau sur la feuille de papier.

J'ai enfin des nouvelles de Martin. Quelqu'un l'a vu récemment, voici deux ou trois semaines, pas très loin d'ici. Un garçon qui a travaillé avec lui dans les docks.

Je donnais en quelque sorte vie, avec mon haleine, à un être d'argile.

Il a raconté que Martin avait bonne mine. Les cheveux toujours très courts, en brosse, mais il a paraît-il sous le nez une petite moustache jaune paille. Ce qui fait qu'on le reconnaît à peine.

En moi, tout me brûlait. Mon cœur battait pour deux.

D'excellentes nouvelles, n'est-ce pas ? J'imagine que vous bondissez de joie, Molly et Poppy plus haut encore que vous autres.

Je pensais surtout à la réaction de Mary. Sans aucun doute se montrerait-elle reconnaissante. Peut-être oublierait-elle tout ce qu'elle avait pu me reprocher et pourrait-elle enfin m'aimer sans la moindre réserve.

J'espère rencontrer moi-même Martin. Je lui dirai de vous donner de ses nouvelles sans traîner.

J'étais conscient d'éveiller de la sorte maints espoirs en elles, que personne, si ce n'est moi, ne pourrait réaliser. Mais pour l'instant, je ne tenais pas à regarder aussi loin.

Vous pouvez en être sûre, Mme Bromley, Martin a hérité de sept vies, vous vous en souvenez ? Le devoir m'appelle, je m'arrête ici. J'espère recevoir bientôt de vos nouvelles, et de celles de Mary. J'en serais très heureux. John.

Je relus la lettre deux fois. J'allais l'envoyer, plus aucun doute ne subsistait en moi à ce sujet. J'ouvrais la porte toute grande.

À peine avais-je glissé le feuillet plié en deux dans une enveloppe que Simkins surgit devant mon lit. Je ne l'avais pas vu de la journée.

« Patterson, le capitaine Brooke te mande de toute urgence au quartier général.

– Simkins, fis-je en le dévisageant avec défiance, si tu te fous de moi…

– J'oserais pas, Patterson, répondit-il, les yeux écarquillés.

– Si tu m'as raconté des bobards, gare à tes miches, lui dis-je en me penchant pour prendre ma capote.

– Moi, raconter des bobards ? Jamais de la vie, jura-t-il en secouant la tête de droite à gauche avant d'ajouter, l'air de rien : Au fait, t'as fait tes adieux au lieutenant ? (Je me tournai brusquement vers lui. Il me regardait en clignant des paupières.) Oh !

désolé, je croyais que t'étais au courant. Il ne t'en a pas parlé ? Je suis vraiment bête, j'aurais…

– De quoi aurait-il dû me parler ? l'interrompis-je d'un ton impérieux.

– Tu n'auras qu'à le lui demander.

– Je veux l'entendre de ta bouche. Tout de suite !

– Du calme, Patterson, du calme, reprit Simkins pour m'apaiser. Tu ne devines pas ? Il va devoir répondre de sa conduite devant une commission. Pour lâcheté. Tu sais ce qu'il risque ? Je n'ai pas besoin de te faire un dessin, j'imagine. »

Je regardai autour de moi. Certains s'empressèrent de détourner la tête, d'autres restèrent à me fixer. Aucun n'ouvrit la bouche. Plus d'une centaine d'hommes dans une grange bien trop exiguë, mais aucun bruit, si ce n'est le frottement des semelles de Simkins sur le sol sablonneux.

Je leur tournai le dos, mais tous ces yeux dirigés sur moi me pesaient. Sans rien ajouter, j'enfilai ma capote et coiffai ma casquette. Je m'apprêtais à passer devant Simkins quand il tendit le bras pour me retenir.

« Soldat Patterson, on ne vous a jamais appris à saluer vos supérieurs ? fit-il en tapotant, index et majeur tendus, le galon de sa manche. Dorénavant, c'est au caporal Simkins que tu t'adresses. J'attends donc de ta part un minimum de respect, ajouta-t-il, ourlant les lèvres en un sourire sardonique.

– Pour ma part, Simkins, tu peux aller au diable ! » lui lançai-je en pleine figure, avant de m'éloigner à grandes enjambées.

Lâcheté. Alors que je gagnais le quartier général, le mot ne me laissait pas en paix. Il ne s'agissait pas de lâcheté, je pouvais en témoigner, même si j'ignorais ce qui avait pu traverser l'esprit du lieutenant Ashwell. Sous le feu de l'ennemi, j'étais convaincu qu'il entendait suivre la même voie que mon père et que William. De mon côté, sauver l'officier m'avait permis de me libérer. Mais après coup, je m'étais mis à douter : peut-être n'avait-il pas cherché à mourir. Il me semblait plutôt que, tout comme dans le bois de Souchez, et aussi, dans une moindre mesure, dans les minutes qui avaient suivi la mort de Jimmy, lorsqu'il avait refusé de quitter cette tranchée de malheur malgré le marmitage, un court-circuit dans son cerveau l'avait paralysé.

Au cours de l'instruction, on m'avait rapporté l'histoire de soldats qui, en l'espace d'une seconde, étaient devenus fous, perdant l'usage de la parole ou se mettant à errer sans but, mais la plupart de ces hommes paraissaient avoir tenté de simuler la folie pour échapper à la guerre ; la cour martiale les avait condamnés pour haute trahison ou pour lâcheté. L'amertume me gagnait à l'idée que le même sort allait être probablement réservé au lieutenant. Je n'avais pas l'impression que son imagination lui jouait des tours ni qu'il s'inventait une maladie. En lui, quelque chose clochait vraiment, une tempête faisait rage, qui ne transparaissait que sur son visage.

Si jamais on m'en donnait l'occasion, j'étais déterminé à prendre la défense du lieutenant face au capitaine Brooke, non pour sauver ma position d'ordonnance, mais parce que je redoutais que le second tente de faire condamner le premier au motif qu'il inspirait de la terreur à ses hommes.

Cette résolution dans un coin de la tête, je pénétrai dans le bureau du capitaine et me mis au garde-à-vous. Il ne leva pas même les yeux. Patientant, je promenai mon regard sur la petite table en retrait où trônaient la machine à écrire et, à côté, des lettres. La première en haut du petit tas était adressée à la famille Chapman. Selon toute apparence, le capitaine n'avait pas laissé au lieutenant le soin de l'écrire, prenant également à son compte cette tâche. Après plus d'une minute, il finit par faire mine de prendre conscience de ma présence. Il n'y alla pas par quatre chemin :

« Patterson, on peut presque parler d'autosacrifice, vous ne trouvez pas ? (Le ton qu'il employait ne me permettait pas de savoir s'il plaisantait. Il me parut raisonnable de garder le silence.) Ne faites pas l'ignorant, poursuivit-il après une courte pause. La façon dont vous vous êtes jeté sur le lieutenant pendant que les balles pleuvaient.

– Je n'ai fait que mon devoir, sir.

– Tout de même, c'est un peu étrange ce qui s'est passé, non ?

– Si je puis vous donner mon avis, sir, j'ai trouvé son comportement courageux.

– Courageux ? Vous avez dit courageux ?

– Il est resté debout, opinai-je, alors que tout le monde se jetait par terre.

– Êtes-vous en train de me dire que tous les autres se sont montrés lâches ?

– Non, sir, je rapporte simplement ce que j'ai vu.

– Et votre œil omniscient a-t-il relevé autre chose, Patterson ?

– Le lieutenant Ashwell voulait passer à l'assaut, sir…

– Passer à l'assaut, m'interrompit-il brusquement. C'est quoi ces salades, Patterson ! ? Il attendait, nom de Dieu, que les balles l'atteignent !

– Je me trouvais près de lui, sir, repris-je sans manifester le moindre trouble. J'ai vu quelles étaient ses intentions. »

Le capitaine eut l'air déboussolé. Fronçant les sourcils, il me considéra de bas en haut. Mais tout à coup, il éclata de rire :

« Et vous, quelles sont vos… intentions !? Rien que le mot ! Patterson, si vous voulez mon avis, vous avez pris un coup sur la cafetière. (Amusé, il secoua la tête et respira en de petites saccades par le nez.) Bon, redevenons sérieux. Si je vous ai fait venir, c'est pour autre chose. »

Attendant la suite, je fixai le vide. Je me préparais à entendre que j'avais perdu ma place d'ordonnance et qu'il ne me restait qu'à rejoindre mon escouade.

« Vos actes… ou comment faut-il appeler cela ? commença-t-il. En tout cas, ce que vous avez fait au moment le plus critique du combat, cela mérite récompense. Non, mon gars, pas une médaille, sortez-vous ça de la tête, il faut faire preuve de plus de courage pour gagner une médaille. Je pensais plutôt à vous promouvoir lance-corporal, cela me semble tout à fait vous convenir. Je ne vous cache pas qu'il m'a fallu batailler ferme, mais finalement ma demande a été acceptée, vous voilà avec un galon sur la manche. Eh bien, qu'en dites-vous, Patterson ? »

Il me considéra d'un air triomphal. Ses propos, et plus encore son hypocrisie, me laissaient stupéfait. La demande provenait non de lui, mais du lieutenant Ashwell, lequel l'avait envoyée avant même que nous prenions les Allemands en chasse. C'est ce qu'attestait la lettre de Simkins.

En face de moi, le capitaine rayonnait d'autosatisfaction. J'avais bien du mal à dissimuler l'aversion qu'il m'inspirait. Mais apparemment, il ne lisait sur mon visage que ce qu'il souhaitait y voir.

« Je constate que vous êtes agréablement surpris, fit-il, content de lui. Ça me fait plaisir. Allez vous présenter devant le sergent-major, il va se charger des formalités, et vous irez prendre chez l'officier d'intendance votre nouvelle tunique. Sur cette tenue, votre galon serait tellement voyant que vous en seriez ridicule. Des questions, Patterson ?

– Sir, répondis-je après un moment d'hésitation, si vous me le permettez, je suis tout à fait disposé à témoigner en faveur du lieutenant Ashwell si jamais il devait comparaître devant une commission. »

Le visage du capitaine sembla se figer, mais une seconde plus tard un sourire compatissant se dessinait sur ses lèvres.

« Patterson, mon pauvre garçon, vous vous croyez où ? Vous pensez vraiment que les membres d'une telle commission prêteraient l'oreille à ce que vous pourriez déblatérer ? Pas un seul ! Croyez-moi, mon petit gars, écoutez-moi bien, vos salades à propos du lieutenant Ashwell, vous feriez mieux, beaucoup mieux, de les garder pour vous. Vous pouvez disposer, Patterson, avant que je change d'avis au sujet de votre promotion. »

Le caporal Tolhurst me remit une tunique à ma taille, puis disparut dans une pièce attenante d'où il rapporta des galons. Nous avions à peine échangé un mot. L'entretien avec le capitaine m'avait remué. Je n'avais avancé que des arguments absurdes. À m'en rendre ridicule, tout en desservant le lieutenant Ashwell. Aucun doute ne subsistait dorénavant : Brooke allait rédiger un rapport accablant sur lui. En attendant, il tentait de m'amadouer en me gratifiant d'un galon. Pendant un bref moment, je m'étais demandé si je n'allais pas refuser cette promotion. Mais à quelle fin ? Je me serais mis le capitaine encore plus à dos. Qui plus est, je voulais toujours croire qu'aux yeux de Mary, un galon sur ma manche aurait autant de valeur qu'une tapée de médailles sur la poitrine d'un colonel.

« Tiens, me dit Tolhurst en agitant deux bouts de tissu. Un pour chaque côté. Il te reste juste à les coudre. (Il les glissa dans une enveloppe brune qu'il me fit passer sur la table. Ce faisant, il se pencha en avant pour me glisser à l'oreille :) J'en ai entendu parler. (Je le regardai dans les yeux. À force de s'écorcher en grattant ses boutons, il avait un visage marqué de cicatrices et de lésions. Les joues surtout, creuses, étaient parsemées de petits cratères, comme s'il avait dormi, tête oblongue posée sur une pelote à épingles.) Tu l'as sauvé, hein ? continua-t-il sur un ton familier. C'est à ça que tu dois ces galons. Et tu les as bien mérités, ça c'est sûr, c'était sacrément courageux de ta part, mais…

– … mais quoi ? lui demandai-je puisqu'il s'était brusquement interrompu, comme pour éveiller ma curiosité.

– Eh bien, comment dire, Patterson ? reprit-il en se grattant la joue droite. Moi, j'aurais pas risqué ma peau pour lui. Demain, la même situation va se reproduire, tu vois. Ce n'était pas la première fois.

– Comment ça, pas la première fois ?

– Dans la Somme. L'ordonnance qu'il avait à l'époque n'a pas survécu. Tu le savais, non ?

– Non, répondis-je en me contractant. Qu'est-il arrivé ? Tu étais là-bas ?

– Pas moi. L'officier d'intendance. Lui et le lieutenant Ashwell relevaient du même bataillon. (Se penchant en arrière, il vérifia si la porte du couloir était bien fermée. En même temps, il se gratta machinalement la joue droite et l'une des plaies se mit à saigner sans qu'il s'en rende compte.) Ce qu'on m'a dit, c'est qu'un beau jour, le lieutenant avait disparu, lui et son ordonnance. Son peloton – du moins ce qu'il en restait, les combats battaient leur plein depuis un moment, tu vois – a passé toute la tranchée au peigne fin, sans aucun résultat. En fin de compte, une patrouille les a retrouvés en pleine nuit, quelque part dans le no man's land, l'ordonnance mort, un éclat de grenade dans le ventre, et le lieutenant Ashwell tellement blême et pétrifié que les gars ont d'abord cru qu'il était mort lui aussi. Après coup, on s'est rendu compte qu'il n'avait rien, pas même un ongle cassé. Néanmoins, il est resté de longues semaines éloigné du front, je ne sais où. (Tolhurst passa le plat de sa main sur sa joue droite et découvrit – un léger agacement parut dans ses yeux – qu'il saignait. Cherchant un mouchoir dans sa poche, il termina son récit :) Quoi qu'il en soit, Patterson, ils n'auraient jamais dû le renvoyer en première ligne, il représente un vrai danger pour ses hommes, spécialement pour toi, souviens-t'en la prochaine fois que tu veux jouer au héros à cause de lui.

– Je m'en souviendrai, caporal », répondis-je d'une voix grêle.

Je le remerciai et me dirigeai vers la porte. Avant que j'aie posé la main sur la clenche, il me rappela :

« Patterson, t'oublies tes galons. »

Plus tard ce même jour, quand je me rendis au mess, je ne les avais pas encore cousus sur mes manches. Peu avant, je m'étais chargé de rassembler le courrier des hommes. Ne doutant guère des réactions de jalousie et d'incompréhension que mes galons allaient susciter chez eux, je préférais ne les arborer que le lendemain matin à l'occasion de l'appel.

Au mess, je trouvai le lieutenant Ashwell, le lieutenant Robinson et Fowler, l'ordonnance de ce dernier. Je remis les lettres à Ashwell. Il m'adressa un regard cordial, mais pour ma part, je ressentais surtout de l'irritation. À cause de l'histoire que m'avait rapportée Tolhurst, je m'estimais dupé – impossible de me défaire de cette idée –, dupé par le lieutenant lui-même, que j'avais toujours défendu contre toute raison.

Sans user de beaucoup de mots, il m'ordonna de vérifier si les boutons de son uniforme de combat étaient bien cousus. Dans la matinée, j'avais passé deux heures dans un froid glacial à brosser sa tenue pour en ôter toute tache de boue, la moindre saleté, cela avec des sentiments mitigés.

Je me mis au travail en commençant par sa tunique, perché sur un tabouret en face du lieutenant. Lui-même, assis à une table massive, se mit à lire les lettres, apparemment pour se donner une contenance devant Robinson qui, à l'autre bout de la table, buvait du thé. L'hypocrisie d'Ashwell ne faisait qu'exacerber mon irritation, mais je me contrôlai, m'acquittant en silence de la tâche qu'il m'avait confiée.

Je m'étais assis de sorte à pouvoir l'observer à mon aise. Il avait devant lui une pile de lettres assez imposante. Une fois de retour au camp de base, presque tous les hommes avaient pris la plume pour rapporter à leurs proches les événements des derniers jours. Leurs missives se révélaient plus longues que d'habitude ; beaucoup en avaient écrit deux, voire plus, y compris Archie

Rathband qui tenait sans doute à informer tous les membres de sa famille qu'il venait, pour la première fois, de prendre part à des combats. Parmi ces enveloppes, il y avait celle que j'adressais à Mme Bromley. Dans un post-scriptum, j'avais précisé que j'étais promu lance-corporal avant d'ajouter : *À présent, je suis habilité à donner des ordres à tout le monde.*

À chaque fois que le lieutenant prenait une nouvelle lettre de la pile, je levais les yeux. Ce faisant, j'avais remarqué qu'il ne biffait que de rares mots ou phrases. Je me demandais s'il lisait réellement leur contenu ou si, comme je l'avais déjà vu faire, il ne les parcourait qu'en diagonale. Peut-être me trompais-je en lui imputant de l'hypocrisie. Ce qui est sûr, c'est que le lieutenant Robinson ne lui accordait aucune attention. Il fixait le fond de sa tasse de thé comme pour y lire l'avenir.

Pour faire durer ce moment, je recousis chaque bouton, même ceux qui étaient bien fixés. Dès que je reconnus ma lettre sur le haut de la pile, j'eus bien du mal à rester concentré sur mon travail. L'ordonnance de Robinson venait de sortir pour prendre sa pause ; quand à ce dernier, il semblait s'enraciner au mess.

Le lieutenant Ashwell s'empara de ma lettre sans se soucier du nom de l'expéditeur. Il déplia le feuillet, ses yeux glissèrent dessus – moins de trente secondes en tout, ses pupilles ne bougeant pas même de gauche à droite –, et le replia. Il n'avait pas censuré le moindre mot, peut-être n'en avait-il lu aucun. Une fois la lettre replacée dans l'enveloppe, il apposa le cachet et passa à la suivante. Je demeurai de longues secondes à fixer la mienne. Dans quelques jours, elle arriverait à Allerton Street. Je voyais déjà Mary en train de l'ouvrir, de commencer à la lire en silence, son visage s'éclairant tel le soleil qui perce à travers des nuages noirs, et je l'entendais dire à sa mère : « Martin, maman ! John écrit que quelqu'un a vu Martin ! »

« On rêvasse, Patterson ! »

Le lieutenant Robinson me fit sursauter. Un sourire moqueur se dessina sous sa fine moustache. Il avala la dernière gorgée de son thé, reposa la tasse sur la table et annonça, sans s'adresser à personne en particulier, qu'il allait prendre l'air.

À présent que je me retrouvais seul avec Ashwell, mon irritation s'accrut de plus belle. J'attendis une bonne minute dans l'espoir qu'il engagerait la conversation, mais il ne leva même pas les yeux. J'avais de plus en plus l'impression de n'être qu'une ombre que le hasard avait jetée dans la même pièce que lui.

Finalement, n'y tenant plus, je l'interpellai :

« Sir, j'ai besoin de me soulager le cœur. »

Il leva la tête. Son regard de verre brisé se recomposa peu à peu.

« Qu'est-ce que vous dites, John ? »

Son indifférence aviva en moi une rage à laquelle je n'avais pas encore donné libre cours.

« Vous me devez des explications, articulai-je, mordant chaque syllabe. J'aurais très bien pu y passer. »

Il réfléchit un bref instant. Puis, sur un ton neutre, comme s'il récitait un texte, il me répondit :

« Si je vous ai mis d'une manière ou d'une autre en danger, j'en suis désolé.

– C'est tout ce que vous trouvez à me dire, éclatai-je. J'ai risqué ma peau pour vous ! »

Il demeurait calme. Imperturbable.

« Je ne vous ai rien demandé. »

Dans un moment d'incrédulité, je lançai mes bras en l'air.

« Rien demandé ? Mais vous seriez mort et enterré à l'heure qu'il est. Et pas un mot de remerciement ne passe vos lèvres ? Merde alors, j'aurais dû vous abandonner à votre sort ! »

Je jetai sa tunique et le nécessaire de couture sur la table, repoussai mon tabouret. Mais je n'étais pas encore debout qu'il avança le bras.

« Attendez, John, attendez, ce n'est pas ce que je voulais dire. »

Je restai assis sur le bord de mon tabouret, tendu, prêt à partir. En face de moi, le lieutenant porta la main sur le pli rebelle au-dessus de son œil gauche et le pinça. La vue en partie entravée par cette main, il me regarda.

« Je suis désolé, John, répéta-t-il, cette fois semble-t-il avec sincérité. Je vous suis bien sûr reconnaissant, seulement… (Je le considérai, dans l'expectative. De mauvaise grâce, il continua :) Je ne sais pas ce qui s'est passé. Du moins pas avec exactitude, s'empressa-t-il de nuancer.

– Comment ça ? demandai-je, troublé par son aveu.

– C'est ce que je vous dis, répondit-il en se frottant les yeux. Y a des vides. Là-dedans, expliqua-t-il en passant la main sur son haut front.

– Des vides ? (Il hocha brièvement la tête et me fixa en silence.) Vous ne vous souvenez vraiment pas ? voulus-je savoir.

– Je suis désolé, John.

– Et dans les bois, que s'est-il passé ? lui demandai-je, oppressé. Le bois de Souchez ? Vous vous rappelez au moins cela ? (Il secoua lentement la tête de gauche à droite.) Et Jimmy ? lançai-je, ma voix montant presque d'une octave. Vous vous rappelez quand même que Jimmy…

– Je le vois encore entrer dans l'abri, soupira-t-il, les yeux fermés. Radieux, et alors, alors… »

De la main, il décrivit le mouvement de tourbillon que je lui avais déjà vu faire le jour où je lui avais demandé de se souvenir de la traversée en bateau.

Je passai mes mains d'arrière en avant sur mon crâne. Mes cheveux coupés court émirent un léger crissement. Ce qu'il venait de révéler me faisait frissonner ; en même temps, son aveu m'apaisait, comme l'aurait fait un diagnostic à propos d'un trouble physiologique qui vous tourmente depuis longtemps.

Je dirigeai de nouveau mon regard sur lui. Le plus gros de ma colère avait disparu. Il fixait les lignes de sa main. La paume présentait une couleur rose et pas la moindre aspérité.

« Et votre ancien ordonnance ? »

Je tenais à tout prix à savoir ce qui s'était passé.

Ma question toucha une de ses cordes sensibles. Je le remarquai au tressaut qui traversa ses épaules.

Ses lèvres s'ouvrirent deux fois avant qu'il ne prononce un mot.

« Je ne tiens pas à parler de ça, John.

– Il vous faudra bien le faire tôt ou tard, insistai-je. Le capitaine Brooke va vous incriminer.

– À sa guise », répliqua-t-il en haussant les épaules.

Sa résignation m'irritait.

« Ils vont vous envoyer devant le peloton d'exécution, sir. Pour lâcheté.

– La lâcheté n'a rien à voir avec ça. Le capitaine le sait très bien.

– Comment ça ?

– C'est moi qui ai choisi de revenir sur le front. Personne ne m'y obligeait. On me l'a même déconseillé. »

Ses paroles me surprenaient. Au dire du caporal Tolhurst, c'est le commandement qui avait décidé de le renvoyer en première ligne.

« Qui vous l'a déconseillé ?

– Qui ? Queen Square », répondit-il après une brève hésitation, en détournant les yeux.

Incapable de dissimuler mon étonnement, je m'enquis : « L'hôpital ?

– Dites plutôt la maison de fous, John. »

J'avalai de la salive de travers. Pendant quelques secondes, je ne sus quoi ajouter. Queen Square, tout Londres connaissait, au moins de nom. Même si on ne savait guère ce qui se passait derrière les murs de cette institution, beaucoup racontaient des plaisanteries à son sujet. Je me souvenais des grimaces et contorsions débiles que faisait Martin lorsque nous nous trouvions dans le quartier de l'hôpital. Je l'exhortais alors d'arrêter, tout en m'esclaffant.

« Pourquoi êtes-vous revenu sur le front ? finis-je par lui demander.

– Qu'aurais-je pu faire d'autre ? rétorqua-t-il, légèrement contrarié. Passer le reste de mes jours là-bas ? Faire honte à mes parents ? Abandonner tous ces jeunes soldats à leur sort ?

– Quoi qu'il en soit, vous n'auriez jamais dû vous trouver ici. Comme nous tous, vous avez été attiré dans ce piège. Dès le début.

– Les choses sont ce qu'elles sont, John. Ma crétinerie ne saurait en aucun cas me servir d'excuse », dit-il d'une voix ferme avant de croiser les bras et d'ajouter : « Voilà, vous savez à quoi vous en tenir. Je comprendrais très bien que vous ne souhaitiez plus être mon ordonnance. »

Ce que je souhaitais, je n'en avais, pour l'instant, pas la moindre idée. J'avais besoin de laisser passer un peu de temps.

« Je ne sais pas, sir, pas encore, dis-je en toute sincérité.

– Vous m'en ferez part le moment venu. Et si le capitaine Brooke arrive à ses fins, vous n'aurez même pas besoin de réfléchir à la question. Je vous recommanderai auprès de mon successeur, John. À condition, bien entendu, que mon avis compte encore pour quelque chose. »

Je haussai les épaules, apathique. Sa confession semblait l'avoir délesté d'un poids ; moi, elle m'écrasait.

« Je vous dérange, sir ? »

Je tournai la tête. Le caporal Tolhurst venait de passer la sienne par la porte. Son regard tomba sur moi. Son visage se figea.

« Non, caporal, avancez-vous. »

Tolhurst poussa un soupir de soulagement.

« J'apporte le courrier, sir », annonça-t-il en entrant.

La mère de Jimmy avait répondu. À en juger par l'écriture, elle avait chargé le même homme que la fois précédente de coucher sur le papier ce qu'elle souhaitait dire à son fils. L'en-tête me fendit le cœur :

Mon garçon chéri.

Dès les premiers mots, elle le remerciait pour l'argent qu'il lui avait envoyé. Grâce à ces billets, elle avait acheté des vêtements chauds : à Hoxton comme sur le front, le froid persistait. Toute somme supplémentaire serait la bienvenue. La paire de chaussettes en laine, elle terminait de la tricoter. Elle ne manquerait pas de la poster bientôt. Milton et Keats se portaient à merveille. Ils grandissaient vite.

J'eus besoin d'un certain temps pour me souvenir qu'il s'agissait là des noms des chats, que je lui avais moi-même suggérés.

Elle demandait par ailleurs à Jimmy les dates de sa prochaine permission. Elle languissait vraiment de le voir. Elle ajoutait encore :

J'ai l'adresse de Jack Cunningham pour ton ami. Remercie bien ce garçon d'avoir eu la gentillesse d'écrire la lettre que tu m'as envoyée. Des baisers de ta maman qui t'aime. Réponds-moi vite.

Un autre feuillet portait, dans une écriture différente, les coordonnées de Jack. Il faisait partie du corps des Royal Engineers.

L'après-midi même, j'adressai un mot à ce dernier. En haut, j'indiquai une date antérieure de trois jours de manière à me couvrir par rapport à ma lettre précédente à Mme Bromley. Je lui exprimai mes condoléances pour la mort de son frère et lui appris que je cherchais à avoir des nouvelles de Martin.

La dernière fois que j'en ai eu, c'était il y a plus d'un an et demi. Il m'avait envoyé une carte de Belgique.

J'évitai délibérément de mentionner le nom Poperinghe de façon à ne pas le mettre sur la piste de mon frère de lait.

J'espère recevoir bientôt une réponse de ta part. Tu comprendras mon inquiétude.

En réalité, j'espérais qu'il ne savait rien à propos de Martin et qu'il ne l'avait jamais croisé de ce côté-ci de la Manche. Ainsi, je n'aurais rien à craindre lorsque je passerais à la prochaine étape. Mais ce n'était pas encore à l'ordre du jour. J'entendais d'abord disposer de la réponse de Jack et de celle de Mme Bromley. Tout en comptant sur des lignes de Mary à la suite de ma promotion : je souhaitais qu'elle m'ouvrît enfin son cœur, afin de connaître à mon tour ce que Simkins ressentait. Ce dernier, pendant que j'écrivais à Jack, soupirait de désir au-dessus de moi, sur son lit. De sa Gladys, il avait reçu huit lettres d'un coup ; la semaine précédente, elle lui en avait écrit une chaque jour et même deux le dimanche.

« Hé ! John, j'ai besoin de ton bouquin de Keats, tout de suite ! Allez, amène ! m'avait-il lancé à quelques reprises.

– Plutôt crever, Simkins ! » lui avais-je rétorqué, paroles qui, dans les circonstances qu'on traversait, risquaient bien d'être entendues.

Une fois la lettre destinée à Jack glissée dans une enveloppe, j'en pris une deuxième dans laquelle je fourrai deux livres sterling. Sur cette seconde enveloppe, j'inscrivis l'adresse de Mme Parker. Cette fois, je m'abstins d'ajouter le moindre mot, me contentant d'une carte postale militaire et de ses phrases toutes faites : *Tout se passe bien pour moi. Lettre suivra.*

J'ignorais si le lieutenant Ashwell l'avait entre-temps mise au courant, mais j'estimais que c'était peu probable. Dans ses souvenirs, ainsi qu'il l'avait reconnu, il ne voyait pas Jimmy mourir. Pourquoi, dans ce cas, aurait-il cherché à faire croire à cette femme qu'un tel drame s'était produit ?

Ce qu'il m'avait confessé ne me laissait pas en paix. Force m'était de reconnaître que le caporal Tolhurst avait raison : le lieutenant représentait un danger, non seulement pour moi, mais pour le peloton entier. Fait révélateur, on lui avait déconseillé de retourner dans le monde devenu fou, de ce côté-ci de la Manche. Mais tout bien considéré, ses supérieurs auraient dû le lui interdire. Dans son état, ça revenait pour ainsi dire à l'envoyer à la rencontre de l'ennemi les yeux bandés.

Toutefois, il semblait peu probable que nous retournions dans l'immédiat sur le front. Peu après que le caporal Tolhurst avait apporté le courrier, de nouveaux ordres étaient arrivés. Notre bataillon devait partir le lendemain pour Dainville, un village des environs d'Arras, afin de se consacrer, pour une durée indéterminée, à la remise en état de routes et de lignes de tramway, de manière à ce que l'acheminement des vivres et du matériel puisse reprendre. Tant que cela ne serait pas fait, nos troupes ne pourraient mener aucune nouvelle attaque. Et d'ici là, on pouvait penser que le destin du lieutenant Ashwell serait scellé. Je suspendais mon propre sort à cette décision, car je n'envisageais pas de renoncer de mon propre chef à mes fonctions d'ordonnance. Être réintégré au peloton, c'était redevenir une marionnette, alors que, grâce à la position que j'occupais, je jouais de plus en plus le rôle de marionnettiste, tenant dans chaque main une poupée que je ne cessais de mouvoir dans une sorte de jeu d'ombres.

Le lendemain, je portai pour la première fois un galon à chaque manche. Pendant l'appel, tôt le matin – nous étions tous cloués plusieurs minutes sur place au garde-à-vous –, personne ne put émettre la moindre remarque, mais certains regards en disaient plus long que des paroles. Herbert Cullingford, Harry Finch et Billy Crockett me fixaient comme si un perroquet aux couleurs vives se tenait perché sur mon bras, Archie Rathband n'arrêtait pas de cligner des yeux et Simkins, pourtant au courant de mon avancement, était vert de jalousie. Quant à la poignée de recrues qui venaient de renforcer notre compagnie, leurs yeux trahissaient une admiration distante. Le sergent Higgins, transféré d'un autre bataillon pour remplacer Chapman, me salua quant à lui d'un hochement de tête respectueux. De ces réactions mitigées, je tirai, à ma propre stupéfaction, un secret plaisir ; à un moment donné, je me surpris même à me pavaner comme un paon qui déploie sa queue.

Après l'appel, quand je rejoignis le lieutenant Ashwell, celui-ci m'observa d'un regard approbateur, pareil à un père qui voit pour la première fois son fils vêtu d'un costume.

« J'avais l'intention de vous en informer, dit-il, mais apparemment quelqu'un m'a devancé.

– Je sais que c'est à vous que je le dois, sir.

– La dette que j'ai envers vous, John, je ne serai jamais à même de l'acquitter.

– J'inventerai quelque chose pour vous prouver le contraire, sir », répliquai-je en lui faisant un clin d'œil.

J'eus le sentiment qu'il était soulagé de ne plus avoir à ménager les apparences.

Une heure plus tard, notre bataillon se mettait en route. Nous marchâmes pratiquement une demi-journée. Le soleil brillait enfin sur la campagne, dissipant le froid. La nuit précédente, nous étions passés à l'heure d'été ; cela procurait une impression de changement imminent. Mais voilà, les Allemands ne l'entendaient pas ainsi : à trois reprises, leurs avions déchirèrent le ciel à faible altitude pour larguer des bombes sur notre colonne. Lors de la dernière attaque aérienne, une des recrues fraîchement arrivées fut grièvement blessée. Voyant le sang jaillir de sa tête et poisser sa tunique toute propre, le gars se mit à chialer hystériquement. L'optimisme qui habitait le groupe s'évanouit sur-le-champ.

À Dainville, nous fûmes cantonnés dans des baraques. Le lieutenant Ashwell se vit attribuer une chambre au-dessus d'un magasin de tissus : des carreaux cassés, remplacés par un pan de velours ; un parquet sale ; des morceaux de plâtre tombés du plafond et des murs. Néanmoins, le lieutenant était content de disposer d'un espace pour lui. L'exploitante de la boutique, Mme Charlier, une veuve, avait un fils dans l'armée, devant la photo floue duquel je passais chaque fois que je gravissais les escaliers qui menaient à la chambre. Le jeune homme s'appelait François. Ce prénom, voilà tout ce que j'avais compris de la logorrhée de cette femme lors de ma première visite.

Bien qu'une sentence planât au-dessus de sa tête, le lieutenant afficha un calme remarquable durant les jours où nous restâmes à Dainville. Il me demanda de récupérer, auprès de l'officier d'intendance, la valise contenant le microscope et la lourde presse ; lui-même alla, comme si de rien n'était, cueillir des plantes au bord d'un watergang. Grâce à la clémence du temps, elles étaient en fleur. Concentré, il consigna leur nom, le lieu précis où il les avait trouvées et d'autres détails, puis il les mit à sécher entre des journaux français jaunis que lui avait donnés Mme Charlier.

Le calme apparent du lieutenant n'était troublé que lorsqu'un vrombissement annonçait l'arrivée d'avions. Son visage révélait alors la raison de son admission au Queen Square. Quant à son séjour dans cet établissement, ce qu'il y avait enduré, il n'en divulguait rien et je n'osais le questionner, bien que cela me démangeât.

De toute façon, nous échangions peu. Ni lui ni moi ne semblions enclins à nous rapprocher tant qu'aucune décision n'avait été prise à son sujet. En réalité, nous étions déjà en train de prendre congé l'un de l'autre sans pour autant chercher à l'exprimer. Une fois, je me risquai à aborder le sujet délicat : Jimmy Parker. Ma carte destinée à la mère du défunt était partie sans que le lieutenant s'y opposât ou fît la moindre observation. Peut-être ne l'avait-il même pas regardée, peut-être feignait-il de ne pas l'avoir vue.

« Jimmy », répéta-t-il alors que je venais de prononcer ce prénom.

Il fixa le vide devant lui comme quelqu'un qui essaie de se remémorer un rêve ou un cauchemar remontant à une époque lointaine.

Je n'insistai pas. J'en savais assez.

Pour moi aussi, ces journées se distinguèrent par leur calme. Ma tâche d'ordonnance, Mme Charlier la prenait en partie à sa charge. Quand j'arrivais le matin pour réveiller le lieutenant, il était déjà en train de boire son café ; à l'heure du déjeuner, son hôte nous gâtait en nous servant un bol de soupe. La vendeuse d'étoffe qu'elle était tenait à veiller en personne sur l'uniforme de l'officier : elle ne tolérait pas qu'il ne fût pas impeccable. Dès qu'un fil dépassait, elle s'emparait de son nécessaire de couture ; elle remplaça la doublure déchirée de sa capote, cousit une poche intérieure supplémentaire à sa tunique. Elle prit aussi pitié de ma tenue, raccourcit mes manches un peu longues, renforça avec du gros fil les bretelles de mon baudrier. Par sa gentillesse, elle me rappelait Mme Bromley ; cela me remplissait par moments de mélancolie, sorte de bain dans une eau qui refroidissait rapidement.

Entre-temps, l'ensemble du bataillon œuvrait à restaurer la route reliant Doullens à Arras. Les hommes rebouchaient les trous, replaçaient des pavés, redressaient des poteaux, changeaient les rails des voies de tramways. Régulièrement, des avions allemands les bombardaient, maintenant Arras et ses environs sous leur menace. Une fois par jour, les officiers venaient sur place prendre le pouls ; le reste du temps, ils le passaient au mess ou encore à Arras.

De son côté, le lieutenant Ashwell ne quittait pas Dainville. Le village avait subi de grands dommages : nombreuses maisons privées de leur toit et de leurs fenêtres, façades criblées d'impacts. À diverses reprises, l'église avait été touchée. L'intérieur n'était plus qu'un amas de débris de bois et de gravats avec, çà et là, les restes calcinés de missels et de livres de chants. Personne ne prenait la peine de déblayer les décombres : à n'importe quel moment, une énième bombe pouvait tomber.

Le soir, tous les soldats regagnaient les baraques. Les fortes averses, le pilonnage incessant, leurs mains blessées, les caprices des sous-officiers qui rabâchaient que le travail n'avançait pas assez vite, tout cela mettait les hommes d'une humeur massacrante qu'ils reportaient sur moi et les autres ordonnances car nous échappions pour notre part à ces terribles conditions. Simkins, qui exigeait d'eux plus de respect eu égard à son galon, devint leur cible favorite.

Au cours de cette période, je menais, il est vrai, une vie plutôt pépère. Le plus souvent, je me sentais assez satisfait de mon sort. Mary, Mme Bromley, Mme Parker, Jack Cunningham ne tarderaient pas à m'écrire. Jamais encore je n'avais eu à me réjouir de pareilles perspectives.

Nous étions depuis trois jours à Dainville quand le caporal Tolhurst, au volant d'un camion, nous apporta le courrier, quelques gros sacs. Les chefs de peloton entreprirent de trier sans délai les lettres et les colis, aidés en cela par leurs ordonnances.

La pile destinée à mon peloton augmentait à vue d'œil. Cullingford, Hobbs, Crockett, Rathband, tous avaient reçu du courrier, Simkins lui aussi, évidemment. Comme il n'était pas dans les parages, je plaçai sa lettre tout en bas de la pile.

« Patterson, une lettre pour toi ! »

Leslie Fowler, l'ordonnance du lieutenant Robinson, jeta une enveloppe dans ma direction. Elle voleta avant de tomber par terre. En me penchant pour la ramasser, je reconnus immédiatement l'adresse de l'expéditeur : Allerton Street, Hoxton. Mon cœur tressaillit. Je m'empressai de la fourrer dans ma poche intérieure. Seule l'idée qu'une deuxième lettre pouvait m'être destinée m'encouragea à poursuivre ma tâche avec un minimum d'application. Toutefois, je n'en avais pas reçu d'autres. Aucune de Jack, aucune de Mme Parker.

Dès le tri terminé, le lieutenant Ashwell m'accorda la pause que je souhaitais prendre. Je gagnai sans tarder notre baraque que je croyais déserte à ce moment de la journée ; j'avais oublié qu'une grippe carabinée clouait Willie Hobbs au lit.

À mon arrivée, il posa sur moi des yeux de taupe. Ses doigts se mirent à tâter le dessus de la couverture.

« Willie, c'est moi, John, lui dis-je en m'approchant de ma couche située en face de la sienne. Au fait, t'as reçu une lettre. Je te l'apporte tout à l'heure.

– C'est gentil, John », fit-il d'une voix rauque.

Il renonça à chercher ses lunettes. Sa tête retomba tel un bloc de béton sur sa musette qui faisait office d'oreiller.

Je m'assis sur le bord de mon matelas et sortis la lettre de ma poche. À ma grande déception, elle ne semblait pas être de la main de Mary. Sans doute Nelly ou Trudy l'avait-elle écrite sous la dictée de Mme Bromley ; en tout cas, à la lecture de l'adresse, je ne reconnus pas non plus l'écriture enfantine de Molly ou de Poppy.

Ce n'est toutefois pas sans une certaine nervosité que je décachetai l'enveloppe. Quelles réactions les nouvelles relatives à Martin avaient-elles suscitées ? Les toutes premières lignes me fournirent une réponse. Mme Bromley me faisait savoir qu'il y avait bien longtemps qu'elle n'avait été aussi heureuse et que les filles, elles aussi, étaient folles de joie.

Apprendre que Martin et vivant. J'osé même plus l'espérer. Tout finira bien, je le sens. Dis-lui de m'écrire vite, John. Ça fai tellement longtemps que j'attent ça.

En outre, elle me remerciait pour la sympathie que j'exprimais au sujet de son mari. Il lui manquait, tout comme lui manquaient ses lubies et ses tours de cochon.

Maintenant, je me rent compte que je l'aimé encore.

Ces mots me redonnèrent espoir. De la même façon, pourquoi Mary ne serait-elle pas à même de m'aimer malgré mes défauts ?

Une quinte de toux secoua Willie Hobbs. À chaque expiration, sa tête se soulevait brusquement de la musette. Il a un matou dans la gorge, aurait dit Mme Bromley.

Je repris ma lecture. Il y était question d'une cérémonie à la mémoire des soldats tombés au combat ; elle s'y était rendue avec les filles. Une célébration belle et émouvante.

Richard, y en on parler comme d'un héros.

Naguère, pareille annonce m'aurait horripilé, à présent elle ne produisait en moi qu'un semblant d'irritation.

Ensuite, Mme Bromley me félicitait pour ma promotion. Elle affirmait que j'étais un exemple pour tout le monde.

Mais tu l'as toujours été, hein ?

Mes yeux glissèrent sur ma manche. Je ressentis de la fierté. D'une certaine façon, elle parvenait toujours à toucher un de mes points sensibles.

En face de moi, Hobbs ne toussait plus. Un autre bruit attira mon attention. Au loin, des explosions retentissaient. Les bombardements reprenaient.

Ici aussi, on a de bonnes nouvelles. Tu te rappelles George Nickless ? Il habite pas loin de chez nous, au numéro 19, son père été fabricant de savon. Eh bien, Mary s'est fiancer avec George. Il est soldat lui aussi, quand la guerre est finie, ils vont se marié. Je suis très contente pour elle. Et elle est très heureuse.

Ma respiration s'interrompit. Mes yeux revinrent en arrière sur cette phrase :

Mary s'est fiancer avec George.

J'avais le cœur brisé. Mon sang ne circulait plus dans mes veines.

Avec le désespoir d'un homme qui se débat pour ne pas se noyer, je parcourus la fin de la lettre.

Hier je suis aller sur la tombe de ton papa. Je pense encore souvent à lui. Je lui ai dit que tu vas bien. Tient le coup, John, et espéron que tu vas bientôt croiser Martin. À bientôt.

Je levai la tête et fixai le vide. Une brûlure déchirait ma poitrine. George Nickless. Pas lui, pas George Nickless, quand même ! Comment pouvait-elle ? Déjà bébé, dans les langes, il puait le savon. Il se trimbalait depuis toujours dans des frusques plus miteuses encore que Martin ou Mary elle-même, le plus souvent sans même porter de souliers.

Je manquai m'étrangler. Je regardai Hobbs, mais distinguai à peine le contour de son visage. Je voyais flou à cause des larmes qui envahissaient mes yeux.

« Qu'est-ce que t'as, Patterson ? Ta fiancée a rompu ? Eh, mon gars, tu vas pas chialer quand même ! »

Simkins passa devant moi en ricanant et grimpa sur le lit au-dessus de ma tête. Lui aussi avait une enveloppe qu'il ouvrit dans un grand froissement de papier. Je repliai ma lettre et m'essuyai les yeux. Mais j'avais toujours la gorge nouée. Au-dessus de moi, la voix de Simkins retentit soudain :

« Hé, John ? (Je gardai le silence.) John, t'es au courant ? Le lieutenant Ashwell passe demain devant la cour martiale. J'espère pour lui qu'il a déjà préparé sa lettre d'adieu. »

Ses paroles me laissèrent froid. J'étais paralysé. Me laissait tout aussi froid la perspective de ne plus être bientôt ordonnance et de devoir, peut-être, réintégrer le peloton. Qui sait d'ailleurs si cela ne valait pas mieux ? Une vie d'anonyme au sein du bataillon.

Je pris la décision de cacher la lettre, même si j'avais très envie de m'en débarrasser. Impossible toutefois de la déchirer ni de simplement la froisser, sans produire un bruit qui aurait rempli Simkins de satisfaction. Or, je ne tenais pas à lui procurer ce plaisir. Dans ma musette, je pris la boîte qui renfermait mon courrier. J'en sortis toutes les lettres. L'image brouillée de mon visage se dessina sur la surface brillante, reflet, aurait-on dit, de mes états d'âme.

Je posai l'enveloppe au fond de la boîte, la fis disparaître sous les autres réunies en un petit paquet, non sans le porter à mes narines dans l'espoir de respirer une dernière fois le parfum de Mary, la suavité de la vanille. Mais je ne sentis qu'une odeur de cave : à cause de l'humidité des tranchées, le papier avait commencé à moisir.

Je refermai machinalement la boîte et la replaçai dans ma musette. C'est alors que je me rendis compte que le livre de Keats avait disparu. Je vidai ma musette puis mon havresac sur le lit. Une colère sans borne ne tarda pas à m'envahir. Sautant sur mes deux pieds, je criai :

« Simkins, où est mon livre ? »

Assis en tailleur, il était en train de découvrir le contenu de sa lettre.

« Ton livre ? Quel livre ? » dit-il en clignant des paupières.

Je tendis la main pour l'attraper par la manche, mais il fut plus rapide que moi et retira son bras.

« Hé, du calme, Patterson, moi, je suis au courant de rien.

– Tu mens ! Mon livre de Keats, tu me l'as fauché, voleur ! »

Simkins haussa les épaules, mais son regard le trahissait. D'un bond, je me retrouvai sur son lit. Avant qu'il n'ait pu réagir, je le saisis par le col et me mis à califourchon sur son ventre, les genoux enfoncés dans le gras de ses avant-bras.

« Mon livre ? Il est où ? Dis-moi où il est avant que je te mette en bouillie ! »

Le vol de mon livre alimentait certes ma rage, mais moins que la frustration que j'éprouvais d'avoir perdu à jamais Mary. Je ne me maîtrisais plus. Poings serrés, j'appuyai au niveau de son cou. Il devint tout pâle. Poussait des gémissements, se débattait en agitant les jambes, mais je ne lâchai pas ma prise, appuyai plus encore de tout mon poids. Les jointures de mes doigts devinrent toutes blanches.

Par quelques soubresauts du menton, Simkins me fit comprendre que le volume se trouvait dans sa musette, accrochée à la tête du lit. Je lâchai une de ses mains et m'en emparai. J'en vidai le contenu sur lui. Le livre lui tomba sur la figure.

« Voleur ! Sale voleur de mes deux ! »

Le livre à la main, je le giflai. Puis le repoussai brusquement et sautai en bas du lit. Émettant des piaulements, il chercha, bouche grande ouverte, à reprendre son souffle.

En face de moi, Hobbs s'était redressé sur sa couche. Il était en train de chausser ses lunettes. Mes jambes flageolaient. Je le regardai. De nouveau, les larmes me montaient aux yeux. Je pris ma musette et me précipitai dehors.

« Je ferai un rapport ! Je ferai un rapport ! lança Simkins d'une voix rauque. Hobbs, t'as tout vu ? Hein, Hobbs, t'as tout vu ? »

La chambre du lieutenant Ashwell, que je savais inoccupée, me parut être le seul endroit propice à l'isolement. Je m'y rendis tout de suite.

À peine arrivé dans la pièce, je fondis en larmes. Peu m'importait que Mme Charlier entendît mes pleurs, peut-être même le souhaitais-je. D'ailleurs, quand elle apparut dans l'encadrement de la porte, une tasse de café à la main, je ne pris la peine de cacher mes larmes.

Elle me parla d'une voix pleine de compassion. À un moment donné, elle posa une main sur son cœur et me dit :

« Avez-vous une peine de cœur[1] ? »

Ces mots prononcés en français me semblèrent un peu plus réconfortants que s'ils l'avaient été dans ma propre langue. Je lui répondis en acquiesçant de la tête.

Cette fois encore, elle laissa libre cours à un flux de paroles auquel je ne compris goutte. Mais ce n'était pas grave : son empathie était un baume sur mon âme tourmentée.

« Buvez, John[2]. »

Elle me montra la tasse. Même avec le nez encombré, je sentis les effluves de l'eau-de-vie qu'elle avait versée dans le café. Sans me faire prier davantage, j'en avalai quelques gorgées.

1. En français dans le texte.
2. En français dans le texte.

« Merci, madame[1]. »

Elle se lança alors dans une évocation sans fin, probablement une histoire qui portait sur son fils François. Par moments, je hochais la tête. L'alcool faisait déjà son effet, il m'engourdissait peu à peu les sens.

Quand j'eus fini mon café, elle me demanda si j'en voulais un autre. Je lui fis comprendre que je ne pouvais m'éterniser dans la chambre. Elle prit alors mes mains dans les siennes. Les doigts de sa main droite étaient déformés par le maniement répété des ciseaux sur le tissu. Je ne pus m'empêcher de songer à ceux de Mme Bromley, que j'avais toujours vus tordus, perclus d'arthrite.

« Ça va passer, votre peine de cœur, me dit-elle. Le temps guérit toutes les blessures[2]. »

Cette dernière phrase, j'en compris le sens. Le temps guérit toutes les blessures, répétai-je dans ma tête, sans y croire.

1. En français dans le texte.

2. En français dans le texte.

LE LIEUTENANT ASHWELL ÉTAIT ATTENDU à 9 heures du matin au quartier général de la brigade, à quelques kilomètres en dehors de Dainville, où la cour martiale devait statuer sur son sort. Une voiture vint le chercher. Le chauffeur lui ouvrit la portière.

Avant qu'il ne monte à bord, Mme Charlier passa un dernier coup de brosse sur son uniforme. Elle se figurait qu'il se rendait à un défilé.

Résigné, je regardai le véhicule s'éloigner. Nous avions à peine échangé deux mots. Il m'avait donné l'impression d'être abattu, mais j'étais encore trop fragile pour lui remonter le moral.

En attendant son retour, je me rendis dans notre baraque. Devant le mess, établi dans un hangar un peu plus loin, une autre voiture stationnait, moteur en marche. Je m'arrêtai et vis le capitaine Brooke sortir du bâtiment. Il s'installa à l'arrière de l'automobile et fit signe au chauffeur de prendre la même direction que celle qui venait de partir avec le prévenu. Celle où venait de monter le témoin s'éloigna à son tour. Je la suivis des yeux en sentant monter en moi une haine profonde à l'égard du capitaine, haine que je n'avais d'autre choix que de ravaler.

Les hommes travaillaient déjà dur sur les routes. Dans la baraque, Willie Hobbs était toujours alité. Depuis l'algarade avec Simkins, je ne lui avais plus adressé la parole. Je préférais l'éviter, mais il m'invita à m'approcher. Les verres épais de ses lunettes transformaient ses yeux en de grosses billes.

« Simkins veut que je te dénonce, me confia-t-il, mais j'ai refusé. Il a pas à faucher les affaires des autres.

– Je t'en suis reconnaissant. Merci beaucoup. »

Willie se mit à tousser. Il plaqua un mouchoir sur sa bouche. Quand il le retira, je vis qu'il était maculé de glaires sanguinolentes.

« Il faut que tu te fasses hospitaliser, Willie.

– Allons… objecta-t-il en se raclant la gorge. Ça va s'arranger. C'est juste un rhume, rien de plus. »

Il se remit à tousser. Une sorte d'aboiement. Depuis trois jours, il soutenait qu'il ne s'agissait que d'un rhume.

« Ça ne va pas s'améliorer, Willie.

– J'ai fait tout mon possible pour être envoyé ici, John, tu le sais bien… expliqua-t-il en tapotant sur ses lunettes qui l'avaient dans un premier temps condamné à une tâche de gratte-papier. Je vais pas me laisser renvoyer du front pour une fièvre de rien du tout.

– Mais t'es plus brûlant qu'un poêle.

– Laisse-moi, John, souffla-t-il en souriant avec difficulté. Je vais m'en sortir. »

Je poussai un soupir. Il ôta ses lunettes et posa sa tête sur sa musette.

« Tu veux une couverture supplémentaire ? » lui demandai-je.

D'un geste de la main, il refusa.

Je gagnai mon lit sur lequel je me laissai tomber de tout mon long. La nuit précédente, j'avais à peine fermé l'œil, ruminant mes idées noires. La lettre de Mme Bromley m'avait ôté toutes mes illusions. Depuis près de deux ans, tel un homme perdu dans le désert, j'avais poursuivi un mirage. Au lieu de l'eau à laquelle j'aspirais, on m'avait rempli la bouche de sable. Cette prise de conscience ne m'avait pas lâché de la nuit ; couché tantôt sur le dos, tantôt sur le côté, tantôt sur le ventre, j'avais passé des heures à combattre mes larmes afin que personne – et surtout pas Simkins qui, au-dessus de ma tête, songeait à un moyen de se venger – ne remarque ma tristesse.

À présent non plus, je ne parvenais pas à dormir. Dès que je fermais les yeux, Mary m'apparaissait, plus nettement qu'au cours des derniers mois. À croire que ma mémoire se délectait de ma souffrance, ne me montrant que les moments les plus tendres, ceux au cours desquels Mary me souriait, passait son bras dans le mien, me donnait un baiser, moments qui traduisaient les sentiments qu'elle éprouvait, malgré tout, pour moi. Les revoir m'amena à douter. Je me demandai si je ne m'étais pas trompé. Peut-être avais-je mal lu la lettre. Ou, à tout le moins, sous le coup de l'émotion, avais-je lu des choses qui ne figuraient pas dedans. Me raccrochant à une énième illusion, je sortis l'enveloppe.

Mais les mots ne mentaient pas. Mary s'était fiancée avec George Nickless. Et moi, je persistais à m'en conter.

Apprendre que Martin et vivant. J'osé même plus l'espérer. Tout finira bien, je le sens. Dis-lui de m'écrire vite, John. Ça fai tellement longtemps que j'attent ça.

Mon regard erra sur ce paragraphe. Mme Bromley, je n'avais rien à lui reprocher. Elle avait toujours été pleine de bonté.

Pendant des années, elle s'était occupée de moi avec amour. Le lait est plus épais que le sang, affirmait-elle. Depuis, je m'étais rendu compte qu'il s'agissait là d'une fable. Rien n'est plus fort que le lien qui unit une mère à ses enfants. Cela dit, elle n'avait jamais cherché à me faire de mal. Comment aurais-je pu, moi, vouloir lui en faire ?

Dans la boîte, je pris la carte que Martin m'avait envoyée de Poperinghe et la parcourus une fois de plus.

Tous roule ici. Pas vus encore de Fritz. Mais entendues des bombes. M.

« Hé, Willie ?

– Hein ? gémit ce dernier.

– T'aurais pas une carte postale en rab ?

– Si, sûrement. Regarde dans ma musette. Elles sont dans une pochette. »

Willie en avait toute une collection. J'en choisis une qui figurait une caricature de mauvais goût d'un soldat britannique enfoncé jusqu'au nez dans la boue des tranchées. *Je garde la tête froide*, disait la légende. Tout à fait le genre de carte qu'aurait pu envoyer Martin.

« Combien je te dois, Willie ?

– Que dalle », fit Hobbs, secoué par une nouvelle quinte de toux.

Je regagnai mon lit et réfléchis à ce que j'allais écrire, aux mots que j'allais retenir, ni trop recherchés ni trop enfantins – après tout, Martin, à supposer qu'il fût encore en vie, aurait eu presque 20 ans. À n'en pas douter, il aurait encore fait des fautes d'orthographe.

Je pris ma plume entre l'index et le majeur, comme lui-même le faisait. Et son écriture si particulière apparut presque automatiquement sur le verso. Mon père avait dit un jour : *On dirait que chaque lettre a été gravée au couteau.*

Chère maman, j'ai parler à John. Je suis désolér pour papa. Ça me fait beaucoup de peine.

J'étais tellement absorbé par ma tâche que j'en oubliais Mary. Peu à peu, je me sentais revivre. Le sang se remettait à circuler dans mes veines.

Je le vengerai dé que possible. Les Huns, y en ont pas encore finis avec moi. Je t'écriré bientôt une lettre. M.

Du Martin tout craché, me dis-je en relisant ces phrases. Je glissai la carte dans une enveloppe, traçai selon le même procédé l'adresse de Mme Bromley sans rien mentionner à propos de l'expéditeur.

Ensuite, je me couchai sur mon lit. De l'autre côté, Hobbs ronflait comme un vieux chien. Moi aussi, je sentais la fatigue me gagner. Bercé par le sentiment de bonheur que me procurait l'idée que Martin débordait de nouveau de vie, je ne tardai pas à m'endormir.

Un bruit me réveilla. Je crus d'abord qu'il s'agissait de la toux de Hobbs. Mais tout de suite, je compris qu'il s'agissait d'un bombardement.

« Willie, réveille-toi ! Willie ! Vite, planque-toi sous ton lit ! »

Dehors, une alarme retentit. Presque au même moment, notre batterie antiaérienne se mit à crépiter.

Willie se redressa, conscient de ce qui se passait, et, suivant mon exemple, plongea sous son lit.

Au-dessus de nous passaient des avions dans un énorme rugissement qui couvrait l'alarme et laissait à penser qu'il y avait des dizaines d'appareils. Plus assourdissantes encore étaient la pluie de bombes s'abattant sur notre camp, les explosions se succédant les unes aux autres. Je gardai les yeux bien fermés, me protégeai la tête de mes mains. Une bombe tomba alors sur notre baraque. Un choc sourd. La charpente craqua, s'effondra, les tôles du toit heurtèrent le sol dans un grand fracas ; aussitôt, un nuage de poussière se propagea.

Je m'essuyai les paupières, ouvris les yeux, mais ne vis rien. En revanche, j'entendis des éclats de voix. Ils venaient de l'extérieur où les vrombissements déclinaient rapidement. Je sortis de mon abri de fortune. Il y avait encore trop de poussière pour que je pusse distinguer quoi que ce soit.

« Willie ? »

Mon cri retentit comme si j'avais eu de la craie dans la gorge. Aucune réponse, aucun bruit ne me parvint du côté opposé.

« Willie ? »

Sa toux, qui m'inquiétait tant ces derniers jours, je fus cette fois-ci soulagé de l'entendre.

« Faut pas rester ici, Willie, sinon, on va tout se prendre sur la tête. »

La poussière provenait du fond de la baraque. Elle se dissipait un peu : par l'énorme trou dans le toit, la lumière du jour se faufilait tant bien que mal. L'artillerie s'était tue alors que l'alarme mugissait encore.

Je me dirigeai dans la direction opposée, vers la porte, mais revins bientôt sur mes pas, à tâtons, pour récupérer ma musette.

Entre-temps, Willie s'était mis debout. Clignant des yeux, il regardait tout autour de lui.

« Mes lunettes.

– Pas de temps pour ça, Willie. »

Je l'attrapai par le poignet, tout moite de sueur, et le conduisis dehors. Sa toux le secouait des pieds à la tête.

Le soleil était déjà haut dans le ciel. J'avais dormi plus longtemps que je ne le pensais – ce fut la première chose qui me vint à l'esprit. Ensuite, je vis les colonnes de fumée qui s'élevaient de plusieurs baraques et bâtiments, ainsi que de cratères. Des soldats accouraient, des seaux à la main, déroulaient un tuyau d'incendie, en plongeant l'une des extrémités dans un étang, se précipitant avec l'autre vers le hangar qui abritait le mess des officiers. Le bâtiment était en feu. Même sans lunettes, Willie distinguait les flammes qui s'échappaient du toit.

« John, c'est le mess qui brûle ? »

J'allais lui répondre quand j'avisai une voiture garée près du hangar que le chauffeur démarrait pour l'éloigner au plus vite du sinistre. Comme le véhicule partit de l'autre côté, je ne pus voir si l'homme au volant était celui qui avait transporté le lieutenant Ashwell. Se pouvait-il qu'ils fussent déjà de retour ? Ma montre indiquait presque midi. Il s'était en principe présenté trois heures plus tôt devant la commission.

« John, tu vas où ? Me laisse pas ici, je vois rien du tout, je me les gèle, John ? cria Willie alors que, l'ayant déjà oublié, je filais vers le mess.

– Je reviens de suite, Willie ! »

Je longeai notre baraque. À l'arrière, le toit était éventré. Brisé en deux, le faîtage pendait dans le vide comme un bras cassé. Mais rien ne semblait brûler, peut-être l'obus n'avait-il pas explosé et avions-nous eu, Willie et moi, de la chance.

Une chance qui n'avait pas souri aux officiers. Une bombe avait emporté la moitié de leur bâtiment dont la partie réservée à notre compagnie où, pas plus tard que la veille, j'avais trié le courrier et servi son souper à Ashwell. J'en suffoquais presque, plus encore quand je vis, près du hangar, le lieutenant Robinson allongé par terre. Penché sur lui, un infirmier militaire tentait d'étancher le sang qui jaillissait de multiples blessures. Sur ces entrefaites, une ambulance arriva.

De tous côtés, des soldats accouraient, surtout des hommes de la compagnie A, qui, avant le bombardement, se livraient à des exercices dans les parages. Certains gagnèrent leur baraque en proie aux flammes, d'autres se mirent à chercher de quoi éteindre les incendies. L'un des sergents s'agenouilla près du lieutenant Robinson.

« Il y avait qui d'autre à l'intérieur, sir ? » lui demanda-t-il presque en criant.

Avant que le lieutenant n'ait pu répondre, un autre sous-officier me fila une bourrade dans le dos. Il me rabroua parce que je restais planté sur place, simple spectateur. Toutefois, il continua son chemin. J'essayai de saisir ce que disait le lieutenant Robinson, mais seuls des gémissements sortaient de sa bouche.

Un caporal me somma de prendre place dans une rangée qu'un peloton était en train de former entre l'étang et le mess. Je scrutai l'espace tout autour de moi. En maillot de corps et caleçon long, Willie se tenait toujours là où je l'avais laissé.

Durant une demi-heure, dans la rangée, je fis passer des seaux d'eau. Quelques téméraires se risquèrent dans le hangar.

Une rumeur commença à se répandre selon laquelle au moins cinq officiers et leurs ordonnances se trouvaient à l'intérieur. Je pensai au capitaine Brooke et à Simkins. Je ne les haïssais pas au point de leur souhaiter le pire, même si, avant tout, je continuais d'espérer que la voiture que j'avais vue n'était pas celle ayant ramené le lieutenant Ashwell.

Finalement, la réponse ne tarda pas à arriver sous la forme d'une autre voiture. De loin, le passager, intrigué, passa la tête par la vitre, maintenant son couvre-chef d'une main sur son crâne. Le voir disparaître immédiatement dans le véhicule pour ne plus se montrer m'ôta tout doute sur son identité. Sans ralentir, le conducteur passa devant le mess et se dirigea vers le village, obéissant sans doute à l'ordre qu'il venait de recevoir.

Une fois le feu éteint et le déblaiement des décombres commencé, je parvins à m'éclipser. À ce moment-là, seuls deux cadavres avaient été sortis de ce qui restait du hangar, ceux de deux officiers de la compagnie A.

Auparavant, Willie Hobbs avait été embarqué dans une ambulance par un infirmier, alarmé par l'état du malade. Mon camarade s'était opposé à ce qu'on l'emmène, mais, en raison de son affaiblissement, il n'avait pas tardé à s'incliner.

Quand j'arrivai au magasin de tissu, Mme Charlier se tenait dans l'encadrement de la porte. Il s'en fallut de peu qu'elle ne me saute au cou. Comme elle se lançait dans un de ses caquetages, je lui fis comprendre d'un geste que je souhaitais me rendre à l'étage. Elle me laissa passer non sans profiter de l'occasion pour secouer la poussière de ma capote. Et pour préciser qu'elle allait nous monter du café.

Au premier, la porte de la chambre était entrouverte. Le lieutenant Ashwell me tournait le dos, assis à la petite table branlante initialement placée devant la fenêtre, et qu'il avait choisi de mettre contre un mur aveugle.

Je frappai. Son buste pivota. À ma vue, son visage afficha durant quelques secondes un certain soulagement, dont il ne resta pas trace dès qu'il me salua :

« John. »

C'est là tout ce qu'il dit, sur un ton qui laissait d'ailleurs à penser qu'il n'était plus certain de connaître mon prénom.

« Sir, le mess des officiers… »

Le lieutenant m'empêcha de finir ma phrase :

« J'ai été muté. »

Cette fois, sa voix était empreinte d'émotion. Un mélange d'indignation et d'abattement, qui me déboussola.

« Où ça, sir ? lui demandai-je, voyant qu'il avait étalé une carte devant lui.

– Une station de télégraphe. Quelque part près de Hazebrouck. Loin du front. »

J'aurais été incapable de situer Hazebrouck sur une carte. Quoi qu'il en soit, je considérai cette mutation bien plus comme une récompense que comme une sanction. Quand je le lui dis, il se sentit offensé.

« Pour l'officier de combat que je suis, John, c'est une dégradation. »

Son aplomb me surprenait plus que le reste.

« Avec votre permission, sir, je dirais que cela n'est pas si grave. Vous allez enfin pouvoir vous éloigner de ce monde de fous. (Peut-être n'aurais-je dû utiliser cette expression.) Ce matin encore…

– J'ai échoué, John ! m'interrompit-il sans ménagement. Vous ne comprenez pas ça ? Ma fierté, qu'en faites-vous ? J'ai ma fierté, moi aussi. »

J'étais choqué : ces mots, je les avais déjà entendus, sur le même ton indigné, dans la bouche de William après la bagarre qui l'avait opposé à son père. Me remémorant la façon dont ça c'était terminé pour lui, une bouffée de rage m'assaillit.

« Votre fierté ? m'écriai-je. De quoi pourriez-vous tirer ici une quelconque fierté ? Des morts de ce matin, sir ? Auxquels les Allemands n'ont laissé aucune chance ? Le lieutenant Robinson, d'autres officiers, le capitaine Brooke, qui sait, Simkins… Vous aussi, vous auriez pu être du nombre des victimes. Ou moi. C'est de cela que l'on devrait tirer de la fierté ? Du fait que l'on y a réchappé ? »

Le lieutenant avait détourné la tête. Je n'éprouvais pas la moindre pitié à son égard. D'autres paroles de William me revenaient : *La fierté, John, c'est un animal affamé, affamé en permanence.* Une assertion qui, je m'en étais rendu compte après coup, valait pour lui mieux encore que pour toute autre personne. Or je me trouvais de nouveau devant un être rongé par l'orgueil. Mais cette fois, je ne tenais pas à rester simple spectateur.

« Votre fierté va vous mener à la mort, sir ! repris-je, toujours aussi animé. Et quelque chose me dit que vous ne le déploreriez pas. C'est cela qui me révolte le plus ! J'ai vu un de mes amis finir de la sorte. Qu'attendez-vous donc pour saisir à deux mains la chance qui se présente à vous de fuir cet enfer ? Moi, il ne faudrait pas me le dire deux fois. Ma fierté, ils peuvent se la garder ! Et tout le reste avec ! »

J'eus un geste de dédain, suffisamment ostensible pour que le lieutenant le remarque. Mais ce dernier ne broncha pas. Aussi me demandai-je si mes propos n'avaient pas glissé sur lui. De même qu'il se fermait à certaines images, de même avait-il peut-être la capacité de se fermer à des paroles ou à des bruits. Pour essayer de me calmer, je remplis mes poumons d'air à plusieurs reprises.

« Vous pouvez venir, marmonna-t-il alors.

– Comment ?

– Vous pouvez venir avec moi si vous voulez. »

Dans un premier temps, ma colère chercha à reprendre le dessus, mais je parvins à me contrôler.

« Que voulez-vous dire ?

– Me suivre en tant qu'ordonnance, précisa-t-il en me regardant enfin dans les yeux. La commission ne s'y oppose pas. Ça leur paraît même une bonne idée. »

Je gardai le silence. Il m'était difficile d'apprécier ce qu'il me proposait. Étant donné que je m'étais plus ou moins fait une raison – me pliant à la situation que je connaissais depuis plusieurs mois –, cette soudaine perspective m'inspira une défiance pareille à celle que doit ressentir un oiseau qui, en cage depuis longtemps, n'est plus capable de s'envoler quand on lui ouvre la porte.

« Où se trouve Hazebrouck ? lui demandai-je pour gagner du temps.

– Plus au nord, dit-il en me montrant de la main la carte. Nous nous trouvons ici. Et Hazebrouck, c'est là. »

Je suivis son doigt qui traça, en montant pour ainsi dire tout droit, un trait invisible d'Arras à un point situé non loin de la frontière belge. Un peu plus au nord encore se trouvaient Bailleul, Cassel, Ypres et, quelque part par-là, je découvris, telle une araignée au centre de sa toile, le nom de Poperinghe. Je me reportai à l'échelle pour évaluer la distance qui séparait cette localité de Hazebrouck.

Tout au plus vingt kilomètres.

« Quelles responsabilités va-t-on vous confier là-bas, sir ? m'enquis-je comme si de sa réponse dépendait en partie ma décision.

– Entretenir la correspondance avec Londres », dit-il d'abord, de façon à conférer à sa future tâche un semblant de solennité, avant d'ajouter : « Faire office de passe-plat. Rien de plus. »

À ce moment-là, c'est à peine si je l'écoutais encore. Dans mes pensées, je déambulais déjà dans les rues de Poperinghe, non tant pour relever une trace de Martin, ce qui me semblait pour le moins utopique, que pour me trouver là où il avait écrit ses derniers mots, vécu ses derniers moments de plaisir et peut-être fait ses derniers pas.

« Monsieur. »

Mme Charlier se tenait dans l'encadrement de la porte, un peu embarrassée. Sans doute m'avait-elle entendu m'emporter contre le lieutenant. Elle fit un pas de côté et tendit le bras pour inviter une tierce personne à entrer. Le sergent Brier de la compagnie A.

Il salua le lieutenant Ashwell.

« Sir, le major Stockbridge vous mande d'urgence au mess. »

Malgré le ton égal qu'il venait d'employer, il n'était pas parvenu à dissimuler la gravité dramatique de son message.

« Le major a-t-il précisé pour quelle raison ? demanda-t-il, stoïque.

– Pour une identification, sir.

– Une identification ?

– Sans doute le corps d'un homme de votre compagnie, sir. D'après ce que l'on dit, l'ordonnance du capitaine Brooke.

– Simkins ? » m'écriai-je.

Le sergent Brier posa son regard sur moi, mais le lieutenant réclama de nouveau son attention :

« Le capitaine Brooke n'est-il pas à même de s'en charger ?

– Nous ne l'avons pas encore retrouvé, sir.

– Eh bien, continuez à chercher, sergent.

– Il est sous les décombres, sir. »

C'est seulement à ce moment-là que l'officier sembla saisir ce pourquoi on l'appelait. Dissimulant son œil gauche sous sa main, il lança en regardant droit devant lui :

« Dites au major que j'arrive.

– À vos ordres, sir », répondit le sergent en le saluant.

LA COMPAGNIE A AVAIT PERDU DEUX OFFICIERS. L'un d'eux était le capitaine Blandford. Et la nôtre trois, dont le lieutenant Robinson, qui avait succombé à ses blessures. Dégagé des décombres, le capitaine Brooke était encore en vie, mais il souffrait de brûlures graves. On comptait par ailleurs deux ordonnances au nombre des morts : celui du lieutenant Robin, Fowler, et le lance-corporal Simkins.

Le lieutenant Ashwell n'avait fait que passer à côté de la dépouille de ce dernier. Je doutais qu'il eût posé les yeux dessus. Pour ma part, même si le cadavre offrait une vision d'horreur, je m'étais assuré qu'il s'agissait bien de Simkins. Curieusement, je ne parvenais plus à me rappeler son prénom. Je le retrouvai en rassemblant les affaires du défunt dans la baraque. J'agissais de ma propre initiative : la disparition de plus de la moitié des officiers de notre compagnie avait décapité celle-ci et ce n'était pas du lieutenant Ashwell qu'il fallait attendre des ordres.

Auparavant, j'avais ramassé les effets de Willie Hobbs afin de les envoyer à l'infirmerie. Dans notre baraque, la poussière s'était dissipée. La lumière du jour tombait par la brèche du toit où s'introduisaient aussi, à présent, le vent et la pluie. J'entassai tout dans le havresac de Hobbs, y compris ses lunettes, dont je pris soin de nettoyer les verres épais.

Alors que je gagnais mon lit, mon regard tomba sur la musette de Simkins. C'est à ce moment-là que je compris pour de bon qu'il ne remettrait plus les pieds ici. Apparemment, sa mort se manifestait plus à travers les quelques biens qu'il laissait que dans le cadavre que je venais de voir. J'éprouvai du regret d'avoir tant fulminé contre lui.

J'entrepris de faire trois tas de ses effets : un pour sa famille, un deuxième composé des vêtements et du matériel qu'il convenait de restituer à l'officier d'intendance, un dernier enfin réunissant les rations restantes que le peloton pourrait se partager. Dès le début, je savais qu'en me livrant à cette tâche, je tomberais sur les lettres de sa dulcinée ; peut-être était-ce cela qui me poussait à agir, même si je me refusais encore à le reconnaître. Je voulais croire que je ne faisais que remplir mon devoir.

Walter.

Le prénom figurait sur toutes les enveloppes. Il y en avait des dizaines. Walter. Sa bien-aimée se prénommait Gladys. Cela, je ne l'avais pas oublié.

Je fis passer et repasser les syllabes sur ma langue. Gladys.

Elle avait une écriture très délicate, de la finesse d'une broderie.

Une lettre, me promis-je, pas une de plus, rien que pour cerner un peu sa personnalité.

Mon Walter chéri, être près de toi, te voir, te toucher, sentir ton odeur, combien d'années de ma vie donnerais-je pour cela ? Ou pour entendre ta voix, ne serait-ce qu'une seule fois, quelques mots, pas même une phrase complète. Tu es parti depuis si longtemps que, dans ma tête, son timbre a tendance à s'estomper. Ah ! le téléphone qui te permettrait de m'appeler, qui va l'inventer pour nous ? Des inventeurs amoureux, cela doit bien exister.

Heureusement, il y a tes lettres. Écris-moi aussi souvent que tu le peux, mon chéri, je me réjouis de chaque mot que tu m'adresses, de chaque note que tu tires de ta lyre. Tes lettres, je les lis et relis, j'en connais par cœur chaque phrase, je les récite tous les jours, si fort que maman doit m'imposer le silence. Elle a probablement oublié ce que c'est, d'être éperdument amoureuse, d'être comme deux tourterelles qui roucoulent. Les tourterelles, ça s'envole, qu'elle me dit, mais moi je sais que notre amour est éternel. Tu me manques, mon tendre chéri, c'est incroyable à quel point tu me manques.

Je m'arrête ici pour cette fois, le facteur ne va pas tarder, ma lettre pourra partir aujourd'hui. Adieu, mon amour, *comme on dit en France, je t'envoie mille fois mille baisers.*

Pour toujours tienne, Gladys

Pour la deuxième fois en deux jours, je versai des larmes. Elles tombaient sur mes mains, sur la feuille de papier, en diluant l'encre. Je ne pleurais pas Walter, ni à cause de Gladys, non plus à cause de Mary ; je pleurais sur moi seul, en raison de ce que je n'avais jamais eu et n'aurais jamais. Depuis des années, je menais une vie de pierre. J'en avais pris conscience à mesure que je lisais la lettre. Je regardai autour de moi, la baraque jonchée de lits vides, les gravats sur le sol, les poutres cassées, et je me dis : c'est moi, ça, c'est mon corps, mon âme, un espace où tout le monde n'a jamais rien fait d'autre que passer, où personne n'a souhaité ni pu rester, où le vent et la pluie jouent à leur guise.

Je reposai les yeux sur le feuillet. Les dernières lignes en étaient déjà illisibles, le prénom déjà flou. Gladys. Je me forçai à sécher mes larmes et à reprendre mon travail de rangement. À tout moment, la compagnie pouvait être de retour. Il allait falloir dresser des tentes pour remplacer les bâtiments et les baraques détruits, transbahuter les effets de chacun. Nous allions aussi devoir dire adieu au lieutenant Robinson, au sous-lieutenant Watts, au lieutenant Jefferies, à Leslie Fowler et à Walter Simkins. Les ensevelir au plus tôt. La guerre ne connaissait pas de répit.

Le havresac de Simkins contenait beaucoup d'autres lettres, réunies en petits paquets et toutes numérotées. Un parfum enivrant en émanait. *Penhaligon's English Fern*. Je les portai à mon nez et en inhalai l'odeur. Ce faisant, je tentai de me remémorer le visage de Gladys que je connaissais d'après la photo que m'avait montrée Simkins, photo sans doute maculée de sang à présent, tout comme son calepin et la veste de son uniforme. Les traits de la jeune fille me revinrent vaguement, ses joues rondes et pleines, sa bouche fine, le sourire sur ses lèvres, ses yeux clairs.

Mais d'autres choses encore que le parfum des lettres rendaient palpable la présence de Gladys. Je trouvai des mouchoirs brodés de son prénom, un cœur en peluche couvert de petites perles, des myosotis séchés collés sur une carte. Je songeai à ce qu'elle lui avait écrit, au couple de tourterelles qui, bientôt, lorsqu'elle apprendrait la nouvelle, se changeraient en corbeaux, des corbeaux qui la cribleraient de mille fois mille coups de bec, jour après jour, mois après mois, année après année.

Tu me manques, mon tendre chéri, c'est incroyable à quel point tu me manques.

La pensée qui surgit alors en moi, je la refoulai, ou plutôt je la combattis. Mais elle ne me lâcha plus, pas même quand j'eus fini de trier les affaires de Simkins, ayant posé à part sur un lit toutes celles susceptibles d'être réparties entre les hommes.

Peu après, quand la compagnie fut de retour, la plupart des soldats se dirigèrent vers le fond de la baraque pour voir de leurs propres yeux à quoi ils avaient échappé. Ceux dont le lit disparaissait sous les décombres poussèrent des jurons tout en cherchant ce qui pouvait encore être sauvé. Certains tenaient à savoir pourquoi je ne me trouvais pas au mess à l'heure du bombardement.

« J'étais venu prendre des nouvelles de Hobbs. Il n'allait vraiment pas bien. »

Leur avouer que j'en avais profité pour faire une sieste eût été m'exposer à leur incompréhension. Plus les semaines s'égrenaient, plus ma vie se confondait avec mes mensonges.

« Et Ashwell, il était où ? me demanda Herbert Cullingford.

– En voiture. Il rentrait au mess. »

J'ignorais si un seul d'entre eux savait que le lieutenant avait dû, le matin même, répondre de ses actes devant la cour martiale.

« Une fois de plus, il a eu de la chance, lança Harry Finch sur un ton qui révélait qu'il aurait préféré que cette chance eût plutôt choisi de sourire au capitaine Brooke ou à l'un des autres officiers.

– Et ce pauvre Simkins, soupira Archie Rathband qui avait déjà laissé traîner un œil sur le lit et les paquets de Woodbine. On tire à la courte paille ? »

D'un matelas déchiré, Finch, doyen du peloton, exhuma autant de brins de paille qu'il y avait de candidats. Outre les cigarettes, il s'agissait de distribuer des biscuits, des barres de chocolat, des boîtes de conserve, du savon, du cirage, des restes de bougie, un jeu de cartes, une petite bouteille de sauce Worcestershire et deux paires de chaussettes propres. J'avais aussi mis de côté la gamelle de Simkins, ses couverts et autres ustensiles pour les gars désireux de les échanger contre les leurs. Des objets en tellement bon état qu'on aurait pu croire que le lance-corporal venait tout juste d'arriver sur le front.

Je me tins à l'écart du groupe rassemblé autour de Harry Finch. Par moments toutefois, mon regard glissait vers eux. Sur le visage de certains se lisait une cupidité que je n'avais encore jamais relevée. La proximité constante de la mort semblait avoir aiguisé chez eux l'instinct de survie. Pas plus tard que la veille, j'avais vu Herbert Cullingford, en d'autres circonstances si pieux, tourner autour de la couche de Willie Hobbs. Il avait exprimé son intérêt pour la vareuse en cuir doublé de laine qui appartenait au malade.

« Belle veste, Willie. Elle doit tenir chaud, hein ?

– C'est ma mère qui me l'a faite », avait expliqué Willie avec fierté.

S'il avait eu ses lunettes sur le nez, il n'aurait pas manqué de relever le regard plein de convoitise de Cullingford.

Ce dernier avait d'ailleurs été le premier à me demander des nouvelles de Hobbs.

« Il a été transporté à l'infirmerie, lui avais-je répondu.

– Oh ! je croyais qu'il était mort lui aussi. »

Les effets de Simkins étaient presque tous distribués quand le sergent Higgins, le successeur de Chapman, vint nous annoncer que la compagnie devait se rassembler un quart d'heure plus tard sur la place d'armes. Comme il apportait le courrier, il le distribua lui-même afin de mieux être en mesure de mettre un nom sur les visages.

« Watson !… Crockett ! »

Je n'avais pas encore eu le loisir d'observer aussi longtemps le sergent. Visage étroit et chaleureux, fine moustache aux pointes relevées. Je lui donnais une bonne vingtaine d'années, mais comme il avait, pendant presque un an, acquis de l'expérience au sein d'un autre bataillon de combat, il faisait figure de vétéran par rapport à la plupart d'entre nous.

« Parker ! »

Je redressai la tête. Le sergent brandit un paquet.

« Il est mort, sergent ! cria un des soldats.

– Vous pouvez me le confier, sergent, dis-je en m'avançant. Je vois mon lieutenant tout à l'heure. »

Je constatai qu'il essayait de me remettre.

« John Patterson, sergent, me présentai-je. L'ordonnance du lieutenant Ashwell.

– Il est muté, n'est-ce pas ? » s'empressa de relever mon interlocuteur.

Je sentis plusieurs yeux rivés sur moi. La nouvelle était donc déjà parvenue aux sous-officiers.

« Il paraît, oui.

– Il vous emmène avec lui ?

– Aucune idée.

– Parce que je manque de bras, voyez-vous, avança le sergent dont l'escouade avait souffert de la perte de Hazell, Brown et Lenihan, perte que l'arrivée d'une seule recrue n'avait pas suffi à compenser.

– J'y réfléchirai, sergent. »

Je focalisai mon attention sur le paquet afin que lui-même s'y intéresse. Il le soupesa. Léger comme une plume, apparemment.

« Un vêtement, sans doute. Ouvrez-le, Patterson, peut-être Parker pourra-t-il faire encore plaisir à quelqu'un, de la sorte. »

Le colis contenait les chaussettes promises par sa mère. Tricotées avec des restes de laine, mis bout à bout de façon arbitraire, ce qui donnait un motif bariolé et deux chaussettes pour le moins différentes l'une de l'autre.

Higgins sourit :

« Le costume du clown ne devrait pas tarder à suivre.

– Vu le cirque dans lequel on vit, sir, ces chaussettes nous iront à merveille », plaisanta Harry Finch qui s'en empara pour les tirer au sort comme les effets de Simkins.

Le sergent reprit la distribution du courrier. Je me dirigeai vers mon lit. Je me proposais de lire la carte qui accompagnait la paire de chaussettes et que j'avais subtilisée. Mais Higgins m'interpella.

« Lance-corporal Patterson, une lettre pour vous aussi. »

Il agitait une enveloppe au-dessus de sa tête. À la couleur gris bleu, je compris qu'elle venait d'un autre soldat.

Jack m'avait écrit.

Je me dépêchai de la prendre et, dès que j'eus regagné mon lit, je l'ouvris. J'avais l'impression d'être sur le point de consulter un rapport qui devait trancher une question de vie et de mort, sans savoir quel verdict me réjouirait le plus. Peut-être était-il préférable que le jeu auquel je me livrais depuis si longtemps prît fin, d'autant plus que je m'apprêtais, dans un coup plein d'audace, à avancer un nouveau pion.

Jack ne savait rien.

En soi, cela ne m'étonnait guère. Ce que je trouvais curieux, c'est qu'il m'envoie une vue de Poperinghe. Bien que le nom de la commune, tout comme sur la carte de Martin, fût biffé par la main du censeur, je reconnus tout de suite l'immense Grand-Place ainsi que l'édifice à la tour étroite. Cette photo était sans doute ultérieure à celle qui illustrait la carte de mon frère de lait, puisque la place grouillait de soldats et de véhicules militaires anglais : camions, ambulances, automobiles, quelques motocyclettes.

Jack se contentait de m'adresser une réponse formelle.

Je l'ai pas croisé une seule fois durant tout ce temps. Pourtant, comme estafette, j'en ai vu des endroits.

Entre autres, donc, Poperinghe. Devais-je lui annoncer que je pensais me rendre de ce côté-là ? J'en doutais. Ça ne changerait rien. Il m'avait fourni une réponse claire, je savais à quoi m'en tenir. Sans que cela, cependant, ne me procure le moindre soulagement.

« Patterson, je peux vous déranger une seconde ? fit le sergent Higgins qui s'était approché. J'ai là une lettre pour Simkins. Malheureusement, il faut la retourner, elle aussi. »

Gladys, ce prénom me traversa la tête.

« Je vais m'en charger, sergent, lui répondis-je en tendant la main.

– Quelqu'un s'est occupé de ses affaires ?

– Je les ai triées, dis-je d'une voix assurée. Finch a déjà commencé à les distribuer. Le reste, je l'apporterai à l'officier d'intendance. Ce qu'il convient de retourner à la famille, je l'ai mis dans sa musette. Le lieutenant Ashwell s'en occupera avant son départ.

– Très bien, Patterson, j'apprécie votre sens de l'initiative. Prenez tout ça et suivez-moi. Je vais vous montrer le nouveau mess. On est déjà en train de l'aménager. Faut bien commencer par les hommes qui tiennent la barre, n'est-ce pas ? ajouta-t-il en m'adressant un clin d'œil qui haussa les pointes de sa moustache.

– Je pense que le mess… voulus-je répondre, mais le sergent ne me regardait plus.

– Ceux qui ont du courrier à envoyer, lança-t-il en élevant la voix, remettez-le tout de suite au lance-corporal Patterson. »

Je fis ce que le sous-officier attendait de moi. Il n'y avait pas beaucoup de lettres. La plupart des hommes n'avaient pas eu le temps de prendre la plume ; quelques-uns s'empressèrent de remplir une carte militaire. Je glissai parmi elles la carte postale que j'avais écrite au nom de Martin, même si j'hésitais encore à l'envoyer dès aujourd'hui. Quoi qu'il en soit, Jack ne constituait plus un obstacle.

« Vous venez, Patterson ? »

Le sergent me faisait signe de le suivre. Chargé de ma musette et de celle de Simkins, je lui emboîtai le pas.

Dehors, ça sentait encore la fumée et la poudre. Higgins dressa le nez et huma l'air :

« On a vu les avions passer dans cette direction, six en tout. Vous avez eu de la chance d'en réchapper, Patterson.

– Mon jour finira par venir, vous ne croyez pas ? observai-je sur un ton sobre.

– Je ne veux pas vous décourager, mais il est certain qu'on doit tenir compte d'une telle éventualité. J'ai bien l'impression qu'une grande offensive se prépare. Partout, on étoffe les troupes.

Mais avec un peu de bol, vous allez échapper à ça, non ? Où est affecté le lieutenant Ashwell ?

– À Hazebrouck, il me semble.

– Hazebrouck ! J'y ai passé trois jours dans un hôpital de campagne. Oh ! rien de bien héroïque, Patterson, ne me regardez pas comme ça, juste une entorse de la cheville en sautant du train. C'est d'ailleurs d'un ennui à mourir, là-bas, Hazebrouck et ses environs. Aucune distraction. Heureusement, les infirmières se sont montrées particulièrement gentilles. »

Il ricana. Puis il s'arrêta le temps d'allumer une cigarette.

« Poperinghe, c'est dans le même coin, non ? lui demandai-je en faisant l'idiot.

– Ah, Pop ! s'exclama-t-il en même temps qu'une bouffée de fumée échappait à sa bouche. Oui, Patterson, si jamais l'occasion se présente, n'hésitez surtout pas. Une oasis en plein enfer. Bière bon marché, de la bonne nourriture, y compris des *fish and chips*, pas aussi bons que chez nous, mais quand on sort des tranchées, tout ce qu'on peut se mettre sous les dents, on s'en contente. (Il ponctua sa remarque d'un nouveau ricanement puis reprit son propos, animé de l'ardeur que lui inspiraient ses souvenirs.) À chaque coin de rue, de quoi s'amuser, des films, des spectacles. Moi j'aime assez ça, surtout les variétés. Des chansons, des danseuses, du comique troupier. Qu'est-ce que j'ai vu là-bas ? Les Tivolies, les Wunny Wuns. Vous connaissez, Patterson ? (Je secouai la tête.) Il faut au moins les avoir vus une fois dans sa vie. On oublie tout de suite ses soucis. Les meilleures adresses, attendez, ça me revient, ah ! *The Red Roses*, à ne surtout pas manquer, et *Fancies*, bien évidemment *Fancies*. Même si vous êtes attiré par autre chose, Patterson, à Pop, vous en aurez pour vos sous. (Il me décocha un clin d'œil graveleux. Mal à l'aise, je lui souris.) À moins que vous ne préfériez mettre votre nez dans un bouquin ? ajouta-t-il en décochant un nouveau clin d'œil. Pas de honte à ça, vous savez. Moi aussi, ça m'arrive de lire. À Toc H, la bibliothèque regorge de bouquins anglais.

– Toc H ?

– La *Talbot House*. Vous y trouverez Tubby, l'un des aumôniers les plus chaleureux qu'il m'ait été donné de rencontrer. De surcroît un homme plein d'esprit. Qui accueille tout le monde. Une oasis dans une oasis, vous comprenez ? Vraiment l'endroit idéal quand on a besoin de reprendre haleine. »

Je m'efforçai de mémoriser ce qu'il m'apprenait, *Talbot House*, *The Red Roses*, *Fancies*, tout en regrettant de ne pas disposer d'un plan de la localité qui lui aurait permis de me montrer chaque lieu dont il parlait. Lieux où, à mon avis, Martin avait, lui aussi, très bien pu se rendre.

« Eh bien, nous y sommes, voilà le nouveau mess des officiers », reprit le sergent en tendant une main en direction d'une baraque vétuste, aux limites du camp, et en plaçant l'autre devant sa bouche pour me chuchoter à l'oreille : « Ces messieurs vont pouvoir se rendre compte par eux-mêmes de combien il est agréable de dormir dans les courants d'air. »

Il s'éloigna pour rejoindre la baraque des sous-officiers. Je le suivis des yeux jusqu'à ce qu'il disparaisse à l'angle d'un bâtiment, tout en restant planté sur place, la musette de Simkins et la mienne en bandoulière, dans une poche la lettre de Gladys, la carte de Jack et celle de Mme Parker, dans une autre le courrier à remettre au lieutenant, dont la fausse carte de Martin. Je ne me serais pas senti plus mal à l'aise si j'avais transporté un sac plein d'explosifs.

AU MESS, AUCUN OFFICIER N'ÉTAIT PRÉSENT. Tous, y compris le lieutenant Ashwell, avaient été convoqués au quartier général du bataillon. Je me résolus à gagner sa chambre, dans le village, et à l'attendre.

Mme Charlier montrait des tissus à deux femmes. Des pièces aux sobres motifs à carreaux. Elle leva la main à mon passage.

« Un garçon très aimable[1] », dit-elle à ses clientes.

Pour l'essentiel, la chambre du lieutenant était rangée. Il avait remis le microscope et la presse dans sa valise. Une housse en lin, sans doute un cadeau de notre hôte, enveloppait son uniforme de rechange suspendu au porte-manteau. Son havresac débordait d'effets. Tout indiquait qu'il quitterait les lieux dès que l'ordre de gagner Hazebrouck lui parviendrait.

Je n'avais pas encore eu l'occasion de lui annoncer que je souhaitais le suivre. Il me fallait le faire au plus vite. Une fois à Hazebrouck, je demanderais une permission afin de me rendre à Poperinghe qui, dans ma tête, rivalisait à présent avec Paris en matière de distractions ; certes, ce n'était pas cela qui m'attirait dans cette localité.

1. En français dans le texte.

En attendant, il me restait quelques points à trancher, à commencer par Jimmy.

Affectueusement. Maman.

Rien de plus sur la carte jointe aux chaussettes. Mais cette fois, c'était sa mère qui avait pris la plume, deux mots dans une écriture malhabile. Sur le recto, une photo retouchée et coloriée d'une mère qui rêve de son fils militaire lui-même représenté dans un nuage. Un pathos dégoulinant qui m'émut malgré tout, en partie pour la raison suivante : si je laissais les choses suivre leur cours, le prochain courrier de Mme Parker lui serait à coup sûr retourné, la mention *Killed in action* bien en évidence sur l'enveloppe. Le choc qu'elle éprouverait serait plus violent encore que si on lui adressait le formulaire standard.

Pour l'instant, cependant, je ne parvenais pas à prendre une décision. En effet, l'appel qui émanait de la lettre de Gladys posée à côté de la musette de Simkins, en prévision de leur réexpédition, m'assourdissait.

Je me promis de n'en inhaler qu'une seule fois l'odeur. Et pas plus d'une ou deux secondes.

Lavande. Indéniablement, une odeur de lavande, si prégnante qu'elle supplanta pour de bon celle, tout aussi suave, qui, des années plus tôt, s'était imprimée dans mon cerveau ; j'eus beau tenter de me rappeler celle-ci, elle s'était volatilisée à l'instar de Mary.

Mon chéri, mon Walter chéri.

Sans y prendre garde, j'avais décacheté la lettre. À croire que mes mains, à l'écoute de mon cœur et de rien d'autre, faisaient fi de mes dernières réserves.

J'aurais tant aimé que tu sois ici à Pâques.

Pâques approchait, ça m'avait totalement échappé. J'avais perdu toute notion du temps.

À défaut, je rêve que tu es près de moi, la nuit mais aussi pendant la journée depuis qu'une grippe me cloue au lit. À la vérité, je chéris ma grippe : grâce à elle, ce rêve se prolonge.

Chacune de ses phrases, chacun de ses mots, je les lisais avec une intensité que je n'avais jamais mise à découvrir une quelconque prose, un poème : j'imaginais qu'elle s'adressait à moi, que son cœur m'appartenait. Parvenu aux dernières lignes, je regrettais que la lettre ne fût pas plus longue.

Depuis des jours, un air que j'ai entendu il y a peu repasse dans ma tête. En voici le refrain :

Memories, memories
Dreams of love so true
O'er the sea of memory
I'm drifting back to you

C'est sur ces paroles que je te souhaite bonne nuit, mon lance-corporal chéri. Un baiser encore, et rêve de moi comme je rêve de toi. Écris-moi bientôt. Ta Gladys

De nouveau, l'idée de lui écrire s'imposa à moi. Me revint à l'esprit, avec une facilité déconcertante comme si elle avait attendu le moment propice, la citation de Keats que j'avais refusé de divulguer à Walter et que j'envisageais d'employer à présent : *Quoi qu'il advienne, je sais pour ma part du moins cela – que je considère comme un bonheur très grand de vous avoir aimée jusqu'à ce jour.*

J'imaginais sa réaction à la lecture de cette phrase. Elle, en train de faire et refaire passer ces mots sur ses lèvres. Sa langue s'enroulant autour de chacun d'eux pour les prononcer, encore et encore.

Je fus tiré de cette rêverie par des pas qui retentirent dans l'escalier. Par réflexe, j'enfouis la lettre de Gladys dans la poche intérieure de ma tunique et, avec la même diligence, fis passer la musette de Simkins de la table au plancher.

Le lieutenant Ashwell apparut à la porte.

« Sir, le saluai-je, me levant tout en poussant du pied la musette sous la table.

– John, répondit le lieutenant avec un léger signe de tête. Mme Charlier m'a annoncé votre présence.

– J'étais venu dans l'idée de ranger vos affaires, lui expliquai-je, mais j'ai constaté que vous aviez déjà fait le nécessaire. »

Un coin de sa bouche se souleva, annonçant un sourire forcé. Je saisis immédiatement qu'il avait quelque chose de fâcheux à m'annoncer. À cette fin, il prit d'abord la peine de fermer la porte.

« On peut tout redéballer, fit-il d'une voix atone en ôtant sa casquette. Pour l'instant, nous restons ici. (Le choc que j'éprouvai se trouva décuplé par l'emploi qu'il venait de faire du pronom *nous*.) Je suis désolé, John. On n'a pas le choix. Des ordres viennent d'arriver : nos troupes préparent une offensive de grande envergure. Le major nous a dit que remplacer les officiers décédés prendrait au moins une semaine. Ils ne peuvent se passer de personne. Jusqu'à nouvel ordre, je reste donc à la tête du peloton. »

Tout ce que j'avais envisagé se morcelait sous mes yeux, une ville entière se faisait décombres.

« Mais vous n'êtes plus autorisé à assurer un commandement, répliquai-je du bout des lèvres.

– Le verdict n'a pas encore été entériné. Ça pourrait prendre quinze jours. Et le major tient à ce que je reste. Il a laissé entendre que, compte tenu de la situation, mon expérience pèse plus que ce qu'on me reproche. Je lui ai promis de ne pas le décevoir. » (Ses mots me tétanisaient.) Qu'y a-t-il, John ? me demanda-t-il de façon ingénue. Mais sa paupière gauche, qui se remettait à tressaillir, révélait qu'il devinait ce qui se passait dans ma tête.

« Vous ne vous y êtes pas opposé ?

– M'opposer à quoi ? Je l'ai prié de me garder, répondit-il sans l'ombre d'une hésitation. Je veux faire mes preuves.

– De la folie. C'est de la folie », murmurai-je en le regardant, les yeux écarquillés, et en secouant lentement la tête.

Je vis son visage se figer. Ses mains se crispèrent sur le couvre-chef qu'il tenait devant son ventre. Puis il reprit, d'une voix plus haute :

« Une occasion pareille, ça ne se représentera pas, vous ne comprenez pas ?

– Cette occasion, elle s'est déjà présentée à vous ! Ils vous ont…

– Assez, John ! Je ne tiens pas à reprendre cette discussion. »

Il détourna brusquement la tête, décrocha la housse sur le porte-manteau placé derrière lui et entreprit ostensiblement d'en sortir son uniforme de rechange.

Je baissai quelques secondes les paupières. Je me sentais humilié, non par sa manière de m'imposer le silence, mais parce qu'en tentant désespérément de réparer son honneur, il m'entraînait à sa suite. Le sentiment d'impuissance qui m'envahissait me décida à quitter la pièce, façon de lui montrer que, si je me tenais plus mon sort entre mes mains, je ne renonçais pas pour autant à toute volonté propre. Je ramassai la musette de Simkins, Simkins dont le sort était encore, d'une certaine manière, entre mes mains – et passai devant le lieutenant sans lui adresser la parole. Son uniforme pendait comme une seconde peau au porte-manteau.

« Où allez-vous, John ?

– Aucune idée, sir. Je m'en vais.

– John, attendez. J'ai besoin de votre aide. Pour tout autre chose. »

Sa requête tenait plus de la prière que d'un ordre.

Je ralentis le pas et, imperturbable, répliquai :

« Vous vous débrouillerez très bien tout seul, je crois. Puisque vous tenez tant à faire vos preuves. Vous n'avez pas besoin de moi. Je vous laisse.

– Vous ne partirez que lorsque je vous y autoriserai, John ! Jusqu'à preuve du contraire, je suis encore votre supérieur ! pesta-t-il, se réfugiant une fois encore derrière des injonctions, sans plus m'impressionner toutefois.

– Vos galons, j'en ai rien à foutre, sir, le contredis-je, toujours placide. Et le mien, vous pouvez aussi vous le garder. Si vous voulez me sanctionner, ne vous gênez pas. De toute façon, vous avez déjà décidé à ma place.

– Ça n'a jamais été mon intention. Je n'ai tout simplement pas pensé aux conséquences que ma décision aurait pour vous. »

Je le fixai. Il eut bien du mal à soutenir mon regard. Ses yeux ne cessaient de se porter sur différents endroits de la pièce.

« Oui, mais à présent, c'est trop tard, sir. C'est une occasion perdue. Je voulais m'en aller. J'étais à deux doigts de partir d'ici, mais vous… vous… »

Je ravalai mes mots pour ne pas avoir à crier. Le lieutenant leva les avant-bras en l'air :

« Je peux peut-être arranger quelque chose, John. Je veux bien essayer. Le major m'a à la bonne. Lui au moins est bienveillant à mon égard.

– Ne prenez pas cette peine, sir. Quand commence l'offensive dont vous parliez ? Je peux le savoir ?

– Dans moins d'une semaine. Le lundi de Pâques. Mais nous formons la ligne de réserve. Autrement dit, nous ne serons pas engagés tout de suite. On dispose encore d'un peu de temps pour régler quelque chose. »

Je réfléchis sans parvenir à me faire une idée claire de la situation. Puis, appuyant sur les premiers mots, je lui dis :

« En ce qui me concerne, je préfère ne pas prendre de décision hâtive. »

Ses yeux cessèrent de passer d'un endroit à l'autre de la chambre. Ses dents s'enfoncèrent dans sa lèvre inférieure, y laissant une marque. Puis, non sans difficulté, il reprit :

« Je vous le répète, je suis désolé.

– Je peux y aller à présent, sir ?

– Une dernière chose, John, se hâta-t-il de répondre. À propos de Simkins, l'ordonnance du capitaine Brooke.

– Oui ? »

Inconsciemment, je portai la main sur la musette accrochée à mon épaule.

« Le major m'a demandé de me substituer au capitaine Brooke pour écrire une lettre de condoléance à ses parents. »

Pour la seconde fois en l'espace de quelques minutes, un pan entier, à l'intérieur de moi-même, sembla s'effondrer dans un grand fracas.

« A-t-on… balbutiai-je. Sa mort a-t-elle déjà été rendue officielle ?

– Que voulez-vous dire ?

– En a-t-on déjà informé ses parents ?

– Oui, par télégramme.

– Par télégramme ?

– Le major s'est occupé de tout, John. Il reste juste cette lettre. Peut-être pouvez-vous me dire deux ou trois choses à son sujet ? Quel genre de garçon c'était ? Quel genre de garçon c'était ? J'étais bien en peine de le dire. Mon cerveau n'avait même pas imprimé son image. Tout dans ma tête se faisait friable.) Vous devez bien avoir une petite idée. Réfléchissez un peu, insista le lieutenant.

– Gladys. »

Le prénom s'était échappé de mes lèvres.

« Gladys ?

– C'est comme ça que s'appelle sa fiancée.

– Gladys, répéta le lieutenant.

– À elle aussi, vous allez écrire ?

– On ne me l'a pas demandé. Uniquement à ses parents. Vous pouvez me dire autre chose, John ? Il avait des passions ?

– J'en sais rien, sir, répondis-je d'un air absent. Ce qui est sûr, c'est qu'il était un excellent ordonnance.

– Je comptais bien l'indiquer dans la lettre, dit-il en promenant son regard dans la pièce. Vous n'auriez pas rassemblé ses affaires, par hasard ?

– Ses affaires ?

– Ses effets personnels. Lettres, souvenirs. Sa montre, on me l'a déjà remise. »

Mes pensées vagabondes me ramenaient à Gladys. Dans quelques heures à peine, elle allait s'effondrer.

Moi je sais que notre amour est éternel.

Ma main se crispa sur la musette, sur les objets que Simkins avait laissés, le cœur de peluche, la carte aux myosotis séchés, les mouchoirs brodés ; peut-être contenait-elle des choses qui pourrait apporter à la jeune femme un semblant de réconfort.

« John, les affaires de Simkins ? »

Avec indolence, je hochai la tête.

« Je vous les ai apportées, sir. Les voici, lui dis-je en lui remettant le sac de toile avant de sortir de ma poche le dernier courrier de Gladys : Et il y a ça aussi. »

Peu après les obsèques de Simkins, j'écrivis une lettre à Gladys :

Chère mademoiselle Carrigan, la terrible nouvelle de la disparition de votre fiancé Walter Simkins vous sera parvenue. Je vous présente mes sincères condoléances. Walter était un garçon extraordinaire, apprécié de tous au sein de la compagnie. Ordonnance tout comme lui, j'ai eu le plaisir d'être souvent à ses côtés. À quelques reprises, nous avons partagé la même chambre. Il m'a souvent parlé de vous et plus d'une fois je l'ai entendu soupirer d'amour alors qu'il lisait une de vos lettres. Quand il m'a montré votre photo et que je l'ai félicité, il débordait de fierté. Si j'affirme qu'il vous aimait de tout son cœur, je ne fais qu'effleurer la vérité. Un jour, il m'a dit qu'il considérait comme un bonheur très grand de vous aimer. Le bombardement qui lui a coûté la vie, une action pleine de lâcheté menée depuis les airs, a été aussi imprévisible que brève. Walter est mort sur le coup. Il n'a pas souffert. Je peux vous l'assurer. Il a été enterré avec les officiers qui ont succombé lors de la même attaque. Lui-même aurait sans aucun doute considéré cela comme un honneur. Il était fier de ses galons qu'il méritait plutôt deux fois qu'une. Soldat, il aura été un exemple pour beaucoup, et ordonnance, bien plus qu'un exemple pour moi.

J'ai recueilli ses effets personnels. Ils vont être envoyés à ses parents. Peut-être y a-t-il parmi ces affaires quelque chose qui vous sera d'un certain réconfort en ces temps difficiles. Pour notre part, nous nous consolons en nous remémorant son enthousiasme et sa bravoure : ils nous donnent à chaque instant la force de défendre l'honneur de la patrie comme lui l'a fait. Je vous souhaite beaucoup de courage. En pensées, je compatis à votre douleur. Votre dévoué, John Patterson. Lance-corporal.

J'en arrivais à croire ce que j'écrivais. Quand j'eus fini, je me sentis même soulagé.

Savoir que nous allions bientôt participer à une offensive m'incitait à mettre de l'ordre dans mes affaires. J'étais convaincu que je ne m'en sortirais pas vivant. D'une façon ou d'une autre, cette certitude m'aida à trancher certaines questions.

Pour la mère de Jimmy, j'avais également rédigé une lettre. Elle regorgeait de clichés. Néanmoins, j'étais persuadé qu'ils la réconforteraient. Le premier paragraphe ne m'avait guère coûté, mais alors que je m'apprêtais à écrire que Jimmy était mort en héros, ma plume trébucha. Revivant le drame dont j'avais été témoin, il m'était impossible de voir en lui un héros. Ni en lui ni en personne d'autre, d'ailleurs. Toujours pas.

Quant aux confidences que je souaitais faire à Mme Bromley, je ne parvins pas à les coucher sur le papier. Quatre, cinq, six fois, je m'y attelai sans parvenir à aligner plus d'une ou deux phrases. Ma main était comme paralysée, toute formule sensée se refusait à mon cerveau.

Probablement parce que, en fin de compte, je n'avais pas envoyé la carte qui portait ces mots :

CHÈRE MAMAN, J'AI PARLER À JOHN.

Chaque fois que je les regardais, tracés dans l'écriture contrefaite de Martin, j'avais envie de poursuivre le jeu commencé à Londres, ne fût-ce que pour combattre cette funeste pensée : c'en serait bientôt fini de moi.

Je me remis toutefois à la tâche que je m'étais imposée, assis sur mon lit, dans la baraque déserte. On en avait entre-temps déblayé les gravats. Une grande toile avait été tendue sur la brèche du toit. À cette heure-ci, j'aurais dû être au mess en train de servir le repas du lieutenant Ashwell. Mais c'était au-dessus de mes forces. Je prévoyais de me présenter devant lui le lendemain matin, pas avant.

Aussi, quand la porte de la baraque s'ouvrit pour laisser apparaître l'officier, je crus qu'il venait me chercher.

« John, je me doutais que vous seriez ici. »

Je restai assis. Sur son uniforme, il y avait une tache. Dans d'autres circonstances, je le lui aurais fait remarquer. Mais dans le cas présent, je gardai le silence.

Comme je ne disais mot, il reprit la parole. Il venait de s'asseoir sur le lit voisin si bien que sa tête se trouvait à la même hauteur que la mienne.

« J'ai parlé de vous au major. »

Il s'interrompit tout de suite, par crainte sans doute de ma réaction. En réalité, ses faits et gestes, ses paroles, plus rien n'était à même de m'énerver. Je le trouvais pathétique, sans pour autant éprouver la moindre pitié à son égard.

« Le major, je disais… Je lui ai demandé si l'on pouvait envisager de vous muter. (Entendant ces mots, je levai les yeux sur lui.) C'est impossible, s'empressa-t-il de préciser. Sous aucune condition. Mais…

– Mais quoi ? demandai-je sèchement, un brin d'irritation ayant fini malgré tout par poindre en moi.

– Le major vous accorde quelques jours de permission. Ça vous fera du bien de vous éloigner un peu d'ici.

– Pour aller où ? Une petite virée à Arras ? lançai-je avec un sourire sardonique.

– John, je… »

Mais il n'alla pas plus loin. Manifestement, ma réponse le décevait. C'est alors que je pris la mesure de ce qu'il me proposait.

« Combien de jours ? » demandai-je.

Le lieutenant leva les yeux sur moi.

« Combien ? Trois. À compter de demain matin. Samedi, le samedi saint, vous devez être rentré, vous savez pourquoi…

– Je veux aller à Poperinghe, l'interrompis-je

– Poperinghe ? Aller et retour ? En trois jours ?

– Si vous pouvez arranger ça pour moi.

– Je ne sais pas, trois jours… Je vais voir ce que je peux faire, John. Mais je ne peux rien vous promettre. »

« J'ai obtenu ce que vous souhaitiez, John. Plus rien ne s'oppose à ce que vous vous rendiez à Poperinghe. Le major a donné son accord. »

Le lieutenant Ashwell montrait plus de joie que moi-même. De mon côté, je restais abasourdi.

« Quels arguments avez-vous avancés, sir ? demandai-je enfin, non sans une certaine défiance.

– Selon l'administration, vous n'avez pas eu un seul jour de permission en dix-huit mois de service. Le major en personne a trouvé ça ahurissant. Laissez ce garçon prendre un peu de bon temps, m'a-t-il dit. »

Avant qu'il casse sa pipe, ne pus-je m'empêcher d'ajouter à part moi.

Le lieutenant ne s'était pas contenté d'obtenir cet accord.

« Demain matin, un train-hôpital quitte Arras.

– Un train-hôpital ?

– Ces trains sont prioritaires, John, c'est la seule façon de gagner rapidement Hazebrouck. De là, vous pourrez prendre l'un des nombreux trains de troupes qui va à Poperinghe. Au fait, qu'avez-vous l'intention de faire là-bas ?

– Rendre visite à un ami, sir, répondis-je après un moment de réflexion.

– Ça ne peut être qu'un ami très cher, j'imagine.

– Effectivement, sir. »

Après m'avoir communiqué d'autres informations pratiques sur le voyage, le lieutenant me remit mon autorisation ainsi qu'un formulaire signé par le major qui valait sauf-conduit jusqu'à Poperinghe.

En rangeant ces documents dans ma poche, je découvris qu'une main avait glissé entre eux des billets de banque belges. Je levai les yeux, mais le lieutenant s'était déjà éclipsé.

À pied, je mis une heure pour arriver à la gare d'Arras. Parti avant l'aube, je fus accompagné sur tout le chemin par le ballet des bruits et des traits lumineux de notre artillerie dont les obusiers pilonnaient sans relâche les lignes allemandes, prélude sans doute à la bataille dont le lieutenant Ashwell m'avait parlé. Le temps était clément. Ni pluie. Ni froid mordant.

De loin, la gare me rappela un rayon de ruche vidé de son miel. De l'immense verrière de la façade ne subsistait que l'armature en fer, des centaines de petites alvéoles d'où le verre avait disparu. De même, il ne restait du toit que des châssis métalliques et des poutres en bois ; quant au mortier des murs, là où on relevait nombre de points d'impact, il était pulvérisé.

Mon train attendait sur l'une des rares voies encore en bon état. Des blessés montaient à bord, certains sans aide, d'autres s'appuyant sur le bras d'un tiers, sur des béquilles, d'autres encore tirés de leur fauteuil roulant et portés dans un compartiment. Beaucoup étaient amputés d'un membre, ou avaient un bras ou une jambe, voire les deux, bandés ou plâtrés. Alignés sur des civières, les plus grièvement touchés patientaient sur le quai ; un wagon équipé de lits leur était réservé.

Dans un autre, à moitié plein seulement – occupé par des soldats ayant pour la plupart subi des blessures sur la partie supérieure du corps –, je pris place près d'une fenêtre. En face de moi était assis un sergent artilleur dont la tête disparaissait en grande partie sous un pansement.

« Un shrapnel », m'expliqua-t-il en faisant un geste qui laissait à penser que l'éclat avait emporté un morceau de son crâne.

Le train reliait Arras à Boulogne-sur-Mer. Il était prévu qu'il s'arrête à trois ou quatre endroits, dont Hazebrouck, pour prendre d'autres blessés. Il roulait à très faible allure. Je ne quittais pas des yeux le paysage qui défilait lentement de l'autre côté de la vitre ; en surimpression sur le verre, mon cerveau projetait par moments des images de mon passé.

Peu à peu, le décor changea. De plus en plus de fourrés et d'arbres apparurent, certains en fleur. Et au fil des kilomètres, des maisons toujours moins endommagées. Çà et là, des vêtements et des draps séchaient dehors. Un paysan labourait son champ ; le vent actionnait les ailes d'un moulin. Par endroits, des enfants nous saluaient de la main.

Le trajet dura quinze heures. Le train ne tira guère bénéfice de son statut prioritaire. À maintes reprises, nous fûmes immobilisés pour en laisser passer d'autres qui transportaient des munitions et de l'artillerie jusqu'à Arras.

« Des quinze pouces », dit le sergent artilleur alors qu'un wagon chargé de trois imposants obus nous dépassait au ralenti.

Les arrêts prévus s'éternisèrent pour laisser le temps à tous les éclopés de trouver une place. Durant ces longues minutes, je faisais semblant de dormir.

En raison du retard, la nuit était bien avancée quand j'arrivai à Hazebrouck. Malgré l'heure, une grande animation régnait encore dans cette gare. Sur toutes les voies, on préparait des trains. On alimentait la chaudière de locomotives, on attelait des wagons. Les quais grouillaient de soldats ; près de là, dans un champ, un bataillon entier dormait à la belle étoile, tandis qu'un deuxième approchait au pas. Je me retrouvais au cœur de la guerre, à partir duquel on faisait refluer du sang frais vers les quatre points cardinaux.

Non sans quelques difficultés, je trouvai une place dans un wagon de charbon à ciel ouvert où s'entassaient déjà une quarantaine d'hommes, formant avec beaucoup d'autres un chapelet de bois et de métal accroché à une locomotive d'un modèle léger. À une allure d'escargot, nous partîmes vers le nord, tandis qu'à l'est, le soleil se levait déjà.

Quand je descendis à la gare de Poperinghe, j'eus le sentiment d'être de retour à la maison après un long voyage. Non que je reconnusse des fragments du passé dans ce qui m'environnait, ou que je retrouvasse des odeurs familières, mais parce que j'étais pour ainsi dire persuadé que Martin allait surgir quelque part, à un coin de rue ou ailleurs, tout comme il surgissait autrefois dans une venelle ou sur une place de Hoxton. Si, durant tout le trajet, j'avais fait mon possible pour ne pas penser à lui, à présent l'émotion me submergeait à l'idée de me trouver là où il était un jour descendu du train et avait, pour la première fois, entendu les grondements du front occidental qui me parvenaient à moi aussi.

Pas vus encore de Fritz. Mais entendues des bombes.

C'était au beau milieu de l'été, sept saisons plus tôt, et rien n'avait changé, sauf les conditions climatiques.

Le bataillon avec lequel j'avais voyagé partit vers l'est en empruntant la rue d'Ypres, pour passer dix jours dans les tranchées. Je pris la même voie, mais dans la direction opposée, vers le centre de la localité et la Grand-Place, suivant l'itinéraire qu'indiquait un plan affiché sur un panneau devant la gare.

Il était presque 8 heures. Des deux côtés de la chaussée, des colonnes affluaient, hommes à pied ou à cheval. Je me mêlai aux soldats qui revenaient du front et aspiraient manifestement à un bain ou un lit ainsi qu'à des distractions. Dans ma tête ronronnaient les noms des établissements qu'avait énumérés le sergent Higgins.

À mesure qu'elle s'enfonçait dans la ville, la rue d'Ypres se rétrécissait. À cet endroit et contrairement à celles de la place de la Gare, les demeures avaient subi peu de dommages. Plus d'un habitant du coin avait improvisé un petit commerce. Je passai devant une boutique de souvenirs, une épicerie, une poissonnerie et, surtout, nombre de cafés, tous encore fermés. À la différence des enseignes, toutes en français, les diverses inscriptions et réclames, petites et grandes, étaient formulées dans un anglais impeccable qui me donnait vraiment l'impression d'être de retour à Londres.

La Grand-Place, je la reconnus à son étendue, à l'édifice flanqué d'une tour étroite, aux maisons à pignons. Je venais d'atterrir au beau milieu de la carte postale de Martin et plus encore de celle que Jack m'avait envoyée : en effet, ça fourmillait de véhicules militaires et de soldats.

Tous roule ici.

J'avais chaud et froid en même temps, et je me surpris à chercher parmi tous ces hommes le visage de Martin, tout en sachant, quand bien même il eût été encore en vie, qu'il eût sans doute bien changé, traits moins juvéniles, expression plus affirmée. Conscient que je ne le croiserais pas, je n'en n'éprouvais pas moins l'envie de faire retentir son prénom sur la vaste place.

Martin !

Mais je m'en abstins. Je pris une profonde respiration afin de rester maître de moi. Ayant plus ou moins recouvré mes esprits, je parcourus du regard les inscriptions gravées sur les façades, dont certaines étaient endommagées par des bombes : La Fabrique, À la Poupée, L'Espérance, Hôtel du Grand Cerf, À la Maison de Ville. Des cafés et des hôtels ceignaient la place, mais nulle part je ne vis *The Red Roses, Fancies* ni la *Talbot House*.

J'apostrophai deux troufions qui me saluèrent sur-le-champ. *Fancies. The Red Roses*. L'un des deux jeta un œil sur sa montre pour me faire comprendre qu'il était bien trop tôt. Il me faudrait revenir vers 19 heures. En revanche, la *Talbot House* – « Toc H », corrigea l'autre en employant la même appellation que le sergent Higgins – ouvrait en principe dès le matin, c'était à deux pas.

« Cette rue, vous voyez », précisa le premier en désignant du doigt le côté opposé de la place.

Je traversai la Grand-Place et pris la rue de l'Hôpital. Il y avait là autant d'animation qu'un jour de semaine à Old Street. Camions, motocyclettes, automobiles, une ambulance, des charrettes, un flux incessant de véhicules qui se dirigeaient dans la direction opposée à la mienne.

La *Talbot House* se dressait dans une courbe. Une haute demeure patricienne blanche qui se distinguait de ses voisines par une enseigne en saillie au-dessus d'une porte à deux battants de très belle facture :

Talbot House
1915 – ?
Every-Man's Club

1915. Martin avait donc, qui sait ? franchi ce seuil.

La porte était entrouverte. De l'intérieur filtrait un air de piano. Un chant aussi, porté par une voix ample qui me rappela William et souleva en moi une pointe de mélancolie. D'autres me parvenaient par l'une des fenêtres du rez-de-chaussée, animées et enjouées, celles, aurait-on dit, de personnes s'adonnant à un jeu.

Je poussai l'un des battants et entrai. Un vestibule vaste et clair. La lumière s'engouffrait par les portes du fond grandes ouvertes d'où provenait également le chant. Interloqué, je regardai autour de moi. À ma gauche, je découvris une pièce où des hommes faisaient une partie de billard. Une dizaine en tout, regroupés à proximité de la table, simples soldats et sous-officiers, les yeux fixés sur le tapis vert.

À droite, un large escalier en bois menait au premier. Quelqu'un le descendait à grand bruit, un type plutôt ramassé, trop petit pour être militaire, au visage d'enfant, les cheveux soigneusement coiffés, séparés par une raie stricte, des lunettes rondes sur le nez pareilles à celles de Willie Hobbs. Dès qu'il m'aperçut, il vint vers moi, main tendue en avant. Derrière les verres, ses yeux noirs brillaient comme des cerises mûres.

« Cher ami, voyons, ne restez pas là à faire les yeux doux au paillasson. Avancez-vous. Soyez le bienvenu à la *Talbot House*. »

Il prit ma main dans les siennes et la serra bien fort. Mon regard s'arrêta sur son col blanc amidonné puis sur le blason cousu sur sa veste. Il s'agissait selon toute vraisemblance de Tubby, l'aumônier dont Higgins m'avait parlé. J'ôtai ma casquette et inclinai la tête.

« Pas de chichi entre nous, cher ami. On ne va pas s'embêter avec ça. Ici, vous n'êtes pas dans les tranchées, même si vous y croiserez peut-être un rat. Mais on essaie de les apprivoiser. Racontez-moi, vous nous arrivez d'Ypres ?

– J'arrive d'Arras, mon père, je suis parti hier matin.

– D'Arras ? Ma réputation me précède jusque là-bas ? (Son rire creux vous désarmait sur-le-champ. Il lâcha ma main et fit un grand geste du bras.) Considérez cette maison comme la vôtre, mon cher. Le foyer est là. On y sert du thé et des gâteaux. Avec des chants en prime, ce matin. Ils répètent l'oratorio pour ce soir : Stainer, *The Crucifixion*, vous connaissez ? (D'un signe de tête, je répondis par la négative.) Si jamais ça vous avait échappé, nous sommes le vendredi saint. Vous chantez, vous aussi ? Ils cherchent des personnes pour renforcer la chorale.

– J'imagine que ces soldats ont déjà enduré assez d'horreurs comme ça, lui dis-je en souriant.

– Qui sait, vous avez peut-être raison... rit-il. Votre nom, j'ai oublié de vous demander votre nom – comment dites-vous ? John Patterson. Eh bien, John, si vous le souhaitez, il n'est pas trop tard pour assister à l'office du matin, en haut, dans la chapelle. Mais si vous préférez, vous pouvez tout aussi bien paresser toute la sainte journée dans le jardin. Ou, si l'eau des tranchées n'a pas trop rouillé votre cerveau, emprunter un livre à la bibliothèque, c'est à l'étage. Comme vous voulez. À tout à l'heure ! »

Et à petits pas rapides, il s'éloigna. Il y avait des lustres que je ne m'étais senti aussi bien. Le vestibule entier paraissait d'ailleurs baigner dans l'atmosphère chaleureuse et détendue que j'avais ressentie en présence de l'aumônier. L'endroit abritait des sièges confortables où l'on pouvait se vautrer ; sur des tables et le rebord des fenêtres trônaient des vases de jonquilles écloses ; aux murs étaient accrochés des scènes pleines de charme ainsi que divers panneaux où l'on pouvait lire les règles de la maison, toutes formulées avec une subtile touche d'humour. Une flèche indiquant la porte était accompagnée d'une mention en lettres capitales : « PESSIMISTES : SORTIE » !

Au milieu du vestibule, je tombai sur un tableau d'affichage où l'on avait punaisé de longues listes ainsi que de petits cartons de bristol. En haut figurait la mention *Friendship's Corner* ainsi que ces phrases : « Cet écriteau est destiné à tous ceux qui souhaitent entrer en contact avec des amis. Ils peuvent laisser un message à leur attention. »

Avec un intérêt marqué, je laissai mes yeux courir sur les feuillets où les messages des trois derniers mois avaient été réunis et tapés à la machine, tous provenant de soldats qui cherchaient à retrouver d'autres soldats. Des centaines de noms. Ainsi, le sergent W. E. Bullock, 2nd Devon Regiment, désirait voir son frère ; le soldat G. Jones, du 1st London Welsh, espérait pouvoir s'entretenir avec d'autres Gallois ; l'artilleur James Flintham s'était contenté de laisser son nom et celui de son régiment ; le soldat K. J. Thompson du corps des Northumberland Fusiliers cherchait à obtenir des nouvelles de W. Mullen, de la 225th Tunneling Company. À côté de ce nom, quelqu'un avait ajouté au crayon à papier : *Killed in action.*

Cette mention me laissa un arrière-goût amer, mais d'autres inspiraient de l'espoir. Derrière des noms on pouvait lire *Blighty*, ce qui signifiait que les hommes en question étaient rentrés chez eux, éclopés certes ; à côté d'autres patronymes, une main avait précisé le régiment au sein duquel les soldats recherchés avaient été vus dernièrement. Avec application, je passai en revue toutes les listes de haut en bas. Pour y découvrir le nom Bromley ? C'était impossible, bien sûr. Mais aussi celui de Jack Cunningham. Cependant, je ne trouvai ni l'un ni l'autre, sur aucune des feuilles, ni d'ailleurs sur les cartons où figuraient les messages les plus récents, manuscrits.

Soudain, Tubby surgit à côté de moi.

« Si vous êtes à la recherche de quelqu'un, John, n'hésitez surtout pas. Il y a là des cartons vierges. »

Il me montra du doigt, sur une petite table, une boîte contenant des bristols. Dans sa main, il tenait une pipe.

« En fait, je voulais vous demander quelque chose, *father*. Avez-vous encore les listes de 1915 ? D'août 1915.

– D'août ? Je vais vous décevoir, mon ami. La maison n'a ouvert ses portes qu'en décembre 1915. »

Sa réponse porta un sale coup à mon optimisme naissant. Cela n'échappa pas à Tubby.

« Mais il ne faut pas que cela vous dissuade d'écrire un mot, m'encouragea-t-il. Je ne peux pas vous promettre un miracle, mais un petit prodige de temps en temps, c'est dans mes cordes. Ainsi, l'an dernier, un lance-corporal comme vous s'est présenté, je le vois encore, un nommé Quinn. Sur le panneau d'affichage, il découvre à son grand étonnement que son frère s'était tenu au même endroit la veille. Ils ne s'étaient pas vus depuis deux ans. Et lui de me demander si je pouvais les réunir. J'ai remué ciel et terre, John, et finalement on y est arrivés. Le lendemain, les deux frères se retrouvaient ici. Et croyez-moi, ils ne se sont pas privés de bavarder. (Il porta sa pipe à sa bouche, mais suspendit son geste :) Tant mieux d'ailleurs, car l'un d'eux a été tué peu de temps après. Pas de roses sans épines, hein ? »

Cette fois, il planta sa pipe entre ses lèvres et s'éloigna, tel une toupie, pour accueillir un groupe de soldats qui entraient dans le bâtiment.

Malgré son conseil, j'hésitais à prendre un bristol dans la boîte pour y inscrire le message que j'avais en tête. À quoi bon, après tout, griffonner ces quelques mots ? Je ne remettrais sans doute plus jamais les pieds ici. Mais voir les nouveaux venus parcourir les listes et les cartons avant même de gagner la salle de billard et le foyer dissipa mes derniers doutes. Je m'assis à la petite table, pris une fiche et un crayon à papier, et me mis à écrire. Je ne nourrissais pas la moindre illusion, mais puisque je n'avais rien à perdre…

Dans le foyer, il y avait plus de vingt soldats. La plupart, tenant une feuille de papier et regroupés près d'un piano droit laqué noir dont jouait un caporal. Ils répétaient un chant choral.

I adore thee, I adore thee! Thankful at thy feet to be.

D'une main, un élève artilleur donnait le *la*, de l'autre il faisait signe à tel ou tel de chanter plus ou moins haut, corrigeait ceux qui chantaient faux, notamment un sous-lieutenant.

Même s'il ne s'agissait que d'une répétition, entrecoupée à maintes reprises, le chant me frappa, plus encore quand un sergent du Field Ambulance entama un solo. C'était la basse que j'avais entendue à mon arrivée.

Is it nothing to you, all ye that pass by?

Les mains tremblantes, je bus mon thé. La répétition terminée, le pianiste joua un air beaucoup plus gai en guise de musique de fond. Un jeune soldat des Northumberland Fusiliers, à la voix qui pouvait monter dans les aigus, s'assit en face de moi. Je ne lui donnais pas plus de 17 ans. Il venait de Croydon, au sud de Londres; le lendemain, il allait découvrir les tranchées. Quand je lui appris que j'avais déjà une expérience du front, il me demanda comment cela se passait. Il ne savait plus à quel saint se vouer tant on lui avait rapporté de versions différentes. Songeant à Jimmy et à la peur qu'il avait ressentie, je lui dis de ne pas trop s'en faire.

« Laisse pas ta tête dépasser du parapet, et fais gaffe à pas trop t'approcher des grenades. »

Il éclata de rire, un rire qui, à lui seul, justifia mon mensonge.

Un gong annonça le début de l'office du matin. Entre-temps, les soldats continuaient d'affluer ; tous se dirigeaient vers l'escalier, dans le vestibule. Les marches craquaient sous le poids d'autant de bottes. Le garçon de Croydon me demanda si je l'accompagnais. Je lui dis que je n'étais pas baptisé.

« Ça n'empêche pas d'assister au culte. Vous ne pouvez pas repartir d'ici sans avoir entendu l'harmonium. Une merveille d'instrument. »

Il m'avait convaincu. Je lui emboîtai le pas ; dans le vestibule, je jetai en passant un œil sur mon mot accroché au tableau d'affichage. Personne n'avait rien ajouté sur le carton.

La chapelle se trouvait au grenier. Pour y accéder, il fallait, au deuxième étage, emprunter un escalier étroit et raide.

« C'est comme si on montait au ciel », commenta le garçon.

Le grenier regorgeait de monde. Plus d'une centaine d'hommes, à mon avis, sans compter un colonel. J'étais surpris de découvrir sous un toit un espace aménagé en véritable chapelle : un autel, un dais, un crucifix accroché à la poutre de faîte, des tapis sur le sol, des chandeliers, une bannière et même un petit baptistère en porcelaine. À gauche sur le devant se dressait l'harmonium, rien de plus en réalité qu'une caisse sur des pieds branlants, rehaussée d'un semblant de clavier. Cependant, le gars de Croydon n'avait pas exagéré. Dès que le sergent – celui-là même que j'avais vu au piano – s'assit, posa les pieds sur les pédales et les doigts sur les touches, il s'éleva de l'instrument un timbre d'une mélancolie tellement palpable que beaucoup baissèrent respectueusement la tête et les paupières.

Quelques mesures plus tard, Tubby, debout devant l'autel dans ses habits sacerdotaux, entonna le chant, bientôt soutenu par toutes les voix, y compris celle, angélique, du soldat de Croydon. Cette alliance entre l'organe humain et l'harmonium vous pénétrait jusqu'à la moelle.

La messe ne dura guère, mais les paroles de l'aumônier à propos de la Passion du Christ, souffrance qui, pour beaucoup dans l'assemblée, n'était plus un vain mot, laissèrent une profonde impression. Tubby implora Dieu de donner à tous réconfort, confiance et courage, et quand il nous invita à prier pour ceux qui nous avaient quittés, je priai moi aussi, chose que je n'avais jamais faite jusque-là.

L'aumônier invita ceux qui devaient regagner sans tarder les tranchées à recevoir l'hostie. Une partie de l'assistance s'avança. Depuis ma chaise, je passai en revue les visages sans toutefois en reconnaître un seul.

Dans le même temps, l'harmonium retentissait.

« *The Old Hundreth* », murmura à mon oreille le garçon de Croydon, qui se mit à chanter dans le registre aigu propre à un enfant de chœur.

L'office terminé, il se pencha de nouveau vers moi et me confia : « Là, je crois que je suis prêt à y aller. »

Je gardai le silence.

Nous descendîmes l'escalier raide. Au premier étage, le gars me montra la bibliothèque, une pièce exiguë côté jardin. La porte grande ouverte révélait la présence, derrière un bureau bas, d'un lance-corporal coiffé d'une casquette écossaise. Il n'en fallait pas plus pour éveiller ma curiosité.

Je traversai le palier et jetai un œil à l'intérieur. Partout, des livres et rien que des livres. Chaque mur en était tapissé. De haut en bas. Le caporal me demanda si je cherchais un ouvrage particulier, mais je n'étais pas en état de prononcer le moindre mot. D'un pas hésitant, j'avançai en parcourant du regard le dos de ces centaines de volumes. Un pêle-mêle où les études de sciences physiques côtoyaient les livres d'histoire, les traités de théologie les biographies, et où les œuvres littéraires semblaient en majorité, Boswell rangé à côté de Tennyson, *Modern England* de McCarthy à côté de *Practical Physics for Beginners*, un ouvrage intitulé *How to Pray ?*, une étude sur les psaumes, une autre sur la Belgique, mais aussi *Bleak House* de Dickens, les *Collected Stories* de Kipling et les *Poetical Works* de Keats et de Milton.

Alors que je contemplais ces murs, j'éprouvai un vertige. Les livres se mirent pour ainsi dire à se mouvoir. Un défilé de livres, des livres défilant à une cadence de plus en plus soutenue, tournant et tournoyant autour de moi. Ça me suffoquait.

« Ça va, camarade ? »

Le lance-corporal se leva de sa chaise et tendit une main vers moi. Au même moment, mes jambes me lâchèrent et un grand voile noir s'abattit devant mes yeux.

Quand je repris mes esprits, Tubby était penché sur moi. Il m'observait à travers les verres ronds de ses lunettes. Agenouillé à ses côtés, le sergent du Field Ambulance tenait mon poignet. Il rassura l'aumônier d'un hochement de tête.

Tubby me décocha un clin d'œil :

« Il faudra peut-être que je songe à mentionner sur la porte : "Entrez à vos risques et périls." Qu'en pensez-vous, John ? »

Je passai l'heure suivante dans le jardin de la *Talbot House*. Installé sur un banc, parmi les parterres de roses, je bus du thé pour me remettre. À un moment donné, le garçon de Croydon m'apporta un morceau de gâteau.

Il me fit part de la fébrilité qu'il éprouvait à l'idée de chanter le soir même. Jamais encore il n'avait interprété cet oratorio. Est-ce que je serais dans l'assistance ?

Je lui dis qu'il me fallait être de retour à Arras dès le lendemain et lui expliquai où se trouvait cette ville. Puis je précisai le temps que prenait le voyage : à l'heure où il pousserait ses aigus, je serais déjà dans le train en direction de Hazebrouck.

Il tenait à savoir ce qui m'avait poussé à effectuer cet aller et retour en un laps de temps aussi court. Arras n'offrait-elle pas des distractions à la troupe ?

« Ici, à Poperinghe, j'espère recueillir des informations sur un ami, lui avouai-je.

– Sur Matthew Bromley ?

– Hein ?

– J'ai lu votre message sur le tableau d'affichage. Je ne le connais pas. Désolé. Alors, vous avez appris quelque chose à son sujet ? »

Je secouai la tête de gauche à droite.

Peu après, je pris congé de lui.

« Bonne chance, lui dis-je.

– Ça ira. Je me suis bien préparé. »

Il avait cru que je parlais de l'oratorio.

Au foyer et dans le vestibule, je cherchai en vain l'aumônier. Puis, après avoir regardé une dernière fois mon message, je quittai le bâtiment. Il était 11 h 30. Je n'avais aucune idée de l'endroit où je pouvais aller.

Dehors, il y avait toujours un flot incessant de véhicules qui se dirigeaient vers la Grand-Place. Longeant la rangée de maisons de l'autre côté de la chaussée, une colonne de soldats prenait à pied la même direction. Il n'avait pas plu de la matinée, mais le temps était menaçant. Je relevai le col de ma capote et décidai de suivre le mouvement.

Je couvris une cinquantaine de mètres en somnambule. Une motocyclette me dépassa avant de s'arrêter. Le pilote ne mit pas pied à terre, mais il attendit que je parvienne à sa hauteur pour m'apostropher :

« John ! »

Je le reconnus à sa voix bien plus qu'à son aspect : de grosses lunettes le protégeant de la poussière lui masquaient une bonne partie du visage.

« Jack ?

– Monte, John. »

Du bras, il m'invita à m'asseoir derrière lui. J'hésitai. Il insista : « Allez, monte. On peut pas rester ici.

– Pourquoi ? »

Je ne tardai pas à comprendre : un camion klaxonnait pour que Jack dégage le passage. Ce dernier adressa un geste au chauffeur et, avant de redémarrer, il se tourna vers moi et me dit, en me regardant droit dans les yeux :

« Martin. »

Une fois sortis de Poperinghe, nous nous trouvâmes au beau milieu d'une étendue parsemée de cicatrices et de blessures fraîches. Jack n'avait plus ouvert la bouche. Coudes écartés, cramponné au guidon, il roulait, là où c'était possible, sur le bord de la route pour éviter les pavés glissants du milieu de la chaussée. Ça crachinait depuis quelques minutes, le vent projetait sans relâche des gouttelettes fines sous ses bras. À moitié à l'abri derrière son dos, j'étais plutôt mal assis, m'agrippant des deux mains à sa selle.

Continuant vers le sud, nous passâmes à la hauteur de plusieurs camps de soldats britanniques et canadiens installés dans des champs. Jack faisait comme s'ils n'existaient pas ; sans non plus réellement ralentir, il traversa un village dévasté par les bombes. Il conduisait avec adresse malgré les nombreux nids-de-poule, mais sans tenir vraiment compte du fait que je devais à chaque fois jouer les équilibristes pour ne pas tomber, à croire que je n'étais qu'un énième paquet qu'il était chargé de livrer de toute urgence.

J'avais eu besoin de plusieurs minutes pour me remettre de ma stupeur : comment nos chemins avaient-ils pu se croiser ? Ayant du mal à croire qu'il avait tout bonnement pu me reconnaître dans la rue, je m'imaginais qu'il était lui aussi passé à la *Talbot House*. L'insistance qu'il avait mise à me regarder tout en prononçant le prénom de Martin m'avait, quoi qu'il en soit, persuadé qu'il en savait bien plus sur notre camarade que le laissait entendre sa carte postale lapidaire.

Je l'ai pas croisé une seule fois durant tout ce temps. Pourtant, comme estafette, j'en ai vu des endroits.

Plus nous roulions, plus cette certitude m'alarmait. Je redoutais d'apprendre des choses que je préférais ne pas savoir, une angoisse quelque peu contrebalancée par une lueur d'espoir : peut-être Jack me conduisait-il à un endroit où Martin, bien vivant, m'attendait.

À un carrefour très fréquenté où se croisaient véhicules, chevaux et troupes venant de tous les côtés, Jack tourna à gauche, suivant des panneaux peints à la main qui indiquaient les directions Dickebusch et Ypres. J'approchai ma bouche de son oreille et lui demandai, en criant, si c'était encore loin. Nous nous rapprochions toujours plus du front. De la main gauche, enveloppée dans un gant en cuir brun, il me fit comprendre que nous étions presque arrivés.

Il finit par prendre un chemin secondaire qui conduisait, au-delà de quelques fermes miteuses, à un bois où se dressaient les tentes triangulaires et les baraques d'un camp. Au lieu de poursuivre jusque-là, Jack s'arrêta près d'un arbre isolé, un chêne à la cime ample et au tronc endommagé par des éclats d'obus. Près de là, un autre arbre, bien moins imposant, avait été abattu. Jack me fit signe de descendre. Il coupa le moteur, mit pied à terre lui aussi et retira ses gants pour défaire la sangle sous son menton. Une fois qu'il eut ôté ses lunettes et sa casquette, j'eus l'impression que Woody venait d'apparaître comme par enchantement devant moi. Certes, Jack était probablement un peu plus costaud que son frère, mais avec ses cheveux raides peignés vers l'avant, sa grosse tête au ras des épaules, le début de barbe sur son menton carré et son léger strabisme, il semblait être la réincarnation de son frère tombé à la guerre. Un sourire embarrassé de Jack me révéla qu'il lui manquait deux dents du haut ; pour sa part, Woody, la dernière fois que je l'avais vu, avait encore toutes ses dents.

Jack me proposa de m'asseoir sur le tronc couché. J'obtempérai et, alors que je regardais autour de moi, mon dernier espoir de revoir Martin en chair et en os s'évanouit. Dans le camp, à environ deux cents mètres de là, personne n'avait remarqué notre présence ; de la cheminée de la ferme la plus proche s'élevait de la fumée, mais pour le reste, l'endroit semblait tout aussi désert que les champs alentour.

Jack sortit de son blouson une boîte à tabac qui contenait des cigarettes roulées. Il m'en offrit une. Ses mains rudes tremblaient un peu, ça ne m'échappa pas.

« Du tabac belge. Pas de la gnognotte. »

Je lui fis signe que je n'en voulais pas. Il s'en alluma une. La bruine, qui venait de s'arrêter, avait laissé sur le haut de ses manches de grandes taches d'humidité.

« Je suis désolé de t'avoir pris de court, se lança Jack après avoir tiré une première bouffée de sa cigarette. Mais tu avais disparu avant que je puisse t'adresser la parole.

– Donc, t'es passé toi aussi à la *Talbot House*. Je m'en doutais un peu. Pas pendant la messe, si ?

– Malheureusement, je suis arrivé trop tard. Avec tout ce monde, j'ai eu beaucoup de mal, même à motocyclette, à parvenir au centre de Poperinghe. Malgré tout, Tubby m'a donné la communion. Bien qu'on soit le vendredi saint. »

Je ne savais pas qu'il était croyant à ce point. Martin ne m'en avait jamais parlé.

« Ce Tubby, c'est un type très chaleureux.

– Moi aussi, je l'aime bien, opina Jack. J'ai eu l'occasion de transporter deux ou trois fois l'harmonium quand il va faire la messe sur le front. Crois-moi, une vraie prouesse. Dis-moi, Tubby m'a raconté que t'es tombé dans les pommes. T'es malade ?

– Juste des vertiges, rien de grave. J'ai fait un long voyage. Et je n'avais pas mangé depuis une journée.

– Un long voyage ?

– J'arrive d'Arras.

– Avec toute ta division ?

– Non, tout seul. J'ai deux ou trois jours de permission.

– Et t'as fait tout ce trajet ? » s'étonna-t-il, fronçant les sourcils.

Je me demandais si je pouvais lui révéler le véritable motif de ma venue. Savait-il que Martin était mort ? Mais il reprit la parole :

« À cause de Martin, c'est ça ?

– Un jour, dis-je en hochant la tête, il m'a envoyé une carte postale de Poperinghe…

– T'étais au courant, hein ? Martin. Matthew. T'as écrit ce prénom sur le tableau d'affichage.

– Toi aussi ? Alors qu'il m'a dit que j'étais le seul au parfum !

– Oui, il me l'a dit à moi aussi, sourit Jack.

– Typique de Martin. »

En un flash, je le revis devant moi, revêtu de son uniforme, l'insigne en bronze sur sa manche, la fierté faisant scintiller ses yeux de gamin.

À mes côtés, Jack prit une profonde inspiration. Il fixait le sol, penché un peu en avant, coudes sur les genoux, tenant mollement la cigarette entre ses doigts. Soudain, il se redressa :

« John, j'ai une mauvaise nouvelle. »

Il marqua une pause, le temps de me préparer à ce qu'il allait m'annoncer, mais j'intervins sans attendre :

« Martin est mort. Je le sais. Il y a plus d'un an et demi. »

Cet aveu me coûta moins que je ne l'aurais cru. Je me sentis délesté d'un fardeau.

« Comment ça ?... bégaya Jack. Enfin... sa mère, elle, ne le sait même pas.

– Mon père n'a pas distribué la lettre. Il n'en pouvait plus, jour après jour, de frapper chez des gens qu'il connaissait pour leur annoncer... »

Je ne finis pas ma phrase. Un jour, mon père s'était présenté chez les parents de Jack pour leur apporter une funeste nouvelle.

« Ah ! voilà, fit Jack. Je me demandais pourquoi elle n'était toujours pas au courant. Parce que, Martin ou Matthew, elle aurait vite compris de quoi il retournait. (Je décidai de taire le rôle que j'avais joué dans cette histoire.) Toi, ton père, il est mort dans un bombardement de zeppelin, c'est bien ça ? (Ce mensonge aussi avait résisté aux années. Comme j'hésitais sur la réponse à donner, Jack m'exprima ses condoléances.) Je suis désolé, dit-il d'une voix sincère. Dieu ait son âme. »

À ma surprise, ses paroles m'émurent beaucoup. Je levai les yeux, nos regards se croisèrent dans une compréhension mutuelle.

« Merci, répondis-je. Moi, je suis désolé pour ton frère.

– Il a été tué sur le coup, soupira-t-il. (Préférant ne pas lui ôter cette illusion, je gardai le silence. C'est lui qui reprit la parole :) Du moins, c'est ce qu'ils prétendent. »

Nous échangeâmes un nouveau regard. Je lus dans ses yeux que nous partagions des expériences similaires. À cette différence que son vécu de guerre s'étendait sur une plus longue période que le mien. Le jeune gars que j'avais vu faire l'idiot et ricaner aux côtés de Martin à la fenêtre de l'horloger était mort et bien mort.

« T'es dans le coin depuis longtemps ? lui demandai-je.

– Presque deux ans. »

Presque deux ans. Il avait donc fait la traversée à la même époque que Martin. J'osai enfin poser la question qui me tiraillait depuis longtemps.

« Oui, on était ensemble, répondit Jack. Dans la même compagnie. »

Il tira une bouffée de sa cigarette. Sa main tremblait encore. Et aussi sa jambe gauche à présent. Il ne semblait pas s'en apercevoir. Il fixait le chêne défolié.

« Jack ? »

Il leva la tête avec, sur la bouche, le sourire embarrassé qu'il arborait déjà quand il m'avait salué. Les minutes qui s'étaient écoulées depuis me semblaient des heures.

« Qu'est-ce qui s'est passé, Jack ? »

Ma question ne revêtait aucune nuance coercitive. Ça parut le rassurer : dans son visage réapparut le jeune gars de naguère, très vaguement, très brièvement, tandis que lui semblait voir en moi le grand frère qu'il avait perdu et avec lequel il aurait aimé partager tant de choses.

Il commença par m'avouer que ce qu'il s'apprêtait à me dire, il l'avait pour l'instant gardé pour lui. Il espérait que Dieu lui pardonnerait cette confidence.

À l'instar de Martin, c'est grâce à un mensonge que Jack avait franchi l'étape du bureau de recrutement. Sans recourir certes à un faux acte de naissance. Il faut dire qu'il avait presque une tête de plus que Martin.

Cette partie de l'histoire, je la connaissais déjà.

Ensemble, ils avaient suivi leur instruction à Aldershot. Meilleur tireur de leur compagnie, Martin pouvait toucher une mouche à cent mètres. Les yeux bandés, se vantait-il.

J'eus l'impression d'entendre la voix de Martin.

De son côté, Jack avait appris à conduire des motocyclettes. Un de ses amis, Herbert « Bertie » Fraser, en avait une en propre qui lui avait permis de devenir estafette pour son bataillon.

Il me montra celle sur laquelle nous avions fait le trajet. Une New Hudson 3 ½, trois vitesses, débrayage, précisa-t-il. Des détails qui ne me parlaient guère.

Fin mai, ils avaient traversé la Manche. À peine terminée, la deuxième bataille d'Ypres faisait encore la une des journaux. Martin était fin prêt. Il se promettait de tuer mille Allemands par jour.

« Exagérer, ça a toujours été son fort. »

Ma remarque fit rire Jack, mais, sur sa figure, la gravité reprit rapidement le dessus.

Dès leur arrivée à Hazebrouck, alors qu'ils étaient allés remplir des bidons d'eau sur la place de la Gare, la réalité de la guerre les avait cueillis à froid.

« Le train de la Croix-Rouge entrait en gare. Des blessés graves jonchaient la place, John. Des soldats sans bras. Sans jambes. Au crâne à moitié en bouillie. Et du sang, du sang partout. »

Il leur avait fallu se frayer un chemin entre les civières, par-dessus les corps. Même chose au retour, l'un et l'autre cherchant à ne pas perdre l'équilibre, chargés d'au moins huit lourds bidons suspendus à leur cou. Martin s'était évanoui entre deux blessés.

« Gamin, faudra vite t'habituer », lui avait lancé l'infirmier militaire qui l'avait aidé à se relever.

Si la situation avait tiré un rire à Jack, il s'était surtout agi pour lui de dissimuler sa propre peur. Les mots et le rire en question n'allaient pas cesser de résonner dans la tête de Martin, ce dont Jack ne pouvait alors se douter.

« Sous le gros dur, il y avait un cœur en massepain, non ? »

C'était encore un gosse. La pensée me traversa, mais je la gardai pour moi : après tout, Jack et Martin étaient de la même année.

Je hochai la tête. Jack garda le silence le temps d'allumer une nouvelle cigarette. Dans le camp, une colonne se mettait en marche, des hommes et des chevaux tirant des charrettes. Des munitions pour le front.

Jack reprit son récit. Ils avaient passé quelques semaines à Saint-Omer. Le temps de peaufiner leur instruction. Marcher au pas. Ordre serré. Exercices de tranchées. De tir. Pour la première fois, Martin avait raté la cible. À deux, à trois reprises. À cause de son fusil, la boue en avait cintré le canon, prétendait-il. Mais nulle part trace de boue sur le champ de tir.

En quelques occasions, la compagnie avait écumé les cafés de Saint-Omer. Ça picolait sec, Martin comme les autres. Martin plus que les autres.

Il avait l'alcool mauvais.

Comme son père, songeai-je à part moi.

Jack avait essayé de protéger Martin contre lui-même, mais malgré sa corpulence, il n'avait pas eu le dessus.

Évoquant ces épisodes, il me montra sa gencive où manquaient deux dents, non d'ailleurs sans une certaine fierté qui me rappela le sergent Chapman exhibant la brique sur sa manche.

Au cours de ce premier mois, la Police militaire avait arrêté Martin à deux reprises après une bagarre dans des estaminets. Même alors, il avait opposé une farouche résistance. Après coup, il ne se souvenait de rien. Les sanctions n'en tombèrent pas moins. La première fois, trois jours de trou, la seconde trois semaines de *Field Punishment Number One*.

« Punition en plein air. » Je n'y avais pour ma part jamais assisté. Au cours de mes classes, maints instructeurs nous avaient décrit le châtiment, souvent avec un plaisir sardonique. On attachait le fautif à une roue, pieds et poings liés, bras en croix, deux heures par jour, à la vue des autres soldats. Me figurant Martin ayant été pendant trois semaines la risée des autres – « On était en juillet, il faisait une chaleur à crever » –, j'en eus l'estomac noué.

Narrant tout cela, Jack semblait assez calme. Il parlait comme quelqu'un qui rapporte des faits devant un jury, sans précipitation, sans se perdre non plus dans les détails. Il me donnait l'impression de feuilleter un livre illustré et de lire la légende qui correspondait à chaque image.

Peu à peu, pour Martin, les choses semblèrent aller mieux. En subissant sa punition avec dignité, il avait suscité le respect de ses camarades. Et outre, privé de solde pendant les trois semaines en question, il était dans l'incapacité de se saouler.

Le bataillon fut envoyé dans le secteur de Hoge, près du front, afin d'accomplir des travaux de réfection.

Se pliant en deux, Jack ramassa un bâton et traça à grands traits dans le sol argileux la carte de la région : Poperinghe, Dikkebus, Ypres et Hoge, les routes principales qu'il avait sans aucun doute sillonnées des centaines de fois au cours des deux dernières années. Quand il eut fini, les lignes et les petits cercles se remplirent d'eau, comme si toute la zone représentée se trouvait soudain inondée.

Un soir de la mi-août, le 14 pour être précis, le peloton de Jack et Martin reçut l'ordre d'aller remettre en état une tranchée. Bertie, l'estafette, était avec eux. Aucun des trois n'avait encore été en première ligne. Sur le chemin, Martin parla sans répit. On va les réduire en bouillie ! Combien de fois ne l'avait-il pas répété ! Après coup, Jack avait pris conscience que Martin, de la sorte, avait conjuré ses peurs ou s'était donné du courage. Les deux peut-être.

Le peloton s'était dispersé dans la tranchée. Jack, Martin et Bertie furent chargés de colmater un trou dans le parapet avec des sacs de sable. Ils se répartirent les tâches. L'un d'eux tiendrait le sac ouvert, un autre le remplirait et le troisième gravirait l'échelle, sac sur l'épaule. Bien qu'il fût le plus petit des trois, Martin insista pour effectuer cette dernière tâche. Le premier sac, il le hissa en haut, mais le deuxième, il n'y parvint pas, tombant à trois reprises à la renverse.

« T'aurais dû nous entendre rigoler, John, Martin plus fort que nous ! »

Aucun des trois ne s'était soucié du fait que leurs rires avaient pu attirer l'attention des Allemands, en face. Il faut dire qu'il faisait presque nuit. Lorsque Bertie, qui avait pris la place de Martin, gravit à son tour l'échelle pour hisser le sac, un coup de feu retentit. La balle toucha Bertie en pleine tête. Martin, qui était juste en dessous de lui, s'était tout pris, sur les vêtements, sur la figure.

« Tu comprends ce que je veux dire, John ? »

Les yeux fermés, je hochai la tête. Quelques secondes plus tôt, j'étais persuadé que l'épisode qu'il évoquait avait été fatal à Martin. Je l'espérais presque.

Jack planta son talon gauche dans le sol pour immobiliser sa jambe qui flageolait. Sans succès.

« Tu veux que je continue, John ?

– C'est toi qui vois. »

Il hocha la tête avec conviction.

Jack avait hérité de la motocyclette de Bertie. Deux jours plus tard, le bataillon fut cantonné à Dickebusch – Jack me montra le camp qu'on avait sous les yeux. Les hommes ayant appris qu'ils seraient envoyés sous peu à Loos pour combattre dans les tranchées, Jack et Martin avaient décidé de faire une virée en deux roues jusqu'à Poperinghe. Au cours des deux jours précédents, Martin n'avait pas ouvert la bouche.

Ils partirent à 18 heures. Leurs supérieurs exigèrent qu'ils fussent de retour au camp quatre heures plus tard.

Jack s'était d'abord arrêté dans un magasin de souvenirs pour acheter quelques cartes postales qu'il destinait à sa mère. Ensuite, ils s'étaient engouffrés dans le premier café venu.

La bière avait peu à peu délié la langue de Martin.

« C'est alors qu'il a voulu vous écrire, John. À sa mère et à toi. D'après ce que j'ai compris, il vous l'avait promis. Après-demain, je serai peut-être mort, qu'il a dit. »

Jack lui avait donné les cartes postales qu'il venait d'acheter.

« Mais Martin ne savait pas quoi écrire. Je lui ai conseillé de choisir des mots qui pourraient vous rassurer.

– C'est donc toi qui lui a soufflé : "Tout roule ici. Pas vu encore de Fritz. Mais entendu des bombes". »

Jack hocha la tête. Il cassa un rameau du bâton qu'il tenait toujours dans ses mains, le plaça entre son index et son majeur à la manière de Martin. Un sourire complice apparut sur mon visage. Mais cela ne fit pas disparaître de ma bouche l'arrière-goût amer.

« Il t'a rien raconté d'autre à mon sujet ? lui demandai-je.

– Non, désolé. »

Dans les heures qui avaient suivi, c'était allé de mal en pis, Martin buvant verre sur verre, la plupart aux frais de Jack.

« Après le coup de Bertie, je ne pouvais rien lui refuser, tu comprends ? »

Je comprenais.

À 21 h 30, Jack était parvenu à arracher Martin du café, non sans que celui-ci en fût presque venu aux mains avec trois types, un caporal des Gordon Highlanders, puis un caporal du pays de Galles et enfin le patron.

« On s'est retrouvés dehors, Martin appuyé sur mon épaule. Mais sur le trottoir d'en face, dans la porte d'un autre estaminet, il y avait une femme, enfin… tu piges… elle nous a fait signe. Martin, pourtant bourré comme un coin, ça lui a pas échappé. Je lui ai dit qu'on n'avait pas le temps, fallait qu'on retourne au camp, mais lui, il m'a dit qu'il l'avait encore jamais fait, pas même une fois, et qu'y pouvait pas mourir comme ça, tu saisis, John ?

– …

– John ?

– Continue, Jack. »

Jack avait accepté à condition que Martin soit de retour avant dix minutes. Il lui avait avancé de l'argent. Avec un peu de bol, s'il n'y avait pas trop de monde sur la route, ils seraient rentrés au camp juste à l'heure. Au bout d'une dizaine de minutes, Jack avait démarré sa motocyclette, donné les gaz pour prévenir Martin qu'il fallait à présent se grouiller. Mais Martin ne réapparaissait pas. Quand Jack était entré dans le café, il avait trouvé la femme assise au zinc en train de fumer une cigarette. Martin ? Selon elle, il avait quitté les lieux. Comment ça, il ne l'avait pas vu ?

« Je l'ai cherché toute la nuit. Je suis entré dans tous les troquets. À un moment donné, il n'y en avait plus un seul d'ouvert, alors j'ai sillonné à moto tout Poperinghe et les routes alentour jusqu'à tomber en panne d'essence. »

Pour finir, Jack avait dû abandonner son engin et était rentré à pied à Dickebusch Huts. Il faisait déjà jour.

« Martin était là, menotté, habillé en civil. Un sarrau de paysan aux manches trop longues et un pantalon beaucoup trop large. »

Il n'avait pas eu l'occasion de lui parler. On l'avait arrêté lui aussi et mis au trou.

À cet endroit de son récit, Jack s'enfouit le visage dans les mains. Il était tout pantelant. Les yeux rivés sur le camp, je m'imaginais Martin, mon frère de lait, grotesque dans les frusques qu'il avait chapardées. L'image me tira un sourire, mais c'est alors que commença à prendre forme dans ma tête la suite de l'histoire. Mon estomac se serra plus encore, l'arrière-goût dans ma bouche se fit plus amer. La raison pour laquelle Jack m'avait conduit ici, jusqu'à cet arbre, ce chêne criblé, avais-je cru, par des éclats d'obus, m'apparut. Je portai mon regard sur lui, il avait toujours le visage dissimulé dans ses mains, et lui demandai si on l'avait forcé à assister à la scène.

Jack hocha la tête de haut en bas. Un tressaillement lui parcourut tout le corps, identique à celui qui me traversa.

Ils avaient tenu à faire un exemple juste avant que le bataillon ne gagne les tranchées. L'affligeante défaite subie lors de la deuxième bataille d'Ypres encore en tête, les officiers supérieurs jugeaient nécessaire d'affirmer leur autorité.

Selon Jack, Martin n'était pas le premier. Au cours de l'été en question, le même sort avait été réservé à sept soldats appartenant à d'autres brigades.

Le procès fut rapidement expédié. Martin ayant déjà fait l'objet de plusieurs sanctions, le condamner ne se révélait guère problématique. Personne n'avait assuré sa défense, un rôle que Jack aurait pourtant aimé assumer.

« Mais je m'estimais heureux de ne pas subir la même peine que lui. »

Jack n'avait revu Martin que le lendemain à l'aube, lorsque la sentence avait été exécutée.

« Dieu merci, John ! il avait les yeux bandés. Il n'a pas su que je… »

Aux côtés de Jack se tenaient onze autres hommes du bataillon. Tirés au hasard.

Quinze pas les séparaient de Martin. Un militaire avait lu la sentence à haute voix.

… condamné à être fusillé pour tentative de désertion en service actif de Sa Majesté.

« Martin, quelle a été sa réaction ?

– Vaut mieux pas que tu le saches, John. »

On avait remis à chaque soldat un fusil dont six étaient chargés à blanc. Sur la poitrine de Martin, à l'emplacement du cœur, un sous-officier avait épinglé un bout de papier blanc.

L'ordre avait alors retentit : « En joue. »

Jack interrompit son récit. Mais ce qui s'était passé se lisait dans les yeux écarquillés qu'il posait sur moi.

« Je l'ai pas tué, John ! J'ai tiré à côté ! Je l'ai pas tué… »

Sur la New Hudson 3 ½, nous nous rendîmes au cimetière, à peine quelques centaines de mètres plus loin, à la lisière du bois où se dressait le campement. Avant cela, Jack avait pleuré de longues minutes. Une plainte creuse qui montait du tréfonds de lui, imprégnée de tristesse et d'impuissance. Moi, j'étais resté paralysé, les yeux rivés sur le chêne, sur les impacts qui avaient déchiqueté l'écorce.

Le cimetière se résumait à une longue rangée de croix de bois, une trentaine en tout, certaines peintes en blanc, d'autres de la couleur du bois plus ou moins altérée par le passage du temps. Dessus, le nom des morts inscrit ou gravé. Jack m'emmena devant les tertres, m'indiquant ceux des condamnés à mort. Je fus frappé de voir que ces tombes étaient mieux entretenues que la dernière demeure des soldats tombés au champ d'honneur.

Ainsi celle de Martin. Une guirlande de branches tressées était accrochée à la croix. La croix elle-même semblait toute neuve, la mention était parfaitement lisible :

M. Bromley
23-08-1915
18 ans
Repose en Paix.

Mon regard resta suspendu à l'âge de Martin. Le sien, pas celui qu'aurait eu son frère. La voix de Jack me parvenait : il avait lui-même confectionné la croix et inscrit cette mention. À propos de l'âge, il avait hésité. Puis s'était dit que son âge véritable pouvait et même devait être révélé aux yeux du monde.

Jack avait retrouvé sa maîtrise, alors que moi, je tremblais de tout mon corps, comme si j'étais en train de sortir d'un sommeil fiévreux. Il me raconta qu'après les combats de Loos, il avait été affecté au sein des troupes du génie d'Ypres. Ainsi, il avait pu rester près de Martin. Il essayait de venir prier une fois par semaine sur sa tombe. Il en profitait pour la sarcler, arracher les mauvaises herbes et, l'été, pour ôter les roses fanées.

Il porta mon attention sur le rosier planté au pied de la croix.

Transplanté du jardin de la *Talbot House*. Tubby le lui avait donné.

« Ça va, John ? »

Alors que le chagrin et la colère me rongeaient, je répondis par l'affirmative. J'essayais de me calmer en me disant qu'on avait au moins accordé une sépulture à Martin. Mais la conviction selon laquelle il n'aurait pas dû être là l'emportait sur toutes les autres.

« Je peux te poser une question, John ? » fit Jack avec une certaine appréhension.

Il voulait connaître la teneur du formulaire qui avait été adressé aux parents de Martin.

La phrase en question était pour ainsi dire gravée dans ma tête. Je m'en souvenais d'autant mieux qu'elle ne correspondait pas à ce à quoi je m'étais attendu :

« Décédé des suites de ses blessures. »

Sous le coup de l'indignation, Jack donna un coup de pied dans un caillou.

« Les lâches, vitupéra-t-il. Ils n'osent même pas avouer la vérité. »

Mais une autre expression apparut dans ses yeux, trahissant une forme de soulagement. Il me fallut plusieurs secondes pour en saisir le sens. Je hochai alors la tête. Il pouvait compter sur ma discrétion.

Il semblait avoir attendu cet assentiment pour me remettre un objet. Un petit paquet grossier, enveloppé dans du papier brun, qu'il portait en permanence sur lui dans une poche intérieure de sa capote.

« J'aimerais te donner ça, John, reprit-il, de nouveau gagné par la fébrilité. C'était à Martin. Je n'ai jamais pu… jamais eu envie de l'envoyer à sa famille. Peut-être qu'on… que tu… j'en sais trop rien, John. J'aimerais tourner la page… Que Martin puisse enfin reposer en paix… (Il regarda brièvement la tombe et se tourna vers moi.) C'est un gilet, un vieux gilet gris qu'il portait souvent sous son uniforme. C'est tout ce qu'il reste de ses effets personnels, j'imagine que tu comprends pourquoi. Mais qu'est-ce qu'y a, John ? »

ALORS QUE LE TRAIN me ramenait vers le sud, il se mit à neiger. Le froid qui m'avait envahi semblait avoir incité l'hiver à se réinstaller dans la région. J'avais pris place dans un wagon de marchandises en grande partie occupé par des recrues. À chaque arrêt, des flocons s'engouffraient par la porte ouverte et dansaient capricieusement avant d'être cueillis au vol par des garçons à peine plus âgés que Martin à l'époque de sa mort. J'aurais dû les mettre en garde contre ce qui les attendait, mais le récit de Jack m'avait broyé à tel point que je n'étais plus à même de prononcer un seul mot.

Assis dans un coin du wagon, genoux ramenés contre moi, je serrais le petit paquet contre ma poitrine. Pour la énième fois réapparut devant mes yeux l'image de Martin en train de pivoter fièrement devant moi, bras écartés.

Un vrai prince.

Cependant, je ne parvins pas à m'abandonner à ce souvenir. À chaque fois, je ne pouvais m'empêcher de penser à tout ce qui s'était passé le jour en question et à la façon dont ça s'était terminé, moi détalant.

Poltron ! Chiffe molle !

Martin était mort une seconde fois. C'est du moins ce que je ressentais. Et plus que jamais, je me disais que c'était ma faute. Tout autant que si, faisant moi-même partie du peloton d'exécution, j'avais, contrairement à Jack, visé le bout de papier blanc fixé sur le cœur de Martin. Ce sentiment m'oppressait tellement que je ne pouvais pas même verser une larme. Je n'éprouvais que des remords. Ce n'est pas lui, mais moi, qui aurait dû me trouver à cet endroit, devant l'arbre. Condamné à mort pour lâcheté.

Quand j'arrivai à Arras, il faisait nuit. Le voyage de retour avait duré plus d'une journée. Sous les averses de neige, chassé par un fort vent de nord-ouest, je gagnai Dainville à pied. C'était la veille de Pâques. Pourtant, les canons refusaient de se taire. Tout au long du chemin, leur grondement m'accompagna.

Peu avant l'expiration de ma permission, j'arrivai au village et me dirigeai vers la maison de Mme Charlier. Dans la chambre du lieutenant Ashwell, il y avait encore de la lumière.

L'officier fut ravi de me voir. En réalité, il était d'humeur gaie, ainsi que je ne tardai pas à m'en apercevoir.

« Vous l'avez vu ?

– Qui ça, sir ?

– Votre ami. Vous êtes bien allé à Poperinghe pour lui rendre visite, n'est-ce pas ?

– Je l'ai vu, oui. »

Mais ce que j'avais fait là-bas ne parut pas l'intéresser. Quelque chose occupait toutes ses pensées. Avec l'enthousiasme d'un architecte qui dévoile le plan d'une construction sensationnelle, il m'invita à contempler les croquis qu'il avait tracés pour préparer l'offensive. Sans me laisser le temps de respirer, il entreprit de décrire le scénario, minute par minute, afin de me convaincre qu'il était cette fois fin prêt.

À la manière d'un élève qui récite sa leçon, il m'expliqua entre autres que nous allions rejoindre les premières lignes pour prendre part, le lundi de Pâques, à la deuxième vague de l'offensive. D'après son plan, nous dévalerions une colline près de Neuville-Vitasse, quelques heures après le début des bombardements, pour prendre d'assaut la ligne Hindenburg. De là, nous pousserions jusqu'à la ligne suivante qu'il nous faudrait tenir à tout prix. La distance à parcourir représentait à peu près trois kilomètres. Avant notre intervention, les canons auraient déblayé l'essentiel du terrain.

En l'écoutant, on aurait pu croire qu'il s'agissait d'aller faire une promenade dans un parc, mais il ne me fallut guère de temps pour comprendre que nous aurions peu de chance d'en réchapper. Le lieutenant lui-même en était tout à fait conscient, il ne parvenait pas à le cacher : son corps était incapable de ménager les apparences.

L'imminence de cette offensive me libérait. La condamnation à mort que je méritais, et à laquelle j'avais échappé, me rattrapait enfin. Je voulus connaître le jour et l'heure de notre départ.

« Demain matin. À 5 heures », répondit le lieutenant.

Il me demanda de me présenter dans sa chambre une heure plus tôt. Il tenait à arborer une tenue impeccable et comptait bien sur moi pour l'y aider. Je ne protestai pas et ne tentai pas non plus de tempérer la fièvre qu'attisait la folie dans sa tête.

Cette nuit-là, j'écrivis une lettre à Mme Bromley. J'avais allumé une bougie près de mon lit et pris un crayon et du papier. Une lettre qui revêtait la forme d'une lettre d'adieu. Je la remerciais pour tout ce qu'elle avait fait pour moi, pour tout ce qu'elle m'avait appris et plus encore pour l'amour inconditionnel qu'elle m'avait porté au cours de toutes ces années.

Vous m'avez donné ce que ma mère n'a jamais pu me donner. Je vous en suis à jamais reconnaissant.

Je traçai aussi quelques lignes à l'attention de Nelly et de Trudy et ajoutai deux ou trois mots gentils pour Molly et Poppy. Enfin, je transmis à Mary mes vœux de bonheur, à elle et à George Nickless.

Alors que j'écrivais cela, l'histoire du jeune Werther me revint en mémoire. Dans ses derniers moments, le personnage de Goethe priait lui aussi pour que son « ange » vive heureuse. Tout comme lui, sachant la fin proche, je me sentais libéré.

Je terminai ma lettre en divulguant ce qui allait porter un coup de couteau au cœur de Mme Bromley. Mais il convenait de le faire afin que, selon les paroles de Jack, chacun puisse trouver la paix. Jack. Moi. Mme Bromley. Mais surtout Martin lui-même.

Je suis désolé de ne pouvoir vous le dire de vive voix.

Je ne lui révélai toutefois pas tout. Dans cette guerre, chacun tournait la vérité à sa façon, à son avantage. Une fois de plus, je me résolus à opérer moi aussi de la sorte.

Quand j'eus terminé, les larmes coulaient sur mes joues. Enfin, je pleurais. Je sanglotai en silence, mais de longues minutes. Pendant tout ce temps, mon regard ne cessait de revenir sur le paquet que je n'avais toujours pas osé ouvrir.

J'avais raconté à Jack comment Martin était entré en possession du gilet. De même que j'avais montré de la compréhension à l'égard de la culpabilité qu'il éprouvait, de même il avait compris celle qui m'habitait. Le gilet me revenait, estimait-il.

« Dans les moments les plus difficiles, John, le gilet m'a réconforté. Un peu comme si Martin avait été près de moi. »

J'ouvris le paquet. Autour de moi, tout le monde dormait.

Toujours la même couleur. Gris souris. Et il ne manquait pas un seul bouton. De petits boutons bombés qui brillaient comme les yeux d'un chien. Ne manquait pas non plus, au dos, la petite sangle en cuir, renforcée aux extrémités par du fil kaki, le même que celui utilisé pour ravauder le vêtement lui-même.

Je me levai. Mon lit craqua. Dans le lit voisin, Harry Finch se retourna et ramena ostensiblement la couverture sur sa tête.

Le gilet m'allait toujours. Je le boutonnai et écartai les bras. Puis je pivotai sur moi-même. Deux fois. Trois fois.

« Patterson, abruti, éteins-moi cette bougie et couche-toi. »

Du côté opposé de la grange, Archie Rathband venait de crier. J'arrêtai de tourner sur place et soufflai la bougie. Je m'allongeai sur mon matelas. Je n'avais ni drap ni couverture. Pour autant, je n'avais pas froid. Plus maintenant.

Au petit déjeuner, on nous servit du pain et du jambon ainsi qu'un œuf dur pour nous rappeler que c'était Pâques. Nous devions cette attention au caporal Tolhurst qui s'était chargé du ravitaillement ; alors qu'il était en train de débarrasser, je lui adressai la parole.

Serait-il prêt à envoyer ma lettre si jamais si je ne survivais pas à l'offensive ?

« Dis-moi, tu partages l'optimisme général ! » me dit-il, un sourire aux lèvres, en me montrant les lettres d'adieu que de nombreux soldats de la compagnie lui avaient remises.

Le caporal recueillait également les havresacs. Dans le mien, j'avais rassemblé les effets que je destinais à des tiers. Ma montre, je la laissais à Jack. Une décision de dernière minute.

Au matin, avec le lieutenant, j'échangeai à peine quelques mots. Quand je le rejoignis dans sa chambre à l'heure convenue, il était déjà habillé. Les plis de son uniforme révélaient qu'il ne l'avait pas même quitté pour se coucher. Je le priai de retirer sa tunique et la défroissai avec les moyens du bord.

Puis je préparai du thé. Sa tasse bue, il me dit, toujours en proie à son illusion et à son optimisme :

« John, quand tout sera fini et que nous serons de retour à Londres, je vous inviterai chez moi. Ce jour-là, c'est moi qui vous ferai du thé. »

À la fin de l'après-midi, nous atteignîmes des lignes avancées où, dans des abris, nous attendîmes la nuit avant de reprendre notre progression. Les officiers survolèrent une dernière fois les instructions. Selon un lieutenant du troisième peloton, le pilonnage commencerait à 5 h 30 du matin, avec une intensité telle que les bombardements de la Somme en seraient éclipsés. Par ailleurs, des tanks allaient être déployés. Des monstres d'acier blindé sur chenilles, que rien n'arrêtait. C'est dans les tranchées mêmes que les risques seraient les plus grands, le commandement s'attendant que les Allemands encore sur place défendent chaque centimètre jusqu'à la mort. Dans un face-à-face, toute hésitation pourrait s'avérer fatale. Un seul ordre à transmettre aux troupes : tirer à bout portant ou transpercer l'ennemi à la baïonnette.

Le temps resté sec jusque-là changea du tout au tout durant la nuit alors que nous avions repris notre avancée. Un froid glacial s'abattit sur nous, le fort vent du nord-ouest charriant sans relâche des averses de neige. À notre arrivée dans les tranchées, nous étions tous trempés, transis de froid.

Plus tôt, voyant mon gilet, Archie Rathband s'était moqué de moi.

« Tu vas transpirer avec ça sur le dos, Patterson. »

À présent, il claquait des dents, se maudissant de ne rien avoir d'autre à se mettre que ce qu'il portait.

Dans la tranchée, l'eau nous arrivait aux chevilles. L'espace était tellement exigu qu'on était entassés comme des harengs dans un tonneau. Je ne m'éloignais pas du lieutenant Ashwell qui se mêlait à ses hommes alors qu'il aurait tout aussi bien pu attendre les bombardements dans une cagna. Toutes les trente secondes ou presque, il consultait sa montre.

Peu à peu, la tension s'empara de tous. Billy Crockett se rongeait les ongles ; Rathband n'arrêtait pas de se gratter la nuque, sous son col, à la recherche de poux. Herbert Cullingford récitait toutes les prières qu'il connaissait, tandis que Harry Finch tentait en vain d'étouffer derrière sa main le semblant de toux qui l'importunait.

Pour ma part, j'affichais un calme étonnant, un état qui ne m'empêchait pas d'être pressé d'en finir. Par instants, je tirais sur ma capote ce qui ne faisait que tendre plus encore le gilet sur mon torse.

Peu avant le début du pilonnage, alors que les averses avaient cessé, le sergent Higgins passa parmi nous avec une bouteille en grès de rhum.

« Bouge pas ta main comme ça ! fit-il à Billy Crockett. Sinon, je vais tout verser à côté de ton quart.

– J'y peux rien si j'ai la tremblote, sergent, c'est plus fort que moi, j'vous assure. »

Le lieutenant Ashwell réclama une double ration qu'il avala d'un trait. Dans le moment de griserie qui suivit, il sembla se retrouver un peu : le rapide regard qu'il m'accorda était en effet empreint à la fois de gratitude et d'impuissance.

Quelques secondes plus tard, le tonnerre déchirait le ciel.

Au cours des premières minutes, le bombardement eut surtout pour effet d'ébranler les hommes. Des centaines de canons, d'obusiers et de mortiers vomissaient sans arrêt leurs projectiles, faisant tout trépider et rugir, feuler et siffler autour de nous. La terre vibrait et grondait continuellement. Le ciel prit feu.

Mais peu à peu, dans les rangs, tous prirent conscience des dégâts que causaient les bombes, et le calme revint dans les esprits. Herbert Cullingford ne priait plus seulement pour le salut de son âme, mais aussi pour celui des ennemis. À mes côtés, Ashwell reprenait vie après avoir été un moment comme abruti.

Je refoulai le fracas assourdissant en pensant à d'autres bruits. Dans un recoin de ma tête résonnait encore l'harmonium de la *Talbot House* ; les sons me revenaient facilement tout comme, par instants, le timbre aigu du jeune gars de Croydon en train de chanter l'oratorio de Stainer.

I adore thee, I adore thee ! Thankful at thy feet to be.

Dans le courant de la matinée, l'artillerie légère se tut le temps d'être déplacée vers une position plus avancée. Les canons, eux, continuaient de pilonner sans merci une ligne ennemie puis une autre dans leur champ de visée. L'heure arriva pour notre compagnie de passer à l'action. Tout le monde se prépara à grimper sur les échelles. Quatre pelotons. Chacun comptant une cinquantaine d'hommes. Levé depuis longtemps, le soleil disparaissait derrière des nuées grisâtres. Le lieutenant Ashwell fouilla les poches de son uniforme à la recherche du sifflet avec lequel il donnerait à ses hommes le signal de l'attaque. Engoncé, engourdi, il tâtait le fond de chacune. Pour montrer l'exemple, il devait gravir le premier l'échelle. Je me tenais juste derrière lui. Il me revenait, comme de coutume, de ne pas le quitter d'une semelle.

Quelques secondes trop tôt, sur notre gauche, retentit le premier coup de sifflet. Les chefs des autres pelotons soufflèrent à leur tour dans le leur. Sauf le lieutenant Ashwell. Il avait porté le sien à ses lèvres, mais celles-ci, simple ligne blême, ne paraissaient pas en mesure d'expulser de l'air. Un son finit tout de même par sortir de son sifflet, dépourvu d'intensité. Cependant, pour les hommes regroupés autour de lui, sens en éveil, cela s'avéra plus que suffisant. Tous se mirent en mouvement, y compris le lieutenant qui, comme entraîné par un raz de marée, fut soulevé et disparut par-dessus le parapet.

Quand je le franchis à mon tour, Ashwell avait déjà couvert quelques mètres. S'il avançait d'un pas plus lent que les autres, au moins il ne reculait pas. Truffée de cratères, la colline descendait en pente douce. En bas nous attendait un mur de barbelés. Un vent glacial soufflait toujours, dans notre dos. Pour l'instant, le temps restait sec, mais le ciel revêtait une apparence granuleuse comme si une pluie de cailloux pouvait s'abattre à tout moment sur nous.

J'emboîtai le pas du lieutenant. Aucun tir ne parvenait des lignes ennemies. Ni balle ni obus. Ni salves de mitrailleuses ni feu d'artillerie. Peut-être les Allemands attendaient-ils que nous nous rapprochions.

À mi-pente, plus personne ne songeait à tirer. Autour de moi, la peur s'évanouissait. Au lieu de continuer à fixer droit devant eux l'étendue, tous se mirent à regarder avec étonnement les alentours. Archie Rathband leva même gaiement une main en l'air à l'attention de Billy Crockett, lequel sourit pour la première fois depuis des heures. Le lieutenant lui aussi sembla se rendre compte du relâchement qui gagnait la troupe : je constatai qu'il changeait peu à peu d'attitude. De lièvre, il se faisait renard. Épaules redressées et pas léger, il continuait de descendre la colline. Herbert Cullingford vint à ma hauteur et me dit :

« Une agréable petite promenade, y a que le temps qui ne soit pas au beau fixe. »

J'étais décontenancé. Jamais je n'aurais cru pouvoir couvrir une telle distance sain et sauf. Je ralentis mon allure, mais le sergent Higgins me fila une bourrade dans le dos.

« Allez, Patterson, on n'est pas là pour attendre le bus. »

Nous atteignîmes le mur de barbelés, large de plusieurs mètres et conçu pour être impénétrable, mais les obus l'avaient déchiqueté. Le chemin menant aux lignes ennemies se déroulait devant nous comme un tapis rouge ; les dernières sentinelles qui en défendaient l'accès étaient les corps mutilés de Fritz éparpillés par les violentes explosions.

Passant à proximité de ces cadavres, Ashwell marqua une légère hésitation qui ne m'échappa pas. Malgré tout, il se montra capable de donner encore quelques ordres alors que nous approchions de la tranchée allemande protégée par un rempart de sacs de sable percé de créneaux.

Notre peloton se dispersa en petits groupes, chacun étant chargé de passer au peigne fin une partie de la tranchée. Le plan de la ligne ennemie qu'avait dessiné le lieutenant Ashwell révélait un réseau capricieux de couloirs et de traverses, truffé de niches et de recoins.

Par une ouverture dans le parapet, nous nous glissâmes dans la tranchée. Le lieutenant en premier, revolver en avant, moi dans son sillage, baïonnette au bout du fusil, et, derrière moi, Billy Crockett et Harry Finch.

Là aussi, le pilonnage avait semé la mort et la destruction. Parmi les décombres gisaient beaucoup de corps ou ce qu'il en restait. Je faisais de mon mieux pour éviter de croiser tous ces regards vides, mais, par endroits, il y avait tellement de victimes que c'était impossible. Je relevai que le lieutenant lui non plus ne parvenait pas à ignorer leur présence : au bout d'un petit moment, il se mit en effet à parler à part soi, les mêmes marmonnements incompréhensibles que dans le bois de Souchez. Et quand il se retourna, je vis que la peur venait, une nouvelle fois, de se rendre maître de son visage.

Quelque part dans la tranchée, des coups de feu retentirent. Une grenade explosa. Dans un premier temps, je crus que le mouvement de recul du lieutenant s'expliquait par ces détonations, mais faisant un pas de côté, je vis à mon tour, à environ cinq mètres de nous, un gars qui sortait d'un abri. Il avait 16 ans, 17 tout au plus. Tout son uniforme était couvert de sang. Ses yeux bleus nous fixaient, un regard où se lisait la peur. Peur qu'il essayait de conjurer en nous mettant en garde avec la grenade qu'il brandissait. Le lieutenant pointait son revolver sur lui, mais son index restait pétrifié sur la détente.

Le garçon prononça alors quelques mots dont le sens m'échappa. Des paroles qui ne paraissaient pas menaçantes. Il nous suppliait. Les lèvres tremblantes. Parlant toujours plus fort.

Jusqu'à ce que, soudain, par derrière, une baïonnette s'enfonce dans son corps, le transperce de part en part. Sa bouche resta grande ouverte sans qu'aucun son n'en sortît. La baïonnette se retira de son ventre et s'enfonça une deuxième fois dans son corps. Lentement, le gars tomba à genoux, sa main s'ouvrit et la grenade lui échappa. J'eus juste le temps de voir, derrière lui, le visage triomphant de Rathband se figer et, à côté de moi, le lieutenant Ashwell faire un pas en avant.

LONDRES, MAI 1917

QUAND NOUS entrons dans Liverpool Street Station, les moins grièvement blessés d'entre nous se penchent à la fenêtre du wagon en poussant des petits cris d'enfants.

« Qu'est-ce que vous voyez ? » demande le caporal aveugle, resté silencieux en face de moi tout au long du voyage.

« Plein de gens sur le quai ! Ils agitent les mains et les bras ! Des centaines, peut-être des milliers ! » s'exclame Archie Rathband, exalté, qui se penche encore plus et se met à saluer la foule comme un enragé.

Le caporal baisse la tête et marmonne quelques mots dont le sens m'échappe. De ma place, je ne vois rien, si ce n'est le dos des soldats qui se bousculent devant la fenêtre. Certains portent encore l'uniforme bleu de l'hôpital ; pourtant, leurs blessures suffisent à elles seules à prouver qu'ils ont participé à la guerre. Rathband espère qu'on l'autorisera à le garder pour de bon :

« Les filles se précipitent dessus comme des mouches. »

S'il s'en affuble tous les jours, cela aura au moins le mérite de détourner l'attention des tiers de son visage.

Dans une secousse, le train s'immobilise. Le bout de fenêtre qui se découpe au-dessus des têtes des soldats me montre une mêlée de mains et de fleurs. Ça crie, ça s'égosille. Surtout des voix de femmes. Quelque part, dans cette cohue, il y a sans doute Mme Bromley. Je me demande à quoi elle peut ressembler depuis tout ce temps.

La semaine dernière, j'ai été surpris de recevoir une lettre de sa part. Je ne lui avais pas encore donné de mes nouvelles.

J'ai reçu un message qui dit que t'es blesser et rentre à Londres. On m'a demander si je veux m'occupé de toi autrement tu ira à l'hospice. Bien sûr, j'ai dit oui. Richard aurait fait ça aussi. Et quand Martin rentrerat bientôt on mettrat un matelas de plus. De toute façon, Mary va peut-être se marier dans pas trop longtemps. La guerre ne va plus s'éternisé maintenant.

Qu'elle ne sache encore rien au sujet de Martin ne m'étonnait guère. Le caporal Tolhurst ne lui avait pas envoyé ma lettre d'adieu.

« Ah, je vois que t'es encore de ce monde, Patterson, m'avait-il dit lors de l'une de ses visites à l'hôpital de campagne, quelques jours après l'attaque. T'as eu de la chance. Malheureusement, on peut pas en dire autant de ton lieutenant. On te l'aura dit, non ? Il va recevoir une médaille à titre posthume. Le commandant Stockbridge s'en est occupé. »

Je lui avais répondu que ses parents seraient assurément fiers.

« Tu veux que je te pousse, John ? »

Rathband se tient derrière moi. Sa question me surprend. C'est la première fois qu'il se propose de m'aider. Dans la seconde qui suit, je comprends son manège. Il veut montrer à la foule amassée sur le quai qu'il n'est pas trop mal en point.

J'esquisse un hochement de la tête. Tout cela me laisse dorénavant indifférent.

Rathband attend que le passage se libère. Alors que les premiers blessés descendent du train, des vivats retentissent.

« Ils jettent des roses sur les soldats, John ! » s'écrie Rathband qui est retourné devant la fenêtre.

Mais c'est à peine si je l'entends. Pour la énième fois, je répète dans ma tête les mots que je vais bientôt prononcer à voix haute. Des mots notés dans ma lettre d'adieu.

Martin est mort, Mme Bromley. Mais il est mort en héros. En véritable héros.

« Allez, John, on peut y aller », fait la voix de Rathband au-dessus de ma tête et, dans une première saccade, ma chaise roulante se met en branle.

Composé par Nord Compo Multimédia
7, rue de Fives, 59650 Villeneuve-d'Ascq

Achevé d'imprimer
sur Roto-Page
par l'Imprimerie Floch
à Mayenne,
en août 2015.

Dépôt légal
août 2015.
Numéro d'imprimeur
88619

Imprimé en France